Duties Across Borders: Advancing Human Rights in Transnational Business

edited by Bård A. Andreassen and Võ Khánh Vinh

ISBN: 9781780683768

Copyright © The editors and contributors severally 2016

Published by arrangement with Lefebvre Sarrut Belgium NV.

版权登记号：图字 01-2022-3723 号

总顾问　徐显明

总主编　张　伟

跨国公司责任研究
——促进跨国公司的人权进步

译　　主编

张　伟　刘林语　[挪威]巴德·A.安德烈亚森　[越南]武庆荣

中国政法大学出版社

2022·北京

文库编委会

总顾问
徐显明

总主编
张 伟

学术顾问（以姓氏拼音为序）

班文战　常　健　陈佑武　陈振功　樊崇义　龚刃韧　韩大元

李步云　李君如　刘海年　刘小楠　柳华文　陆志安　齐延平

曲相霏　单　纯　舒国滢　宋英辉　孙世彦　汪习根　王灿发

夏吟兰　杨宇冠　张爱宁　张晓玲　张永和

国际特邀顾问

Bård A. Andreassen（挪威奥斯陆大学挪威人权中心教授）

Barry Craig（加拿大休伦大学学院校长）

Bert Berkley Lockwood（美国辛辛那提大学教授）

Brian Edwin Burdekin AO（瑞典罗尔·瓦伦堡人权与人道法
研究所客座教授）

Florence Benoît-Rohmer（法国斯特拉斯堡大学教授）

Gudmundur Alfredsson（中国政法大学人权研究院特聘教授）

执行编委
张 翀

行动纲领》，更是庄严宣称："所有人的一切人权和基本自由……的普遍性不容置疑。"我国于 1991 年发表了第一份人权白皮书《中国的人权状况》，其序言里指出："享有充分的人权，是长期以来人类追求的理想。"2004 年"国家尊重和保障人权"被写入《宪法》，2007 年，人权又被写入《中国共产党章程》。自 2009 年以来，中国先后制定并实施了三期国家人权行动计划，持续加大人权保障力度。

今年适逢我国改革开放四十周年和《世界人权宣言》颁布七十周年，中国政法大学人权研究院决定着手策划出版"人权文库"丛书。文库着眼国内外人权领域，全面汇集新近涌现的优秀著作，囊括专著、译著、文集、案例集等多个系列，力求凝聚东西方智慧，打造成为既具有时代特色，又具备国际视野的大型人权丛书，为构建我国人权话语体系提供高品质的理论资源。这套丛书的筹备和出版得到了中宣部的大力支持，并有赖其他七家国家人权教育基地和国内学界多位专家学者的积极参与，同时还要感谢中国政法大学出版社的倾力相助。

此刻正值一年中收获的季节，文库的第一本著作即将面世，"九万里风鹏正举"，我们期待并且相信"人权文库"将会硕果累累，"人权之梦"终将照入现实。

是为序。

文库编委会　谨识
2018 年 9 月

"人权文库"总序

　　"人权"概念充满理想主义而又争议不断，"人权"实践的历史堪称跌宕起伏、波澜壮阔。但不可否认的是，当今世界，无论是欧美发达国家，还是发展中国家，人权已经成为最为重要的公共话语之一，对人权各个维度的研究成果也蔚为大观，认真对待人权成为了现代社会的普遍共识，尊重和保障人权成为了治国理政的重要原则。正如习近平总书记所强调的："中国人民实现中华民族伟大复兴中国梦的过程，本质上就是实现社会公平正义和不断推动人权事业发展的进程"。

　　——人权之梦，是实现民族伟大复兴中国梦的应有之义。改革开放四十年来，中国政府采取了一系列切实有效的措施，促进人权事业的进步，走出了一条具有中国特色的人权发展道路。在沿着这条道路砥砺前进的过程中，中国人权实践取得了举世瞩目的成就，既让广大人民群众体会到了实实在在的获得感，也向国际社会奉献了天下大同人权发展的"中国方案"。

　　——人权之梦，是我们对人之为人的尊严和价值的觉悟和追求。过去几年来，中国政府加快推进依法治国的重大战略部署，将"人权得到切实尊重和保障"确立为全面建成小康社会的重要目标，建立和完善保障人权的社会主义法律体系。《民法总则》《慈善法》《反家庭暴力法》《刑事诉讼法》《民事诉讼法》等一系列法律陆续出台或得到修订，中国特色人权发展道路的顶层设计被不断丰富和完善。

　　——人权之梦，是人类历史发展的必然趋势和时代精神的集中体现。1948年《世界人权宣言》颁布以后，人权事业的普及、发展进入了新的历史阶段。1993年第二次世界人权大会通过的《维也纳宣言和

前　言

　　人权的许多现象在许多方面与全球化的飞速发展密不可分。这些发展进程的一个特点是,跨国企业正在对世界各地的人权产生影响,这一点在过去 20 年中引起了人权学界的注意。本书认为,国际商业和规范其的立法代表了争取人权斗争的一个新前沿。这个前沿既见证了许多受害者,也展现了地方、国家和全球各级的企业扩大尊重和保护人权的希望和机会。

　　本书旨在分析促进人权进步的核心法律和社会因素。书中收录的文章来自 2013 年 6 月 27 日至 28 日在河内举办的国际会议。这次会议是由越南社会科学院(Vietnam Academy of Social Sciences)和挪威奥斯陆大学挪威人权研究中心(Norwegian Center for Human Rights)共同举办的。会议云集了来自世界各地和不同学科的专家以及实务工作者。

　　我们非常感谢挪威奥斯陆大学挪威人权研究中心越南项目的支持,以及挪威外交部的慷慨资助,还有越南社会科学院为完成此项目提供的大力支持。我们在过去的 7 年中从两机构的共同合作研究中受益匪浅。对于越南社会科学院,我们特别感谢国际合作部副主任陆杜安(Tuyet Ahn Luu)提供的后勤和全面支持。对于挪威奥斯陆大学挪威人权研究中心,我们从娜塔莎·泰尔森(Natasha Telson)的编辑协助中获益颇多,同时非常感谢越南项目的吉斯尔·克万维格(Gisle Kvanvig)和阮毛唐(Mau Don Thi Nguyen)的热情支持。最后,我们还要感谢来自因特桑提亚出版社的汤姆·谢尔斯（Tom Scheirs）对该项目的积极推进。

巴德·A. 安德烈亚森（Bård A. Andreassen）和武庆荣（Võ Khánh Vinh）

奥斯陆/河内，2015 年 10 月

作者列表

巴德・A. 安德烈亚森（Bård A. Andreassen）是挪威奥斯陆大学法学院人权研究中心的教授。他在奥斯陆大学获得政治学博士学位（政治科学），并从斯特拉斯堡国际人权研究所获得国际和比较人权法奖状。安德烈亚森发表过有关贫困、权力、基于人权的发展路径、企业责任、社会和经济权利的人权评论，以及关于非洲治理、民主变革和民族政治的论文。他最近的著作包括：与史蒂芬・马克斯（Stephen P. Marks）合著的《发展作为一项人权：从法律，政治和经济维度》（Development as a Human Right. Legal, Political and Economic Dimensions）第 2 版（Intersentia, 2010）；与戈登・克劳福德（Gordon Crawford）合著的《人权、权力和公民行动：对发展中社会权利斗争的比较分析》（Human Rights, Power and Civic Action. Comparative analyses of struggles for rights in developing societies, Routledge, 2013）。他是《北欧人权杂志》（劳特利奇出版社）的主编。

武庆荣（Võ Khánh Vinh）是越南社会科学院（VASS）的副院长。他于 1993 年在越南社会科学院国家法律研究所获得法律博士学位。他的主要研究和教学领域是国家和法律理论、刑事司法、人权和公民社会。他写作、编辑和主编了许多书籍，其中最新的著作都是用越南语撰写的，包括：《法律社会学：基本问题》（Sociology of Law: Fundamental Issues, People's Police Publishing House, 2011）；《人权保护机制》（Mechanism for human rights protection, Social Sciences Publishing House, 2011）；《冲突与社会共识》（Conflict and social consensus, Social Sciences Publishing House, 2013)；《1992 年宪法执行情况概览：理论和紧迫的实践问题》(Overview of 1992 Constitution implementation: Theoretical and urgent practical issues, Social Sciences Publishing House, 2013)。

伊泰·阿普特（Itai Apter）是以色列海法大学法学院的博士生。他的著作包括《新国际前沿——法律专业和"新国际法"在新成员国中遭遇的挑战》(The New International Frontier- the Legal Profession and the Challenges of New 'International Law' in the New Member State, Groatian Year of European Law and Policy, 2014)；与伊斯雷尔·多伦（Isreal Doron）合著，发表在《马奎特老年人顾问杂志》(Marquette Elder's Advisor Journal)上的《老年人的国际权利：新公约将给老年人的生活带来什么变化》(International Rights of Older Persons: What Differences Would a New Convention Make to the Lives of Older People, 2010)。

古勒尔·阿拉斯（Güler Aras）是土耳其伊尔迪兹技术大学的金融和会计学教授，也是金融、公司治理和可持续发展的创始主任。她还是乔治城大学麦克唐纳商学院的客座教授。她是高尔系列丛书《金融、治理与可靠性：理论与实践的挑战》(Finance, governance and sustainability: Challenges to theory and practice)的编辑，也是《企业社会责任》(Corporate Social Responsibility)丛书的编辑。同时，她还担任《社会责任杂志》(SocialResponsibilityJournal)的编辑。她已经出版了 20 多部著作，并在学术、商业和专业期刊上发表了 250 多篇文章。她最近的合著书籍包括：《持久的公司：持续发展的战略》(The Durable Corporation: Strategies for Sustainable Development, Gower, 2010)；《治理与社会责任：国际视野》(Governance and Social Responsibility: International Perspectives, Palgrave McMillan, 2012)。阿拉斯教授的最新著作《可持续经营的市场：一个商业及金融市场的全球观察》(Sustainable Market for Sustainable Business: A Global Perspective for Business and Financial markets)由高尔出版社于 2015 年出版。

苏里亚·德瓦（Surya Deva）香港城市大学法学院副教授。他的主要研究领域是工商业与人权、企业社会责任、中印宪法、国际人权和可持续发展。他在上述领域发表了大量文章。他的著作包括：《新兴自由市场中的社会经济权利：印度和中国的比较研究》（Socio‐Economic Rights in Emerging Free Markets：Comparative Insights from India and China，Routledge，forthcoming 2015）；和戴维·比尔奇兹（David Bilchitz）合著的《工商企业的人权义务：超越企业尊重责任》（Human Rights Obligation of Business：Beyond the Corporate Responsibility to Respect?，Cambridge University Press，2013）；与罗杰·胡德（Roger Hood）合编的《面对亚洲的死刑：人权、政治、舆论和实践》（Confronting Capital Punishment in Asia：Human Rights，Politics，Public Opinion and Practices，Oxford University Press，2013）；《规制企业侵犯人权的行为：让商业人性化》（Regulating Corporate Human Rights Violations：Humanizing Business，Routledge，2012）。德瓦还给位于日内瓦的国际法学家委员会（International Commission of Jurists）起草过两份重要的报告：《诉诸司法：有关印度和中国企业的人权侵犯》（Access to Justice：Human Rights Abuses Involving Corporations <concerning India and China>）。他是《工商业与人权杂志》（Business and Human Rights Journal）的创始主编之一，并且是《荷兰人权季刊》（the Netherlands Quarterly of Human Rights）和《维也纳国际宪法杂志》（the Vienna Journal on International Constitutional Law）的编辑委员会成员。

埃比尼泽·杜洛亚（Ebenezer Durojaye）是南非西开普大学社区法律中心的法学副教授，兼社会经济权利项目负责人。他的研究关注艾滋病毒或艾滋病治疗引起的人权问题，性别不平等与非洲艾滋病毒或艾滋病之间的交叉问题，以及非洲妇女健康和青少年的性和生育权。在他的最新出版物中，有一本书是与查尔斯·恩格纳（Charles Ngwena）共同编辑的《在非洲地区通过人权加强对性健康和生殖健康的保护》（Strengthening the protection of sexual and reproductive health through human rights in the African region, Pretoria University Law Press, 2014)。

努基拉·埃文蒂（Nukila Evanty）在荷兰格罗宁根大学获得了法学硕士学位。她是巴厘岛马亨德拉达塔大学法学院的客座讲师。她是战略与国际研究中心的研究员，也是消除对儿童的商业性剥削的国家联盟的高级研究员。她的研究集中在人权和社会正义领域。她已经出版了两部国际著作，包括 2010 年出版的《印度尼西亚人权和国际人权机制》(Indonesia Human Rights and the International Human Rights Regime) 和 2011 年出版的《国际法中指挥责任原则的适用：起诉领导人》(the Application of the Doctrine of Command Responsibility in International Law: Prosecuting the Leaders)。

斯蒂芬·葛维斯（Stéphanie Gervais）在加拿大卡尔顿大学获得国际事务硕士学位，正在攻读人类学博士研究生，专攻政治经济学。她早期的研究侧重于国际投资协定和人权，尤其是拉丁美洲采矿部门两种法律制度的交叉问题。她最近研究集中在土著社区抵制在其土地上采掘活动的组织策略。

汉娜·伊万豪（Hana Ivanhoe）拥有加州大学伯克利法学院的法律博士学位，曾担任过该校高级学位课程讲师。她目前是国际公平食品协会的北美宣传经理。她还是阿奎亚研究所（Aquaya Institute）的政策和业务经理。该研究所是一个全球性的非盈利组织，致力于在发展中国家实现普及安全用水。她从公共和私营部门的角度研究了人权问题和贸易与发展问题，主要研究领域包括透明度、工商业与人权以及企业社会责任。

马修·穆勒恩（Matthew Mullen）博士，泰国玛希隆大学人权与和平研究所的讲师。他曾发表过关于压迫与反抗、过渡司法、制度与文化暴力、国际人权法、企业责任、玩乐的权利与缅甸方面的著作。

阮红娥（Nguyễn Hong Nga）拥有挪威奥斯陆大学的人权硕士学位，目前在越南社会科学院世界经济与政治研究所担任研究员。她的研究涉及人权、人类安全及相关问题，包括气候变化、粮食、能源和水安全，特别是工商业领域的人权。她撰写并编辑的最新出版物是《越南工业区的区域和社会影响》（Regional and Social Impacts of Insudtrial Zones in Vietnam）。

阮青海（Nguyễn Thị Thanh Hải）拥有香港大学人权法学硕士学位，以及澳洲悉尼大学法学博士学位。她目前是胡志明国家政治学院越南人权研究所讲师。她感兴趣的领域包括国际人权法、人权和全球化、人权和公司责任、包括对妇女的暴力问题在内的人权和两性平等，以及人权和艾滋病毒或艾滋病。

拉穆特·雷姆扎特（Ramute Renezaite）目前是米德尔塞克斯大学法学院的博士生，也是英国欧洲人权倡导中心的法律顾问。她向欧洲人权法院和其他国际法庭提起过诉讼，并为前苏联国家的人权律师提供咨询。她的主要研究领域包括欧洲人权法院判决的执行和遵守，公民权利和政治权利，采掘业及其遵守人权法的情况。

亨伯特·坎图·里维拉（Humberto Cantú Rivera）是法国巴黎第二大学人权和人道主义法研究中心（CDRH）的副研究员和博士生。他曾经是人权事务高级专员办事处的访问学者，也担任过海牙国际法学院的访问学者。他用西班牙语出版了其第一本主编的书籍《未来就在今天：构建一项人权的议程》（El futuro es hoy：Construyendo una agenda de derechos humanos，Monterrey，CEDHNL/UANL，2014），书中收录了时任联合国人权机制专家和人权事务高级专员的文章。

高以美子（Miho Taka）在英国考文垂大学获得国际关系和社会学博士学位，目前是信任、和平与社会关系中心（the Center for Trust，

Peace and Social Relations）的高级讲师。美子博士在日本、英国、瑞典和卢旺达有过丰富的生活和工作经验。在担任卢旺达一个非政府组织的国家主任 4 年后，她对撒哈拉以南非洲的自然资源与暴力冲突之间的关系产生了兴趣。她的研究兴趣还包括自然资源管理，全球治理，工商业与人权，企业社会责任和和平建设。她还发表了一些论文，也是多个公司治理领域国际学术期刊的评审人。

真蒂莱·齐贝里（Gentian Zyberi）是挪威奥斯陆大学人权中心副教授。在过去的 11 年里，他在荷兰、美国、中国和阿尔巴尼斯的不同大学从事国际法教学。他的国际法律执业经验包括：担任过国际刑事法庭的前南斯拉夫问题的辩护人，以及在国际法院审理的科索沃案件中协调阿尔巴尼亚法律小组的工作。他最近的研究重点在过渡司法、保护的责任以及国际法对群体利益的保护。

图表列表

图 4.1 上市企业社会责任要求 ················· 104
图 4.2 企业如何影响我们的社会 ················· 106
图 4.3 公司对企业社会责任的兴趣 ················· 107

表 4.1 证券交易所在企业社会责任的参与感 ················· 105
表 7.1 反腐败的商业理由 ················· 179
表 12.1 印度按主要地区划分的出口（单位：百分比） ········· 287
表 12.2 1999~2000 年全印度工作年龄人口（15~64 岁）按日常活动状况分列的分布情况百分比 ················· 289
表 12.3 选择的出口工厂类型 ················· 293
表 12.4 公司有关残疾人的招聘政策 ················· 294
表 12.5 公司中残疾人的普遍状况 ················· 294
表 12.6 无障碍工作的规定 ················· 295
表 12.7 针对残疾人的解雇 ················· 295
表 12.8 企业社会责任在改变雇主对残疾人的态度 ········· 296
表 12.9 提供的培训和发展 ················· 297
表 12.10 残疾人健康与安全培训 ················· 297

目　录

简　介　跨国公司责任研究：人权新前沿问题

巴德·A. 安德烈亚森 武庆荣……1

1. 引言 ……………………………………………………………… 1

2. 人权和规制理论 ……………………………………………… 5

3. 人权法和工商业：概念，规则和挑战 ………………………… 8

4. 结论 …………………………………………………………… 19

第一部分　理论发展

第一章　对工商业与人权或人权商业新兴主题的批判性反思

苏里亚·德瓦……23

1. 侵犯人权的商业案例 ………………………………………… 24

2. 联合国人权和跨国公司问题特别代表的工作带来的危害 …… 28

3. 不情愿的国家 ………………………………………………… 33

4. 柯欧贝案（Kiobel case）适用不方便原则的真相 …………… 36

5. 结论 …………………………………………………………… 39

第二章　企业人权责任：有效救济还是无效的安慰？

伊泰·阿普特……41

1. 引言 …………………………………………………………… 41

2. 诉讼和指导方针——一种批判性的分析 …………………… 43

　2.1 在美国针对公司提起的诉讼 ……………………………… 43

2.1.1 受害者 …………………………………………… 47

2.1.2 跨国公司 …………………………………………… 49

2.1.3 法院所在地政府 …………………………………… 49

2.1.4 跨国公司的母国 …………………………………… 51

2.2 其他国家法院审理的跨国企业诉讼 …………………… 53

2.3《经合组织跨国企业准则》 …………………………… 55

3.《联合国工商业和人权指导原则》 …………………… 60

4. 国家间政治解决方案——回顾过去，提出发展方向 ……… 63

5. 结语 …………………………………………………… 69

第三章　构建跨国公司与国家共同承担责任的模式以保护环境免受
严重损害　　　　　　　　　　　真蒂莱·齐贝里……71

1. 引言 …………………………………………………… 71

2. 解决核事故造成的环境损害 ………………………… 75

3. 解决石油污染造成的环境损害 ……………………… 76

4. 确保对严重环境损害负责 …………………………… 77

4.1 跨国公司的责任 …………………………………… 78

4.2 东道国责任 ………………………………………… 83

4.3 母国责任 …………………………………………… 88

4.4 公司、东道国和母国共同承担的环境保护责任 ……… 89

5. 重大环境损害案件责任归责与判决的复杂性 ………… 91

6. 总结 …………………………………………………… 94

第四章　认真对待人权义务的商业理由
　　　　　　　　　　　　古勒尔·阿拉斯……96

1. 引言 …………………………………………………… 96

2. 企业社会责任的商业驱动 …………………………… 98

2.1 投资者关系与资本获取 …………………………… 100

2.2 消费者 ……………………………………………… 105

2.3 员工招聘、留用和生产力 ···················· 108

2.4 法律风险最小化 ·························· 109

2.5 经营许可 ······························· 111

3. 结论 ·································· 111

第五章　人权领域的企业责任：软法标准与域外措施的运用

亨伯特·坎图·里维拉······113

1. 引言 ·································· 113

2. 跳出界限的思考：域外效力 ················ 115

2.1 对美国最高法院柯欧贝案件判决的分析 ·········· 116

2.2 荷兰司法系统中的治外法权 ················· 125

3. 提高软法地位：从指导原则到义务？ ········· 129

3.1 根据《国际法院规约》的传统国际法渊源 ·········· 130

3.2 不停地呼吁"重新思考"国际法渊源：软法的地位 ··· 133

4. 结论 ·································· 137

第六章　《马斯特里赫特原则》在促进发展中国家的社会经济权利方面的可行性

埃比尼泽·杜洛亚······139

1. 引言 ·································· 139

2. 跨国公司受国际人权法约束吗？ ············ 140

3. 在国家层面建立跨国公司承担侵犯人权责任的尝试 ········ 146

4. 《马斯特里赫特原则》在促进社会经济权利方面的作用？ ··· 150

5. 《马斯特里赫特原则》的不足 ·············· 155

6. 结语 ·································· 156

第二部分　相关问题

第七章　"公平贸易"的下一代：全球供应链中打击公司

腐败的人权框架　　　　　　　　　　　　汉娜·伊万豪……159

1. 引言 ……………………………………………………… 159

2. 腐败和侵犯人权的联系 ………………………………… 160

　2.1 问题概述：腐败在全球供应链中造成的影响？ ……… 161

　2.2 供应链中的腐败：发展情况的概述 ………………… 162

　2.3 腐败侵犯人权的学术和实践理论依据 ……………… 164

3. 跨国公司在供应链中尊重人权的责任 ………………… 167

　3.1 保护、尊重和补救框架及其适用的概述 …………… 168

　3.2 企业社会责任和自愿标准在促进尊重人权方面的作用 … 170

4. 企业防止供应链中的腐败，以承担其尊重人权的责任 …… 174

5. 通过企业社会责任方法在非司法层面强制执行这项义务 … 175

　5.1 通过企业社会责任方法在全球企业供应链中打击腐败的

　　　可行性 ……………………………………………… 176

　5.2 为什么企业社会责任方法有用？ …………………… 178

　5.3 如果国内已经有反腐败法，为什么还需要建立企业社会

　　　责任方法打击腐败？ ……………………………… 181

6. 结语 ……………………………………………………… 184

第八章　冲突矿物领域人权尽责框架的批判性研究——对电子行业的挑

战　　　　　　　　　　　　　　　　　高以美子……186

1. 引言 ……………………………………………………… 186

2. 人权尽责概念分析 ……………………………………… 189

3. 矿物供应链中实施人权尽责的倡议 …………………… 191

　3.1 大湖地区国际会议（ICGLR）反对非法开采自然资源的

　　　区域倡议 ………………………………………… 193

　　3.2　无冲突冶炼厂 ································· 194

　　3.3　国际锡研究所（ITRI）锡供应链倡议 ····· 195

　　3.4　认证贸易链和指纹分析 ···················· 195

　4.　矿物供应链中实施人权尽责面临的挑战 ······ 199

　5.　人权尽责倡议的影响 ·························· 210

　6.　结语 ··· 213

第九章　追求实质性的企业人权政策

　　　　　　　　　　　　　　马修·穆勒恩······215

　1.　引言 ··· 215

　2.　原则 16 的内容 ······························· 216

　3.　确保实质性 ·································· 219

　4.　通过基于人权的方法（HRBA）的指标来评估企业人权
　　　政策的内涵 ································· 222

　5.　结论：坚定而有策略地发展 ··················· 230

第三部分　国别案例评析

第十章　投资协议和人权：对拉丁美洲采矿业的反思

　　　　　　　　　　　　　　斯蒂芬·葛维斯······235

　1.　引言 ··· 235

　2.　方法 ··· 237

　3.　监管寒蝉理论 ······························ 238

　4.　案例研究 ···································· 242

　　4.1　环太平洋开曼群岛诉萨尔瓦多案 ··········· 244

　　　4.1.1　选择理由 ··························· 244

　　　4.1.2　人权背景 ··························· 244

　　　4.1.3　国内政策 ··························· 246

　　　4.1.4　仲裁程序 ··························· 247

　　　4.1.5 因变量的变化 ·· 248

　　4.2 英菲尼托黄金有限公司诉哥斯达黎加案 ·················· 249

　　　4.2.1 选择理由 ·· 249

　　　4.2.2 人权背景 ·· 250

　　　4.2.3 国内政策 ·· 251

　　　4.2.4 仲裁程序 ·· 254

　　　4.2.5 因变量的变化 ·· 256

　5. 分析 ·· 257

　6. 结论 ·· 261

第十一章 "保护、尊重和补救"框架在国有企业的应用——以阿塞拜
　　　　疆国家石油公司（SOCAR）为例 拉穆特·雷姆扎特······263

　1. 阿塞拜疆采掘业的人权尽责 ·································· 264

　2. 阿塞拜疆采掘业的法律和政治背景 ························ 268

　3. 阿塞拜疆国家石油公司在财产权方面的负面影响 ·········· 272

　　3.1 以拆迁、非法征收、强制驱离为代价推进城镇化和
　　　　石油工业发展 ·· 272

　　3.2 案例研究：苏鲁特佩地区的强制驱离和拆迁 ············· 273

　　3.3 对阿塞拜疆国家石油公司侵犯人权和缺乏有效法律补救的
　　　　企业社会责任评价 ··· 275

　4. 阿塞拜疆有义务确保对财产权遭受的侵犯提供有效补救 ··· 278

　　4.1 有必要加强对致力于公司责任人权捍卫者的保护 ········ 281

　5. 外国石油公司为阿塞拜疆国家石油公司在阿塞拜疆的人权
　　　侵犯行为承担的企业社会责任 ······························ 282

　6. 结论 ·· 283

第十二章 隐形的少数——印度出口行业"残疾人"群体的现状

里图帕纳·迈乌姆达尔……285

1. 引言 …………………………………………………… 285

2. 印度出口行业和企业社会责任 ……………………… 286

3. 残疾人和国际人权 …………………………………… 287

4. 方法论 ………………………………………………… 292

5. 主要发现 ……………………………………………… 292

6. 受访者简介 …………………………………………… 293

7. 企业的招聘政策 ……………………………………… 293

8. 残疾员工就业情况 …………………………………… 294

9. 无障碍工作 …………………………………………… 294

10. 残疾员工的解雇 …………………………………… 295

11. 企业社会责任和劳工权利的影响 ………………… 296

12. 培训和发展 ………………………………………… 296

13. 健康和安全 ………………………………………… 297

14. 案例研究 …………………………………………… 298

　14.1 A 员工，女性，30 岁：检验部门，服装制造业 …… 298

　14.2 B 员工，跨性别，32 岁：加工部门，鞋业…… 298

　14.3 A 工厂主，男性，55 岁，德里服装厂主 …… 299

　14.4 B 工厂主，男性，40 岁，古尔冈汽车公司负责人…… 299

　14.5 B 工厂主，女性，73 岁，诺伊达服装制造厂主管…… 300

15. 讨论 ………………………………………………… 301

16. 建议 ………………………………………………… 302

简　介
跨国公司责任研究：人权新前沿问题

巴德·A. 安德烈亚森 武庆荣

1. 引言

现代人权是动态发展的。通过对人权的解读，以及在新形势和语境下的重新解读，人权需要适应新的挑战和社会风险，以维护人类的基本利益。本书阐述了如何通过研究工商业领域不断扩张的人权来证明这一观点。它介绍并审查了对商业行为者监管转向的新经验，并讨论了人权标准制定和倡导方面的最新发展。

人权一直被理解为以国家为中心的：传统人权模式认为个人是权利持有人，而国家（包括各种国家机关和组织）是义务承担者。这仍然是人权的基本模式，但在一个国家权力相对下降、世界多极崛起、非国家行为者越发强大等迅速变化的世界中，这种模式正在不断得到修改和发展。在提到这些变化时，奥尔斯顿认为，有必要重新设想"人权制度的性质，以便充分考虑到其发生的根本性变化"，尤其是全球最近几十年发生的变化。[1] 本书考虑到了这一点，情景人权理论承认，作为当代全球化的一部分，某些类型的非国家行为者——特别是工商企业——正在迅速获得人权制度不能再忽视的影响力和权力。

---

[1] p. Alston, 'The "Not-a-cat" Syndrome: Can the International Human Rights Regime Accommodate Non-State Actors' In p. Alston（ed）, *Non-State Actors and Human Rights*, Oxford University Press, 2005, p. 4.

法律发展——包括人权法——通常是被动的。它回应了新的社会现实需求，引发了对监管、限制和控制的追求。这就是人权和工商业领域正在发生的情况。伦理意识和公德被扰乱的事故和事件，公然侵犯工人权益的事件和环境被无情剥削的社区，都引发了维权需求。根据经济全球化的经验，人们一直在努力更准确地界定工商业行为者的人权义务，尽管速度很慢。随着 20 世纪 80 年代新自由主义经济政策的出台，使得经济飞速发展的全球化是由以下三个相互交织的阶段构成的。第一阶段包括冷战结束后国际经济、文化和规范互动发展，万维网的发明以及信息技术创新的涌现。第二阶段则以文化范式和消费主义的迅速传播为主要特征。第三阶段是一个传播世界性道德和法律规范的过程。在这一过程中，普遍人权只是法律发展、体制改革和最近对工商业市场参与者的监管的一个缩影。而后者才是我们的兴趣所在：将工商业行为者的人权义务当作跨国规范的当代推断。

必须在全球社会和政治背景下理解和解释通过人权机制实现的新监管转向。人权的动态发展反映在全球合作、互动和交流的变化中，例如跨国企业实体的权力过大引发了对企业行为多中心监管的需求。

这方面的早期表现是企业社会责任（CSR）的发展。它从 20 世纪 50 年代开始在西方资本主义经济中逐渐兴起，其根源可以追溯到 20 世纪 20 年代，当时有人认为企业应为社会提供商业服务。[2] 弗雷德里克认为，企业社会责任在 20 世纪 50 年代主要包括以下三个内容：公共管理者作为公共受托人的理念；平衡对企业资源的竞争性要求（股东与利益相关者之间）和对社会的慈善服务。[3]

在接下来的几十年里，直到 21 世纪初，企业对企业社会责任的概念内容和应用发生了几次转变。这些转变反映了公司治理规范基础的变化。总的来说，我们观察到一种逐步发展的趋势，即对利益相关者更加

---

〔2〕 R. C. MourA. Leite and R. C. Padgett, "Historical Background of Social Corporate Responsibility", (2011) 7 (4) *Social Responsibility Journal* 259.

〔3〕 W. C. Frederic, *Corporations, Be cool! The Story of Corporate Social Responsibility*, Indianapolis, IN: Dogear Publishing, 2006.

负责，以此来保持企业在社会中的合法性。弗雷德里克将 20 世纪 50 年代和 60 年代描述为企业社会相应的一个阶段，此时企业通过慈善工作和慈善事业展示了对社会的一些责任。但渐渐地，利益相关者开始提高对公司实现其社会功能和治理能力的期望。从 20 世纪 70 年代开始，人们越来越关注主导市场经济的商业行为，以及这些商业行为对社会的影响和后果。唐纳森强调，企业与社会之间长久的"社会契约"正在形成，并成为企业社会责任的意识形态依据。[4] 20 世纪 80 年代，企业社会责任有利于企业发展和提高利润的理念逐渐被人们接受。其中焦点主要转向更广泛的企业社会责任概念，将种族问题与企业内部的制度实践相结合，例如企业内部建立拥有工人代表的工会组织。反映了公共政治话语的时代，一种关注外部环境影响的经商方式应运而生了。

　　到了 20 世纪 90 年代，企业社会责任的概念在全球市场上被广泛接受（除了一些迅速兴起的市场经济国家）。莫拉·莱特和帕吉特[5]认为到 20 世纪 90 年代中期，"互联网和相关技术的全球化提高了机构的监管能力，为企业创造了新的压力，促进其承担更大的企业社会责任"。通过对企业声誉的重塑，企业社会责任正逐渐成为一种金融资产。目前公众声誉不仅取决于产品和服务的质量、技术创新和设计标准等，而且这些商业声誉方面还受到公众对企业治理和道德行为的看法、对工作场所条件的关注，环境意识和财务绩效（非腐败）等影响。对许多国际公司来说，企业社会责任成为改善公共关系的商业模式的一部分，在 21 世纪初，对企业社会责任的要求扩大到包括对环境可持续性、利益相关者沟通和商业行为中的公共透明度的要求。[6] 此时，企业社会责任也开始在中国发展起来。李（M. P. Lee）以谨慎乐观的态度总结道，在进入新千年的 10 年后中国将实现企业社会责任。企业社会责任在 20 世纪 90 年代末"被引入"中国，并在国家的控制和监护下取得了一些

〔4〕　T. Donaldson, *Corporation and Morality*, Prentice Hal, Englewood Cliff, NJ, 1882.

〔5〕　R. C. Moura-Leite and R. C. Padgett, "Historical Backgroundof Social Corporate Responsibility", （2011）7（4）, *Social Responsibility Journal*, p. 534.

〔6〕　M. p. Lee, "A Review of theories of social responsibilities：its evolutionary path and the road ahead", （2008）10, *internatioanl Journal of Management Review*, pp. 297~311.

进展。然而，尽管企业社会责任在环境问题上取得了一些进展，但这基本不涉及人权。[7]

这就引出了企业社会责任与当代人权和商业倡议的关系。20 世纪90 年代，企业社会责任的讨论中开始出现人权，这是一个新的话题。1976 年的《经合组织跨国企业准则》并没有明确提及人权，随后 1979年、1984 年和 1991 年的修订版也都没有提及。然而，2000 年修订的该准则中提到了《世界人权宣言》，明确要求企业在经营中尊重人权——尽管只是作为一般性的要求。根据《经合组织跨国企业准则》（2000年）一般性政策的第 2 段规定，"企业应按照东道国政府的国际义务和承诺，尊重受其活动影响者的人权"。另一个规定了商业经营活动的权利保障路径的国际文书是 1977 年国际劳工组织的《关于多国企业和社会政策的三方原则宣言》。该宣言的目的是"鼓励多国企业为经济和社会进步及实现人人享有体面劳动做出积极贡献；并尽量减少和解决其各种经营活动可能造成的困难"。和《经合组织跨国企业准则》一样，该宣言也是自愿性的倡议。然而这些文书不仅奠定了 20 世纪 90 年代国际社会责任话语与政策的基石，也为 20 世纪第一个十年的发展奠定了基础。

将工商业和人权联系起来的一个重大突破是在 1997 年，当时促进和保护人权委员会设置了跨国公司的劳工策略和行动的工作组。[8] 在第一届任期（1999 年）内，该工作组要求大卫·魏斯布罗德（David Weissbrodt）起草一份有关商业企业人权行为准则的草案。工作组在2000 年 8 月份会议上讨论了准则的第一份草案，并且在促进和保护人权委员会 2001 年和 2002 年的会议上经过讨论进行修改。[9] 2003 年 8月，促进和保护人权委员会通过修改后的准则（resolution 2003/16），

---

〔7〕 M. p. Lee, "A Review of theories of social responsibilities: its evolutionary path and the road ahead", (2008) 10, *internatioanl Journal of Management Review*, p. 99.

〔8〕 在 1999 年以前，促进和保护人权委员会被称作"禁止歧视和保护少数群体委员会"。它被人权理事会解散了，在 2006 年 8 月召开最后一次会议。取代它的是人权理事会新设立的专家机构，即人权理事会咨询委员会。该委员会在 2008 年 8 月召开了第一次会议。

〔9〕 E/CN. A/Sub. 2/2002/WG. 2. /WP. I/Add. 1.

命名为《跨国公司和其他工商企业在人权方面的责任准则草案》（以下简称《准则草案》）。[10]

在其第一部分的"一般原则"中，《准则草案》规定"在各自的活动和影响范围内，跨国公司和其他工商企业有义务促进、确保充分尊重、保护国际法和国内法承认的人权"。类似的规定还有第八部分第 18段规定"在确定损害赔偿金以及其他方面，本准则应酌情由国家法院和/或国际法庭执行"，尽管它们被设计为自愿标准，但在很大程度上要求企业承担法律义务。因此，对《准则草案》的含义、范围和约束力的困惑和不满很快就出现了，草案也遭到了严厉的批评和抵制。针对促进和保护人权委员会的报告，人权委员会[11]向联合国经济社会理事会（其上级联合国机构）建议"申明人权委员会没有要求通过载有《准则草案》的文件，而且作为一个没有法律约束力的草案提案，小组委员会不应在这方面履行任何监督职能"。[12] 但人权委员会并没有就此搁置该议题。人权委员会要求高级专员编写一份报告，参考《准则草案》确定企业的人权责任标准。在 2005 年 4 月，人权委员会设立了跨国公司和"其他工商企业"的人权事务特别代表一职。[13] 在 2005 年 7 月，联合国秘书长指定哈佛大学约翰·鲁格教授担任特别代表。

2. 人权和规制理论

人权规范与商业行为的道德评价之间逐渐演变的联系，反映了现代人权的基本理念。从理论上讲，人权代表着个人和社会行为的评价准则和标准，它对指导有目标的行动至关重要。然而，在现代社会，人权是保护或治理社会中重大社会风险的社会机制——或者，正如乌尔里希·贝克（Ulrich Beck）所说，工业化和全球化带来的风险，也就是现代化

---

〔10〕　E/CN. A/Sub. 2/2003/16.

〔11〕　编者注：联合国大会 2006 年 3 月 14 日以 170 票支持、4 票反对和 3 票弃权的压倒性多数通过建立人权理事会，取代人权委员会。

〔12〕　Commission of Human Rights Decision 2004/116, adopted on 20 April 2004.

〔13〕　Commission of Human Rights Resolution 2005/59, adopted on April 2005.

带来的风险。[14] 舒亨利将人权风险称为危害人类基本利益、体面生活和正常社会生活的"标准风险"。[15] 但是随着全球化的发展，市场代理人——特别是强大的跨国公司——"生产"，或者更确切地说，"制造"了这些标准的威胁，特别是通过提供不合格的工作条件，污染当地的环境，剥夺农村人民的土地以寻求自然资源等许多其他的途径。

1984 年 12 月 3 日，美国联合碳化物集团在印度博帕尔的农药厂发生了大规模的异氰酸甲酯气体泄漏事件，这不仅是标志性事故，也是现代史上最致命的工业事故。它作为现代商业中人类暴行引发的"骇人听闻"事故而闻名。博帕尔案件是全球日益认识到跨国企业的负面人权影响的分水岭。毒气泄漏后瞬间导致附近非正式定居点数以千计的民众死亡，随后几十年陆续导致数以万计的民众患病和残疾："竞选者把死亡人数定为 25 000 人，并说毒气的可怕影响一直持续到今天。"[16] 25 年过去了，尽管幸存者在印度境内和境外都提起大量诉讼，他们仍然没有得到适当的补偿和救济。联合碳化物（印度）有限公司的 50% 股权属于美国联合碳化物集团，其他股份属于印度政府和印度当地的股东。这场事故发生后，一大批美国律师在美国法院对母公司美国联合碳化物集团提起了多达 145 件诉讼。[17] 印度政府也遭到了诸多诉讼。但是，美国纽约联邦高院（受理这些诉讼的法院）将这些诉讼驳回，认为美国法院属于不方便法院，这些诉讼应当向印度境内法院提起；母公司（总部位于美国）不能被告上印度法庭，因此，它作为大股东的同谋不必承担责任。而事实证明，印度司法部门在处理向法院提起的案件方面极为无能，直到 2000 年，才有 8 名联合碳化物（印度）有限公司的高管因

---

〔14〕　U. Beck, *Risikogesellschaft auf dem Weg in eine andere Moderne*, Frankfurt am Main：Suhrkamp Verlag, 1986, p. 30.

〔15〕　H. Shue, *Basic Rights. Substance, Affluence, and US Foreign Policy*, Princeton, University Press, 1980, p. 17.

〔16〕　See news. bbc. co. uk/2/hi/south_asia/8725140. stm（2010）.

〔17〕　J. G. Ruggie, *Just Business. Multinational Corporation and Human Rights*, New York：W. W. Norton, 2013, p. 7.

"过失致人死亡"被轻判监禁和象征性罚款。[18]

博帕尔案正好印证了舒亨利所说的"规制风险"。它也展示了缺乏合适的保护机制会让人无能为力，权利得不到有效保障。这些案件表明缺乏社会保障（在本案中是有效的司法救济），使人们容易遭受危险和极大伤害。舒亨利认为"只有真正建立起为那些认为自己无法应对问题的人提供援助的社会机制，才能减少可信的威胁"。[19] 为了免受这种伤害，人们需要稳固的制度保护，"不是为了防范任何可以想象的威胁，而是防止可预见的补救措施中的风险"。[20] 这一功能作为*防范标准威胁的体制机制*，正是人权实践的精髓所在。

必须指出的是，新的工商业和人权议程采纳了人权的这一特点：扩大社会和法律保障领域，保护人们免受工商业行为所带来的社会和人身伤害。鲁格教授指出，"事实上，历史告诉我们，当市场的范围和力量远远超出使其顺利运作并确保政治可持续性的制度基础时，市场对社会和企业本身就构成的风险最大"。[21] 目前大多数的研究都集中在规章制度方面。工商业和人权领域是一个新的监管领域，[22] 它为风险管理提供了正当性、合法性和基于人权的机制，即"通过适当修改原因或减轻不太可取的后果，来减少不良影响的机制"。[23] 使用人权方法意味着，我们要处理人权是如何构成企业之间以及企业、政府和其他利益相关者之间关系的规则。

虽然我们认识到人权标准尚未渗透到工商业的规范基础，但我们看

---

〔18〕 J. G. Ruggie, *Just Business. Multinational Corporation and Human Rights*, New York: W. W. Norton, 2013, p. 7.

〔19〕 H. Shue, *supra* n. 14, p. 26.

〔20〕 *Ibid.*, p. 33.

〔21〕 A/HRC/8/5（7 April 2008），"Protect, Respect and Remedy: a Framework for Business and Human Rights", Report of the Special Representative of the Secretary-General on the Issue of Human Rights and Transnational Corporation and other Business Enterprises.

〔22〕 L. Hancher and M. Moran（eds），*Capitalism, Culture and Economic Regulation*, Oxford University Press, 1989.

〔23〕 O. Renn, "Three Decades of Risk Research: Accomplishment and New challenges"（1989）*Journal of Risk Research* 1, pp. 49~70.

到国内和国际工商业人士越来越关注、了解和重视人权的趋势。人权为企业认真对待权利提供了道德动机和现实激励的假设并不是过度幼稚的；人权是监管改革的一部分。

这意味着，在企业行为的人权责任研究中，存在着一种理性和规范的制度视角。从理性的商业角度来看，公司追求利润最大化是其合法性目标。这是为了适应市场需求。这些需求可能源于市场上的新规范（竞争对手发明新的运作方式，使竞争获得成功），也可能源于新的国家法规。因此，市场的需求随着时间的推移而变化，市场不是既定的，国家或国际机构的外部监管要求和规则不断地影响着国内和国际经济关系。监管的范围在不断变化。最近的监管标准包括了人权和保护环境。当企业接受这些标准的时候，也在反过来影响监管。然而，这一发展出现在30年来新自由主义经济政策寻求放松对国家和私营部门管制的时候，这是自相矛盾的。有人质疑历史是否会重演。

3. 人权法和工商业：概念，规则和挑战

正如上文所述，最新的人权规则是由联合国工商业与人权特别代表约翰·鲁格教授带头制定的。在现有的人权制度中"鲁格路径"被重塑和再诠释，以促进其对市场行为体的适用，重塑监管空间，以及由此产生的商业竞争环境。

鲁格试图将他所说的"原则实用主义"应用到他的工作中。在他担任特别代表的两个任期内（2005~2011年），他通过与世界各地众多利益相关者协商发表了一系列文件，并制定了一个框架（2008年的报告）和工商业与人权指导原则（2011年的报告）。鲁格的基本方法是将制度与法律相结合。他认为，造成工商业和人权困境的"根源"在于当代全球化在"经济力量和行为人的范围和影响以及社会管理其不良后果的能力之间存在治理漏洞。这些治理漏洞为各类公司的违法行为提供了宽松的环境，而不用遭受足够的惩罚或赔偿。"[24] 通常，与工商业有关的最严重的人权受侵犯情况发生在政府管理问题最大的国家，尤其是

---

[24] A/HRC/8/5, *supra* n. 20, p. 3.

在低收入国家和法治制度薄弱、腐败问题严重、内部冲突严重的国家以及有小块无国籍领土的国家。[25]

到 20 世纪 90 年代，人们普遍认识到，跨国公司的权力已经超出了有效的公共治理的范围，并日益削弱了公司在未经制裁或补救的情况下实施不法行为的机会。目前制定的商业行为框架和原则，旨在通过在公共问责和私人行动者责任之间的互补关系，规范和改革企业和政府的行为来治理这种普遍的治理差距。

鲁格批评标准草案，认为"他们夸大了司法诉讼，概念模糊不清……被他们自己过分的教义所吞噬"。[26] 相反，鲁格试图通过"建立一个共同的全球行动纲要为政府、企业和民间社会行为体制定一个权威的政策指导来源，在此基础上逐步累积进步，同时不妨碍任何其他有希望的长期发展"。[27]

这一框架在本书的接下来几章中会提到，它以三个支柱和一个概念架构为基础，以确定政府和企业在保护和尊重人权方面各自的作用，以及它们在发生人身伤害时对补救工作的单独和共同责任。支柱一是国家有义务通过适当的政策、规定和裁定，防止第三方（这里指工商企业）滥用权力。支柱二是指企业有责任尊重人权，包括有责任防止侵害人权，以及在侵害发生后采取措施减少负面影响。支柱三是指提供救济和补偿的义务，以及在人权案件中提供司法和非司法的救济。在这三个支柱框架内并没有设立新的规范和人权标准，而是将现有标准和基于条约的权利在新领域加以应用。鲁格还确定了一系列共 31 个原则，并提供了一些规定了企业责任和国家义务的具体规则。

自从该框架和指导原则通过以来，国际社会和各国国内一直在为这些原则的实施而不懈努力。当人权理事会在 2011 年 6 月通过《联合国

〔25〕　A/HRC/8/5, *supra* n. 20, p. 6.

〔26〕　J. G. Ruggie, *supra* n. 16, p. 54.

〔27〕　A/HRC/17/31 (21 March 2011), "Report of the Special Representative of the Secretary-General on the Issue of Human Rights and Transnational Corporation and other Business Enterprises"; J. G. Ruggie, *Guiding Principles on Business and Human Rights*: *Implementing the United Nations* "*Protect*, *Respect and Remedy*" *Framework*, p. 7.

指导原则》（以下简称《指导原则》）时，人权理事会也设立了人权与跨国公司和其他工商企业问题的跨区域工作组，以监督和促进《指导原则》的实施。[28] 工作组的任务是促进原则的传播，确定和学习良好做法，支持国家能力建设，开展与政府和其他利益攸关方的对话，并就在国家、区域和国际各级执行《指导原则》的情况提供建议。[29] 人权理事会在 2014 年新决议中重新规定工作组的任务，新任务特别提到推动制定执行《指导原则》的国家行动计划。自 2012 年，每年在日内瓦会举办年度工商业与人权全球论坛，提供支持和促进企业、慈善机构、非政府组织和人权学者之间的对话。

《指导原则》的核心特点是没有创设新的法律和标准，而是建立在人权法的现有制度、机构和机制上。保护和实现人权的首要责任还是在于国家。与此同时，《指导原则》强调了工商企业作为非国家行为体和社会机构（《世界人权宣言》序言所说的）有义务尊重人权和不违反人权规则。人权规范的重新定位已经进行了一段时间。[30] 正如达纳拉詹和欧布里恩所说，它的突破是"此时，这对于确保它们作为对人们生活中遭受的侮辱和不公正的持续回应至关重要"。[31] 然而，关于使企业尊重人权的最佳方式仍然存在争议：是通过制定一项具有约束力的条约的法律途径，还是通过建立一个基于自愿的制度，通过认知，监督和公众劝阻来推行机构和文化变革。

《指导原则》代表着另一条折中之路。它强调公司有责任尊重人权和遵守"无害"原则。同时，《指导原则》强调通过尽职调查、工商业实体内部和跨商业部门的制度和文化变革，发展新的商业行为。此外，企业尊重人权的责任是基于国家保护人权的义务。联合国工作组鼓励国

---

[28] J. G. Ruggie, *supra* n. 16, p. xxi.

[29] S. Dhanarajan and C. M. O'Brien, "Human Rights and Business. 14th Informal ASEM Seminar on Human Rights", *Background Paper to the Asia-Europe Meeting in Hanoi*, 18~20 November 2014, p. 11.

[30] P. Alston, supra n. 1; B. A. Andreassen, "Development and the Human Rights Responsibilities of Non-State Actors" in B. A. Andreassen and S. P. Mark (eds.), *Development as a Human Right, Legal, Political and Economic dimensions* (Antwerp: Intersentia, 2010).

[31] S. Dhanarajan and C. M. O'Brien, *supra* n. 28, p. 12.

家通过制定新的工商业与人权国家行动计划来履行其义务。

尽管《指导原则》的影响和传播越来越广，但对实现尊重人权责任的最佳路径的争论仍然有增无减——是制定国际条约来规制跨国企业行为，还是采取更加灵活的策略，将国家法律和自愿倡议作为促进企业人权责任的主要战略。在 2014 年 6 月人权理事会通过有关工商业与人权的两项决议时，该争议初显端倪。[32]

第一份决议通过的票数悬殊（20 票赞同，14 票反对，13 票弃权），它决定设立一个政府间工作组，负责拟订一项具有法律约束力的条约，以"在国际人权法中对跨国公司和其他工商企业的活动进行监管"。[33]人权理事会的大多数成员没有对该决议投赞同票，大多数跨国公司母国（例如美国、英国、韩国、日本）投反对票。值得注意的是，决议认为未来条约所针对的主体是"跨国公司和其他工商企业"，但在脚注补充到"其他工商企业"指"业务活动具有跨国性质的所有工商企业，不适用于根据有关国内法注册的地方企业"。这无疑是极具争议的，并且意味着，正如所示，拟议条约范围将涵盖从孟加拉国达卡市拉纳广场（Rana Plaza）大楼的工厂购买服装的国际品牌。该大楼于 2013 年 4 月24 日倒塌，造成 1129 人死亡，2500 多人受伤。但是并不包括当地的工厂主。[34] 因此，批评这起事故的人士认为，鉴于制定人权条约的历史，在不远的将来条约极不可能出现并获得广泛支持。这无疑引出了一个问题："从现在开始"，我们应该做什么？[35] 一个简单的回答是尽可能有效地实施《指导原则》。但是，目前潜在的威胁在于起草一项新条约的长期进程将大大削弱《指导原则》的执行效果。这将是推进工商业和人权议程的一个倒退。

第二项决议反映了条约反对者的观点，是由支持继续执行《指导原

---

　　[32]　A/HRC/26/L. 22/Rev. 1, p. 1f.

　　[33]　A/HRC/26/L. 22/Rev. 1, p. 1f.

　　[34]　J. G. Ruggie, "The Past as Prologue? A Moment of Truth for UN Business and Human Rights Treaty", (2014) 8 IHBR Commentary 1.

　　[35]　J. G. Ruggie, "The Past as Prologue? A Moment of Truth for UN Business and Human Rights Treaty", (2014) 8 IHBR Commentary 1.

则》的国家提出的。这项决议由人权理事会未经表决一致通过，强调要加强实施《指导原则》，包括为了实施而制定国家行动计划，以及促进工作组制定为人权受害者提供司法和非司法救济机制的国家指导方针。决议也呼吁将工作组的任期延长3年。实际上，该决议可能会在今后的程序中发挥重要作用。在短期内，该决议要求由高级专员办公室领导的"全方位法律选择和切实可行的措施，以改善获得补救的机会"。而且所有利益相关者团体的参与将在条约谈判进行中提供实用的信息、见解和指导。[36]

要使企业在其运作中对人权负责，很难用一种管理战略来实现；相反，它要求采取综合措施来补充每一项战略。21世纪早期的标准规范制定经验告诉我们，这不是建设性的路径，而且也不该被复制。如果没有严格的法律规定，法律路径是否会在企业提高认识、执行和执行人权规范方面产生更好的效果，就只是一个假设，而且事前无法回答。其中一个问题是如何制定条约，以及如何让跨国公司最集中的母国同意批准和实施该条约。同样重要的是，关键行动者，即跨国公司和其他工商企业，包括东道国的附属供应商，将如何应对不同的战略路径。创造更公正的商业需要尊重权利，这是做生意的必要条件。它需要改变企业作为"社会机构"的概念，需要在企业的运作和职能中改变其制度和文化。它需要将人权规范的制度内化。公司在可持续发展项目中对环境变化的责任方面也有类似的经验。[37] 2010年启动该研究和创新项目的目标是，如何将对环境的关切更好地融入公司的决策和运营。并且通过完成该目标，该项目期望能够促进可持续发展。[38] 这明显需要采取混合性策略。根据该项目纲要，"将企业对气候变化的重大贡献作为既定事实"。在设计缓解气候变化的战略时，必须更有效地解决公司的问题。

---

〔36〕 J. G. Ruggie, "The Past as Prologue? A Moment of Truth for UN Business and Human Rights Treaty", （2014）8 IHBR Commentary 1, p. 6.

〔37〕 奥斯陆大学私法学院的国际研究项目，参见：www. jus. uio. no/ifp/english/research/project/sustainable-companies/（accessed 1 June 2015）。

〔38〕 www. jus. uio. no/ifp/english/research/project/sustainable-companies/project-description（accessed 2 July 2015）.

一个基本的假设是，传统的公司外部监管是不够的，例如通过环境法律。通过研究，我们的假设是，除非将环境可持续性的目标恰当地纳入公司法，从而纳入公司的内部工作流程，否则公司经营中的环境可持续性是无法得到有效实现的。[39]

　　环境法领域的这一经验反映了国际法律法规的局限性，强调了国家法律法规（公司法）与公司文化变革和制度改革相结合的混合战略的重要性。它也指向了竞争市场的部门层面。公司在市场领域内竞争，并对其所追求的商业化和规范化战略进行成本效益分析。条例应反映跨部门做法，使人权成为成本效益计算的一部分，并作为企业行为者之间建立和保持承诺的一部分。在实施《指导原则》时采用跨部门的方法，有助于协助建立和制度化部门内的政策，增强部门内监管范围。正如德瓦在第一章所写，尊重人权能够赋予企业竞争性优势（增加其利润）。同时，尊重人权还应有助于管理公司风险，帮助确保公司不会对人权造成负面影响，因为这将破坏声誉，进而损害其市场地位（鲁格在其2008 年的报告中称之为"社会期望"）。然而，正如德瓦直接指出的那样，对工商业和人权采取成本效益办法的挑战与逆向计算方法相矛盾，即如果支付费用或信誉资本损失的费用小于商业上侵犯人权做法带来的利润，企业可能会选择支付费用或承担信誉损失。这显然说明，主要还是通过改善国家立法和执法工作，援引法律手段来确保尊重人权。如前所述，一项国际条约是否会确保权利承诺带来额外的效力充其量只是一种假设。这里讨论的是，国际法——对一项具有约束力的关于工商业与人权的新条约而言——需要以国内法学作为法律的主导，以及国内实施和强制手段。要使一项国际条约有效，就需要应对各种类型的治理中反复出现的漏洞。这涉及法律和政策领域的制度和治理。换句话说，这些是国内和国际法律以及司法管辖区的有效规范和实践，能够在东道国和母国的法律体系和合法的监管政治制度中对跨国公司进行监管，以确保

---

〔39〕　www. jus. uio. no/ifp/english/research/project/sustainable - companies/project - description (accessed 2 July 2015). See also：B. Sjafjell and B. Richardson (eds.)，*Company law and sustain-ability- Legal Barrier and Opportunities*，Cambridge University Press，2015.

司法独立。它还涉及民间社会对权利和责任的支持和倡导，包括作为公民治理领域的独立和有效的媒体。当然它也涉及公司治理，即跨国公司和其他企业如何采纳和内化人权原则。如今人权的主要问题不是缺乏人权规范，而是各国对有效人权文书的执行不力。制定有关国家监管工商业行为的新条约，要求这些规范能够纳入跨国企业及其他工商企业的文化、行为和制度中。与此同时，条约的制定不能忽视《指导原则》的实施，该原则在过去的四年间已经获得出乎意料的广泛支持。

在本书的第一章中，苏里亚·德瓦明确要求制定清晰的工商业责任。他说人权不是协商性的，它不应被视为手段和目的，而应被视为工商业本身的需要。现在有一种趋势，只要人权对工商业利益底线有利，就把它当作'有利于工商业'来对待。但是德瓦认为，这种人权的"商业案例"可能对许多公司的决策和行为有积极影响，他警告不要将此作为制定工商业行动者人权义务的主要理由。他还对鲁格所采用的建立共识的方法持批评态度，因为这会阻止发展一个更加"稳健"的法律框架。根据人权理事会通过的第 26/9 号决议，不限成员名额的政府间工作组开始设计相关条约规范。然而，德瓦认为各国（或者至少是大多数跨国公司的母国）可能还没有准备好采取强有力的法律监管制度。他认为现有的制度构建更应该以受害人为中心，而不仅仅探究企业的人权"影响"。在这一努力中，民间社会做为监督者在监测工商企业非国家行为人方面的作用至关重要。在他的分析中，需要多种（和综合的）方法，让企业对其侵犯人权的行为负责，而制定条约不过是他设计的方法之一。

伊泰·阿普特对当前推动企业人权责任的措施提出了批评（第二章）。阿普特认为在培育一个新兴的全球企业行为标准治理方面，已经取得了很大进展，有一些新工具可能有助于补救受害者，并防止商业实体滥用。将企业对侵犯人权的责任强加于人的软法努力，包括普遍诉讼与国际准则，正在扩大。然而，她以批判的眼光审视了现有的补救措施究竟是有效的，还是产生了相反的效果。她质疑是否应该鼓励各国在国内而不是通过国际协议采取行动。她支持综合多种战略，以确保公司的责任，在历史上，没有一种单一战略在整体上是成功的。然而，有必要从政治和软法、硬法等方面解决问题，以推进问责制，并促进本国政府参与确保外国公司行为合规的行动。阿普特指出《联合国指导原则》和经合组织跨国行为准则的优势和不足，认为这些规范在某些情况下甚至会侵害受害者的最大利益。同时，她认为国家间政治对话和解决办法可能有助于责任的施加，并提供补救办法，即使它们可能规避法律解决办法和责任。

　　企业对社会和民众造成最恶劣影响的领域是环境损害。本书的几位作者都提到的典型案例是，20世纪90年代壳牌公司在尼日利亚奥格尼三角洲的石油勘探造成的石油污染。拉丁美洲还有许多其他的土壤退化和环境破坏案例，例如厄瓜多尔（雪佛龙公司）和秘鲁，往往给生活在受影响地区的土著人民带来灾难性的后果。真蒂莱·齐贝里论述了工商业企业与严重环境损害责任的相互关系问题，提出了公司、东道国和母国共同承担责任的模式（第三章）。他认为越来越难以准确地区分民事责任和国家责任之间的区别。而且公司的性质（无论是私人的、国有的还是混合所有制的）会影响到其承担的国际法上的责任。他提出的共同责任模式也回应了目前《指导原则》的争议。齐贝里认为东道国有义务建立适当的国家法律制度，来防止企业造成环境损害。而且母国也有义务解决相关争议。齐贝里指出只有严格的法律规制，才能防止企业做出具有高风险损害环境的决策。

　　然而，德瓦认为"工商业人权案例"不应成为工商业界认真对待人权的主要理由。古勒尔·阿拉斯（第四章作者）认为我们应注意到关注企业社会行为中的道德问题是有重要商业理由的。企业伦理行为可能具有不同的重要理由、规范和制度基础。有趣的是，在企业社会责任政策透明的市场中，企业投资的风险似乎更低。阿拉斯还考虑到影响企业行为的消费者意识，并引用欧洲和美国的数据，表明企业对道德问题的关注发生了重大的积极变化。但同样重要的是，企业社会责任行为可能会对公司在员工招聘、留用和生产方面的成败产生影响。尽管我们没有强有力的比较经验证据可供借鉴，但在选择为哪家公司工作时，道德问题似乎成为员工考虑的一个潜在因素。员工的道德选择与企业的重大关怀相结合，以吸引优秀员工，从而节约招聘成本，降低离职率。在反思围绕联合国指导原则的争论时，她支持这样一种立场，即道德和企业责任行为提供了"社会经营许可证"，这在商业上同样重要。同时，慈善原则不仅是内部道德运作的问题，更重要的是，更大的社会群体必须看到并认识到这些原则会对企业产生预期的积极影响。

工商业和人权话语的主要争议是人权法在限制和惩治国境之外的公司侵犯人权行为方面的效果。一个备受争议的，且在法律上仍然没有定论的国际法学说是通过法律的域外适用提起诉讼。在外国著名案件方面，本书的几位作者提到的著名的博帕尔案件，在利用美国法院提起诉讼方面没有成功。正如亨伯特·坎图·里维拉（第五章）所指出的，在美国以外的其他国家，可能有一种更为乐观的趋势，那就是让母公司负责监管其在海外的子公司（所谓的"择地行诉"）。或许，同样重要的是，通过国家实践和判例法，努力使软性法律具有半约束力。里维拉还讨论了一个重要议题，即在某些情况下，《指导原则》是否可以通过强化的软法而获得约束力。

域外人权义务问题正日益在人权讨论中得到解决。法学家们在2011年9月采用的马斯特里赫特原则通常被认为是对该争议最清晰和最全面的解释。该原则继续激励联合国经济、社会、文化权利委员会对域外适用进行推理和论证。[40] 埃本尼特·杜罗哈耶（Ebeneter Durojaye）认为，域外义务的原则为跨国公司对跨国界的人权行为负责提供了潜在的支持。他详细讨论了马斯特里赫特原则，并阐述了这些原则的适用将如何促进各国履行企业对人权损害负责的义务，以及该原则的内在弱点。和德瓦以及里维拉的观点一致，他倡导国际上制定有约束力的硬性人权文书，以补充马斯特里赫特原则作为软法的不足。

该书的第二部分解决一系列相关问题。人权能否为旨在预防腐败的更好的公司治理提供指导？谁是改变商业惯例的法律进步和社会激进主

---

〔40〕　参见 2014 年 5 月 23 日关于中国第二次定期报告的结论性意见。Cf. E/C. 12/CHN/CO/2.

义的主要支持者？我们如何处理商业部门的问题，了解它们在竞争环境中的运作，以及提高规范和法律规定的人权门槛的范围条件？我们如何衡量企业采取的"人权政策"的效果？在第七章，汉娜·伊万豪认为即使腐败对人民享有基本权利产生重大不利影响，其本身是否构成对人权的侵犯仍然存在争议。她谈到了供应链中的腐败问题，跨国公司通过贿赂合同和提供其他好处参与腐败行为。她认为这可能与自决权相抵触，这一观点在国际人权讨论中越来越多地被提出来。但是，我们需要更多的经验证据来找出腐败对个人人权构成的威胁，而在我们搜索和综合这些证据并建立因果关系的同时，艾芬豪（Ivanhoe）建议制定一个框架，将腐败作为侵犯人权行为加以处理。这一框架的基本概念结构可以从联合国指导原则固有的人权尽责中提取和构建，特别是企业尊重人权义务，以及从美国《反海外腐败法》中汲取经验。

因此，提高公司对运营商可能造成的人权损害的认识，并防止潜在损害发生的一种重要手段是人权尽责分析。《指导原则》将人权尽责作为展示预期成果的一种方法。高以美子（第八章）以刚果民主共和国为例，考察采掘业人权尽责的发展和应用。刚果民主共和国不仅是全球最重要的国家之一，还是一个在矿产开采区发生严重内部冲突的国家。在这样的经济和社会背景下，如何有效地引入人权尽责标准？高以美子对采掘业制定的尽职调查标准进行了详细讨论，参考了该标准相关重要实践，并讨论了刚果民主共和国在有效人权尽职调查方面存在的众多挑战、障碍和困境。其中包括严重的供应链责任追踪问题，以及严重的治理和安全问题。在刚果民主共和国开采高价值矿物的一个重要特征是，它是由手工采矿者进行的，这些采矿者大多数是非法和非正规的。塔卡提出在这种社会经济背景下，由于没有考虑到当地利益相关者的呼声，人权尽责标准的应用可能会导致出现一些重大困境（以及意想不到的负面后果）。在探索治理"冲突矿产"的过程中，应当认真地对待包容性问题。

企业遵守人权标准的另一个重要制度条件是明确企业对这些标准的承诺。《指导原则》（原则 15 和原则 16）规定将此条件作为制定企业人力资源政策的要求。然而，批评人士认为，这种自愿的政策很容易成为一个"烟幕"，掩盖只有官方宣告而缺乏实际行动的情况。在第九章中，马修·穆勒恩质问公司的人权政策意味着什么，并说明需要为人权政策的执行和监测制定适当的标准。基于对企业人权政策制定的实证研究，穆勒恩提出了一个评估企业人权政策的框架，借鉴了在发展和人权话语中经常提到的基于人权的方法模型。公司人权政策必须注重成果，借鉴国际人权标准，具有包容性，为利益相关者的影响提供战略规划，并具有透明度和责任感。他认为公司需要承担人权责任，并且由于公众利益和需求的增加，人权将成为强制性的义务。

在本手册的最后一部分中，我们将分三章来说明在特殊领域国家如何履行保护人权不受工商企业侵犯的义务。国家履行保护义务已经成为全球性的问题，但在新兴的转型经济体中尤为突出。

第一个问题涉及国际投资协定可能对国家保护人权免受商业损害的能力方面产生的影响。当国家缔结这种协定时，是否保留足够的政策空间，以便能够实现对人权的保障？根据"管制放松理论"，签订了投资协议的本国政府将冻结其预期的人权政策，如果这些政策侵犯了签订该协议的外国投资者的利益。国家这样做是为了遵守协议中规定的义务，并避免有关公司提出支付昂贵的诉讼赔偿要求。斯蒂芬·葛维斯在第十章通过对两个拉丁美洲国家（萨尔瓦多和厄瓜多尔）的案例的实证分析，来检验这一假设。葛维斯发现，这两个案例在一定程度上与提供了一些乐观想象的监管寒蝉假说相矛盾。虽然所分析的法律案件在编写本报告时尚未完全结案，但迄今为止，这一过程已足够明显，足以提出一些重要的建议，即确保国家遵守其人权义务，同时使其能够缔结国际投资协定。在建议中，投资法庭除了可以建立投资者申诉机制外，还可以建立人权申诉机制，包括提及受投资影响的工人和社区；纳入反腐败条款，明确提及《指导原则》。葛维斯总结，拉丁美洲的经验表明，当投资协定的影响损害人权和环境时，各国政府确实可能会反对投资协定。

最后，国有企业特殊的所有制性质是否意味着需要强有力的监管机制呢？事实上，世界上许多跨国公司都是私有制和国有制的混合体，不过通常由国家作为多数股权所有人。国家所有制是否意味着国家人权义务应该超出《指导原则》建议的尊重义务，因此要求对部分或全部国有公司进行更广泛的监管？这是一个热门话题，尤其是在采掘业（如石油业）。拉穆特·雷姆扎特（第十一章）通过对阿塞拜疆国家石油公司的分析来解决这个问题。她还认为，就《指导原则》而言，她并不支持这样结论性的法律立场，即国家所有制意味着国家要承担更多的责任，以确保国有企业不侵犯人权。同时，她认为政治环境有效地影响了国有企业的人权行为。她进一步提到阿塞拜疆的独裁统治、司法独立的缺失以及对民间社会的限制，这些因素都对阿塞拜疆国家石油公司的管理不利。

4. 结论

尽管近年来在软法方面取得了显著进展，但在公司应承担国际法义务上仍没有达成共识。显而易见的是，联合国工商业和人权问题特别代表的工作促进了工商业尊重人权，而这一点早就应该得到重视。虽然鲁格的工作还没有结束，但他选择的渐进主义方式应该受到赞扬。事实上，它为更广泛的战略互补开辟了道路，也就是说，这一领域需要沿着自愿和强制性、文化和体制、经济和政治等不同路线进一步发展。其实这就是德瓦提出的公司监管一体化框架的战略方案。[41] 最近很长一段时间以来，人们把注意力大多放在这一探索上，尽管它很重要，但它不应在最后时刻转移人们对其他战略和问题的关注。联合国《指导原则》的讨论带来了一种前进势头，它在逐步改变工商业的态度和行为的过程中取得了相当大的成功。这听起来可能是乌托邦式的天真，但事实并非如此。有明确证据表明，这可以提高企业行动者的人权意识和关注程度。而全球契约和其他相关倡议的发展至少表明正在发生的转变。然而，我们需要更多的知识来确定国际性自愿人权倡议如何促使商业行为的转变。很明显，通过说服、基于知识的信念或"市场的力量"的声誉（很可能是这些因素的组合）来实现，让企业自身基于自身利益需

---

〔41〕 S. Deva, *Regulating Corporate Human Rights Violation*, Humanizing Business, London: Routledge, 2012.

求产生了交流的冲动，这是企业更好地尊重人权和遵守法律所必需的。此外，遵守法律和尊重人权不仅关系到跨国公司，而且也关系到"任何其他企业"，包括中小型或大型国有企业。如果排除国有公司，那么正在制定的新条约可能会存在着严重缺陷。

随着时间推移，真正的转变需要体现在各种立法措施和法规上。双边和多边贸易协定是一个重要的新法律法规领域，而国内公司法改革同样重要。人权法不仅要求国内的法律加以调整和执行，而且要求各国愿意并能够履行其人权义务。国家遵守人权的意愿和能力是人权法的关键。因此，企业对人权规范和法律的尊重和遵守有赖于其治理改革和政治承诺。但工商业和人权领域必须在以下两个层面上进行治理改革：公司治理和国家治理。国家的治理能力和改革必须渗透到商业行为体的经营中。这不可能一蹴而就，但这是工商业和人权领域进行人权变革的必要条件。因此，监管方面的转变需要政治和经济体制变革之间的互动。建设更强有力的人权法律框架是一个重要因素，但前提是文化、政治承诺和市场结构的变革。只要监管被认为有助于不同行业市场的公平竞争，那么市场部门化的监管和改革方法就有助于保持企业对人权的关注和承诺。

汇编上述理论和实证研究的目的是突出目前的研究进展、困境以及重要政策和经济问题，这些问题需要进一步的探讨和研究，以推动这一新人权理论和实践的前沿发展。

第一部分　理论发展

第一章　对工商业与人权或人权商业
新兴主题的批判性反思

苏里亚·德瓦

　　"工商业与人权"[1] 是一个涉及我们所能想到的几乎任何领域的议题——从足球到自由贸易，从污染到卖淫，从酷刑到恐怖活动，从石油泄漏到外包，从童工到气候变化，从血汗工厂到监控，从域外管辖到就业，从投资到互联网审查，从尽职调查到歧视，从腐败到冲突矿产，从贫困到隐私。对我来说，用一章去描述如此宽泛的领域是一项艰巨的任务。因此我的目标是只选择该领域中的一些新兴主题。本章将着重讨论以下四个主题：侵犯人权的商业案例；联合国人权和跨国公司问题特别代表（Secretary General's Special Representative）约翰·鲁格教授的成果；一些懦弱的国家在规范侵犯人权的公司行为方面采取的举措；以及美国最高法院对柯欧贝案（Kiobel case）的判决。[2]

　　然而，我不想把它们当作清单来依次处理，而是想围绕这些主题展开一场争论。简言之，争论的焦点是，大多数商界和人权领域的主要参与者没有认真对待人权问题。认真对待人权要求所有工商企业承担强制性的法律人权义务，并建立一个执行机制，确保这些私人行为者保障这

---

　　[1]　2000年初，我加入了位于博帕尔的国立法学院大学，而博帕尔存在对侵犯人权的公司行为有罪不罚（的现象），由此引发了我对这一领域的研究兴趣。我于2003年在这个领域发表第一篇重要文章。S. Deva, "Human Rights Violations by Multinational Corporations and International Law. Where from here?" (2003) 19 *Connecticut Journal of International Law*, pp. 1~57.

　　[2]　Esther Kiobel v. Royal Dutch Petroleum Co, 133 S. Ct. 1659 (2013).

些人权。但是，有些主要参与者往往利用人权话语来谋求其他利益，而不是努力实现上述目标。我认为这种对待人权的做法本身并不是目的，而是把某些其他目标作为"人权商业"，因为人权是否（以及在何种程度上）受到尊重，主要取决于这样做对利润最大化或服务于其他利益是否具有潜在的影响。

这里所指的工商业和人权领域的主要参与者是谁呢？主要参与者是跨国公司（MNCs）及其代表组织、国家、法院、国际组织、非政府组织（NGOs）、工会、媒体组织、消费者、投资者、律师，当然还有学者。其中一些参与者与本章中讨论的四个主题相关联。第一个主题是侵犯人权的商业案例，不仅涉及公司，还关乎商业案例背后的驱动因素，如消费者、投资者、媒体和非政府组织。联合国人权和跨国公司问题的特别代表的工作使人们能够深入了解学者的作用和联合国政治，而最后两个主题涉及国家的不同机关（包括司法机关）。本章通过对这些主题和不同领域的参与者进行批判性审查，将揭示人权如何成为参与者实现商业和人权游戏中某些目的的手段。

在进一步论述之前，需要强调的是：出于方便和使用需要，本章中的"人权"一词使用的是广义上的含义，包括狭义的人权、劳工权利和环境权利。

1. 侵犯人权的商业案例

为什么公司要承担人权义务？我认为我们需要以令人信服的方式处理这个规范性问题，原因有很多。首先，商业实体应该知道为什么尊重人权应该是他们的职责。其次，更重要的是，我们对这一问题的回答将不仅关系到公司负担的人权义务的性质和程度，而且关系到其执行情况，我稍后将尝试证明这一点。[3]

对"为什么"这个问题的一个非常流行的回答是"存在侵犯人权的商业案例"。换言之，公司应该遵守尊重人权这个"底线"。这一理

---

〔3〕 See S. Deva, *Regulating Corporate Human Rights Violations*: *Humanizing Business*, London: Routledge, 2012, p. 10.

论有两大基本原理[4]，都是以成本效益分析为基础的。第一个原理是，如果一个公司尊重广泛的人权，它在市场上将比竞争对手更具优势。这种竞争优势可能是利益相关者出于尊重人权而产生的商誉带来的。而由此产生的商誉可能会促进销售，吸引更多的客户，有助于吸引和留住更优秀的员工，并推高股价。

第二个原理是，公司应将遵守人权视为风险管理战略。在做商业决策时，忽视人权规范可能会导致利润损失、项目延误、费用高昂的法律诉讼、消费者和投资者的抵制以及媒体的激烈批评。

除了学者、研究中心、国际机构和公司外，[5] 联合国特别代表约翰·鲁格教授也特别重视侵犯人权的商业案例。值得注意的是，该特别代表在其 2008 年的报告中指出"尊重责任的更广泛范围则由社会期望来界定，属于有时人们所称的公司经营社会许可的一部分。"[6] 如果公司未能履行尊重人权的责任，就有可能受到"民意法庭（the court of public opinion）——包括雇员、社区、消费者、民间社会以及投资者——的审判"。[7]

---

〔4〕 扎迪克将公司分为四大互相关联的类别：防御（减轻损失）、传统（成本效益）、战略和新经济（学习、创新和风险管理）。S. Zadek, *The Civil Corporation*, London：Earthscan, 2001, pp. 65~68.

〔5〕 See e. g. Global Compact Network Ukraine, "Business Case for the Human Rights Principles", available at：www. globalcompact. org. ua/EN/businesscase/humanrights（accessed 20 June 2013）; S. Grethead, "The Multinational and the 'New Stakeholder'：Examining the Business Case for Human Rights", （2002）35 *Vanderbilt Journal of Transnational Law*, pp. 719~729; J. A Newberg, "Corporate Codes of Ethnics, Mandatory Disclosure, and the Market for Ethical Conduct", （2005）29 *Vermont Law Review*, p. 253; S. Williams, "How Principles Benefits the Bottom Line：The Experience of the Co-operative Bank" in M. K. Addo（ed）, *Human Rights Standards and the Responsibility of Transnational Corporations*, the Hague：Kluwer Law International, 1999, p. 63.

〔6〕 Human Right Council, "Protect, Respect and Remedy：A Framework for Business and Human Rights：Report of the Special Representative of the Secretary General on the issue of Human Rights and Transnational Corporations and Other Business Enterprises", A/HRC/8/5（7 April 2008）, para 54（emphasis added）.

〔7〕 Human Right Council, "Protect, Respect and Remedy：A Framework for Business and Human Rights：Report of the Special Representative of the Secretary General on the issue of Human Rights and Transnational Corporations and Other Business Enterprises", A/HRC/8/5（7 April 2008）, para 54（emphasis added）.

鲁格在其后续报告中也使用过"社会期望"和"民意法庭"的术语，所以毫无疑问，尊重人权是有商业价值的。2013 年 6 月在雅加达举行的一次会议上，鲁格重申了这一论断：虽然尊重人权不一定能够提高企业利润，但侵犯人权肯定要付出代价。[8]

公平地说，正如过去的一些案例研究所显示的那样，违反人权规范的商业活动是存在的。然而，我非常怀疑，在任何情况下所有行业经营的所有类型的公司中，是否存在普遍的或不符合规范的侵犯人权的商业案例。例如，对于烟草公司或那些没有公共形象需要保护的公司来说，什么属于侵犯人权的商业案例？事实上，如果有这样一个明确的商业案例，我们也许就不会有那么多关于公司人权义务的讨论、辩论和规范性举措。

我将提出三个主要反对人权商业案例的理由。第一，在这些商业案例中隐含的一个必然推论是，如果这样做不影响它们的底线（无论是积极的还是消极的），企业可以忽视人权。在这种情况下的人权成为成本效益分析的主题。因此，如果一个跨国公司将其制造业外包到一个普遍侵犯劳工权利的国家，从而节省了数百万美元，那么它可能会愿意承担任何潜在和暂时的负面宣传的风险。例如，即便其在未来可能会遭受罚款，如果对污染河流的成本低于在运营费用上节省的收益，那么其仍会选择继续污染河流。换言之，"也有可能以商业理由侵犯人权"。[9] 例如，对于那些从事烟草、毒品、色情旅游和无人机杀手生意的公司来说，这样的情况是存在的。

第二，人权商业案例给人的印象是公司和社会都处于"双赢"的局面。但是在某些情况下，企业利益与企业利益相关者之间的冲突是不可避免的，因为这两种利益不可能总是一致的。全球工会理事会

---

〔8〕 "Human Rights Violations Can be Costly for Business", The Jakarta Post (14 June 2013), available at: www.thejakarapost.com/news/2013/06/14/human-rights-violations-can-be-costly-business.html (accessed 17 June 2013).

〔9〕 J. Baker, "The 'Business Case' for Corporate Responsibility", available at: www.ohchr.org/Documents/Issue/Business/ForumSessionl/SubmissionsStatements/CouncilGlobalUnions.pdf (accessed 20 June 2013).

（Council of Global Unions）联席主席吉姆·贝克（Jim Baker）正确地提醒我们：

坚持做好事有好报的商业实践所带来的一个问题是，它假设通过寻求最佳回报的"三重底线"方法，人们会自然而然地尊重人权。在最好的情况下，这可能会把企业的可持续性与社会的可持续性或可持续发展混为一谈。[10]

第三，正如我曾经所说的，[11] 这些商业案例是基于四个相互关联的假设，这四点不是在所有情况下都需要同时满足的。这些假设是：

（1）X公司采取符合人权的政策和行动，而其竞争对手Y公司则没有；

（2）消费者、投资者、雇员、媒体和非政府组织等利益相关者意识到，X公司正在为实现人权做出贡献，但Y公司没有；

（3）利益相关者重视人权的价值，并愿意（也能够）为此惩罚Y公司和/或奖励X公司，因为他们在人权问题上采取不同的处理态度；

（4）利益相关者的奖惩将分别对X公司、Y公司市场份额和商誉产生正面或负面影响，从而形成竞争优势。

所有这四个假设，我称之为"商誉经济学"，可能并不总会实现。例如，消费者或投资者并不总是知道哪家公司实际涉及侵犯人权行为。是苹果、富士康还是富士康供应链中不知名供应商对其所在国家的侵犯劳工权利的行为负责？另外，企业利益相关者可能会发现，保障人权的企业成本过于高昂。我们也知道雇佣童工制造的足球和地毯卖得便宜得多，也知道人的记忆力往往很差，因此"点名羞辱"或抵制往往只会产生短暂的效果。

总之，我的要求很简单。人权的商业案例使人权成为一种可协商的、灵活的变数，公司可以适当地使用（或不使用）以增加其经济利

[10]　J. Baker, "The 'Business Case' for Corporate Responsibility", available at: www. ohchr. org/Documents/Issue/Business/ForumSessionl/SubmissionsStatements/CouncilGlobalUnions. pdf （accessed 20 June 2013）.

[11]　S. Deva, "Sustainable Good Governance and Corporations: An Analysis of Asymmetries", （2006）18 *Georgetown International Law Review*, pp. 707, 741~747.

益。我认为这是有问题的,因为人权应该是做生意的先决条件,而不考虑这样做对公司的底线和/或商誉有何影响。

此外,由于涉及人权的商业案件既不普遍,也不具有权威性,因此它不能成为要求所有商业实体承担人权义务的坚实基础。将人权义务建立在商业案例的基础上也是有问题的,因为它不仅会对企业人权义务的性质和范围产生不利影响,而且还会对这种强制执行产生不利影响。让我简要地举几个例子来说明这一点。为什么公司应该有人权义务,本质上涉及公司在社会中的作用和地位。如果我们狭义地解释(公司)这一角色,他们的义务的范围和性质也必须是狭义的。同样,如果尊重人权也符合企业的利益,那么人们可以放心地认为,企业会把人权视为理性行动者应当做到的,因此,外部机构履行和执行企业人权义务的目标就不那么重要了。

2. 联合国人权和跨国公司问题特别代表的工作带来的危害

现在让我谈谈另一个方面,我将用它来论证人权事务的首要论点。这也就是鲁格教授在担任联合国人权和跨国公司问题特别代表(从2005 年到 2011 年)6 年间的成果和进展。在工商业与人权领域,特别代表所做的工作可能是迄今为止在联合国层面最具有影响力的。该领域的《工商业与人权指导原则》〔12〕和"尽责"理念在短期内就流行起来。《工商业与人权指导原则》也被纳入了 2011 年新修订的《经合组织准则》〔13〕和 ISO 26 000 社会责任指南〔14〕。欧盟理事会为在以下三个领域开展业务的公司发布了详细的指南:就业和再就业、信息和通信技

---

〔12〕 Human Rights Council, Guiding Principle on Business and Human Rights: Implementing the United Nations, "Protect, Respect and Remedy" Framework, A/HRC/17/31 (21 March 2011).

〔13〕 OECD Guiding for Multinational Enterprises Recommendation for Responsible Business Conduct in a Global Context (25 May 2011), available at: www. oecd. org/data/oecd/43/29/48004323. pdf (accessed 10 June 2011).

〔14〕 International Organization for Standardization, "ISO 26000-Social Responsibility", available at: www. iso. org/iso/home/standards/management - standards/iso26000. htm/ (accessed 20 September 2012).

术、石油和天然气。[15] 也有一些国家制定了自己的国家行动计划（NAPs）以执行《工商业与人权指导原则》。[16] 跨国公司也开始将《工商业与人权指导原则》纳入其行为准则。[17] 最后，国际律师协会发布了律师协会和律师行为守则草案来执行该指导原则。[18]

然而，相比《工商业与人权指导原则》的积极影响，我更想强调特别代表工作中潜藏对人权的某些危害。我挑选了三个例子来支持本章中提出的人权论据。[19]

第一个例子是关于特别代表强调其对达成共识的重视程度以及共识建立的方式。特别代表指出：首先，他的基本任务是打破关于联合国人权准则的"僵持的辩论"，并促使各国达成共识。[20] 因此，特别代表以能够通过《指导原则》就工商业和人权问题达成共识而感到特别自

---

〔15〕 European Commission, "European Commission Publishes Human Rights Guidance for 3 Business Sectors", available at：http：//ec. ecurope. cu/enterprise/newsroom/cf/itemdetail. cfm? item_id = 67118&lang = en&title = European% 2DCommission% 2Dpublishes% 2Dhuman% 2Drights% 2Dfor%2D3%2Dbusiness%2Dsectors（accessed 20 June 2013）.

〔16〕 "National Action Plans", available at：http：//business – humanrights. org/en/un – guiding – prin-ciples/implementation – tools – examples/implementation – by – governments/by – type – of – initia-tive/national – action – plans（accessed 27 January 2015）.

〔17〕 See e. g. Hitachi Group Human Rights Policy, available at：www. hitachi. com. hk/eng/pdf/top/hitaichi_human_rights. pdf（accessed 27 January 2015）.

〔18〕 International Association Bar, "The IBA's Business and Human Rights Working Group publishes draft guidance for bar association and lawyers", available at：www. ibanet. org/Article/Detail. aspx? ArticleUid = 67452738 – 0438 – 4AD3 – 88AB – 0DIB2C4323AF（accessed 27 January 2015）.

〔19〕 Here I draw on the following book chapter：S. Deva, "Treating Human Rights Lightly：A Critique of the Consensus Rhetoric and the Language Employed by the Guiding Principles" in S. Deva and D. Bilchitz（eds）, *Human Rights Obligations of Business：Beyond the Corporate Responsibility to Respect?* Cambridge：Cambeidge University Press, 2013, pp. 78~104.

〔20〕 SRSG for Business and Human Rights, "Opening Statement to United Nations Human Rights Council", 25 September 2006, available at：http：//198. 170. 85. 29/Ruggie – statement – to – UN – Human – Rights – Council – 25 – Sep – 2006. pdf（accessed 20 September 2012）.

豪。[21] 特别代表的成功任命以及《指导原则》的发布都是一致通过的。这背后是有历史原因的：《指导原则》实现了之前联合国在这领域的倡议，即达到了《跨国公司和其他工商企业在人权方面的责任准则》未能达到的效果。

对达成共识的执着是为了实现一个更重要的目标，即建立一个强有力的框架，从而使公司对侵犯人权行为负责的目标退居次要地位。但是能够对已基本解决或无争议的问题达成共识并非巧合。例如，谁能够监督国家履行保护人权的义务，包括确保在其领土或管辖范围内的私人行为者不侵犯人权。同样，在这个时候，没有多少公司会公开质疑企业有"尊重人权的责任"的说法。

然而，特别代表没有促使就任何争议问题达成协议。《指导原则》也没有就这一问题提出广泛的建议。例如，《指导原则》没有直接涉及母公司对子公司侵犯人权的责任问题，也没有就如何克服诉诸司法的障碍提出具体建议。鲁格指出这种遗漏背后的理由是"向企业提出的建议必须再找到新平衡点，否则它们将遭到抵制或忽视"。[22] 换言之，达成共识实质上意味着要提出跨国公司可以接受的建议。

第二个例子是关于指导特别代表的工作原则，即"原则实用主义"。原则实用主义是指"坚定不移地致力于加强促进和保护与商业有关的人权的原则，同时务实地关注在人们日常生活中最重要的地方，什么样的变革最有效"。[23] 由此可见，实用主义作为主导加强了保护人权

---

[21] 在众多自吹自擂的例子中，我得到下面的结果：2011 年 6 月，人权理事会"采取了前所未有的步骤，不记名地通过了《指导原则》……我得到了包括商界在内的所有利益相关者团体的大力支持"。J. Ruggie, "Kiobel and Corporate Responsibility: An Issue Brief", 4 September 2012, p. 3, available at: www. business - humanrights. org/media/documents/ruggie - kiobel - and - corp-social-responsibility-sep-2012. pdf (accessed 20 September 2012).

[22] "最后，我们提出的作为《指导原则》的工具，例如，作为公司识别和处理其不利人权影响方法的人权尽责，在公司内部是有意义的。否则，该原则将无法实践。"J. Ruggie, "Business and Human Rights: Together at Last? A Convention with John Ruggie", (2011) 35 *Fletcher Forum of World Affairs*, p. 117, 121.

[23] Commission on Human Rights, "Interim Report of the Special Representative of the Secretary General on the issue of Human Rights and Transnational Corporations and Other Business Enterprises", E/CN. 4/2006/97 (22 February 2006), para. 81.

的原则。而通过采取务实的做法，特别代表的工作能够（并将继续）赢得那些反对制定具有法律约束力的国际文书的公司和国家的支持。

在联合国一级以一致通过《指导原则》的形式达成共识是一个不可忽视的成就。然而，我们不应忽视这种实用主义在实现商业人性化目标共识上付出的代价。而实用主义并非人权所不知道的理论。《经济、社会、文化权利国际公约》规定逐步实现人权就是一个例子。[24] 承认充分实现社会经济权利需要某些国家目前可能没有的资源和能力是符合实际的，因此在短期内着重实现核心权利是有意义的，同时要求所有社会经济权利在长期内逐步实现。然而，《经济、社会、文化权利国际公约》的务实在本质上是有不同的：它只出现在重新实现人权的过程中。在制定激励人心的规范时，人权应该是遵循原则的。相反，在制定适用于企业的人权规范阶段引入实用主义时，特别代表将企业人权义务的门槛定得很低。

第三个也是最后一个例子是有关特别代表使用的语言。为了有效地与公司沟通，并使他们遵守承诺，在制定（适用于公司的人权规范）时使用商业人士通常采用的语言和术语是比较有利的。[25] 然而，使用其他语言来描述人权或公司的义务可能会不利于实现促进人权的目标。[26] 对此，我想举几个例子：公司在《指导原则》下的所有人权义务无一例外地都被表述为"尊重人权责任"的一部分。虽然"责任"一词在某些情况下可能意味着法律上的责任，[27] 但《指导原则》有意识地用它来代指公司的非法律责任。[28] 但是，即使公司与严重侵犯人

---

〔24〕　International Convention on Economic, Social and Cultural Rights, 993 UNTS 3, Art. 2.

〔25〕　See J. Ames, "Taking Responsibility", (2011) 111 *European Lawyer*, pp. 15, 16.

〔26〕　See e. g. C. Ochoa, "Advancing the Language of Human Rights in a Global Economic Order: An Analysis of a Discourse", (2003) 23 *Boston College Third World Law Journal*, p. 57.

〔27〕　B. A. Garner (eds), *Black's Law Dictionary*, 9th edn, St. Paul, MN: West Thompson Reuters, 2009, p. 1427. International Law Commission, *Draft Article on Responsibility of States for Internationally Wrongful Acts* (2001), Supplement No. 10 (A/56/10). ch. IV. E. 1.

〔28〕　See L. C. Backer, "From International Misalignment to Socially Sustainable Governance: The Guiding Principle for the Implementation of the United Nations 'Protect, Respect and Remedy' and the Construment of Inter-systemic Global Governance", (2012) 25 (1) Pacific McGeorge Global Business & Development Law Journal, pp. 69, 124.

权的行为有关联，如酷刑、种族灭绝和奴役等，公司也没有必须承担的法律义务。在这种情况下，"尊重人权责任"的表述甚至不能准确地反映现有的国际法。

说"公司可以侵犯人权"已经过时了，"侵犯人权"意味着一个组织违反了它保障权利人人权的义务。然而，在《指导原则》中并不是对所有公司都使用"侵犯"一词。《指导原则》使用的术语是"影响"或"风险"。[29] 这种似乎蓄意用影响类型来取代侵犯类型的企图有可能破坏人权。与侵犯不同，"影响"是一个中性词，甚至可以用"不利的"一词来修饰，它不能充分反映受害者的立场，因为公司（确实）侵犯了受害者的权利。

而使用"人权尽责"来判断一家公司是否履行了尊重人权的公司责任，这就提供了另一个例子，说明了随意引入某些概念可能会损害人权。《指导原则》原则17总结了公司应当做到：

为确认、防止和缓解负面影响，并对如何消除此类影响负责，工商企业应恪守人权责任。这一过程应包括评估实际和可能的人权影响，综合评估结果并采取行动，跟踪反馈，并通报如何消除影响。

尽职调查是公司熟知的一个过程，因为他们通常在商业环境中进行此类调查，以评估、预防和管理风险。[30] 但是，商业背景下的尽职调查与人权背景下的尽责有着关键性的不同。[31] 鉴于这些不同，盲目引进尽职调查的观念可能会不利于保障人权。在商业语境中，尽职调查是为了保护公司利益（即自己的利益），而人权尽责不是为了保护公司利益，其重点是保护人们的权利（即外部各方的利益）。

此外，在商业交易（金钱或公司声誉）中诉诸尽职调查所保护的

---

〔29〕 参见《指导原则》11 中使用"侵权"和原则 23 中使用"滥用"。

〔30〕 See T. Lambooy, *Corporate Social Responsibility: Legal and Semi-Legal Framework Supporting CSR*, The Netherlands: Kluwer, 2010, pp. 279~292; B. Demeyere, "Sovereign Wealth Funds and (Un) ethical Investment" in G. Nystuen, A. Follesdal and O. Metad (eds), *Human Rights, Corporate Complicity and Disinvestment*, Cambridge: Cambridge University Press, 2011, pp. 183, 211~213.

〔31〕 S. Deva, "Guiding Principle on Business and Human Rights Implication for Companies", (2012) 9 (2) *European Company Law*, pp. 101, 107.

利益，在性质上与人权案件（生命权和各种自由）中的利益大不相同，往往无法充分弥补公司侵犯人权行为的受害者所遭受的损失。因此，在权衡在土著地区进行采矿的成本和收益时，应采用不同的考虑因素，而不是只在是否收购另一家公司时才加以考虑。

的确，根据国际（人权）法，人权尽责有助于确定国家对非国家行为者的义务，即第三方的行为。[32] 但是，《指导原则》建议在不存在明显差异的情况下，公司应当对自己侵犯人权的行为开展人权尽责程序。但是，此时公司责任只应由最终结果（即人权得到保障）来实现，而不应仅仅通过遵循某个程序来实现该结果。人权尽责只是一个程序，它可能会也可能不会达到预期的结果，即在所有情况下都不侵犯人权。

3. 不情愿的国家

本章现在将讨论各国在规范跨国公司方面发挥的作用，使其活动不侵犯人权。通过举几个例子，我将试图表明，各国通常都非常不情愿预防和纠正公司，特别是跨国公司侵犯人权的行为。

尽管跨国公司的实力和影响力有了巨大的增长，但各国在国内和国际舞台上仍将享有和发挥巨大的能量。然而，在面对跨国公司和建立一个强有力的监管框架需求之间，大多数国家并没有表现出采取行动的必要政治意愿。为什么会这样？原因之一是国家并不真正重视人权。此外，国家似乎认为，无论从保护者还是侵犯人权者的角度来看，人权私有化是对国家主权和权威的挑战。

由于大多数国家都依赖投资驱动的发展，他们倾向于以牺牲人权为代价优先发展经济。与其将人权视为发展进程的一个组成部分，还不如把重点放在创造有利于投资的环境，特别是在竞相吸引外资的情况下。

2005 年韩国浦项制铁公司与印度奥里萨邦政府签署的谅解备忘录

---

〔32〕 B. Demeyere, *supra* n. 30. pp. 214~216.; R. B. Barnidge Ir, "The Due Diligence Principle under International Law", (2006) 8 *International Community Law Review*, pp. 81, 91~121; A. Cassese, *International Law*, 2nd edn, Oxford: Oxford University Press, 2005, p. 250.

就是一个例子，该谅解备忘录旨在建设一座投资 120 亿美元的综合钢铁厂。[33] 根据谅解备忘录，印度奥里萨邦政府不仅同意征收项目所需的所有土地并将其转让给该公司，[34] 同时还愿意负责提供项目所需的原材料、保安、水电等。[35] 并且，奥里萨邦政府同意"尽最大努力在项目的最短时间内，帮助该公司获得中央政府的所有环境批准和森林许可"。[36] 虽然邦政府向浦项制铁公司承诺了所有这些条件，但政府在起草谅解备忘录或实践承诺时，却没有尊重当地部落居民的权利。例如，邦政府请求中央政府批准将约 1253 公顷的林地转用于该项目，[37] 理由是该林区没有部落居民或传统森林居民居住，[38] 这一说法遭到民间社会的质疑。[39]

除了与公司建立投资伙伴关系外，各国还以提高效率为名将公共职能外包给私营部门。在这方面出现的问题是，私营部门没有提出尊重人权的承诺和/或没有采取措施监管侵犯人权的行为。在实践中，这种"移交"的做法可能意味着，人权遭受伤害的受害者无法获得来自政府

---

〔33〕 "Memorandum of Understanding between the Government of Orissa and M/s POSCO for Establishing of an Integrated Steel Plant at Paradeep" (22 June 2005), available at: www. orissa. gov. in/posco/POSCO-MoU. htm (accessed 3 June 2013) (POSCO MoU).

〔34〕 "Memorandum of Understanding between the Government of Orissa and M/s POSCO for Establishing of an Integrated Steel Plant at Paradeep" (22 June 2005), available at: www. orissa. gov. in/posco/POSCO-MoU. htm (accessed 3 June 2013) (POSCO MoU). , para 5.

〔35〕 "Memorandum of Understanding between the Government of Orissa and M/s POSCO for Establishing of an Integrated Steel Plant at Paradeep" (22 June 2005), available at: www. orissa. gov. in/posco/POSCO-MoU. htm (accessed 3 June 2013) (POSCO MoU). , paras 7, 9 and 17.

〔36〕 "Memorandum of Understanding between the Government of Orissa and M/s POSCO for Establishing of an Integrated Steel Plant at Paradeep" (22 June 2005), available at: www. orissa. gov. in/posco/POSCO-MoU. htm (accessed 3 June 2013) (POSCO MoU). , para 11 (emphasis added).

〔37〕 Ministry of Environment and Forest (MoEF), "POSCO: Final Order and Other Relevant Documents" (31 January 2011), p. 1, available at: http: //moef. nic. in/downloads/public-information/Posco31012011. pdf (accessed 3 February 2011).

〔38〕 MoEF, "POSCO: Final Order", para. 6.

〔39〕 See Fact Finding Report on Human Rights and Environmental Violations of the POSCO Project in Orissa, India (Brief Report), p. 1. available at: http: //material. ahrchk. net/india/AHRC-PRL-028-2010-01. pdf (accessed 8 September 2012), "Holding their Ground against POSCO", India Together (11 July 2010), available at: www. samachar. com/Holding – their – ground – against – POSCO-khss6nbdeic. html (accessed 3 February 2013).

或私营部门的有效救济。

近年来，双边投资协定数量以惊人的速度增长。双边投资协定的一个直接影响是为非签字的第三方（即公司）创设权利。公司可以直接向国家主张这些权利，以保护其商业利益，从而使公司在某种程度上于国际法层面获得与国家同等的地位。然而，双边投资协定并没有设定公司在人权方面的直接义务，尽管它们可能要求缔约国采取适当措施保护人权。[40] 因此，双边投资协定在国际法中增加了公司的权利和义务。

在一个全球化和相互联系的世界里，对于各国履行国内法和国际法的义务来说，治外法权措施正变得至关重要。[41] 对跨国公司活动的监管也是如此。虽然在国家极力捍卫主权的情况下，治外法权并不受欢迎，但在国际法的既定原则下，这是一个可使用的工具。[42] 实际上，我认为，治外法权可以部分弥补现有的基于旧的以领土为基础的监管机制与不受人为国家边界限制的现代企业侵犯人权行为之间的不匹配。各国在对待奴隶制、种族灭绝、隐私和酷刑等某些国际法上绝对禁止的行为时，都遵守普遍管辖的原则。而且，各国对贩毒、贿赂、恐怖主义和儿童性交易等问题的共同关注越来越多。因此，如果各国不愿意对跨国公司的侵犯人权行为进行域外监管，那就不能以缺乏法律能力为借口。

国家不仅在制定域外法来规范跨国公司方面表现犹豫，而且还重新调整了法院可能创造性地适用治外法权的做法。值得一提的是，美国政府、英国政府、澳大利亚政府和瑞士政府都曾向美国最高法院提交有关索萨案件[43]的"法庭之友"（amici curiae）陈述，反对大规模适用

---

[40] See, for example, Canadian Model BIT (2004), Art. 11; US Model BIT (2012), Art. 12 and 13; IISD Model International Agreement on Investment for Sustainable Development (2005), Arts 20 and 21. See also R. Moloo and J. Jacinto, "Environmental and Health Regulation: Assessing Liability under Investment Treaties", (2011) 29 *Berkeley Journal of International Law*, p. 1.

[41] See, for example, the Maastricht Principles on Extraterritorial Obligation of States in the Area of Economic, Social and Cultural Rights (issued on 28 September 2011).

[42] S. Deva, "Acting Extraterritorial to Tame Multinational Corporations for Human Rights Violations: Who Should Bell the Cat?", (2004) 5 *Mellbourne Journal of International Law*, p. 37; S. Deva, "Corporate Human Rights Violations: A Case for Extraterritorial Regulation" in C. Lurtge (ed), *Handbook of the Philosophical Foundations of Business Ethnics*, New York: Springer, 2012. p. 1077.

[43] Jose Francisco Sosa v. Hamberto Abracez-Machaim 124S, Ct. 2739 (2004).

《外国人侵权索赔法》（Alien Tort Statute, ATS）来纠正美国跨国公司在海外侵犯人权的行为。[44] 最近，在柯欧贝诉荷兰皇家石油公司案[45]中，几个国家再次向最高法院提交"法庭之友"陈述。[46] 这些陈述的主要目的之一是抵制《外国人侵权索赔法》的域外管辖，即不能要求公司对其在美国境外的行为负责。

在这里，或许应该提及联合国人权理事会于 2014 年 6 月通过厄瓜多尔和南非提交的一项决议。该决议要求"设立一个不限成员名额的政府间工作组，其任务是制定一项关于跨国公司和其他工商企业尊重人权的具有法律约束力的国际文书。"[47] 一些国家（包括大多数跨国公司所在国）对该决议投了反对票。[48] 由此，提出了一个问题：如果各国真的支持《指导原则》，并承认公司负有人权责任，它们为什么要犹豫，不愿意将这些软性责任转变为具有法律约束力的义务呢？

4. 柯欧贝案（Kiobel case）适用不方便原则的真相

我举的最后一个例子是美国最高法院对柯欧贝案的判决中有关人权问题日益严重的论点。[49] 在看这个判决之前，让我们回顾一下这个案件是如何提交给最高法院的。2010 年 9 月，美国第二巡回上诉法院对

---

〔44〕 S. Joseph, *Corporations and Transnational Human Rights Litigation*, Oxford: Hart Publishing, 2004, pp. 55~60.

〔45〕 Esther Kiobel v. Royal Dutch Petroleum Co. 133S. Ct, 1659 (2013).

〔46〕 See Scotus Blog, "Kiobel v. Royal Dutch Petroleum", available at: www. scotusblog. com/case-files/cases/kiobel-v. -royal-dutch-petroleum (accessed 23 June 2013).

〔47〕 Business and Human Rights Resource Centre, "Binding Treaty", available at: http: //business-humanrights. org/rn/binding-treaty (accessed 28 January 2015).

〔48〕 20 个国家投赞成票（阿尔及利亚、贝宁、布基纳法索、中国、刚果、科特迪瓦、古巴、埃塞俄比亚、印度、印度尼西亚、哈萨克斯坦、肯尼亚、摩洛哥、纳比亚、巴基斯坦、菲律宾、俄罗斯、南非、委内瑞拉、越南）；14 个国家投反对票（澳大利亚、捷克共和国、爱沙尼亚、法国、德国、爱尔兰、意大利、日本、黑山、韩国、罗马尼亚、前南斯拉夫、英国和美国），还有 13 个国家弃权（阿根廷、博茨瓦纳、巴西、智利、哥斯达黎加、加蓬、马尔代夫、科威特、墨西哥、秘鲁、沙特阿拉伯、塞拉利昂、阿联酋）。Business and Human Rights Resource Centre, "UN Human Rights Council 26th Sessions (Geneva 10~27 June 2014) ", available at: http: //business-humanrights. org/en/binding-treaty/un-human-rights-council-sessions (accessed 28 January 2015).

〔49〕 Esther Kiobel v. Royal Dutch Petroleum Co. 133S Ct. 1659 (2013).

埃丝特·柯欧贝（Esther Kiobel）诉荷兰皇家石油公司一案进行判决。
〔50〕这一判决在极为著名的利用《外国人侵权索赔法》追究跨国公司侵犯人权责任的做法上形成了一个转折。在本案中，原告指控荷兰、英国和尼日利亚从事石油勘探和生产的公司，协助和教唆尼日利亚政府违反国际法和侵犯人权。〔51〕

卡布拉内斯法官在撰写多数判决时，认为根据《外国人侵权索赔法》是否可以起诉公司的问题是一个公开的、尚未解决的问题。〔52〕多数意见判决以否定的方式回答了这一问题，理由是不能根据《外国人侵权索赔法》起诉公司，因为以违反习惯国际法为由要求公司承担赔偿责任在世界各国之间并没有得到明显的、普遍的接受。"根据习惯国际人权法，任何公司都不承担任何形式的责任（无论是民事、刑事或其他责任）。"〔53〕

另一方面，莱瓦尔法官同意驳回申诉的多数意见，但不赞同其支持理由，他指出："多数意见对国际法及其保护基本人权的承诺造成了巨大的打击。"〔54〕他强调了多数意见的主要内容如下：

新规定为公司提供了前所未有的肆无忌惮的商业优势。只要他们合并就行……公司现在可以自由地交易或剥削奴隶，雇佣雇佣军为专制者做肮脏的工作，对专制者的政治对手采取种族灭绝或刑讯逼供，或从事海盗活动——所有这些都不对受害者负民事责任。〔55〕

莱瓦尔法官在多数意见的推理中发现了错误，他指出："国际法庭没有对公司施加严厉的刑事处罚的事实，并不意味着公司不在国际法管辖范围内，也不能推论出当公司从事国际法准则所禁止的行为时，公司

---

〔50〕　Kiobal v. Royal Dutch Petroleum Co. 621B. 3d, 111 (2nd Chr. 2010).

〔51〕　Kiobal v. Royal Dutch Petroleum Co. 621B. 3d, 111 (2nd Chr. 2010). p.117.

〔52〕　Kiobal v. Royal Dutch Petroleum Co. 621B. 3d, 111 (2nd Chr. 2010). p.117.

〔53〕　Kiobal v. Royal Dutch Petroleum Co. 621B. 3d, 111 (2nd Chr. 2010). pp.145, 148 (emphasis in original).

〔54〕　Kiobal v. Royal Dutch Petroleum Co. 621B. 3d, 111 (2nd Chr. 2010). p.149.

〔55〕　Kiobal v. Royal Dutch Petroleum Co. 621B. 3d, 111 (2nd Chr. 2010). p.150.

不需要对受害者承担民事赔偿责任。"[56] 在他看来，既然国际法让各个国家自由裁量是否应该要求违反规范的公司承担民事责任，而美国已经颁布了《外国人侵权索赔法》来规定这种民事责任，因此公司能够根据该法被要求承担责任。[57]

当案件上诉到美国最高法院时，[58] 摆在法院面前的唯一问题是，公司是否可以根据《外国人侵权索赔法》被起诉。然而，在口头辩论之后，法院扩大了调查的范围，也审查了《外国人侵权索赔法》是否允许法院审理在美国以外国家领土内发生的违反国际法的行为。

在 2013 年 4 月 17 日再次听取口头辩论后，最高法院认为，对域外侵权的推定适用于根据《外国人侵权索赔法》提出的索赔，而且《外国人侵权索赔法》的文本、历史或宗旨都没有反驳这一推定。[59] 法院进一步指出，"即使索赔涉及美国领土内的公司，他们也必须以足够的理由来提起针对其域外行为的指控。[60] 仅仅因为其在美国有一家公司是不足以提起诉讼的"。[61]

然而，重要的是，法院决定不回答最初的问题。它绕过了上述问题，指出："这里的问题不是请愿人是否根据《外国人侵权索赔法》提出了适当的请求，而是一项请求能否涉及在外国领土上发生的行为。"[62] 我认为，这种法律问题的司法优先化，是出于避免面对一个难以忽视的真相：对于违反国际法的侵犯人权的行为，企业并不享有完全的豁免责任。这是一个会导致争议的事实，因为这样做意味着几乎所有

---

[56] Kiobal v. Royal Dutch Petroleum Co. 621B. 3d, 111 (2nd Chr. 2010). p. 152. (emphasis in original).

[57] Kiobal v. Royal Dutch Petroleum Co. 621B. 3d, 111 (2nd Chr. 2010). pp. 152~153.

[58] Kiobal v. Royal Dutch Petroleum, Docket No. 10-1491.

[59] Esther Kiobel v. Royal Dutch Petroleum Co. 133S Ct. 1659 (2013).

[60] Opinion of Chief Justice Roberts. Esther Kiobel v. Royal Dutch Petroleum Co. 133S Ct. 1659 (2013)., p. 1669.

[61] Opinion of Chief Justice Roberts. Esther Kiobel v. Royal Dutch Petroleum Co. 133S Ct. 1659 (2013)., p. 1669.

[62] Opinion of Chief Justice Roberts. Esther Kiobel v. Royal Dutch Petroleum Co. 133S Ct. 1659 (2013)., p. 1664.

针对跨国公司的案件都可以在美国法庭上进行诉讼——这是企业游说团体不希望看到的结果。

最高法院本可以提出，公司可以根据《外国人侵权索赔法》被起诉，但必须满足某些程序要求，例如用尽当地救济。但法院并没有走这条路，而是以领土为由大幅限制了《外国人侵权索赔法》的适用范围。

首席大法官罗伯茨的理由是，《外国人侵权索赔法》涵盖了外国人的行为，但这一事实并不意味着它具有域外效力，因为被涵盖的不法行为可能发生在美国领土内或者领土外。[63] 在违反国际法的三大罪行中，即违反安全行为、侵犯大使权利和海盗行为，只有海盗行为可能发生在美国领土边界之外。但首席大法官罗伯茨指出，与海盗打交道"对外交政策的直接影响较小"。[64] 这一推理再次表明，当两个合理的解释都有可能解释其范围时，法院不愿意承认《外国人侵权索赔法》的域外效力。[65]

最高法院依靠外交政策和潜在的国际理由，将《外国人侵权索赔法》的适用范围限制在与美国领土有重大联系的侵权行为上。[66] 但人们不禁要问，这些因素在多大程度上给治外法权带来了真正的困难。毕竟，在其他几个法律领域，美国在采取域外措施方面一直处于领先地位。

顺便说一句，值得注意的是，鲁格在柯欧贝案提交了一份"法庭之友"的简报，澄清壳牌公司错误地引用了他的一份报告，声称公司不能

---

　　〔63〕　Opinion of Chief Justice Roberts. Esther Kiobel v. Royal Dutch Petroleum Co. 133S Ct. 1659 (2013).，p. 1665.

　　〔64〕　Opinion of Chief Justice Roberts. Esther Kiobel v. Royal Dutch Petroleum Co. 133S Ct. 1659 (2013).，p. 1666~1667.

　　〔65〕　作为一个对比，请看布雷耶法官的意见，他没有把《外国人侵权索赔法》的声明解读为受到对治外法权的推定的限制。Opinion of Chief Justice Roberts. Esther Kiobel v. Royal Dutch Petroleum Co. 133S Ct. 1659 (2013).，p. 1670~1677.

　　〔66〕　Opinion of Chief Justice Roberts. Esther Kiobel v. Royal Dutch Petroleum Co. 133S Ct. 1659 (2013).，p. 1664~1665.

根据《外国人侵权索赔法》被起诉。[67] 他没有站在任何一方，尽管保持这种外交中立可能有务实的理由，但人们可能会问，这是否符合促进人权的坚定承诺。

5. 结论

工商业与人权并不是一个全新的领域：它只是近年来变得更加突出和受欢迎。作为一个从 21 世纪开始就密切关注这一领域发展的人，我感到困惑的是，工商业与人权领域的许多主要参与者并没有真正认真对待他们促进人类人权的承诺。相反，他们利用人权来满足其他利益，这样的情况可以被更恰当地描述为"人权商业"，而不是"工商业与人权"。

在人权之路上行走是一件代价高昂的事情。这样做必然需要作出牺牲和权衡。世界准备好并愿意走人权之路了吗？这一章已经表明，情况可能还不是这样，因为大多数公司和国家仍然往往只采取象征性的或表面的措施。非政府组织无疑为抵制新的世界秩序提供了一些希望，在新的世界秩序中，人权的官方守护者（国家）与侵犯人权者（私人行为者）携手合作。尽管互联网在发展全球伙伴和参与活动方面为非政府组织提供了杠杆支持，但它们在获得足够资金开展活动上面临严峻挑战。

未来几年，要实现企业人性化的目标，至少需要两次规范性转变。首先，工商业与人权话语必须在理论和实践上都以受害者为中心。例如，所有现行的（或提议的）监管措施的有效性，必须接受为人权遭受企业伤害的受害者提供有效司法补救这一试金石的检验。其次，由于许多原因，单靠国家无法使公司承担责任。因此，非政府组织作为非国家行为者的作用应制度化，成为监测另一类非国家行为者（公司）行为的人权监督机构。

---

〔67〕 "Brief Amict Curiae of Former UN Special Representative for the Business and Human Rights, Professor John Ruggie; Professor Philip Alston; and The Global Justice Clinic at NYU School of Law in Support of Neither Party"（12 June 2012），available at: www. americanbar. org/content/dam/publications/supreme_court_preview/briefs/10-1491_neutralameufmrunspecialrepetal. autheheckdam. pdf（accessed 2 January 2013）.

第二章　企业人权责任：
有效救济还是无效的安慰？

伊泰·阿普特

1. 引言

传统认为要求企业承担因侵犯人权而产生的责任，在法律上是不合理的。因为企业与自然人不同，企业缺乏故意造成损害所必需的犯罪意图（即精神状态）。[1] 除了第二次世界大战后纽伦堡审判中对德国企业的诉讼外，[2] 一般看法是，虽然企业可能因违反合同约定或侵权行为而面临商业诉讼，但它们不能因为直接或更常见的间接协助和教唆政府侵犯个人权利，而承担刑事责任。然而，传统已经改变了，在法律政治领域的传统也发生转变。

在过去几十年来促成这一变化的主要因素是，注重于保障人类安全的全球治理的出现。[3] 在本文讨论中，主要包括下列四个主要内容：跨国公司的崛起及其对国际法发展的贡献，以及跨国公司受到国际法监

---

〔1〕　E. Engle, "Exterritorial Corporate Criminal Liability: A Remedy for Human Rights Violations?" (2006) 20 *St. John's Journal of Legal Commentary*, pp. 287, 289.

〔2〕　即使在这些诉讼中，其目的也不是将刑事责任强加给公司，而只是为了确定公司高管们可否受到刑事诉讼的制裁。D. Cassel, "Corporate Aiding and Abetting of Human Rights Violations: Confusion in the Courts", (2008) 6 *North Western University Journal of International Human Rights*, p. 304.

〔3〕　全球治理是一个术语，描述了全球化对法律和国际法的影响，以及国内和国际领域的焦点从国家转向其他参与者。有关讨论人类安全的相关文件，请见：L. Axworthy, "Human Security and Global Governance. Putting People First", (2011) 19 *Global Governance*, pp. 22~23。

管；负责监督人权的政府间全球机构和准则的确立；参与保护全球人权的非政府组织的增加和普遍人权规范的建立。[4] 上述所有的发展构成了现代企业责任的基础，或者用法律术语来说，就是企业保护人权的责任伴随着执行机制的完善而不断发展。

包括全球诉讼和国际准则在内的就侵犯人权行为追究公司责任的措施一直在增加。问题在于，这些措施是有效补救措施还是无效的安慰剂，[5] 以及各国应当在国内还是通过国际协议来采取此类行动？

通过国际协议显然有其可取之处，因为被指控参与企业侵犯人权行为的政权都是革命型政权，例如越南、缅甸和巴布亚新几内亚。[6] 要认识到有必要采取综合的解决方案，并铲除在发展方面的所有障碍，地方政府的参与可以确保外国企业更好地、更有效地遵守母国的各项措施。这一观点表明，无论那些支持强制执行企业责任的人多么努力地试图用法律术语来进行规范，这样的讨论最终都是非常政治性的，需要政策上的判断。[7]

我们将会对在美国及其之外的企业诉讼进行批判性分析，结合联合国和经合组织的指导方针，得出结论，即这些规范与受害者的最佳利益和国家利益是相矛盾的。

在此基础上，本文将提出一种新方法，以取代法学界在这一领域中的传统方法。其主要思路是，虽然诉讼和法律在某些情况下能够起作

---

〔4〕 阐述全球治理模式与过去的国际法和政治模式。See A. Cavnar, *The Foreign Office Model Versus the Global Governance Model: An Introduction*, New York University Institution for International Law and Justice, 2008, available at: http://iilj.org/courses/documents/GlobalGovernance-Paper.pdf (accessed 27 April 2013).

〔5〕 《牛津词典》将"安慰剂"定义为"一种仅为取悦或安抚他人而设计的措施"。

〔6〕 例如：指控跨国公司在越南与政府合作虐待工人。A. Nazeer, Corporate Globalization &human rights abuses in the sweatshops of Pakistan, Indonesia & Vietnam (2011), available at: www.sacw.oet/IMG/pdf/Corporate_Globalization_Child_Labour.pdf (accessed 27 April 2012)；指控一家国际公司接受缅甸政府公司的援助来建设管道（美国能源署诉优尼科，1997年向加利福尼亚州地方法院提起的诉讼）；指控在采矿方面与巴布亚新几内亚政权合作的公司（萨雷诉力拓，2000年向加利福尼亚州地方法院提起的诉讼）。

〔7〕 A. Martin, "Corporate liability for violations of international human rights: law, international customs or politics?" (2012) 21 *Minnesota Journal of International Law Online*, p.116.

用，但最终从整体上看，国家间的政治解决办法和国内机制能够更好地促进公司履行责任和防止公司侵犯人权。虽然需要有实质性的政治承诺和企业意愿来完善这类解决方案，但还是希望有朝一日，它能成为一种规范，使发展法律机制的需要变得多余，并避免其固有的被政治滥用的危险，避免出现企业强烈反对的状态。

本文的主要论点是，这个新方法是一种更有效的工具，能够为受害者提供真正的救济，并促进发生结构性变化。但它仍然存在一些不确定性和问题。在下面的分析过程中，作者将特别使用包括越南在内的亚洲国家的例子和案件来加以说明。

2. 诉讼和指导方针——一种批判性的分析

目前，国际上履行或促进公司人权责任的主要途径包括诉讼手段和政府间国际组织发布的指导方针。

诉讼被认为是对公司具有强制力的一种主流机制，美国的非政府组织在这方面处于领先地位，美国司法界允许针对公司涉嫌侵权的行为提起诉讼。在开展研究前，我们必须记住两个关键点：除了达成极其罕见的和解外，[8] 诉讼通常是不成功的。[9] 历史也证明受害者通常不是通过法律诉讼，而是通过政治运作而获得了赔偿。[10]

2.1 在美国针对公司提起的诉讼

在美国法庭上，针对公司侵权的诉讼可以追溯到 1789 年的《外国

---

〔8〕 例如，指控一家据称与缅甸政府合作的公司（优尼科）案件的解决，以及在尼日利亚发生的事件中与壳牌（一家全球石油公司）达成和解（将在本章第 3 节中讨论）。C. Ryngaert. "Finding Remedies for Historical Injustices：Dealing with Organizations and Corporations", Working Paper No. 38, January 2010, Leuven Center for Global Governance Studies. 林加特（Ryngaert）认为，由银行和保险公司提供的赔偿与通常讨论的《外国人侵权索赔法》诉讼的问题关系不大。还必须指出的是，为了促进与纳粹时代有关的赔偿计划，需要各国政府之间达成索赔协议，这一点将在后面详细阐述。

〔9〕 M. D. Goldhaber, "Corporate Human Rights Litigation in Non-US Court：A Comparative Scorecard", (2013) 3 University of California Irvine Law Review, p. 127. According to data, updated to 2012, only 13 out of 180 have ended with settlement, with almost all other cases still pending or dismissed (with very few verdicts in favour of plaintiffs).

〔10〕 最典型例子是，根据德国与有关政府之间的双边法律协定，德国向纳粹行为中的犹太受害者支付了 890 多亿美元。M. Eddy, "For 60th Year, Germany Honors Duty to Pay Holocaust Victims", *New York Times*, 17 November 2012.

人侵权索赔法》（Alien Tort Statute），它允许任何美国或非美国居民及公民作为原告对公司在美国以外的犯罪行为提起诉讼。[11] 但是，利用《外国人侵权索赔法》起诉的实践只有几十年的历史，自其通过起已经有大约180个相关案件。[12]

从一开始，我们就注意到在柯欧贝案中极为重要和最新的发展情况。2013年，美国最高法院在该案中解释到，作为一般规则，《外国人侵权索赔法》仅适用于起诉和声称的侵权行为与美国之间有充分联系的情况。[13] 这一先例引发了许多问题，特别是什么应该或能被视为具有充分的联系。

一种可能的联系是公司在美国注册，另一种可能的联系是该公司在美国有子公司。目前，这些可能性还没有明确。最近，美国一家上诉法院裁决，要适用《外国人侵权索赔法》，涉及的公司只在美国注册是不够的，还要求所诉的海外行为与该美国公司之间必须有关联。[14] 美国最高法院最近也没有如人们期待的那样解决子公司的可能性问题。[15]

尽管在美国，对企业提起诉讼仍是一种选择，但上述发展使得这种选择越来越有限，[16] 这些发展还带来了如下的问题：这类诉讼是否能够提高救济效率，如果能够提高，付出的代价又有多大呢？《外国人侵

---

〔11〕 A. O. Skyes, "Corporate Liability for Extraterritorial Torts Under the Alien Tort Statue and Beyond：An Economic Analysis"，（2012）100 *The Georgetown Law Journal*，pp. 2161，2166~2167.

〔12〕 M. D. Golderhaber，*supra* n. 8，p. 129.

〔13〕 Kiobel v. Royal Dutch，569 U. S.（2013），p. 14.

〔14〕 Candona v. Chiquita，No. 12 – 14898，U. S. Court of Appeals for the Eleventh Circuit，p. 10. 24 July 2014.

〔15〕 Daimler v. Bauman，571 U. S.（2013），14 January 2014. 相反，法院为界定公司何时被视为外国公司的美国子公司而制定了标准，但没有回答这样一个问题：如果一家公司被确定为外国公司的美国子公司，是否足以对其根据《外国人侵权索赔法》起诉，要求其对国外发生的行为负责。

〔16〕 M. Lederman，"Kiobel Insta- Symposium：What Remains of the ATS?"，*Opinio Juris*，19 April 2013，available at：http：//opiniojuris. org/2013/04/18/kiobel – insta – symposium – what – remains-of-the-ats（accessed 7 May 2013）. 另见马丁法官在奇基塔案中对异议意见的分析；以及第四巡回上诉法院先前的一项相互矛盾的裁决，Shimari v. Caci，30 June 2014，有关使用州法院而不是联邦法院审理《外国人侵权索赔法》下侵权案件的论述，参见 R. p. Alford，"Human Rights After Kiobel：Choice of Law and the Rise of Transnational Tort Litigation"，（2014）63 *Emory Law Journal*，p. 1089。

权索赔法》规定的情形很简单，并且其中的法律问题并不复杂，撇开现在至关重要的充分联系问题。诉讼通常始于受害者团体向某个美国联邦法院提起诉讼，指控在美国境外发生的违法行为。例如在越南橙剂受害者协会（Vietnam Association for Victims of Agent Orange）一案中，越南受害者起诉这些在越南战争期间为美国提供化学武器的武器制造商。[17]法院随后讨论越南受害者所指控的侵权行为是否符合《外国人侵权索赔法》的受理标准。[18]该标准是在索萨案中确立的，[19]即是否违反了任何明确的普遍接受的国际法规则，[20]随后法院着手审理此案件。在越南橙剂受害者协会案件中，地区法院和上诉法院均裁定受害者要求的索赔不符合索萨标准。[21]

　　这一结果代表了许多根据《外国人侵权索赔法》所作出的判决。[22]据此，这些结果让我们得出结论，即要使得外国人侵权索赔诉讼更加有效，就必须放宽确定公司直接或协助和教唆（如长老会锡丹教会的案件[23]中一家能源公司协助政府进行种族灭绝）违反普遍国际法准则行为的标准。[24]这种做法与那些认为法院是满足合法受害者期望

---

　　〔17〕　Vietnam Association for Victims of Agent Orange v. Doe Chemical，373 F. Supp，2d 7，* 18；2005 U. S. Dist. LEXIS 3644.

　　〔18〕　Vietnam Association for Victims of Agent Orange v. Doe Chemical，373 F. Supp，2d 7，* 18；2005 U. S. Dist. LEXIS 3644，p. 17. 即使政府的国防承包商是被告，法院也会讨论这些索赔是否符合《外国人侵权索赔法》的要求。

　　〔19〕　*Sosa v. Alvarez-Machain*，124 S. Ct. 2739（2004）.

　　〔20〕　*Sosa v. Alvarez-Machain*，124 S. Ct. 2739（2004）. 当所涉国际规范具有特定性、普遍性和强制性时，法院对基于《外国人侵权索赔法》的诉讼进行了界定。

　　〔21〕　Vietnam Association for Victims of Agent Orange v. Doe Chemical，373 F. Supp，2d 7，* 18；2005 U. S. Dist. LEXIS 3644，p. 17；90 United States Court of Appeals for the Second Circuit，Docket No. 05-1760-cv，In re "Agent Orange" Product Liability Litigation，22 February 2006，p. 26.

　　〔22〕　M. D. Goldhaber，*supra* n. 8，pp. 137~149.

　　〔23〕　Presbyterian Church of Sudan v. Talisman Energy，Inc.，582 F. 3d 244，259（2d Cir，2009）.

　　〔24〕　例如，有人建议将公司的协助和教唆行为定性为侵犯人权的直接共犯，认为公司可以通过煽动、联合合作、采购和共谋等方式进行诽谤。T. F. Massarani，"Four Courts of Corporate Complicity: Alternative Forms of Accomplice Liability Under the Alien Tort Claim Act"，（2006）38 *New York University Journal of International Law and Politics*，p. 46.

的适格机关的观点是一致的。[25] 它也可以加强公民社会执行国际刑法的能力，因为执行并不仅仅是国家或政府间机构的事情。[26]

在法律层面而言，即使是在后一种全球治理类型的争论中，《外国人侵权索赔法》的公司诉讼也会涉及政治问题。[27] 虽然政治因素不应阻止受害者寻求赔偿，但在《外国人侵权索赔法》的相关诉讼中，这些因素可以决定性地影响所有方面，包括受害者。

根据《外国人侵权索赔法》提起的诉讼会涉及以下四个在分析外国人侵权诉讼时应考虑的问题和利益。它们分别是受害者（原告）、公司（被告）、法院所在地政府和公司注册地政府（母国）。在美国，这一点尤为重要，它允许利益相关者向法院提交立场性文件（即"法庭之友"声明)[28]，而法院通常要求美国政府提交关于美国外交政策的利益声明。政府可以发挥审判作用，建议法院作出什么样的判决，并提供事实资料，例如外交官的资格认证，或提出与外交政策有关的法规解释。[29]

在研究《外国人侵权索赔法》相关案件时，至关重要的是要确认第五个要素，即事件发生地所在国家的政府，这一点在上述四个分析中都有体现。就我们的目的而言，我们不将地方政府包括在《外国人侵权索赔法》讨论范围内，因为它的利益与每一个案例中的政治局势有关。

---

〔25〕 C. Ryngaert, "Finding Remedies for Historical Injustice: Dealing with Organizations and Corporations", Working Paper No. 38, January 2010, Leuven Center for Global Governance Studies, p. 19.

〔26〕 L. Malone, "Enforcing International Criminal Law Violation with Civil Remedies: The U. S. Alien Tort Claims Act", in C. Bassiouni (ed) *International Criminal Law-International Enforcement*, 3rd ed. (Leiden: Brill Publisher, 2008), p. 421.

〔27〕 正如美国最高法院大法官安东尼奥·斯卡利亚（Antonio Scalia）所指出的，基于《外国人侵权索赔法》诉讼的裁决是"直接与政府部门对抗"。*Sosa v. Alvarez-Machain*, 542 U. S. 692, 748 (2004).

〔28〕 对美国最高法院裁决过程中法庭之友报告的影响，参见 P. M. Collins, *Friends of the Supreme Court: Interest Groups and Judicial Decision Making*, New York: Oxford University Press, 2008。

〔29〕 P. B. Rutledge, "Samantar and Executive Power", (2011) 44 (1) *Vanderbilt Journal of Transnational Law*, p. 893.

而且《外国人侵权索赔法》的案例也证明，地方政府的立场可能会因政治变革而永远改变。[30]

为了阐释一些不同的政治影响，下文我将引用一个东南亚的经典案件，即塞雷（巴布亚新几内亚一个岛屿）的居民在加州联邦法院起诉一个矿业公司（以下简称力拓公司），指控它们参与巴布亚新几内亚政府的侵权行为。[31]　其中有许多法律问题，但最有趣的是《外国人侵权索赔法》框架下主体的行为及其后果。

在这个框架下，我们将仔细研究以下这些不同的要素。

2.1.1　受害者

在力拓公司案件中，受害者只在加州联邦法院而不是巴布亚新几内亚法院起诉。受害者也没有表现出他们试图在英国和澳大利亚（力拓公司的母国）提起诉讼的想法，[32]　甚至强硬的被告也没有反对受害者提起类似诉讼。[33]　除了涉及美国公司的案件，该案的法院选择是《外国人侵权索赔法》的典型案例，因为美国法律制度为大规模侵权诉讼提供了便利，[34]　也因为有许多美国非政府组织会代表受害者，使得受害者在美国法院起诉最方便。[35]　一些人还辩称，美国侵权律师承认《外国人侵权索赔法》诉讼是有利可图的，因为所诉金钱数额巨大，而且处理

---

〔30〕　在萨雷（Sarei）一案（有待后面进一步阐述）中，巴布亚新几内亚政府首先要求美国国务院阻止对力拓公司提起与该国有关的诉讼，这一诉讼在几年后取得进展——可能是由于政府更迭，后来允许美国国务院继续进行诉讼。"Wikileaks expose US & PNG position on Bougainville case against Rio Tinto", Minds and Communities, 12 September 2011, available at: www. minesa. ndcommunities. org/article. php? a＝11164 (accessed 14 May 2013).

〔31〕　Sarei v. Rio Tinto, PLC 671 F. 3d 736 (9th Cir, 2011).

〔32〕　E. Sheargold, "Advocating for Local Exhaustion: The Amicus Brief Submitted on Behalf of the UK and Australian Governments in Sarei v. Rio Tinto", (2012) 37 *Colombia Journal of Environmental Law*, Field Reports Archive.

〔33〕　Sarei v. Rio Tinto, 221 F. Supp. 2d 1116, 1176 (C. D. Cal, 2002).

〔34〕　英国和澳大利亚作为友好国家，支持辩护人、被上诉人/交叉上诉人。Sarei v. Rio Tinto, No. 02-56256, 2011 WL 5041927 (9th Cir Oct. 25. 2011). 2009 WL 8174961, pp. 9~11. As cited in E. Sheargold, *supra* n. 32.

〔35〕　详细说明民间社会组织在这方面的作用参见：L. Malone, "Enforcing International Criminal Law Violation with Civil Remedies: The US Alien Tort Claims Act", in C. Bassiouni (ed), *International Criminal Law-International Enforcement*, 3rd edn Leiden: Brill Publisher, 2008, p. 412.

的是突发事件。[36]

力拓公司案件和其他许多案件一样至今没有结案，结果也与其他《外国人侵权索赔法》下的诉讼相似。案件因柯欧贝案的裁决而被驳回，不仅没有获得赔偿，[37] 而且还造成其他影响：如今在其他法院起诉将是一个挑战，[38] 这一诉讼程序会迫使美国政府站在受害者对立面。[39] 被告公司也会在诉讼中投入资源，所以力拓公司愿意赔偿的可能性已经大大降低。

从跨部门的角度来看，在一些特殊的情况下，如在力拓公司案件和越南橙剂受害者协会案件中，当地政府并不反对这样的诉讼。[40] 尽管很难说明所引用例子的相关性，但这意味着，地方政府正在利用诉讼避免与公司或母国的政府进行接触，即使通过这种接触更有可能使得受害者获得赔偿。

在将受害者广泛定义为发展中国家的公民时，最后一个关键因素是这类诉讼在本质上降低了全球企业的活动，因为企业面临越来越大的风险和不断增加的诉讼成本，这导致投资减少、企业的发展和增速减缓。[41]

---

〔36〕 See L. Malone, "Enforcing International Criminal Law Violation with Civil Remedies: The US Alien Tort Claims Act" in C. Bassiouni (ed), *International Criminal Law–International Enforcement*, 3rd edn Leiden: Brill Publisher, 2008, p. 30, available at: www. isrcl. org/Papers/2008/Malone. pdf (accessed 14 May 2013).

〔37〕 Sarei v. Rio Tinto, PLC, 722 F. 3d 1109, 28 June 2013.

〔38〕 其他法院很可能会将美国最高法院对这一问题的分析视为反映了这样一个原则，即法院地国（在试图进行诉讼的地方）与行为（包括在诉讼地位于公司所在国的情况下）之间应该有很强的联系。

〔39〕 See the Amicus Brief submitted by the US government in support of Rio Tinto to the Ninth Circuit Courts of Appeals, 28 September 2006, available at: www. state. gov/documents/organization/98376/pdf (accessed 23 August 2014).

〔40〕 在越南橙剂受害者案件中，越南政府官员支持美国的诉讼。M. F. Martin, "Vietnamese Victims of Agent Orange and U. S Vietnam Relation", *CRS Reports for Congress*, *Congressional Research Service*, 29 August 2012, p. 30.

〔41〕 B. Reinsch, "The Alien Tort Statue's impact on the business community", *World Commerce Review*, June 2012, pp. 28, 29.

2.1.2 跨国公司

被告公司的利益在《外国人侵权索赔法》下的诉讼中受到不利影响。第一个真正的问题是公司利益的合法性。毫无疑问，公司必须为侵犯人权行为负责，无论是直接或故意协助政府而实施的，并导致大规模死伤的行为。第二次世界大战后的纽伦堡审判承认了这一点，宣布公司对纳粹暴行负有刑事责任（但没有定罪）。[42] 关于公司的什么行为应该被视为战争罪，可能会有一些争议。但一般认为，如果一项行为被定义为战争罪，即使是参与的公司也负有责任。

第二个问题更复杂。即使公司应当承担责任，美国法院其否有权对外国公司的侵权行为进行裁决？[43]

以这种方式来界定这一困境，即使存在争议，也能够合理得出结论：如果力拓公司与美国没有或有着很小的联系，那么它有正当的理由拒绝接受美国法院的裁决。相比之下，更应向类似纽伦堡法庭的国际法庭[44]或者向澳大利亚法院起诉其在巴布亚新几内亚的侵权行为。

回到之前的讨论，随着越来越多的《外国人侵权索赔法》下诉讼的出现，根据柯欧贝案件的观点，这不是个例，在发展中国家的公司经营风险会增加，公司会因为潜在的诉讼风险而避免侵犯人权。

2.1.3 法院所在地政府

在一些《外国人侵权索赔法》下的公司诉讼中，美国政府扮演着重要角色，即使没有，其沉默也具有重要意义。以力拓公司案为例，我们可以假设，美国政府不仅像预期的那样受到来自巴布亚新几内亚政府

---

[42] N. Gotzman, "Legal Personality of the Corporation and International Criminal Law Globalisation, Corporation Human Rights Abuses and the Rome Statue", (2008) 1 (1) *Queensland Law Student Review*, pp. 49~50.

[43] 英国和澳大利亚作为友好国家，支持辩护人、被上诉人/交叉上诉人。Sarei v. Rio Tinto, No. 02-56256, 2011 WL 5041927 (9th Cir Oct. 25. 2011). 2009 WL 8174961, p. 29.

[44] 纽伦堡法庭是由美国、英国、法国和苏联作为《伦敦协定》的缔约国设立的。*Trials of War Criminals Before the Nuremberg Military Tribunal*, pp. XI~XII (1946~1949).

的压力,[45] 而且还受到其他三个《外国人侵权索赔法》下主体的影响：包括代表受害者的非政府组织，澳大利亚和英国,[46] 以及根据自身利益行事的公司。

反对加州联合石油公司（Union Oil Company of California）在缅甸的管道建设政策。[47] 然而，美国政府可能更愿意选择何时和如何做出反应，而不是被诉讼所迫。虽然在力拓公司案中，美国政府在法庭上辩称《外国人侵权索赔法》不适用于外国政府对当地公民的行为。[48] 但在其他案件中，当法庭根据《外国人侵权索赔法》作出裁决时，美国政府的沉默具有重要意义。[49]

在美国探讨与人权相关的国际诉讼，不仅包括针对企业的诉讼，还包括针对外国主权国家和现任及前任外交官员的诉讼。这表明，美国政府并不总是希望在此类诉讼中不作出政策决定。例如，在指控外国官员侵犯人权的案件中，美国政府要求其提交有关民事诉讼豁免权的文件，美国最高法院也同意这一做法。[50] 有争议的原因是，美国将提交利益声明（通常支持免职）的决定视为一种政治工具，以促使各国采取某种行动。然而，即便是在这种情况下，美国似乎也更希望在其他程序性问题上驳回此案，而不是提交利益声明，或由法院要求提交利益声明。[51] 尽管如此，美国政府过去曾敦促法庭，出于外交政策或国家安

---

〔45〕 最初，巴布亚新几内亚政府反对诉讼，但后来改变立场。"Wikileaks expose US & PNG position on Bougainville case against Rio Tinto", Minds and Communities, 12 September 2011, available at: www. minesandcommunities. org/article. php? a = 11164 (accessed 14 May 2013).

〔46〕 根据政府向法院提交的摘要，推定情况是这样的。英国和澳大利亚作为友好国家，支持辩护人、被上诉人/交叉上诉人。Sarei v. Rio Tinto, No. 02-56256, 2011 WL 5041927 (9th Cir Oct. 25. 2011). 2009 WL 8174961.

〔47〕 Doe v. Unocal, suit submitted in California District Court, 1997.

〔48〕 Amicus Brief submitted by the US government in support of Rio Tinto to the Ninth Circuit Courts of Appeals, 28 September 2006, available at: www. state. gov/documents/organization/98376/ pdf, p. 10.

〔49〕 在这种情况下，法院可以独立地作出有关外交政策的决定，例如外国官员的豁免。Yousuf v. Samantar, No. 11-1479, 4th Cir. (2012).

〔50〕 Yousuf v. Samantar, No. 11-1479, 4th Cir. (2012).

〔51〕 H. Koh, "Foreign Official Immunity After Samanar: A United States Government Perspective", (2011) 44 *Vanderbilt Journal of Transnational Law*, pp. 1141, 1160.

全方面的考虑，[52] 不要利用国际法律对公司施加民事责任，包括针对印度尼西亚的公司侵权提起的诉讼。[53] 这些论点表明，在不是国家提起诉讼的情况下，法院所在地的国家利益会因为允许涉外民事法律的公司诉讼而受到损害。

从人权的角度看待这一问题，即使考虑到涉外侵权诉讼的成功率较低，得到的判决也不一定不利于被害人。相反，如果外国人侵权诉讼的法律地位最终被取消，[54] 美国在鼓励赔偿方面的政治压力将会加大。

2.1.4 跨国公司的母国

《外国人侵权索赔法》的第四个侵权构成要件是母国。在当今时代，大公司与它们所处的政治舞台是密不可分的。考虑到这些公司雇用了数千名员工，并且在很大程度上能够与母国经济相抗衡，因此当他们因涉嫌侵犯人权而在美国面临诉讼时，向本国政府寻求帮助就不足为奇了。

这些论点解释了为什么母国反对美国对公司的普遍民事管辖权。问题是，就像讨论《外国人侵权索赔法》的其他主体一样，赋予这种义务是否合法。正如这些国家自己所说，他们"致力于国际法治，包括促进和保护人权不受侵犯"。[55] 在前面分析的基础上，本文的论点与此类似。国家可以根据这些原则行事，而不必支持美国的治外法权。这一观点得到了法律和政治的支持。

---

〔52〕 US Amicus Brief, Kiobel v. Royal Dutch, No 10-1491, US Supreme Court (submitted June 2012).

〔53〕 Letter from Williams H. Taft, Legal Advisor, Dept of State to Judge Louis F. Oberdotfet, US District Court for D. C. I (Jul. 29, 2002), available at: http://ccrjustice.org/files/Doe%20v.%20Exxon%20.%20US%20SO1%20July202002.pdf (accessed 25 May 2013). The lawsuit was filed in relation to a suit against Exxon-Mobile.

〔54〕 Center for Justice and Accountability Press Release, *Kiobel v. Shell: Supreme Court Limits Courts' Ability to Hear Claims of Human Rights Abuses Committed Abroad-Courthouse Doors Remains Open to Cases with a Sufficient Link to the United States*, 27 April 2013, available at: http://cja.org/downloads/Kiobel%20Joint%20Press%20Release.4.17.13_1.pdf (accessed 25 May 2013).

〔55〕 Brief of the Governments of the United Kingdom of Great Britain and Northern Ireland and the Commonwealth of Australia, Sarei v. Rio Tinto, p.1 (2011).

　　法律上的争议是，一些美国法院行使管辖权违反了国际法。[56] 其一，针对不相关的法院地国，以及非美国领土的民事诉讼适用普遍管辖权，而不是基于国际法、国家惯例或习惯国际法规则。[57] 其二，《外国人侵权索赔法》鼓励原告进行非法的择地诉讼，规避其他国家的法律，包括在当地国家和母国。[58] 而在原籍国进行的诉讼也可以要求补偿，包括实质性的解决办法，而且绝不妨碍在人权方面的诉讼取得成功。[59] 其三，外国被告在美国法庭上进行辩护，以及法庭和陪审团就外国案件作出裁决，这本身就是个问题。[60] 只有当外国原告和被告不愿意选择当地和母国法院时，美国法院才能依据《外国人侵权索赔法》作出裁决。[61] 最后，母国辩称，国际法要求法院在审理民事索赔案件之前，必须要求已经用尽当地补救办法，而且在侵犯人权的民事侵权索赔中，不存在反索赔的做法。[62]

　　上面的法律论据似乎很有说服力，但也具有争议，并引发大量的学术和司法辩论，在柯欧贝案裁判后这种争论可能会加剧。然而，政治上的争论较少涉及这一点，因为无论是在讨论地方的还是本土的对外政策时，法院都不能扮演一个全球警察的角色。[63] 虽然有人认为普遍刑事

---

〔56〕 Brief of the Governments of the United Kingdom of Great Britain and Northern Ireland and the Commonwealth of Australia, Sarei v. Rio Tinto, p. 12（2011）.

〔57〕 2000 年 4 月 11 日涉及逮捕令案件（Democratic Republic of the Congo v. Belgium）中，希金斯、科曼斯和布尔根塔尔持不同意见，2002 年，第 48 段。

〔58〕 Brief of the Governments of the United Kingdom of Great Britain and Northern Ireland and the Commonwealth of Australia, Sarei v. Rio Tinto, pp. 10~11（2011）.

〔59〕 在此背景下，对在公司母国的诉讼进行分析，见 R. Meeran, "Tort Litigation Against Multinational Corporation for Violation of Human Rights: An Overview of the Position Outside the United States", （2011）3（1）*City University of Hong Kong Law Review*, p. 1.

〔60〕 Brief of the Governments of the United Kingdom of Great Britain and Northern Ireland and the Commonwealth of Australia, Sarei v. Rio Tinto, pp. 11~12（2011）.

〔61〕 Brief of the Governments of the United Kingdom of Great Britain and Northern Ireland and the Commonwealth of Australia, Sarei v. Rio Tinto, pp. 10~12（2011）.

〔62〕 R. Waugh, "Exhaustion of Remedies and the Alien Tort Statue", （2010）28 *Berkeley Journal of International Law*, pp. 555, 569.

〔63〕 支持美国最高法院在公司问题上的观点，见 J. A. Kirshner, "Why is the U. S. Abdicating the Policing of Multinational Corporations to Europe?: Extraterritoriality, Sovereignty, and the Alien Tort Statue", （2012）30 *Berkeley Journal of International Law*, p. 259.

管辖权代表了另一种观点，[64] 但这种观点忽视了普遍刑事管辖权与民事管辖权之间的政治差异。不同之处在于，当一国考虑对外国官员提起刑事诉讼时，该官员的原籍国可以请求豁免。如果拒绝，这也是一个合法的政治决定。在普遍民事管辖领域，案件所涉的外国政府可以而且可能会向法院地所在国政府建议。但在分权和司法独立的国度里，法院地所在国只能驳回建议，而法院所在可以选择是否接受这一建议。[65]

综上所述，我们看到《外国人侵权索赔法》的构成要件——受害人、公司、法院地所在国和原籍国，可以说，在没有达成和解的情况下，外国侵权诉讼程序中公司诉讼并不符合任何公司利益。诚然，诉讼是一种对被告人损害的补救措施。在被告人受到损害时，反对《外国人侵权索赔法》诉讼将更加困难。但情况并非如此，而且此类诉讼似乎更像是一种安慰剂，因此必须探索另一种路径。另一种路径是在非美国法院提起类似的诉讼，但正如将要阐述的那样，不仅没有解决《外国人侵权索赔法》分析提出的程序问题，而且也没有发达的国家实践，允许对侵犯人权行为提出大规模侵权索赔。

2.2 其他国家法院审理的跨国企业诉讼

在美国以外的法庭，针对侵犯人权或违反国际法的指控提起的诉讼，通常不涉及普遍民事管辖权的适用，这在美国境外几乎是不为人知的。[66] 虽然这是国际法院法官处理案件的方式，但仍有人认为存在普遍民事管辖权。这意味着法院地所在国需要首先起诉该公司侵犯人权，在实践中这种做法几乎不存在。这种做法本身就有问题，因为它将再次要求一国对另一国的事务进行刑事调查。

由于缺乏普遍的民事管辖权，不在美国提起的诉讼包括两种截然不

---

〔64〕　The Restatement（Third）of the Foreign Relation Law of the United States § 404 comment b.

〔65〕　在某些《外国人侵权索赔法》下的案例中，法院可以无视美国政府的立场，而且已经这样做了，包括一个涉及对在印尼经营的公司侵权行为进行指控的案件。B. Stephens，"Judicial Deference and the Unreasonable Views of the Bush Administration"，（2008）33 *Brooklyn Journal of International Law*，pp. 773，791~780.

〔66〕　2000 年 4 月 11 日涉及逮捕令案件（Democratic Republic of the Congo v. Belgium）中，希金斯、科曼斯和布尔根塔尔持不同意见，2002 年，第 48 段。

同的类型，一种是在母国提起的诉讼。例如直接伤害案件，基于传统的侵权诉讼和原因，主要是疏忽和违反注意义务。[67] 一个例子是巴布亚新几内亚居民就采矿受到的损害，在澳大利亚向一家澳大利亚公司提起的诉讼。[68] 其他例子包括欧盟法院审理的案件，主要是在非洲和南美洲与环境有关的损害赔偿诉讼。[69] 虽然这类诉讼有时会成功，而且和解结案似乎比根据《外国人侵权索赔法》判决的案件要多，但其需要在公司与损害赔偿之间建立直接联系，以及缺乏援助和教唆的规定都给案件审理带来了困难。

第二种类型的诉讼更类似于根据《外国人侵权索赔法》提出的侵权诉讼。例如，在加拿大，加拿大公司因在国外违反国际法而被起诉。虽然有些案件正在审理中，例如危地马拉居民指控加拿大一家公司直接参与杀害和强奸事件，[70] 但大多数加拿大案件因程序上的原因而最终败诉，主要是依据不方便法院原则。[71] 在这种情况下，案件应由最方便诉讼的地方法院进行审理。有些人认为，现在加拿大法院可以根据必要法院的原则，在当地缺乏补救办法的情况下，[72] 审理这类诉讼，但这种做法尚未在实践中得到证明。

在荷兰也出现了类似的不明确判例法。在荷兰法院，荷兰皇家壳牌公司遭起诉，受害者就其在尼日利亚造成的环境损害要求荷兰母公司承担赔偿责任未果，尽管尼日利亚子公司负有责任。[73] 与美国以外的普通法案例一样，该索赔基于直接侵权责任。

总而言之，我们了解到虽然在某些情况下针对公司侵权行为的诉讼

---

〔67〕 R. Meeran, *supra* n. 60.

〔68〕 Dagi v. BHP (1997) 1 VR 428. 在巴布亚新几内亚政府的参与下，案件最终解决，受害者得到了赔偿。G. Banks and C. Ballard (eds), *The Ok Tedi Settlements, Issues, Outcomes and Implications*, Asia Pacific, 1997.

〔69〕 R. Meeran, *supra* n. 60.

〔70〕 Choc v. HudBay Minerals; Club v. HudBay Minerals; Coals v. HudBay Minerals, available at: www. chocversushudbay. com (accessed 26 May 2013).

〔71〕 M. D. Goldhabor, *supra* n. 8, pp. 127, 135~136.

〔72〕 M. D. Goldhabor, *supra* n. 8, pp. 127, 135~136.

〔73〕 Akpan v. Royal Dutch Shell Plc, No. 337050/HA ZA 09-1580 (District Court of the Hague, Jan. 30, 2013). As cited in M. D. Goldhaber, *supra* n. 8, p. 134.

能够成功。但有争议的是，这种诉讼不符合所有利益相关者的利益，即使会带来一定好处，但诉讼总是昂贵的，受害者通常承担不起诉讼花费，而且诉讼本身非常耗时。考虑到对受害者有多种救济方式，同时为了保护《外国人侵权索赔法》下公司、法院地所在国和原籍国的利益以及当地政府利益，应继续研究这些救济方法。而下面两节将重点介绍两个主要的文件，从《经合组织跨国企业准则》开始。

2.3《经合组织跨国企业准则》

经济合作与发展组织（以下简称经合组织）是一个政府间组织，有34个成员国，成立于1961年，旨在促进二战后的经济发展。该组织的初衷是建立一个促进增长和发展的合作经济框架。[74]过去几十年来，经合组织的使命和模式发生了变化，成员国认识到，在发展中国家经营的成员国（主要是世界领先经济体）企业的全球行动，可能对经济增长产生负面影响。在这一背景下，经合组织将部分工作重心转移到了私营部门，首先集中在国际腐败问题上，[75]最近又转移到了《经合组织跨国企业准则》所反映的公司对侵犯人权行为的责任问题上。[76]

《经合组织跨国企业准则》是对加入国、34个经合组织成员国和其他国家的私营部门的建议。[77]这项建议本身不具约束力，还需要经过国内法批准，[78]但经合组织希望加入国遵守这些建议。2011年，经合组织通过了一个增加的新人权章节，反映了联合国制定的原则，例如"保护、尊重和补救"框架。[79]该准则包括六项基本原则，包括对侵犯人权行为负有直接责任、避免助长侵权行为、防止侵犯、尊重人权、

〔74〕 "OECD History", available at: www. oecd. org/about/history（accessed 26 May 2013）.

〔75〕 OECD Bribery in International Business Transactions, available at: www. oecd. org/corruption/anti-bribery（accessed 26 May 2013）.

〔76〕 OECD Guidelines for Multinational Enterprises, available at: www. oecd. org/daf/inv/mne/（accessed 26 May 2013）.

〔77〕 OECD Guidelines for Multinational Enterprises, available at: www. oecd. org/daf/inv/mne/oecdguidelinesformultinationalenterprises. htm（accessed 26 May 2013）.

〔78〕 "Commentary on the OECD Guidelines for Multinational Enterprises", *Guidelines for Multinational Enterprises: Recommendations for Responsible Business Conduct in a Global Context*, 25 May 2011, p. 17.

〔79〕 OECD Guidelines, p. 31.

对承包商的行为进行尽责调查和为损害提供救济。[80]

这些原则很宽泛，并不具体，任何国际起草公约的工作都可以做到。[81] 但可以说，这些原则为解决侵权行为提供了一个良好的全面框架。就像美国或非美国提起的诉讼，它们在表面上看确实是一个可行的解决方案，可以消除外交政策私有化和违法行为的问题，因为这些指导方针反映了经合组织成员国在私营部门代表参与下获得的审议结果。[82] 然而，要记住，我们正在寻求一个有效的应对公司侵权行为的办法，包括提供最多的获得赔偿机会和对利益相关者造成最小伤害。值得怀疑的是，这些准则是否切实可行，因为更新的人权章节是最近才通过的，以及这些准则是否最符合有关各方的利益。

通过对诉讼案件进行分析，发现审查机制遇到的主要问题是获得补救的可能性。在《经合组织跨国企业准则》中，负责执行其规定的机构是国家本身，并通过政府间的国家联络点（NCPS）机制来实现。[83] 简而言之，该程序是针对在国家联络点管辖范围内注册和运营公司的申诉，由接受申诉的国家联络点决定如何进行，包括联系当地国家的国家联络点和相关公司。[84] 例如，向比利时国家联络点提出的申诉，据称涉及由大坝造成的损害。对此，比利时国家联络点与有关各方会晤，试图调解找出解决办法，但未成功。[85] 还有指控在印度尼西亚的侵犯劳

---

〔80〕 OECD Guidelines, pp. 31~34.

〔81〕 例如，和平协定也适用于经合组织的准则。贝尔将建设性模糊语言定义为："模糊语言是共构的，因为它能使双方达成一致。这是一种象征性的语言，目的是表达妥协，这种妥协对不同的人有不同含义。" C. Bell, *On The Law of Peace*, *Peace Agreements and the Lex of Pacifactoria*, New York: Oxford University Press, 2008.

〔82〕 为了讨论导致该规则通过之前的长期审议过程，参见 B. Hueria Maglar, K. Noweot and W. Yuan, "The 2011 Update of the OECD Guidelines for Multinational Enterprises: Balanced Outcomes or an Opportunity Missed", Martin Luther University Halle, Wittenberg, June 2011, available at: http://telc.jura.uni-halle.de/sites/default/files/BeitraegeTWR/Heft112_0.pdf (accessed 28 May 2013).

〔83〕 OECD Guidelines, p. 68.

〔84〕 国家联络点通常设在负责国际贸易和对外关系的政府机构内。有关最新的名单，请参见 www.oecd.org/daf/inv/mne/NCPContactDetails.pdf (accessed 28 May 2013)。

〔85〕 Proyecto Gato v. Tractebel, OECD Watch, available at: http://oecdwatch.org/cases/Case_35 (accessed 15 May 2013).

工权利的案件，德国国家联络点在双方之间主持召开会议，使得侵权公司最终同意采取补救措施。[86] 有时国家联络点派专家到当地考察申诉情况，例如审查向挪威国家联络点提交的关于挪威公司在菲律宾设立工厂的申诉。该案以一份国家声明结束，该声明建议挪威公司遵守《经合组织跨国企业准则》要求。[87]

主要问题是，即使在 2011 年修订之后，国家联络点机制也没有获得制裁违法者的权力，即使相关公司宣布遵守。一些关注与人权相关的投诉案件的研究表明，在 2011 年之前，国家联络点机制并不会带来金钱上的补救。其唯一的结果是在没有采取补救措施的情况下，指名道姓并羞辱那些被判有罪的人。[88]

正如最近一份关于联合利华在越南的业务报告[89]所强调的那样，该机制的结果并非完全无关紧要，但它并没有提供直接的补救措施。在诉讼方面，有人提出了通过扩大制裁选择来加强该机制作用的建议。其中还包括建议赋予国家联络点制裁违法者的权力，或责成国家停止向违法者提供政府补贴和援助。[90]

虽然这可能是一个可行的解决方案，但其实现无疑会影响利益相关者的利益。回到《外国人侵权索赔法》，如果采取这样的措施，公司会

〔86〕 CCC v. Adidas, OECD Watch, available at: http://oecdwatch.org/cases/Case_27 (accessed 15 May 2013).

〔87〕 Framtiden i vdre hender vs Intex Resource, available at: http://oecdwatch.org/cases/Case_164 (accessed 15 May 2013).

〔88〕 B. Linder, K. Lukas and A. Steinkellner, "The Right to Remedy: Extrajudicial Complaint Mechanisms for Resolving Conflicts of Interest between Business Actors and Those Affected by their Operations", *Ludwig Boltamann Institution of Human Rights*, Vienna, April 2013, p. 16.

〔89〕 根据这份报告，联合利华（一家跨国消费品主要生产商）在越南的一家工厂采取了一些改革措施。此前，根据《经合组织跨国企业准则》，该公司在印度和巴基斯坦活动曾遭到多次投诉。见 R. Wilshaw, L. Unger, D. Quynh and p. Thu Thuy, "Labour Rights in Unilever's Supply Chain- From Compliance to Good Practice- An Oxfam Study into Labour Issues in Unilever's Vietnam Operations and Supply Chains", Oxfam, January 2013, p. 86~88. The report is available at: www.oxfam.org/sites/www.oxfamp.org/files/rr-unilever-supply-chain-labor-rights-vietnam-310113-en.pdf (accessed 8 June 2013).

〔90〕 E. Oshionebo, "The OECD Guidelines for Multinational Enterprises as Mechanism for Sustainable Development of Natural Resources: Real Solution or Window Dressing?", 17 (2) *Lewis Clark Law Review*, pp. 545, 587.

犹豫要不要遵守；母国可能不太愿意接受向国家联络点提出的申诉，以避免其需要向公司实施制裁，因此受害者将失去提起申诉的地方。即使所有这些都没有发生，国家联络点将对公司实施制裁，也有可能导致公司关闭在当地国家的业务，这也是一个需要考虑的风险。这个论点是循环论证的，但它反映了潜在的现实。

另一项建议是，要求各国接受国家联络点的同行审议，由两个成员国或加入国对第三个成员国进行审议。[91] 如今这是一项自愿承诺，[92] 经合组织经常使用同行审议的方式。[93] 这里的问题是，各国可能会再次反对，因为这将会在人权方面前所未有地使用完整的同行审查机制。[94] 从本质上说，决定制裁在另一个国家经营的公司，尤其是当投诉涉及向外国政府提供服务的公司时，就是对外国政策的裁决，尽管（该裁决）是由行政当局作出的。例如，最近非政府组织向英国和德国国家联络点申诉，指控公司向巴林政府提供间谍软件。[95]

假设存在这些问题，执行机制将会起作用，但该准则的使用仍然是有问题的。

第一，即使在今天，当这些准则缺乏执行机制时，如果它们拥有这样的权力，情况将会更加严重。一些坚持原则的国家可以（有些人认为

---

〔91〕 B. Linder, K. Lukas, and A. Slenkellner, *supra* n. 91, p. 26.

〔92〕 OECD MNE Guidelines website：www. oecd. org/daf/inv/mne/ncps. htm（accessed 1 June 2013）.

〔93〕 See for example the OECD Convention on Combating Bribery of Foreign Public Officials in International Business Transactions. OECD Working Group on Bribery websites：www. oecd. org/corruption/countrymonitoringgoftheorcidenti-briberyconvention. htm（accessed 1 June 2013）.

〔94〕 2006 年，联合国人权理事会通过了关于人权遵守情况的同行审查规定，根据该规则，各国不对其他国家进行审查，但须接受其他国家就人权条约执行情况提出的问题，详情见' A Practical Guide to the United Nations "University Periodic Review（UPR）", Human Rights Project at the Urban Justice Center, January 2010, available at：www. hrpulc. org/documents/UPRtoolkit. pdf（accessed 1 June 2013）。

〔95〕 Our OECD complaint against Gamma International and Trovicor, February 2013, available at：www. privacyintenatinoal. org/blog/our-oecd-complaint-against-gamma-international-and-urovicor（accessed 7 June 2013）.

这是现实）将它们视为制定法律规范境外公司行为的替代选择。[96] 制定准则本身是将其作为一种宣示工具，而不是一项条约。它一方面允许各国政府不颁布强制性的法律规定，另一方面又支持公司尊重人权的承诺，[97] 没有采取必要措施来处理这一现象。

第二，这与《外国人侵权索赔法》下的诉讼和针对非美国公司诉讼的后果有重要的相似之处，我们再次面临政治问题。在某些情况下，即使在人权章节修订之前，向国家联络委员会提出的控诉也与公司的直接侵权无关，而是与公司在政治局势下的行为有关。在这种类型的投诉中，公司和投诉所在的国家联络点都有问题。

向挪威国家联络点提出的一项关于挪威公司在西撒哈拉活动的控诉也可以作类似的分析，其中提及一个存在多年冲突地区的政治局势（即使挪威国家联络点已经接受审理这一案件）。[98]

对《经合组织跨国企业准则》及其实践案例的分析，以及在许多情况下没有提供补救措施或赔偿的事实表明，[99] 即使通过纳入执行机制使准则更加有效，仍然存在问题。简要探讨一下利益相关者的利益，我们意识到，这种机制也不能像诉讼一样，起到真正的实质补救作用。虽然在某些方面，《经合组织跨国企业准则》比诉讼更适合国际法律的政治框架，因为它受设立国家联络点的国家国内法的约束。[100] 但不幸的是，可以说该准则只是安慰剂，而不是补救办法，它有时可以作为一

---

〔96〕　I. Cisar, "OECD Multinational Enterprises Guidelines: Moving from Voluntary Code to the 'Hard' Obligation", *COFOLA* 2011: *the Conference Proceeding*, 1st edn, Brno, Masaryk University, 2011.

〔97〕　有人认为这种承诺有很大的意义。H. Keller, "Corporate Codes of Conduct and their Implementation: The Question of Legitimacy", in R. Wolfrum and v. Roben (eds), *Legitimacy in International Law*, Berlin: Springer, 2008, pp. 219, 231.

〔98〕　"Initial Assessment: Norwegian Support Committee for Western Sahara vs. Sjovik AS (Sjovik Africa and Sjovik Morocco) ", *OECD NCP Norway*, available at: www. oecd. org/daf/inv/mne/49867514. pdf (accessed 15 May 2013).

〔99〕　B. Linder, K. Lukas, and A. Steinkellner, *supra* n. 91, pp. 25~26, see also Appendix 2: OECD Guidelines-Specific Instance (5/2001~6/2011), 介绍向国家联络点申诉得到的结果。

〔100〕　"Commentary on the OECD Guidelines for Multinational Enterprises", *OECD Guidelines*, p. 17 (2011).

个简单的申诉平台而发挥很好的安慰作用。

《经合组织跨国企业准则》人权章节的一个主要基础是 2011 年《联合国工商业与人权指导原则》。接下来将分析探讨两者是否有能力形成一个目前所讨论的替代机制。

3. 《联合国工商业和人权指导原则》

2011 年 3 月，联合国工商业和人权问题特别代表约翰·鲁格经过广泛工作，向联合国人权理事会提交了《联合国工商业和人权指导原则》（以下简称《原则》）。这 31 条原则旨在解释现行国际法规则，并供各国、公司和国际组织执行。[101] 《原则》包括模糊的原则性规定，以及如何确保防止公司在国内外业务中侵犯人权的指导规则，同时建立通过司法和非司法途径进行补救的机制。据鲁格描述，它包括三个基本原则："国家保护人权，公司尊重人权，受害者可以获得救济"。[102]

《原则》于 2011 年获得批准，并成立了一个工作组，最初任期为三年，旨在探索促进执行的手段和方法。[103] 与诉讼和《经合组织跨国企业准则》不同，《原则》是最近才出台的，所以很难知道它们是否会成功。考虑到这一点，探索该原则的含义以了解未来的方向仍然是有价值的。

针对《原则》的主要批评，与对经合组织准则的批判类似，主要是缺乏具体的审查或执行机制。[104] 《原则》本身并不涉及国家或公司违反规定的后果，也没有建立任何针对公司的个人申诉机制。据一位评

---

〔101〕 J. Ruggie, "Report of the Special Representative of the Secretary-General on the issue of human rights and international corporations and other business enterprises", A/HRC/17/31, 21 March, 2013.

〔102〕 Micheal Connor, "Business and Human Rights: Interview with John Ruggie", Business and Ethnic, *The Magazine of Corporate Responsibility*, 30 October 2011, available at: http://business-ethnic.com/2011/10/30/8127-un-principle-on-business-and-human-rights-interview-with-john-ruggie (accessed 7 June 2013).

〔103〕 Operative paragraph 6, Res. 17/4 Human Rights and Transnational corporations and other business enterprises, A/HRC/RES/17/4, 6 July 2011.

〔104〕 "The UN Guiding Principles on Business and Human Rights Analysis and Implementation", Kenan Institute for Ethnic at Duck University, 2012, p. 8. see also Chapter 1 of this volume by Surya Deva.

论员说，在起草关于工作组的决议时曾考虑过这种机制。[105] 在这方面，有人提出了许多使《原则》具有约束力的想法，例如将该原则作为一项条约而予以确立，[106] 并将该原则与现有的其他联合国人权监测机制联系起来。[107] 另一个建议是，要求各国提供包括普遍的民事管辖权在内的广泛司法补救措施，从而回归诉讼分析的思路。

这些观点千差万别，但都要求有更严格的、更具强制性的规范。诚然，这些步骤都会使《原则》更加有效。然而，正如经合组织准则所明确指出的，这反映原则中任何额外的执行内容都将是对国际共识的进一步发展。[108] 如果加强《原则》的结果是越来越少的国家和公司遵守这些规则，那么《原则》的实际意义和效力就会减弱。即使《原则》的目标不一定是提供具体的补救办法，而是作为一个让公司承诺遵守人权的平台，也是可以让人接受的。

作为对缺乏执行机制批评的补充，一些人还认为，起草者选择的是遵守人权的最低标准，而不是旨在达到更高的标准。[109] 这样做不仅带来显而易见的后果（即企业无法遵守更高的标准），还有一种风险是，企业可能会宣布遵守标准，并以此作为针对它们的任何不满的挡箭牌。一个例子是，加拿大一家公司向联合国人权专员发表声明，要求她不得接受对其在巴布亚新几内亚侵权活动的真实指控，声称其公司遵守《原

---

〔105〕　C. Marquez Carrasco, "The United Nations Mandate on Business and Human Rights: Future Lines of Action", *Revista de Estudios Juridicos* No. 12/2012 (Segunda Epoca) ISSN 1576-124X, Universidad de Jaen (Spain), p. 17.

〔106〕　关于这一想法和所需共识的讨论，见 p. Simons, "International law's invisible hand and the future of corporate accountability for violations of human rights", (2012) 3 (1) *Journal of Human Rights and the Environment*, pp. 5, 41~42。

〔107〕　"The UN Guiding Principles on Business and Human Rights Analysis and Implementation", Kenan Institute for Ethnic at Duck University, 2012, p. 9.

〔108〕　J. Ruggie, *supra* n. 105, p. 5.

〔109〕　R. C. Blitt, "Beyond Ruggie's Guiding Principles on Business and Human Rights: Charting an Embracive Approach to Corporate Human Rights Compliance", (2012) 48 *Texas International Law Journal*, pp. 34, 47.

则》，如果专员根据指控采取行动，可能会阻止其他公司遵守《原则》。[110]

《原则》及其机制是相对较新的，但已经有一些发展为未来实践提供了借鉴，尽管到时情况可能会有所改变。其中一个发展是五名国际独立专家组成的工作组[111]的工作。虽然人权理事会成员国拒绝了扩大工作组任务的要求，[112] 但其最初活动中使用了一种不同的做法。工作组在 2013 年 4 月发表的关于对蒙古进行第一次国别访问的报告中，提出了广泛的结论和建议，要求对法律制度进行全面的改革，同时还提到需要进行结构性改革，以促进公司遵守人权规范。[113] 它还向公司提出了建议，但这些建议宽泛且比较含糊。[114] 工作组对美国的访问也出现了类似的情况，因为访问的结论包括一份相对冗长的关切问题清单。[115] 在某种程度上，这些方法学指标是今后使用和执行《原则》的积极指向。然而，这些意义深远的建议的现实情况是，它们不太可能被有关的利益攸关方认为具有约束力，从而使工作组的效力和《原则》的执行

---

[110] Barrick Gold Letter, 22 March 2013, available at: www. business. humanrights. org/media/documents/company_responses/barrick‐letter‐to‐un‐high‐commissioner‐re‐porgera‐22‐mar‐2013. pdf (accessed 18 May 2013).

[111] "A Call for Action to Better Protect the Rights of Those Affected by Business‐Related Human Rights Abuse", Amnesty International, 14 June 2011, available at: www. amnesty. org/amlibrary/asset/IOR40029/2011/en/0ba48bd‐8ba2‐4b59‐8dIf‐eb75ad9f3b84/ior40092011m. pdf (accessed 18 May 2013).

[112] "A Call for Action to Better Protect the Rights of Those Affected by Business‐Related Human Rights Abuse", Amnesty International, 14 June 2011, available at: www. amnesty. org/amlibrary/asset/IOR40029/2011/en/0ba48bd‐8ba2‐4b59‐8dIf‐eb75ad9f3b84/ior40092011m. pdf (accessed 18 May 2013). J. H Knox, "The Ruggie Rules: Applying Human Rights Law to Corporations" in R. Mares (ed) *The UN Guiding Principle on Business and Human Rights‐Foundations and Implementations*, Leiden: Martinus Nijhoef Publications, 2012, pp. 51, 67.

[113] Human Rights Council, "Report of the Working Group on the issue of human rights and transnational corporations and other business enterprises", Addendum, Visit to Mongols, A/HRC/23/12/ADD. 1. 2 April 2013, pp. 21~24.

[114] *Ibid.*, p. 24.

[115] OHCHR, "Statement at the end of visit to the United States UN Working Group on Business and Human Rights", Washington DC, 1 May 2013, available at: www. ohchr. org/EN/NewsEventsPages/DisplayNews. aspx? NewlD‐132848&LangID＝E (accessed 7 June 2013).

远未达到最佳状态。这一观点并不是唯一的，它反映了人权领域独立专家提出的普遍问题。[116]

与诉讼和《经合组织跨国企业准则》一样，我们看到《原则》有可能为公司侵犯人权行为提供补救措施，这是一个非常进步和积极的发展。但是它仍然只起到安慰剂的作用，《原则》甚至从来就不是一个万能药或良方，[117] 而仅仅是一个新起点。

通过分析发现，所有可用的工具（在美国起诉、在美国外起诉、《经合组织跨国企业准则》、《原则》）似乎都为公司侵权行为提供了效力存疑的补救措施。但是，这并不意味着情况令人困惑。所有这些工具都是相互关联的，正如联合国工作组在访问美国后发表的声明所强调的。该声明讨论了两个方面的内容，包括柯欧贝案判决在与美国本土没有联系的情况下，不能对境外活动适用《外国人侵权索赔法》，[118] 以及《经合组织跨国企业准则》。问题在于，它们是否真的能起作用，而分析表明，到目前为止它们通常没有起作用。

4. 国家间政治解决方案——回顾过去，提出发展方向

不幸的是，大规模践踏人权的事件并不是新鲜事。历史告诉我们，在冲突时或由于错误造成的直接和故意攻击以及附带损害，致使许多无辜的平民受害者受伤和死亡。在试图寻找一种对公司侵犯人权行为进行补救的模式时，有必要简要地考虑对个别受害者进行补偿的现有案件，以便了解我们如何能将这些模式应用于现代的公司侵犯人权事件。正如将讨论的那样，这种应用将以本文迄今分析的现有工具为基础，为了协调一致，解决方案应符合《原则》的精神以及经合组织准则的机制规定。我们还应该铭记，我们的目标是在当前阶段为大规模侵犯人权事件

---

[116] 例如，美国认为人权条约专家机构提出的任何建议都是非约束性的。见：T. J. Mehsh, "From Paradox to Subsidiarity: The United States ans Human Rights Treaty Bodies", (2004) 34 *Yale Journal of International Law*, pp. 389, 443。

[117] 正如鲁格自己所说，参见：J. Ruggie, "The corporate responsibility to respect human rights", World Petroleum Council: Official Publication, 2010, p. 32, available at: www. world. petroleum. org/docs/publications/2010yearbook/P30-32_John_Ruggie. pdf (accessed 7 June 2013).

[118] OHCHR, *supra* n. 119.

找到解决办法，希望这些解决办法将对较轻微的案件产生积极的影响。与此同时，任何解决方案都必须以最优方式符合一切利益相关者的利益。

国家间政治解决方案和大规模赔偿计划的情况大为不同。举例来说，其中包括：美国为 2003～2006 年间伊拉克和阿富汗平民伤亡（被美军击毙）支付的赔偿款项约为 3000 万美元；[119] 澳大利亚政府为澳大利亚驻伊拉克部队击伤或死亡的伊拉克平民支付的款项约为 20 万美元。[120]

回顾这些例子，当它们涉及国家之间的事件时，它们与我们讨论的相关问题就会浮现在脑海中。首先，在几乎所有这些案例中，赔偿国对其所造成的损害不承担法律责任。所以如果要求公司承担法律责任，这可能违反《原则》和《经合组织跨国企业准则》的精神。然而，这些例子不仅代表了一种可用于解决大规模侵犯人权行为的做法，而且这种政治解决方法事实上也得到使用，但对公司行为的使用频率很少，也与我们通常设想的现代企业侵犯人权事件解决情况不同。

第一个重要的例子是，美国向越南提供了 6340 万美元，用于赔偿其在越南战争期间使用橙剂造成的损害。[121] 正如早些时候讨论的那样，这些化学品的使用与一家特定的美国公司有关。因此，这些付款，以及未来的付款，可以被视为解决与公司人权侵犯相关问题的国家间机制的体现。案件涉及国家之间似乎没有达成具体的赔偿协议，它仍然是一个有争议的问题，距离最终解决还很遥远。[122]

---

[119]　J. Ryan, "Condolence payments to Afghans total millions", *Army Times*, 23 January 2012, available at：www. armytimes. com/article/20120123/NEWS/201230311/Condolence－payment－Afghans－total－millions（accessed 8 June 2013）.

[120]　G. Robinson, "Australia pays ＄216, 000 to injured Iraqis", Bribane Times, 29 February 2008. 一些得到赔偿的人（在巴格达，澳大利亚士兵向其车辆发射了数枚子弹，导致其受伤，因此获得了 7770 美元的赔偿）在澳大利亚一家法院提起了诉讼，但是澳大利亚政府声称，它对这些损失不承担任何责任。M. Mekena, "Family Shot by Diggers Sues Government", *The Australian*, 28 February 2008.

[121]　M. F. Martin, "Vietnamese Victims of Agent Orange and U. S. －Vietnam Relations", CRS Report for Congress, *Congressional Research Service*, 29 August 2012, p. 8.

[122]　*Ibid.*, pp. 29～30.

第二个例子是 2009 年，壳牌石油公司同意支付 1550 万美元，作为因抗议其尼日利亚经营活动而死亡人士的赔偿金，尽管没有明显承认有罪或承担责任，这笔款项被认为是近年来侵犯人权公司支付的最大款项之一。[123] 由于这笔款项是在英国和美国针对壳牌石油公司提起诉讼的结果，[124] 这在一定程度上证明了诉讼程序的有益价值，因此就无法解释为什么壳牌石油公司当初不支付这笔款项。根据壳牌石油公司自己的说法，当造成环境损害时，它将会支付赔偿金，因为这在它的业务范围内。[125] 而当其他损害发生时，它也会转而使用其他措施来应对。

第三个例子是法律框架的另一个关键因素，即为确保对纳粹时代强迫劳动的受害者，和人寿保险投保人及其幸存者的赔偿而建立的机制。[126] 这些事件的基本情况是存在公司极端侵犯人权的行为，但解决的原则相对简单。公司要按照一定的法律进行赔偿，有权获得赔偿的人可以提出相应的索赔。一旦有关各方达成共识，就可以签订法律协议，开始进入赔偿程序。

毫无疑问，目前证明有企业参与了纳粹及其大屠杀的活动，600 多万人在大屠杀中丧生。[127] 此外，除了积极参与纳粹活动的公司外，保险公司也未能支付受害者购买的人寿或健康保险，在许多情况下是由于纳粹政权没收了保单和资金。[128] 在 20 世纪 90 年代末，其所涉及的所有利益相关者企图在美国法院起诉，根据《外国人侵权索赔法》四个

---

〔123〕 E. Piknigton, "Shell pays out ＄15.5m over Sato-Wiwa Killing", *The Guardian*, 9 June 2009.

〔124〕 *Ibid.*

〔125〕 不出所料，壳牌石油公司将诉讼视为对快速赔偿的阻碍。M. Sunmonta, "Letter to the Financial Times from SPDC MD Mutiu Sunmonu", March 2012, available at: www. shell. com. org/ environment-society/our-response/mutius-letter. html（accessed 30 August 2014）.

〔126〕 L. Adler, "California's Holocaust Victim Insurance Relief Act and American Preemption Doctrine",（2003）4（11）*German Law Journal*, pp. 1193, 1195~1196.

〔127〕 例如：p. Hayes, "Profits and Presecution: German Big Business and the Holocaust", U-nited States Holocaust Memorial Museum Center for Advanced Holocaust Studies. J. B and Maurice C. Shapiro Annual Lecture, 17 February 1998。

〔128〕 P. Belkin, K. A. Ruane and B. Webel, "Holocaust-Era Insurance Claims: Background and Proposed Legislation", *Congressional Research Service*, 21 July 2011, pp. 2~4.

要素，分别是受害者、公司，法院所在地国（美国）和公司所在国，以及东道国（在本案中，是美国和其他一些大屠杀幸存者及其亲属居住的国家）联合起来，建立了一个基于法律框架的政治性赔偿机制。[129]

2000 年达成的这一框架一直是许多学术辩论的主题，[130] 但简洁起见，我们主要讨论两个关键要素：2000 年的《联合声明》，[131] 以及美国与德国、法国和奥地利之间签署的协议。[132] 最有趣和相关的一点是，《联合声明》阐明了向受害者及其亲属进行赔偿的基本原则，该《联合声明》也由公司本身（德国企业基金会的倡议）和受害者的法律代表签署。[133]

在本案中确立的赔偿法律框架包括两个主要内容。其一，这些公司都同意将大量资金转入一个联合赔偿基金，该基金将根据商定的标准提

[129] S. D. Murphy, *United States Practice in International Law Volume II*: 2002～2004, New York: Cambridge University Press, 2006, p. 97.

[130] See for example, M. A. Ratner, "The Settlement of Nazi-Era Litigation through the Executive and Judicial Branches", (2002) 20 *Berkeley Journal of International Law*, p. 212; L. Adler and p. Zumbansen, "The Forgetfulness of Noblesse: A Critique of the German Foundation Law Compensating Slaves and Forced Laborers of the Third Reich", (2002) 39 (1) *Harvard Journal on Legislation*, p. 1; A. Drukin, "Comment: The German Foundation Agreement: A Nonexclusive Remedy and Forum", (2008) 42 *University of California*, *Davis Law Review*, p. 567.

[131] "Joint Statement on occasion of the final plenary meeting concluding international talks on the preparation of the Foundation 'Remembrance, Responsibility and the Future'", 17 July 2000, available at: www. state. gov/documents/organization/6530. doc (accessed 18 May 2013).

[132] See "Agreement between the United States of America and Germany, Treaties and Other International Acts Series 13104", Berlin, 17 July 2000, available at: www. state. gov/documents/organization/126984. pdf (accessed 8 June 2013); "Agreement between the Government of the United States of America and the Government of France Concerning the Payment for Certain Losses Suffered During World War II", 18 January 2001, available at: www. state. gov/documents/organization/28994. pdf (accessed 8 June 2013); "Executive Agreement between the Government of the United States and the Austrian Federal Government", 24 October 2000, available at: www. state. org/documents/organization/6530. doc (accessed 8 June 2013).

[133] "Joint Statement on occasion of the final plenary meeting concluding international talks on the preparation of the Foundation 'Remembrance, Responsibility and the Future'", 17 July 2000, available at: www. state. gov/documents/organization/6530. doc (accessed 18 May 2013).

供个人赔偿，在某些情况下，受害者组织将积极参与到标准制定中。[134]
其二，美国已经宣布，如果在美国法院提起诉讼，美国政府将通知法院
这一安排，并要求驳回案件，尽管法院没有义务同意这一请求。[135] 这
一机制的技术部分相当复杂（除了这类机制的例外），[136] 但这并不妨
碍基金支付大约 100 亿美元，以补偿纳粹时期有关的索赔要求。[137]

纳粹时期的赔偿模式是非常独特和前所未有的。然而，其中一些因
素可以被视为现代为公司侵犯人权提供补救的潜在基础。举例说明，我
们在一些案件中看到，对侵犯人权的指控集中在制造业的劳动条件方
面。[138] 尽管各方都有各自的政治意愿，但设想这些公司所在的母国和
越南政府就建立一个用于赔偿的框架达成协议并不牵强。同时，公司和
政府可以宣布，这种安排满足所有利益攸关方的要求，以确保遵守人权
标准。这一设想当然不是越南或制造业独有的，但在适当的情况下，可
适用于外国公司侵犯家政工人权利的任何案件。

这种模式的优点不仅在于受害者可以获得赔偿，而且还使所有其他
利益相关者受益。这样会让公司觉得自己不是被迫赔偿的，并享有某种

---

〔134〕 United States Statement of Interest, *Holocaust Victims v. Magyar*, *U. S. District Court Illinois*, No. 10 - cv - 1884 （submitted 18 February 2011）, available at：www. docstoc. com/docs/150616901/38-Magyar-Nemeeti-Bank-Statement-of-Interest---US-Department-of（accessed 8 June 2013）, pp. 3~7.

〔135〕 See for example Article 2 （1）to the Agreement between the Government of the Federal Republic of Germany and the Government of the United States of America Concerning the Foundation Remembrance, Responsibility and the Future, 17 July 2000, available at：www. state. gov/documents/organization/126984. pdf（accessed 8 June 2013）.

〔136〕 德国公司的赔偿程序是根据德国基金协定建立的，该协定规定了如何处理国际大屠杀索赔委员会提出的索赔。国际大屠杀索赔委员会中包括了受害者的代表。该协定可在该组织的官方网站上查阅：www. icheic. org/pdf/agreement-GFA. pdf（accessed 8 June 2013）。瑞士和意大利的公司也有类似的协定。

〔137〕 United States Statement of Interest, *Holocaust Victims v. Magyar*, *U. S. District Court Illinois*, No. 10 - cv - 1884 （submitted 18 February 2011）, available at：www. docstoc. com/docs/150616901/38-Magyar-Nemeeti-Bank-Statement-of-Interest---US-Department-of（accessed 8 June 2013）, p. 7.

〔138〕 For some example see：R. Wilshaw, L. Unger, D. Quynh Chi and p. Thu Thuy, *supra* n. 92; D. Hoang and B. Jones, "Why do corporate codes of conduct fail? Women workers and clothing supply claims in Vietnam", （2012）12 *Global Social Policy*, p. 67.

形式的保护，使其免受未来诉讼的影响。而且事件发生地国政府和母国政府（根据自己的政治意愿和政策行事的）还会确保避免在政治上错误指控公司侵犯人权的情况。

第四个例子，也是最近的一个例子，是在 2013 年 11 月设立了拉纳广场信托基金，它建立一个机制，用于赔偿在孟加拉国达卡的一座制衣厂倒塌事件中由于工厂恶劣的工作条件而受伤的受害者家属。[139] 该基金的目的是促进对这一事件造成损害的赔偿。在这一事件中，有 1100 人死亡，数千人受伤。该基金是作为一个联合项目设立的，由接受该工厂供货的外国公司、孟加拉国当地政府和国际劳工组织（起协调作用）共同建立，为我们提供了一个新的解决模式。与纳粹时期的索赔模式不同，这里的法律构建要简单得多，为那些能够证明直接损失或死者家属的快速赔偿提供了便利。[140] 该模式的另一独特之处是，承诺遵守劳工组织第 121 号公约，其中规定了雇员的工伤保障。[141] 赔偿仍在进行，截至 2014 年 8 月，现有资金为 1700 万美元，这些资金来自广泛的团体，包括在设立基金的初步安排之后加入该基金的公司。在本文写作之时，该基金仍没有足够的资金来支付所有索赔，还有一些相关公司尚未参与该计划。[142] 但这一相对迅速的政治进程（该基金是在灾难发生几个月后成立的），包括所有相关的利益攸关方以及非政府组织，展示了这种外国公司对大规模损害事件进行赔偿的替代模式的巨大潜力。

第五个例子很有趣，因为与前四个例子不同，它与事后情况无关，而是与事前措施有关。安格鲁阿山帝黄金公司（Anglogold Ashanti）是

---

[139] "Understanding for a Practical Arrangement on Payment to the Victims of the Rana Plaza Accident and their Famlies and Dependants for their Losses", 20 November 2013, available at: www. ranaplaza. arrangement. org/mou/full. text. (accessed 26 August 2014).

[140] 关于索赔程序的详细说明见：www. ranaplaza. arrangement. org/mou/claims（accessed 26 August 2014）。

[141] ILO Convention 121: Employment Injury Benefits Convention, 1964. 值得注意的是，孟加拉国尚未批准该公约，而且只有 24 个国家批准了该公约。www. ilo. org/dyn/normlex/en/f? p =1000:: 0:: No: 11300: P11300_INSTRUMENTID-312266 (accessed 26 August 2014).

[142] C. O'Commoc, "These Retails Involved In Bangladesh Factory Disaster Have Yet To Compensate Victims", Forbes, 26 April 2014.

一家跨国矿业公司，它在非洲国家马里拥有采矿业务。为了在某一地区进行采矿作业，有必要重新安置矿区附近的村庄。大概是为了确保以最适当的方式进行这一进程，它决定与地方政府一道在这一进程中发挥领导和积极作用，而不是冒着侵犯当地居民权利的危险（独自进行）。该方案涉及 1996～2000 年间的重新安置和补偿，会根据当地政府确定的财产评估机制向当地人付款（每个村庄 10000 美元），这一机制贯穿整个（安置和补偿）过程。[143] 虽然该方案并非没有问题，并需要所有有关方面不断努力，但它似乎确实为公司提供了一些可以遵循的解决模式，[144] 这也是本章的主要重点，即事后工作。

诚然，上述机制的优点也可能是其缺点。首先，最重要的是，任何甚至所有利益攸关方如果缺乏共同政治意愿的话，会对达成共识带来严重的挑战。其次，如果将此类诉讼纳入解决机制，那么限制法院提供法律补救而采取的任何行动都违反了联合国《原则》对法律补救的规定。[145] 然而，尽管有这些不利之处，如果我们看看诉讼、联合国《原则》和经合组织的指导方针，我们会发现国家间模式最终能够最好地维护利益相关者的利益。尽管如此，一个主要的障碍是除了在纳粹时代，这一模式还没有被尝试和测试过。考虑到其他机制尚未实现其承诺，未来研究和开发将这一模式应用于具体的企业人权侵犯情况，有理由相信会带来积极的经验和真正的补救措施。该模式不应独立于经合组织和联合国的规则以及诉讼产生的一些原则而适用，要将这些原则纳入其中。无论如何，过去几年在公司侵犯人权领域形成的势头可以极大地促进有关各方的支持意愿，使新模式更有取得成功的机会。

5. 结语

公司侵犯人权并不是一个新现象，公司本身应当对其造成的损害负责的看法也是如此。随着全球治理的出现，最新的受人欢迎的发展是，

---

〔143〕　L. Placker Rubin, "Using Communication and Consultation to Protect Human Rights During Village Resettlement", in *Embedding Human Rights in Business Practice*, United Nations Global Compact, 2013, p. 102.

〔144〕　*Ibid*, p. 109.

〔145〕　Guiding Principle 26 (p. 23) in J. Ruggie, *supra* n. 105.

人们越来越重视创造为受害者提供救济的机制，并防止未来出现侵犯人权的情况。分析表明，现有的机制显然有助于建立这样一种认识，即企业也必须像国家一样具备遵守人权的意识。这些机制还大大提高了人权受害者的意识，使其认识到其有权对受到的损害要求公司进行补救。正如分析所揭示的那样，问题是，这些被当作补救办法的工具，在很大程度上未能履行其承诺，在某种程度上不仅不是安慰剂，而且可能是损害受害者利益的"毒药"和促使公司侵犯人权的原因。虽然有人建议重新定义所讨论的每一种工具，但最终似乎还是探索新的途径更有价值。

一个新趋势是采用国家间解决模式，让受害者和所涉公司都参与其中。不足为奇的是，这种模式在相关的学术辩论中很少被提及，因为学者、律师和活动人士们天生就对政府和公司的动机持怀疑态度，他们坚信，为了获得救济，必须采取非协商一致的措施。然而，最近的事态发展证明结果正好相反，因为企业和政府都在关注企业侵犯人权问题，并试图找到解决问题的办法。与其他工具一样，国家间模式不是万能药，甚至可能不适用于较小规模的情形，但确实应该做出努力，在最广泛和最困难的案件中使用这种模式。通常很难让律师们袖手旁观，而任由政府或公司官员来主导这项工作。但是在这种情况下，也许更好的办法是让法律专家来为国家层面政治解决方案提供法律支助框架，而不是采用法律上非双方认可的模式。

第三章　构建跨国公司与国家共同承担责任的模式以保护环境免受严重损害

真蒂莱·齐贝里[*]

1. 引言

本章重点在于讨论跨国公司对其经营活动所造成的严重环境损害承担的法律责任问题，这种经营活动通常会对环境造成广泛、长期和严重的损害，比如从确保核安全和核废料管理的角度看，大规模漏油和核事故造成的石油污染，便是其带来的损害之一。[1]　"严重环境损害"一

* 我很感激奥利·温达尔·佩德森（Ole Windahl Pedersen）和克里斯蒂娜·沃格特（Christina Voigt）对我论文的建议。任何错误都是我自己的。各位读者给我提出的建议，请发送到 gentian. zyberi@ gmail. com.

〔1〕　正如约翰·鲁格所说，大多数被指控的侵权行为发生在开采行业（石油、天然气、采矿）；see J. Ruggie, Interim Report of the Special Representative of the Secretary-General on the issue of human rights and transnational corporations and other business enterprises, UN Doc. E/CN. 4/ 2006/97 of 22 February 2006, no. 25。受损油轮、管道或海上石油钻井平台泄漏的石油会对其进入的生态系统造成严重损害，例如 1989 年的 "埃克森·瓦尔迪兹" 号油轮（Exxon Valdez）石油泄漏和 2010 年的 "深水地平线" 海上钻井平台（Deepwater Horizen）石油泄漏。核电站灾难对环境的破坏也是非常严重和长期的。比如 1986 年的切尔诺贝利核电站灾难和 2011 年的福岛第一核电站事故。虽然切尔诺贝利核电站灾难影响到了大约 20 个国家，但是国际法院尚未就这一重大跨境放射性污染问题审理任何诉讼。关于切尔诺贝利核电站灾难的更多信息，参见：http://news. bbc. co. uk/2/shared/spl/hi/guides/456900/456957/html/nnlpagal. stm. see also the Chernobyl Forum: 2003~2005 Report, "Chernobyl's Legacy: Health, Environmental and Socio-economic Impacts and Recommendations to the Governments of Belarus, the Russian Federation and Ukraine", IAEA, April 2006, IAEA/PI/A. 87 Rev. 2/06-09181, available at: www. iaea. org/Publications/Booklets/Chernobyl/chernobyl. pdf, 关于福岛第一核电站事故的更多信息，见：www. guardian. co. uk/environment/fukushima。

词在不同相关国际文书中被用于表述"重大""严重"或"高于可容忍水平"的环境损害限度。[2] 不同的术语，如"国际公司""跨国公司""公司""商业企业"和"跨国企业"，在相关的国际文书和文献中以及在本章中都可以互相替代使用。[3] 而本文使用的术语指的是那些经济活动发生在两个或两个以上国家的公司，其经营领域存在石油污染或核污染造成严重环境损害的风险。

环境正遭受着不同规模国际公司的经济活动带来的严重威胁，最终这些活动会使得陆地和生态系统逐渐退化。国际法院将环境定义为"包括未出生的几代人在内的人类的生存空间、生活质量和健康方式"。[4] 人们已经注意到，对环境的大多数威胁可归因于在国家领土上活动的私营机构。[5] 环境损害一般包括以下四个因素：①动植物、土壤、水和气候因素；②物质资产（包括考古和文化遗产）；③景观和环境的舒适度；④上述因素之间的相互影响。[6] 联合国赔偿委员会的工作对确认下列损失发挥重要作用：①"纯"生态损失；②资源使用造成的暂时

---

〔2〕 See inter alia Article 1（2）of the 1992 Convention on the Protection and Use of Transboundary Watercourses（1992 Transboundary Watercourses Convention）；Article 1（d）of the 1992 Convention on the Transboundary Effects of Industrial Accidents（1992 Convention on Industrial Accidents）；Article 8（d）of the 1993 Convention on Civil Liability for Damage Resulting from Activities Dangerous to the Environment（1993 Lugano Convention）. see also p. Sands and J. Peel, *Principles of International Environmental Law*, 3rd edn. , Cambridge University Press, 2012, pp. 708~711.

〔3〕 对跨国公司此类活动的整体概况，见：United Nations Conference on Trade and Development（UNCTAD），the Universe of the Largest Transnational Corporations（United Nations Publications, 2007），available at：http：//unctad. org/en/Docs/itelia20072_en. pdf（UNCTAD, the Universe of the Largest Transnational Corporations）。

〔4〕 ICJ, *Legality of the Threat or Use of Nuclear Weapons*（Advisory Opinion），ICJ Reports 1996, p. 241, para. 29.

〔5〕 P. N. Okowa, "Environmental Disputes Settlement：Some Reflections on Recent Developments", in M. Evans（eds），*Remedies in International Law：The Institutional Dilemma*, Oxford：Hart Publishing, 1998, p. 159.

〔6〕 P. Sands, J. Peel and A. Febra Aguilar, *Principles of International Environmental Law*, New York, Cambridge University Press, 2012, p. 700 and pp. 13~15.

损失；③通过建模推算的损失；④对无法弥补的损失进行赔偿。[7] 从这个意义上说，重大环境损害赔偿制度取得了显著的进步。值得注意的是，本章重点论述的石油污染和核事故造成的环境损害，促使国际法建立起严格的责任制度。

一般来说，造成严重环境损害的经济活动会让环境随时间而缓慢退化。但有时，环境损害会在短时间内以人为失误或技术故障造成的工业事故的形式出现，例如 2010 年 4 月至 7 月英国石油公司在墨西哥湾的漏油事件和 1986 年 4 月切尔诺贝利的核泄漏事件。而这种对环境的严重破坏也可能是由核灾难引起的，比如 2011 年 3 月日本福岛核电站的事故。在这些情况下出现了一些相关联的问题，例如，跨国公司对其经济活动所造成的严重环境损害负有什么法律义务？这些公司的民事责任与东道国对受影响的人民确保环境损害赔偿的责任之间有何关系？跨国公司的母国在防止对另一国造成严重环境损害或在这种损害发生后如何处理方面是否负有任何补充责任？最后，什么样的法院可以裁决环境损害的受害者和有关公司之间的环境纠纷？为了解决上述问题，本章将确定和评估处理跨国公司因石油污染或核污染而造成的广泛、长期和严重的环境损害案件的现有法律制度。

严重环境损害的案例在公司活动与所造成损害之间的因果关系方面也有所不同。奥格尼兰石油污染案件是造成长期严重环境损害的典型例子。[8] 在尼日利亚、荷兰和美国都引发了大量的诉讼。另一个类似的例子是雪佛龙公司（德士古）对厄瓜多尔和秘鲁的雨林和河流的污染，

〔7〕　P. H. Sands, "Environmental Damage Claims from the 1991 Gulf War: State Responsibility and Community Interests", in U. Fastenrath et al., *From Bilateralism to Community Interest: Essays in Honour of Bruno Simma*, Oxford: Oxford University Press, 2012, pp. 1250~1254.

〔8〕　据联合国环境规划署 2011 年发布的《奥格尼兰环境评估报告》估计，治理奥格尼兰的污染并实现其可持续恢复可能需要 25~30 年的时间，耗资超过 10 亿美元。See United Nations Environment Programme Report, Environmental Assessment of Ogoniland, August 2011, available at: www. unep. org/nigeriA. See also O. Oluduro, *Oil Exploitation and Human Rights Violations in Nigeria's Oil Producing Communities*, Antwerp: Intersentia, 2014.

它不仅破坏了环境，还损害了当地居民的健康。[9] 在上述情况下，有关公司要对未能采取适当行动防止环境损害或采取适当补救行动的疏忽负责。2010 年英国石油公司漏油事件是在深海石油勘探过程中发生的，导致严重环境损害后果的工业事故。[10] 案件所涉的跨国公司，即英国石油公司和越洋钻探公司的责任可以归属到重大过失或其他责任。2011 年的福岛核电站的事故是由一场自然灾害引发的，随后福岛核电站安全系统的故障进一步加剧了这场灾难。这四个不同的案件都说明了一个事实，即虽然根据不同的责任认定理论，跨国公司对其造成的严重环境损害所承担的责任不同，但都应以最大限度地保护环境和保障受影响人权利的公共利益为标准。

第二节和第三节将会讨论有关石油污染和核事故的特殊保障情况。它们为第四节研究跨国公司的母国以及东道国分别对公司造成严重环境损害所承担的责任奠定基础。正如诺尔凯默（Nollkaemper）所指出的，跨国公司对其损害环境行为的责任是一个跨维度的问题，因为相关的规范分散在不同的监管层次：国家和国际两级之间，公共和私人监管领域之间。[11] 而这一讨论将揭示跨国公司、东道国和母国之间的责任分担模式。当讨论严重环境损害责任问题时，不仅有必要关注国际条约和法

---

〔9〕 欲了解更多有关这一漫长的法律诉讼的信息，见：www. business – humanrights. org/ Categories/Lawlawsuits/Lawsuitsregulatoryaction/LawsuitsSelectedcases/TexacoChevronlawsuitsreEcuador（Aguinda v. Chevron Texaco case）。See also the 1. Chevron Corporation and 2. *Texaco Petroleum Company v. The Republic of Ecuador*（PCA Case No. 2007-2）; and Chevron Corporation and 2. *Texaco Petroleum Company v. The Republic of Ecuador*（PCA Case No. 2009-23）before the Permanent Court of Arbitration at：www. pca-cpa. org.

〔10〕 2010 年"深水地平线"海上钻井平台漏油事故，也被称作英国石油公司漏油事件，见：www. whitehouse. gov/deepwater – bp – oil – spill，www. deepwaterhorizeneconomicsettlement. com/ does. php and www. restorethegulf. gov/environment。

〔11〕 A. Nollkaemper, "Responsibility of Transnational Corporations in International Environmental Law", in G. Winter（ed.）, *Multilevel Governance of Global Environment Change：Perspectives from Science, Sociology and The Law*, New York：Cambridge University Press, 2006, p. 198.

律规范，也有必要关注双边投资协议。[12] 最后，本文在第五节阐述了重大环境损害案件责任归属与判决的复杂性。显然，跨国公司的类型、其活动和损害结果之间的因果关系都是在确定行为和责任归属时需要考虑的因素。

2. 解决核事故造成的环境损害

有一些特定的国际文书规定了核灾难中的环境损害责任。比如1961 年《巴黎公约》和 1963 年《维也纳公约》规定了核损害的民事责任。[13] 根据 1961 年《巴黎公约》第 3 条，核事故或核设施所产生之核物质，致人伤亡或造成财产损失，核设施运营者应负赔偿责任。该公约赋予发生核事故国家的法院管辖权，并禁止在适用法律时基于国籍、住所或居住地而产生歧视。1961 年《巴黎公约》第 11 条规定，赔偿的性质、范围和公平分配由各国国内法规范。

1963 年《维也纳公约》规定，"核损害" 系指：

甲、由于来自、产生于一个核装置或运往一个核装置的核材料中的或属于上述核材料的核燃料或放射性产品或废料的放射性性能或放射性性能同具有毒性、爆炸性或其他危险性性能的混合而引起或造成的丧失生命、任何人身损害或对财产的损失或破坏；

---

〔12〕 See inter alia I. E Vibuales, *Foreign Investment and the Environment in International Law*, New York: Cambridge University Press, 2012, especially pp. 222~252; A. Kulick, *Global Public Interest in Institutional Investment Law*, New York: Cambridge University Press, 2012, pp. 225~268; R. Diepeveen, Y. Levashova and T. Lambooy, "Bridging the Gap between International Investment Law and the Environment", Conference Report, (2014) 30 (78) *Utrechi Journal of International and European Law*, pp. 145~160; I. Dekker et al. (eds.), *Bridging the Gap between International Investment Law and the Environment*, The Hague: Eleven Legal Publishing, 2015.

〔13〕 Paris Convention on Third Party Liability in the Field of Nuclear Energy (Convention on Third Party Liability in the Field of Nuclear Energy of 29 July 1960, as amended by the Additional Protocol of 28th January 1964 and by the Protocol of 16 November 1982) -with regard to ratifications see: www. oecd-nea. org/law/paris-convention-ratification. html (16 States Party); Vienna Convention on Civil Liability for Nuclear Damage (1963) -with regard to ratifications see: www. iaca. org/Publications/Documents/Conventions/liability_status. pdf (38 States Party). 关于核损害责任制度问题的讨论，见 D. E. J. Currie, "The Problems and Gaps in the Nuclear Liability Conventions and an Analysis of how an Actual Claim Would Be Brought under the Current Existing Treaty Regime in the Event of a Nuclear Accident", (2008) 35 (1) *Denver Journal of International Law & Policy*, pp. 85~127.

乙、由此而引起或造成的在主管法院的法律规定范围之内的任何其他损失或破坏；和

丙、如装置国法律有此规定，由核装置内任何其他放射来源所发出的其他电离放射所引起或造成的丧失生命、任何人身损害或财产的损失或破坏。[14]

《维也纳公约》规定了运营者不需要对核损害负责任的两种情况，即因武装冲突、敌对行动、内战或暴动直接引起的核事故造成的核损害，或因特殊性质的严重自然灾害造成的核损害。[15]《巴黎公约》和《维也纳公约》都强调了一个重要的法律规则：根据严格责任，核设施的运营者是核损害的责任人，而且不论其有无过错，都要承担赔偿责任。

3. 解决石油污染造成的环境损害

目前有一系列有关船舶造成石油污染的公约。[16] 而国际石油污染赔偿基金（IOPC Funds）是其中的一项重要机制，其主要作用是向在成员国遭受油污损害，但不能根据有关的民事责任公约从船东那里获得充分的油污损害赔偿的人支付赔偿。[17] 索赔人可以是个人、合伙企业、公司、私人组织或公共机构，包括国家或地方当局。国际石油污染赔偿基金会指派专家监测相关清理工作，调查案件中的技术情况，并对损失作出独立评估。

一次石油污染事故通常会引起五类损害的索赔：

（1）财产损失；

---

〔14〕 Article I (I) (K), Vienna Convention on Civil Liability for Nuclear Damage (1963).

〔15〕 Article Iv (3), Vienna Convention on Civil Liability for Nuclear Damage (1963).

〔16〕 International Convention on Civil Liability for Oil Pollution Damage (1969) and Additional Protocol of 1976; Convention on the Establishment of an International Fund for Compensation for Oil Pollution Damage (1971); Tanker Owner Voluntary Agreement on Liability for Oil Pollution (TOVALOP, 1969); Offshore Pollution Liability Agreement (1974). 油船油污的国际责任及赔偿制度探讨，见 UNCATD, "Liability and Compensation for Ship-Source Oil Pollution: An Overview of the International Legal Framework for Oil Pollution Damage from Tanker", 2012, available at: http://unctad.org/en/PublicationsLibrary/dtltlb20114_en.pdf。

〔17〕 For more information see www.iopcfunds.org/about-us. 自建立以来，国际石油污染赔偿基金已经参与到世界上不同大小的 145 个案件中。

（2）海域和海岸的清理费用；

（3）渔民或养鱼者的经济损失；

（4）旅游业的经济损失；

（5）修复环境的成本。[18]

污染船舶的所有人承担的是严格责任，这意味着不论其有无过错，都要承担责任。[19] 因战争、自然灾害造成的污染损害，或者完全由于第三人的故意或者公共机关维护灯光、助航设施的过失造成的污染损害，船舶所有人不负赔偿责任。[20] 根据1974年《海洋污染责任协定》，除特殊情况外，运营公司对污染损害和补救措施的费用承担严格责任，但每次事故赔偿金额最高不超过2.5亿美元。[21] 这些规定依据的就是对严重环境损害的严格责任制度。

4. 确保对严重环境损害负责

严重的环境损害是否会导致跨国公司的民事责任或国家责任？通过个案分析能够更好地回答这个问题，桑兹和皮尔指出国家责任和民事责任之间的区别越来越难以区分，因为条约和其他国际规范规定国家有义务在运营者无法支付一定的环境损害费用时提供公共资金。[22] 跨国公司的所有权是在讨论严重环境损害时需要考虑的另一个重要因素。因此，公司可以分为以下三个类型：国有公司，国家持股的混合所有制公司以及私营公司。在讨论有关跨国公司、东道国和母国的责任分担问题时也需要考虑到所涉公司的类型。

在讨论了核灾害和石油污染造成的环境损害的具体责任制度之后，

---

〔18〕 See www. iopcfunds. org/compensation as well as www. itopf, com/spill-compensation. 详细内容见：H. Wang, *Civil Liability for Marine Oil Pollution Damage*：*A Comparative and Economic Study of the International, US and Chinese Compensation Regime*, Alphen aan den Rijn：Kluwer Law International, 2011。

〔19〕 Liability and Compensation for Ship-Source Oil Pollution, p. 15, para. 45.

〔20〕 Liability and Compensation for Ship-Source Oil Pollution, p. 15, para. 47.

〔21〕 Clause IV, Remedial Measures and Pollution Damage-Reimbursement and Compensation of Claims therefor, Offshore Pollution Liability Agreement（1974）, available at：www. opol. uk/agreement. htm.

〔22〕 P. Sands and J. Peel, *supra* n. 2, p. 701.

下列三个小节分别详细地讨论了有关东道国和母国的跨国公司的责任问题。而第四小节会将环境保护作为跨国公司、东道国和母国之间的共同责任事项加以讨论。

4.1 跨国公司的责任

跨国公司应当遵守各种法律规范，这取决于其经营活动所在国的国内法和负有的国际法律义务。从这个意义上说，它们"习惯于"在支离破碎的国内法律框架中运作，其中既规定了民事责任，也规定了环境损害的刑事责任。除民事责任外，如果公司串通犯下严重的国际罪行，如战争罪或危害人类罪，公司可能会被追究刑事责任。[23] 在国际层面，国际刑事法庭可以起诉在国际武装冲突中对自然环境造成长期严重破坏的个人。[24] 虽然国际法院的管辖范围不包括起诉法人，只包括跨国公司。而且环境损害起诉的门槛相当高，但国际人道主义法禁止对任何自然环境造成广泛、长期和严重的损害。[25] 虽然这种法律义务主要针对武装冲突的缔约国，但公司也可能在国内管辖范围内承担责任。

---

〔23〕 这方面的判例法是有限的。关于最近的一个案例，参见法国的反特赦组织，他们为利比亚的卡扎菲政权提供监视设备，参与实施酷刑行为。Available at：www. fidh. org/Amesys-Files-The-Investigation-12752. For a more detailed discussion see inter alia D. Cassel，"Corporate Aiding and Abetting of Human Rights Violations：Confusion in the Courts"，（2008）6（2）*Northwestern Journal of International Human Rights*，pp. 304~326；K. Magraw，"University Liabel? Corporate Complicity Liability Under the Principle of Universal Jurisdiction"，（2009）18（2）*Minnesota Journal of International Law*，pp. 458~497；F. Jessberger and J. Geneuss（eds），"Special Issue Transnational Business and International Criminal Law"，（2010）8（3）*Journal of International Criminal Justice*；D. Stoitchkova，Towards Wilt，"Corporate Criminal Responsibility for International Crimes：Exploring the Possibilities"，（2013）12（1）*Chinese Journal of International Law*，pp. 43~77；"Business and International Crimes"，Fafo Institue for Applied International Studies（Oslo，Norway），available at：www. fafo. no/liabilities/commentary. htm.

〔24〕 Article 8（2）（b）（iv），ICC Statute.

〔25〕 1949年日内瓦四公约于1977年第一附加议定书中第35条第3款规定，禁止使用"旨在或可能预期对自然环境造成广泛、长期和严重损害的作战方法或手段"；1977年5月18日《禁止为军事或任何其他敌对目的使用改变环境的技术的公约》第1条规定，禁止使用对环境产生"广泛、持久或严重影响"的武器。

跨国公司的国际责任法律远不如国家和国际组织的国际责任法律完善。[26] 但是，2003 年联合国国际法委员会《关于国家对国际不法行为的责任条件草案》一般原则第 1 条就反映了习惯国际法要求，规定各国继续负有确保尊重人权的首要责任，而公司只在"各自活动和影响范围内"负有责任。在这个领域的环境损害国际责任问题较为复杂，大家对环境概念没有达成普遍共识。[27] 此外，环境损害导致公司责任的条件仍是一个悬而未决的问题，因为环境损害本身是不可能完全避免的，它是工业发展所固有的问题。[28] 而且，这类诉讼会引发许多复杂的法律问题，包括对损害的评估，证明因果关系和不被接受的风险，以及如何对应得到赔偿的受害者进行分类和识别。[29] 虽然大多数环境纠纷只要求对拟议活动的环境影响进行客观评估，但可能存在相互矛盾的科学证据。[30] 这些证据将使环境损害评估成为所有裁决机构面临的一项具有挑战性的任务。

---

〔26〕 See the 2011 International Law Commission Articles on State Responsibility for Internationally Wrongful Acts, Yearbook of the International Law Commission, 2011, Vol. II, Part Two, and the 2011 Articles on Responsibility of International Organizations for Internationally Wrongful Acts, Yearbook of the International Law Commission, 2011, Vol. II, Part Two. For a more detailed discussion see generally J. Crawford, A. Pellet and S. Olleson (eds), *The Law of International Responsibility*, Oxford: Oxford University Press, 2010, respectively, pp. 803~815, pp. 877~887; pp. 1005~1023.

〔27〕 C. Negre, "Responsibility and International Environment Law", in J. Crawford, A. Pellet and S. Olleson (eds.), *supra* n. 26, p. 803.

〔28〕 C. Negre, *supra* n. 27, p. 803. 国际法院将环境定义为"包括未出生的几代人在内的人类的生存空间、生活质量和健康方式", Legality of Threat or Use of Nuclear Weapons (Advisory Opinion), ICJ Report 1996, p. 241, para, 29。

〔29〕 P. N. Okowa, *supra* n. 5, p. 159.

〔30〕 *Ibid.*, p. 169. 有关争端各方提出的相互矛盾的科学证据，请参见国际法院, *Case Concerning the Gabeikovo-Nagymaras Project (Hungary v, Slovakia)*, ICJ Report 1997, p. 77, para. 140 (Gabeikovo-Nagymaras); and *Case Concerning Pulp Mills on the River Uruguay (Argentina v. Uruguay)*, ICJ Report 2010, pp. 71~73, paras. 165~168 (Pulp Mills).

在环境损害赔偿中一个重要的理念是遵循"污染者承担"原则。[31] 根据该原则，为了消除污染而花费的资金应当由造成损害的机构赔偿。1992年《里约宣言》的原则16规定："国家当局考虑到造成污染者在原则上应承担污染的费用并适当考虑公共利益而不打乱国际贸易和投资的方针，应努力倡导环境费用内在化和使用经济手段"。除了《里约宣言》外，"污染者承担"原则也在其他有关核损害的国际法律文书中得到贯彻。[32] 1990年《国际油污防备公约》和1992年《工业事故越境影响公约》的序言将"污染者承担"原则作为国际环境法的一般原则进行讨论。[33] 执行"污染者承担"原则的一个重要方面是在有关的国际协定中列入对污染事件的最低责任限额，然后是有关的保险

---

[31] See inter aila n. de Sadeleer, *Environmental Principles: From Political Slogans to Legal Rules*, Oxford: Oxford University Press, 2002, pp. 23~60. See also the OCED/GD (92) 81, "The Polluter-pay Principle", OECD Analysis and Recommendations, Environment Directorate, Organization for Economic Co-operation and Development, Paris 1992; N. de Sadeleer, "The Polluter-pay Principle in EU Law-Bold Case Law and Poor Harmonisation", in L. Backer, D. K. Fauchald and C. Voigt (eds.), *Pro Natura: Festskrift til Hans Christian Bugge*, Oslo: Universitetsforlaget, 2012, pp. 405~421; O. Vicha, "The Polluter-pay Principle in the OECD Recommendations and its application in the International and EC/EU Law", (2011) 2 *Czech Yearbook of Public and Private International al Law*, pp. 57~67, available at: www. cyil. cu/contents-cyil-2011.

[32] See the Paris Convention on Civil Liability for Nuclear Damage of 1960 and the Vienna Convention on Civil Liability for Nuclear Damage of 1963. See also the 1969 CLC and Article 6 (4) of the 1977 Civil Liability for Oil Pollution Convention. See also the 1989 OECD Council Recommendation of the Application of the Polluter-pay Principle to Accidental Pollution.

[33] See the 1990 International Convention on Oil Pollution Preparedness. Response and CO-operation (OPRC). 2000年通过了《OPRC危险和有毒物质议定书》（OPRC-NHS议定书）。又见1973年《国际防止船舶污染公约》（MARPOL）及1978年特别因油轮事故而通过的议定书，See also the 1992 Convention on the Transboundary Effects of Industrial Accidents and the 2003 Protocol on Civil Liability and Compensation for Damage Caused by the Transboundary Effects of Industrial Accidents on Transboundary Waters, available at: www. unece. org/env/civil - liability/weclome. html。

计划和执行机制，例如国际石油污染赔偿基金。[34] 设定最低责任限额，可确保在发生事故时至少能够支付一些清理污染的初始成本。在英国石油公司漏油事故发生后，每次事故的责任赔偿限额从 1.2 亿美元增加到 2.5 亿美元。[35]《离岸污染责任协议》规定如果需要的话，这些赔偿金额可以修改。

跨国公司会利用各种手段逃避它们的环境责任，其中破产是最有效的手段之一。[36] 但是，最近的一些国内案件表明，即使需要经过复杂又旷日持久的法律程序，仍有可能使得企业为严重环境损害承担责任。根据《外国人侵权索赔法》，在美国出现了一系列对跨国公司提起的诉讼。[37] 最近发生的三起涉及跨国公司石油污染责任的巨额赔偿案件包

---

[34] 最低和最高赔偿责任的数额因国际协定而异。因此，根据《巴黎核损害民事责任公约》第 7 条，运营人对核事故造成损害的最低责任应不少于 500 万特别提款权，最高责任为 1500 万特别提款权，由国际货币基金组织界定。《核损害民事责任维也纳公约》第 5 条规定，运营者对每一核事件的责任不少于 500 万美元。《海洋污染责任协议》（2012 年 7 月 4 日修订）第 4 条规定，每次事故的最高赔偿额为 2.5 亿美元。1992 年《国际油污损害民事责任公约》第 5 条规定，赔偿责任限额为国际货币基金组织规定的每艘不超过 5000 吨的船舶 300 万计算单位，最高限额为 5970 万计算单位。

[35] "UK liability limits to double after BP spill", *Financial Times*, 15 August 2010. See also J. I. Ramseur, "Liability and Compensation Issues Raised by the 2010 Gulf Oil Spill", *Congressional Research Service*, March 2011, available at: http://assets.opencrs.com/rpts/R41679_20110311.pdf/

[36] See inter alia I, T, Kishiyama, "Countering Corporate Evasion of Environmental Obligations through Bankruptcy", (2003) *Vermont Journal of Environmental Law*, available at: http://vjcl.vermontlaw.edu/writing-cometition/roscoe-hogan-environmental-obligations-through-bankruptcy/.

[37] See inter alia M. Kocbcle, Corporate Responsiblity under the Alien Tort Statues (Leiden Martinus Nijhoff, 2009). these cases include Bowoto et al v. Chevron Texaco Corp, John Doe v. Exxon Mobil Corp (US), Presbyterian Church of Sudan v. Talisman Energy Inc. And the Republic of Sudan (Talisman case), Vietnam Association for Victims of Agent Orange v. Dow Chemical Co., Salch et al. v. Titan et al. (US), etc. 查看相关案例和文件的清单见：www.asser.nl/default.aspx? site_id = 36&level1 = 152488&level2 = &level3 = &textid = 39895。

括：在荷兰审理的四名尼日利亚农民和地球之友诉壳牌石油公司案[38]，墨西哥湾的"深水地平线"海上钻井平台漏油事件[39]以及柯欧贝诉壳牌石油公司案[40]。值得注意的是，根据适用的尼日利亚法律，海牙地区法院裁定壳牌石油尼日利亚公司违反了注意义务，并判定其对伊科特·阿达·乌多（Ikot AAda Udo）村附近发生的两起溢油事故负有侵权责任。

在针对英国石油公司 2010 年漏油事件的案件中，第一阶段的审理集中在英国石油公司应承担的责任。检方称，英国石油公司对此存在重大过失。这个旷日持久案件的第二阶段审理将确定到底有多少桶石油泄漏到了墨西哥湾，而据美国联邦政府估计是超过 400 万桶。[41] 这起案件的一个核心法律内容是确定三家公司，即英国石油公司、越洋钻探公司和哈里伯顿公司之间的共同责任。其中越洋钻探公司是"深水地平线"海上钻井平台的所有者，负责其维护和操作，哈里伯顿公司则负责设计和测试封井水泥。[42] 美国政府已经和越洋钻探公司达成协议，越

---

〔38〕 District Court of The Hague（Netherlands），Case No. LJN BY9854，30 January 2013，a-vailable at：www. rechtspraak. nl. For a detailed discussion see inter alia Marie Jose van der Heride at：http：//invisiblecollege. weblog. leidenuniv. nl/2013/02/08J% EF% BB% Bfunique – case – against – shell–the–first–durch–foreign–direct–liability–case and Roger Alford at：http：//opinionjuris. org/2013/02/05/dutch–court–issues–mixed–ruling–on–shells–liability–for–nigerian–environment–claim. The Press Release of The Hague Court is available at：www. rechtspraak. nl/Organisatie/Rechtbanken/Den–Haag/Nieuws/Pages/DutchjudgementsonliabilityShell. aspx.

〔39〕 In re：*Oil Spill by the Oil Rig 'Deepwater Horizen' in the Gulf of Mexico*，20 April 2010，No–10–md–02179，in the US District Court，Eastern District of LouisianA. For a discussion of the case see inter aila C. Krauss and B. Meier，'As Oil Spill Trail Opens，Push for a Deal Continues'，*New York Times*，25 February 2013，available at：www. nytimes. com/2013/02/26/business/energy – envi-ronment/bp–trial–opens–with–possible–deal–in–background. html.

〔40〕 See *Kiobel，individually and on behalf of her late husband Kiobel，et al，v. Royal Dutch Re-troleum Co. et al.*，17 April 2013，available at：www. supremecourt. gov/opinions/12pdf/10–1491_16gn. pdf. 美国最高法院决定，对域外适用的推定适用于根据《外国人侵权法》提出的索赔。这一决定使我们很难向美国国内法院要求裁决这类索赔。

〔41〕 对于后面接踵而来的诉讼，详细内容见：D. Gregorio，"Timeline：BP oil spill，litiga-tion at a glance"，2 July 2015，available at：www. reuters. com。

〔42〕 For more details see C. Krauss and B. Meier，"As Oil Spill Trail Opens，Push for a Deal Continues"，*New York Times*，25 February 2013.

洋钻探公司已经同意支付 10 亿美元的民事索赔和另外 4 亿美元的刑事处罚，因为它违反了美国《清洁水法》。[43] 最近的这些案例表明，在一个运作正常和独立的司法制度下，对其他国家司法管辖区的严重环境污染提起法律诉讼是可能的。虽然人们可以预期，此类诉讼的潜在影响最终可能是使公司遵守更高的环境保护标准，但原则上这些诉讼根据的准据法是发生损害地国家的法律。壳牌石油公司案和英国石油公司案证明要求跨国公司对环境损害承担责任仍然很困难，因为公司会以独立法人和不方便法院原则为借口逃避。[44]

4.2 东道国责任

本节会讨论有关保护环境的一些方法和原则，包括对环境影响评价、尽责原则和在造成损害时提供赔偿的原则。由于对上述内容缺乏普遍有约束力的法律标准或协议，东道国国内法一般会在环境保护领域对公司的法律义务加以规范。东道国应确保在其领土内从事活动的公司遵守国内的环境法律，并履行相关的国际法律义务。迄今为止，东道国在其国内法律中已经建立起完善的环境保护制度。世界上大约有 140 部宪法，其中 1970 年以来修订或编写的绝大多数宪法都对环境保护进行了规定，内容包括国家保护环境的义务或公民享有安全、健康、生态平衡（或其他形容词）环境的权利。[45] 同时，有些问题仍然需要进一步明确，包括认定侵犯人权行为所需的破坏环境标准、非国家行为者在人权和环境方面的地位和义务以及国家保护环境义务的域外适用范围。

1998 年《奥胡斯公约》承认，一国有责任为公众参与环境事务制定法规，该公约责成各缔约国保证公众在环境事务中获得信息、参与决

---

　　[43]　位于瑞士的越洋钻探公司拥有"深水地平线"海上钻井平台，该平台在 2010 年 4 月至 6 月的 3 个月内发生爆炸，导致 11 名工人死亡，并导致石油泄漏。

　　[44]　在此基础上，对监管措施的不足进行了较为详细的讨论，见：S. Deva, *Regulating Corporate Human Rights Violations*: *Humanizing Business*，Abingdon：Routledge，2012，pp. 64~119。

　　[45]　See Rio+20: Joint Report OHCHR and UNEP, 'Human Rights and the Environment', August 2012, p. 6, available at: www. unep, org/environmentalgovernance/Portals/8/JointReportO-HCHRandUNEPonHumanRightsandtheEnvironment. pdf. See also the OHCHR Analytical Study 2011, para 30.

策和诉诸司法的权利。[46] 虽然这个公约能够保证一定程度的信息公开和公众参与，但想要充分利用这一优势，就要求所有利益相关者及时有效地合作，而且公众对环境问题相当了解和感兴趣。即使在公民社会组织良好的国家，与国际公司和商业部门的广泛影响相比，公民社会影响环境政策和决策的可能性仍然有限。

确保环境不受包括跨国公司在内的非国家行为者损害的主要责任在于东道国。这意味着，尊重、保护、履行国家责任范围内的"三管齐下"的人权理念将得到充分的贯彻。显然，东道国有责任建立必要的环境保护法律框架，并将其应用于在其领土内进行的活动。联合国条约机构也认识到，国家在保障其人民的健康权和水权方面负有责任。[47] 一般而言，严重环境损害会在下列两个方面影响到所有国家：人口和领土。东道国的环境保护义务包括为公众参与创造必要条件，采取预防措施，并在环境受到破坏时执行应当适用的法律。

国家防止环境损害的责任不仅限制在其领土以内。国际法已经明确规定，国家对跨界环境损害负有责任。正如国际法院所阐述的：

各国的一般义务是，确保其管辖和控制范围内的活动尊重其控制范

---

〔46〕 Convention on Access to Information, Public Participation in Decision-Making and Access to Justice in Environmental Matters (Aarhus Convention), 25 June 1998, available at: www. unece. org/fileadmin/DAM/pp/documents/cep43e. pdf. 有关该公约的详细内容见 M. Pallernaerts, *The Aarhus Convention at Ten: Interactions and Tensions Between Conventional International Law and EU Environmental Law*, Groningen Europa Law Publishing, 2011。

〔47〕 See Committee on Economic, Social and Cultural Rights (CESCR), General Comment No. 14 (2000), The right to the highest attainable standard of health (Article 12 of the International Convention on Economic, Social and Cultural Rights), UN Doc. E/C. 12/2000/4, 11 August 2000. 该一般性意见的第 42 条规定："虽然只有国家才是公约的缔约国，从而对遵守公约负有最终责任，但社会的所有成员——个人，包括卫生专业人员、家庭、地方社区、政府间和非政府组织、公民社会组织，及私营企业部门——在实现健康权方面也都负有责任。因此缔约国应为履行这方面的责任提供一个便利的环境。" See also CESCR, General Comment No. 15 (2002), The right to water (Arts. 11 and 12 of the International Convention on Economic, Social and Cultural Rights), UN Doc. E/C. 12/2002/11, 20 January 2003. 该一般性意见的第 23 条规定："这类义务要求缔约国防止第三方以任何方式干预水权的享有。第三方可以是个人、群体、公司和其他实体以及在其授权下行事者。义务主要包括：采取必要、有效的立法和其他措施，防止第三方剥夺平等用水机会；污染和不公平地抽取水资源，包括自然水源、井和其他水分配系统。"

围以外的其他国家或地区的环境，该义务现已成为国际环境法的一部分。[48]

国际法委员会在 2001 年《关于预防危险活动的跨界损害的条款》和其他国际文书中清楚地规定，一国不仅有责任保护其国内环境，而且也有责任保护其他国家的环境。[49] 一些涉及国家对跨界环境损害的责任的案件已提交国际法院。欧洲人权法院也在讨论环境损害的国家责任各方面内容，特别是对人们健康的威胁，[50] 以及其他对环境的负面影响。[51] 这些案件可能促使环境标准的提高以及加深保护环境与人权之间的联系。[52]

拉特纳谈到了三种可能的情况，即公司作为政府代理人，公司作为政府的同谋以及公司作为主导者。[53] 国际法委员会在 2001 年《关于预防危险活动的跨界损害的条款》中规定了国际法上归责国家的必要条件。然而国际法已经采取一种方法，即避免将与国家有联系的公司或集体的行为责任按国籍、惯常居住地或公司注册地分配给国家，而国家也不能仅仅通过内部划分为不同的法律实体（包括公司）来逃避责任。[54] 如果国家没有采取必要措施防止严重的环境损害，那么它们要

---

〔48〕　ICJ, *Legality of the Threat or Use of Nuclear Weapons* (Advisory Opinion), ICJ Report 1996, pp. 241~242, para. 29.

〔49〕　For more information on the 2001 Draft Articles on Prevention of Tranboundary Harm from Hazardous Activities see: http://untreaty. un. org/ilc/texts/instruments/english/commentaries/9_7_2001. pdf. See also Xue Hanqin, *Transboundary Damage in International Law*, Cambridge: Cambridge University Press, 2003.

〔50〕　See inter aila *Lopez Ostra v. Spain* (no. 16798/90); *Guerra and Others v. Italy* (no. 14697/89); *Taskin and Others v. Turkey* (no. 46117/99); *Fadeyeva v. Russia* (no. 55723/00); *Giacomclli v. Italy* (no. 59909/00).

〔51〕　See inter aila *Tatar v. Romania* (no. 657021/01); *Mangouras v. Spain* (no. 12050/04).

〔52〕　See inter aila O. W. Pedersen, "European Environmental Human Rights and Environmental Rights: A Long Time Coming?" (2008) 21 (1) *Georgetown International Environmental Law Review*, pp. 73~111; O. W. Pedersen, "The Ties that Bind: The Environment, the European Convention on Human Rights and the Rule of Law", (2010) 16 (4) *European Public Law*, pp. 571~595.

〔53〕　S. R. Ratner, "Corporations and Human Rights: A Theory of Legal Responsibility", (2001) 111 (3), *Yale Law Journal*, pp. 499~506.

〔54〕　See "Attribution of Conduct to a state", *Yearbook of the International Law Commission*, 2001, vol. 11, Part Two, respectively pp. 38 and 39, paras. 2 and 7.

对包括跨国公司在内的非国家行为者的行为负责。在这方面，如果跨国公司是国有的，就有着更有力的理由要求国家负责，因为这意味着国家对它们有足够的控制权。[55] 根据这种情况，国家和跨国公司对石油污染和核事故造成的环境损害可能负有共同或单独的责任。

最重要的是，东道国应确保公司遵守与保护环境有关的国内法律。因此，在奥格尼兰一案中，非洲人权和人民权利委员会发现，各国政府有义务通过各种方式保护其公民，不仅包括通过适当的立法和有效的执法，而且还包括通过保护公民免受私人机构实施的破坏性行为的影响。[56] 美洲人权法院和欧洲人权法院也作出了类似的裁决。在奥格尼兰一案中，非洲委员会认为尼日利亚政府违反了《非洲宪章》第21条的规定，为私营部门特别是石油公司开绿灯，对奥格尼兰的环境造成了毁灭性的影响，尽管政府有义务保护人们不受干扰地享有其权利，但这一做法没有满足对政府的最低要求。[57]

自1972年斯德哥尔摩会议之后，环境影响评估开始在国际上出现。目前这种评估已经成为一种公认的国际和各国将环境因素纳入社会经济发展和决策过程的举措。[58] 环境影响评估是大型项目审查程序的重要环节。[59] 从这个意义上说，这一评估是国家掌握的一个重要工具，用于控制某一特定公司实施的项目对环境的影响。而与核电站建设有关的项目，以及与石油勘探、加工和储存有关的项目显然属于可能对环境产生潜在不利影响的活动，因此需要进行环境影响评估。《里约宣言》第

---

〔55〕 一些主要的国有跨国石油公司是马来西亚国家石油公司（Petronas）、卢克俄罗斯石油公司（Lukoil）、挪威国家石油公司（Statoil AsA）、中国海洋石油总公司（China National Offshore Oil Corp）以及印度石油天然气公司（Oil & Natural Gas Corp）。See the 2007 UNCTAD Report.

〔56〕 See The Social and Economic Rights Action Center and the Center for Economic and Social Rights v. Nigeria, Communication 155/96（30th Ordinary Session held in Banjul. The GambiA. 13～17 October 2001），para. 57（Ogoniland case）. For the full text of the decision see www.achpr.org/communications/decision/155.96.

〔57〕 Ogoniland case, para. 58.

〔58〕 P. Sands and J. Peel, supra n. 2. p. 601.

〔59〕 See inter aila n. Craik, The International Law of Environment Impact Assessment: Process, Substance and Integration, Cambridge: Cambridge University Press, 2008.

17 条规定，环境影响评估应当由国家法律加以规范。最近一个有趣的变化是人们的关注从"环境影响评估"转移到"环境政策评估"。[60]这种评估机制被视为预防原则的重要组成部分。

关于环境损害赔偿责任的另一个重要原则是人权尽责原则。在2012 年 12 月的一份报告中，多位著名专家指出，至少有四种主要的监管方法。通过这些方法，各国可以确保企业开展适当的人权尽责活动，其中包括在合规方面要求适当的监管；为公司提供激励和福利，以回报他们能够采取应有的尽责行动；通过透明和公开的机制鼓励尽责行为。可以结合以上一种或多种方法去实践。[61]

对环境损害受害者的赔偿一直是早期环境国际文书的核心内容。[62]因此，1972 年《斯德哥尔摩宣言》的原则 22 规定，"各国应进行合作，以进一步发展有关他们管辖或控制内的活动对他们管辖以外的环境造成的污染和其他环境损害的受害者承担责任赔偿问题的国际法"。与此一脉相承的是 1992 年《里约宣言》原则 13 的规定：

各国应制订有关对污染的受害者和其他环境损害负责和赔偿的国家法律。各国还应以一种迅速的和更果断的方式进行合作，以进一步制订对有关在它们管辖或控制范围之内的活动对它们管辖范围之外的地区造成的环境损害带来的不利影响进行负责和赔偿的国际法。

国际石油污染赔偿基金为其成员国因油轮持续漏油而造成的石油污

---

〔60〕　Strategic environmental assessment consist of a range of "analysis and participatory approaches that aim to integrate environmental considerations into policies, plans and programmers and evaluate the inter-lingkages with economic and social considerations", For more information on strategic environmental assessment see inter alia: www. oecd. org/environment/environmentanddevelopment/strategicenvironmentalassessment. htm. See also OECD (2012), Strategic Environmental Assessment in Development Practice: A Review of Recent Experience, OECD Publishing, available at: http://dx. doi. org/10. 1787/9789264166745. en.

〔61〕　See inter aila O. de Schutter, A. Ramassastry, M. B. Taylor and R. C. Thompson, "Human Rights Due Deligence: The Role of State", December 2012, available at: http://accountabilityroundtable. org/analysis-and-updates/hrdd.

〔62〕　For a more detailed discussion on compassion see inter aila T. Hardman Reis, *Compensation for Environmental Damages Under International Law: The Role of the international Judge*, Alphen aan den Rijn: Kluwer Law International, 2011.

染损害提供财务担保。[63] 国际石油污染赔偿基金的经费来自通过海运获得某些石油的机构所支付的捐款，这些捐款是根据历年石油收入数额计算的，并包括未来的索赔以及基金的管理费用。[64] 在其建立后，1992 年以及之前的 1971 年基金参与了 145 起世界范围内的石油事故。在大部分事故中的所有索赔都是庭外和解达成的。[65] 这是石油泄漏导致的环境损害案件共同责任承担机制的很好体现。

4.3 母国责任

虽然跨国公司的数目正在增加，但大多数跨国公司都是在有限的几个国家成立或设立其总部。因此，根据 2007 年联合国贸易和发展会议（UNCTAD）的一份报告，英国和荷兰是跨国公司的最大东道国，而巴西和墨西哥是发展中经济体的最大东道国。该报告指出，前 100 强企业中，美国、英国、日本、法国和德国占了 73%，而仅欧盟就占所有企业的 53%。[66] 如果这些公司在其他国家造成严重的环境污染或涉及严重侵犯人权的行为，母国有什么义务？对于跨国公司在其他国家的侵权行为，母国国内法律义务的域外适用范围有多大？

让我们迅速浏览下迄今为止在国内法院提起的相关案件，可以发现这些法院对母国或母公司的法律义务作出了限制性的解释。因此，荷兰法院在审理四名尼日利亚农民和"地球之友"诉壳牌石油公司案件时，提出母公司一般没有法律责任防止其子公司对第三方在国外造成的损害。[67] 即使母公司有预防义务，那它是否有对损害进行赔偿的义务呢？赔偿义务是否会从子公司扩大到母公司？母国国内法对跨国公司在其他国家严重损害环境行为的域外适用还有待进一步澄清。在最近柯欧贝案中的一个重要发现是，美国最高法院反对该案件根据《外国人侵权索赔法》提出的域外管辖假设，而且没有迹象表明，《外国人侵权索赔法》

---

〔63〕 For more information see: www.iopcfunds.org/about-us.

〔64〕 Ibid.

〔65〕 Ibid.

〔66〕 UNCTAD, "The Universe of the Largest Transnational Corporations", p. 4.

〔67〕 Four Nigeria farmers and the Friends of the Earth v. Shell, paras 4. 24 and 4. 26~4. 32.

的通过是为了使美国成为执行国际法规范独一无二的地区。[68] 尽管国际上有一种趋势，即如果跨国公司在国外的子公司的活动造成了严重的环境损害，那么跨国公司就要在母国承担责任，但迄今为止，在国内法院审理的这种案件暴露出许多司法障碍。

4.4 公司、东道国和母国共同承担的环境保护责任

放松管制、缺乏明确的法律标准和强有力的司法，以及某些公司与东道国之间的不对称的制衡权力，造成了潜在侵权的可能性，特别是当其中一些公司的营业额相当于或大于中等国家的国内生产总值时。[69] 如果东道国不能或不愿意让公司遵守合理的最低环境标准，就会出现问责差距。[70] 此外，在冲突或冲突后地区的国家当局有时与跨国企业勾结，损害当地人民的利益和破坏环境。[71] 如果我们要确保公司履行相关的国际法义务，执行这些准则不仅是东道国的事务，而且也是公司所在母国的事务。

然而，仔细研究相关的环境保护机制的运作过程，就会发现这是一个不同利益相关者之间的共同责任问题，包括跨国公司和相关的国家当局。这种共同责任始于紧急状况下的通知义务。[72] 关于污染危机时的

〔68〕 US Supreme Court, Kiobel, *individually and on behalf of her late husband Kiobel*, *et al. v. Royal Dutch Petroleum Co. et al.*, 17 April 2013, available at: www. supremecourt. gov/opinions/ 12pdf/10-1491_16gn. pdf.

〔69〕 See UNCTAD, "The Universe of the Largest Transnational Corporations", 2007.

〔70〕 M. T. Kammings, "Corporate Obligation under International Law", paper presented at the 71st Conference of the International Law Association, plenary session on Corporate Social Responsibility and International Law, Berlin, 17 August 2004, p. 4.

〔71〕 See inter aila OECD, "Multinational Enterprises in Situations of Violent Conflict and Widespread Human Rights Abuses", Working Papers on International Investment No. 2002/1. May 2002, available at: www. oecd. org/countries/myanmar/2757771. pdf. See also J. E. Austin and C. E. Brush (eds), *The Environmental Consequences of War Legal*, *Economic*, *and Scientific Perspective*, Cambridge: Cambridge University Press, 2000.

〔72〕 P. Sands and J. Peel, *supra* n. 2. pp. 639~644.

义务在一系列文书中加以规范。[73] 核事故也是如此。[74] 1986 年《及早通报核事故公约》规定适用于"缔约国或其管辖或控制下的人或法律实体的设施或活动"。虽然日本将 2011 年福岛核中站事故通报给了国际原子能机构，但这是否可以被视为对邻国的充分通知是值得怀疑的。这些国际文书旨在确保国家当局之间的信息交流，从而将对环境的损害降到最低。国家有必要建立沟通渠道，也有义务分享此类信息。因此，公司应立即将这些信息提供给相关国家当局。未能履行紧急状况的通知义务，将会导致国家责任和相关公司责任。

国家和公司之间分担责任的例子还有《联合国海洋法公约》，该公约不仅禁止国家，而且也禁止自然人和司法人员侵占部分海床或其矿物。[75] 未经国家或国际海底管理局的许可，公司不得勘探矿物，包括石油。[76] 在给予这些许可的同时，各国还承担责任，以防勘探对环境造成损害。旨在保护环境的国际文书需要承认公司在其中的重要作用，并直接从责任的角度来处理这些问题。这应该是一种标准的做法，特别是在公司的某些活动领域，因为这些活动有可能造成严重的环境破坏，如石油泄漏、核安全以及废物管理问题。母国可以采取尽责检验，并根据决定性影响标准来衡量其与这些跨国公司的关系，从而间接追究跨国公司的责任。[77]

---

〔73〕 See Article 5（1）of the 1969 Bonn Agreement：Chapter 9, UNEP Regional Seas Conventions, Article 198 of the 1982 UNCLOS.

〔74〕 See IAEA Guidelines on Reportable Events, Integrated Planning and Information Exchange of 1985（IAEA Doc. INFC1RC321）；See also the 1986 Convention on Early Notification of a Nuclear Accident.

〔75〕 1982 年《联合国海洋法公约》的第 137 条第 1 款规定，"任何国家不应对'区域'的任何部分或其资源主张或行使主权或主权权利，任何国家或自然人或法人，也不应将'区域'或其资源的任何部分据为己有。任何这种主权和主权权利的主张或行使，或这种据为己有的行为，均应不予承认"。

〔76〕 See the Regulation and Recommendations adopted by the International Seabed Authority under the "Mining Code", available at：www. isa. org. jm/mining-code.

〔77〕 See S. Narula, "International Financial Institutions, Transnational Corporations, and Duties of States", in M. Langford et al.（eds）, *Global Justice, State Duties：The Extraterritorial Scope of Economic, Social and Cultural Rights in International Law*, Cambridge：Cambridge University Press, 2013, pp. 114~149.

共同的国家责任模式也将发挥重要作用，特别是在没有国家行使管辖权的地区，如在公海发生环境污染时。同时，必须认识到，在东道国和母国同时适用其法律时，分担责任可能也会给公司造成不必要的负担，更不用说可能的反向行政或司法诉讼或择地诉讼了。具有更高环境保护标准和独立司法机构的地区将是裁决可能发生的环境纠纷的首选。显然，解决有关环境保护不受严重损害的问题不能只靠国内立法，尤其是在公司由不同国家（包括弱国）经营的情况下。此外，国内环境法的域外适用有可能造成管辖权冲突，并可能对国家间关系产生不利影响。德舒特（De Schutter）提出的一个建议是努力制定一项打击跨国公司侵犯人权行为的公约，该公约规定跨国公司的母国有义务采取母公司域外管辖规则，允许母国在有必要时行使域外管辖权，以避免出现有罪不罚，或者受害者在东道国的国家法院无法得到有效补救的情况。[78]

5. 重大环境损害案件责任归责与判决的复杂性

约翰·鲁格提出了包括三个支柱的工商业与人权框架，其中包括国家保障人权免受第三方（包括公司）侵害的义务；公司尊重人权责任以及为受害者提供有效的司法和非司法救济。随着个人、社区和人权组织在环境问题上变得更加知情和自信，环境争端的解决方式正在发生变化，各国国内法院也越来越多地参与其中。然而，如上所述，司法障碍和与获得司法公正有关的其他因素，使个人很难在东道国或母国要求对索赔和赔偿作出判决。显然，东道国和母国承担不同的责任。东道国在保障经济活动对环境的质量方面有长期利益，以及确保在其领土内开展经济活动的行动者尊重其环境方面负有首要责任。[79] 为了实现这一目的，东道国必须制裁对环境造成损害的公司，必须调查所有的违法行

---

〔78〕 O. de. Schuttee, "Sovereignty-plus in the era of interdependence: toward an international convention on combating human rights violations by transnational corporations", in P. H. F. Bekker, R. Dodeer, and M. Walbed（eds）, *Making Transnational Law Work in the Global Economy*, *Essay in Honour of Dedew Vogts*, Cambridge: Cambridge University Press, 2010, pp. 245~284.

〔79〕 See inter aila J. Ruggie, "State responsibility to regulate and adjudicate corporation activities under the United Nations core human rights treaties: an overview of treaty body commentaries", UN Doc. A/HRC/4/35/add. 3 of 13 February 2007.

为，也必须为受害者提供有效的补救措施。

同时，在外包、分包和离岸外包给生产成本较低、工资较低、劳动力和环境标准较低的国家的过程中，母国甚至第三国显然在确保公司遵守环境标准上可能具有相当重要的作用。[80] 虽然没有鼓励国家这样做，但它们有义务管制在域外的公司行为。[81] 对于国际私营公司，这项义务将限于确保公司不违反强制法，特别是它们不直接负责或参与国际公认的灭绝种族罪、战争罪和危害人类罪。在国有或国家对跨国公司行使有效控制的情况下，法律上的义务可能超越确保不侵犯基本人权的范围。适当环境标准的执行应以辅导性原则为基础，即发生侵权事件的国家有能力处理投诉，否则受害者应有权在所涉跨国公司的母国寻求补救。[82] 虽然这一解决办法在避免不必要的重复诉讼方面看来很有吸引力，但第三国根据国际法保护环境的义务的范围仍然是有争议的。东道国可能参与经济活动造成的环境损害，这一事实并不能免除公司赔偿受害者损失的责任。最终，这可以看作是一个共同责任的问题，国家和有关公司必须根据行为的归属规则，对受到环境损害影响的自然人和法人做出赔偿。

当固有的多边争端被提交到一个只在双边框架内运作的裁决机构时，如何克服所遇到的困难？[83] 补偿受害人的社会利益为赔偿提供了正当的理由，而行为的错误性质提供了让不法之徒付出代价的理由。[84] 在环境损害中出现的一个问题是，是否有必要向受害方给予惩罚性或示范性损害赔偿？惩罚性或惩戒性损害赔偿的裁决，使赔偿的警告功能比

---

〔80〕 A. Heinemann, "Business Enterprises in Public International Law", in U. Fastenrath, et al. (eds) From *Bilateralism to Community Interest*, Oxford: Oxford University Press, 2011, p. 722.

〔81〕 Report of the Special Representative of the Secretary-General on the issue of human rights and transnational corporations and other business enterprises, J. Ruggie, "Protect, Respect and Remedy: a Framework for Business and Human Rights", UN Doc. A/HRC/8/5, 7 April 2008, para 19.

〔82〕 A. Heinemann, *supra* n. 80, p. 734.

〔83〕 P. N. Okowa, *supra* n5, pp. 157~172.

〔84〕 D. Shelton, *Remedies in International Human Rights Law*, 2nd edn, Oxford: Oxford University Press, 2005, p. 354.

金钱判决仅限于补偿性损害赔偿更为重要和明确。[85] 反过来，这种做法可能证明是有用的，特别是在威慑和惩罚严重违法者方面。

国际法院审理了许多案件，其中环境问题是法律纠纷的核心或附带问题。[86] 其中三起案件与核武器和核试验有关。[87] 另一个解决机制是针对马绍尔群岛核索赔法庭中核武器影响。[88] 除了解决国家间争端的国际法院外，另一个可能解决环境争端的法院是根据《欧洲能源条约》第 27 条设立的特别法庭。[89] 联合国环境规划署（UNEP）还保留了一份仲裁员名单。[90] 常设仲裁法院在解决环境争端方面做了大量工作，2001 年通过了《环境和/或自然资源争端仲裁任择规则》，2002 年通过了《环境和/或自然资源争端调解任择规则》。[91] 根据 1982 年《联合国海洋法公约》（UNCLOS）第 287 条，有关保护海洋环境的争端可提交附件八规定的特别仲裁程序。[92] 有迹象表明，有关气候变化的问题

---

〔85〕　D. Shelton, *Remedies in International Human Rights Law*, 2nd edn, Oxford：Oxford University Press, 2005, p. 354.

〔86〕　*Certain Phosphate Lands in Nauru* (*Nauru v. Australia*), *Cabukoro – Nagymaras Project* (*Hungary v. Slovakia*), *Legality of the Threat or Use of Nuclear Weapon* (*advisory opinion*); *Nuclear Test Cases* (*New Zealand and Australia v. France*); *Aerial Herbicide Spraying* (*Ecuador v. Colombia*); *Pulp Mills on the River Uruguay* (*Argentina v. Uruguay*); *Certain Activities Carried out by Nicaragua in the Border Area* (*Costa Rica v. Nicaragua*).

〔87〕　Namely *Nuclear Test Cases* (*New Zealand and Australia v. France*) and *Legality of the Threat or Use of Nuclear Weapon* (*Advisory Opinion*), See also the recent cases brought in 2014 by the Marshall islands against India, Pakistan and the United Kingdom.

〔88〕　For more information see www. nuclearclaimstribunal. com. 1983 年 6 月，美国政府与马歇尔群岛政府正式签署了执行《自由联合协约》第 177 条的协议（简称第 177 条协议）。在该协议中，美国承认了马绍尔群岛人民在核试验计划方面所作的贡献和牺牲，并承担了赔偿马歇尔群岛公民因核试验而造成的财产和人身损失或损害的责任。

〔89〕　For more details see www. encharter. org under "Dispute Settlement". 《能源宪章》规定的投资者—国家争端解决案例清单包含 33 个案例。

〔90〕　For more information on UNEP see inter alia：www. unep. org/environmentalgoverance.

〔91〕　For more information on this topic and the full text of the Optional Rules see：www. pca-cpa. org/showpage. asp? pag_id=1058.

〔92〕　UNCLOS, 1833 UNTS 397. See also D. Vidas (ed.), *Protecting the Polar Marine Environment Law and Policy for Pollution Prevention*, Cambridge：Cambridge University Press, 2000.

将来可能会提交国际法院处理。[93] 联合国环境规划署在制定关于在环境问题上获得信息、公众参与和诉诸法律的国家环境立法准则方面，以及在危险环境活动所造成损害的责任、应对行动和赔偿的国内立法发展准则的方面做了大量工作。[94]

关于补救办法，必须补充的是，这些补救办法也包括国内的司法补救，以及根据经合组织准则建立的国家联络点制度下的非司法补救，[95] 还有人权机构和其他机构的申诉，包括公司本身提供的内部补救。经合组织的《多国企业准则》通过建立国家联络点提供了一个用于解决申诉的执行机制。然而，这种机制受到了联合国工商业与人权特别代表的批判，因为国家联络点依赖政府，本身缺乏资源和精确的规则。[96] 除了上述不足外，国家联络点制度还面临许多其他司法限制，这些限制影响了它们在确保符合环境标准方面的作用。

6. 总结

沃尔夫冈·弗里德曼（Wolfgang Friedmann）早就提出，私营公司是现代国际法演变进程的参与者。[97]（公司）参与制定国际法和实施可能严重损害环境的经济活动，都涉及权利和义务。这并不意味着保护环境不受严重损害的法律义务已从东道国或母国转嫁给了国际公司，但

---

〔93〕 帕劳似乎一直在准备一项倡议，将气候变化问题提交国际法院咨询意见。而关于这个问题的一般意见，见 M. G. Faure and A. Nollkaemper, "International Liability as an Instrument to Prevent and Compensate for Climate Change", （2007）26A *Stanford Journal of International Law*, pp. 124~176.

〔94〕 See United Nations Environment Programme Guidelines for the Development of National Legislation on Access to Information, Public Participation and Access to Justice in Environmental Matters, Annex to Decision SS. XI/5 A（2010）; United Nations Environment Programme Guidelines for the Development of Domestic Legislation on Liability, Response Action and Compensation for Damage Caused by Activities Dangerous to the Environment, Annex to Decision SS. XI/5 B（2010）.

〔95〕 See inter alia J. C. O choa Sanchez, "The Roles and Powers of the OECD National Contact Points Regarding Complaints on an Alleged Breach of the OECD Guidelines for Multinational Enterprises by a Transnational Corporation", （2015）84（1）*Nordic Journal of International Law*, pp. 89~126.

〔96〕 See J. Ruggie, "Protect, Respect and Remedy: a Framework for Business and Human Rights", UN Doc. A/HRC/8/5, 7, 26（April 2008）.

〔97〕 W. Friedmann, *The Changing Structure of International Law*, New York: Columbia University Press, 1964, p. 230.

可以认为公司分担了部分环境保护责任。东道国应当确保制订适当的法律框架，以保护受影响人们的利益，使其免受石油污染或核事故所造成的严重环境损害。母国也应当为调解国际公司在他国领土上所造成的严重环境损害的争端提供重要的解决平台。对跨国公司而言，必须遵守现有的法律框架，如果它们的活动造成严重的环境损害，就有义务向受影响者进行赔偿。

对环境具有高度破坏性的具体经济活动领域，例如石油污染和核事故，需要受到更多的监督和法律管制。国际公司在这些领域的自愿承诺是不够的。严格的法律监管是必要的，因为除了具有法律约束力的规则之外，没有其他激励国际公司遵守规则的因素。保护环境免受严重损害是公司和有关国家共同承担但有区别的责任。值得注意的是，确保环境保护不受严重损害的责任不仅在于公司开展经济活动的国家，即东道国，而且还在于公司注册的国家，即母国。对国有跨国公司而言，这可能会涉及国家和公司之间责任的融合。因为在这种情况下，公司可以被视为国家机关。对国家持有部分股份的国际公司而言，需要对严重的环境损害承担责任。对国际私营公司而言，责任问题更为微妙，应建立适当的机制，以确保环境得到保护，同时使受影响的人们在受到严重损害时能够得到赔偿。

第四章　认真对待人权义务的商业理由

古勒尔·阿拉斯*

1. 引言

无论是经济上还是在企业及其商业利益（利益相关者）之间的关系上，企业行为都对企业成功与否至关重要。我们不能在没有道德和企业社会责任基础的情况下定义企业行为。企业行为包括法律规则、道德行为准则和社会责任原则。换句话说，企业行为是基于上述所有内容的行为，涉及法律、伦理和企业社会责任。其中，一定要认识到，企业行为必须是合乎道德的，但也必须被人们认为是合乎道德的——这种观念是非常重要的。企业行为不仅影响利益相关者和股东，而且对整个国家经济也有影响。当一个企业在其商业决策和战略规划中，采取符合伦理和承担社会责任的行为时，该企业将更具可持续性。正如我们所看到的，对社会负责的企业行为越来越被认为是企业长期生存的根本。[1]

本章探讨的是重视人权义务的商业原因。缺乏商业驱动力的人权规范不太可能被企业认真对待。因此，无论是从跨国企业的角度，还是从

---

　　* 作者想要在此感谢爱尔兰国立大学（高威）法学院前院长丹尼斯·德里斯科尔对本文的一些有利帮助。

　　〔1〕 例如，2014 年尼尔森全球企业社会责任调查显示，60 个国家中越来越多的消费者愿意为致力于企业社会责任的企业提供的产品和服务支付更多的费用：www. nielson. com/us/en/press-room/2014/global - consumers - are - willing - to - put - their - money - where - their - heart - is. html。See also, for example, M. Blowfield and A. Murray, *Corporate Responsibility*: *A Critical Introduction*, Oxford: Oxford University Press, 2008, pp. 130~157; and G. Aras and D. Crowther, *Government and Social Responsibility*: *International Perspective*, London: Palgrave Mcillian, 2012.

发展中国家的供应链合作伙伴的角度，研究在商业运作中接受这些规范的合理商业理由，都具有指导意义。本章将从企业本身以及其所有利益相关者（投资者、消费者、雇员、商业伙伴、供应商、政府、当地社区和公民社会的其他因素）的角度去分析商业原因。举一个简单的例子，大约有1300个机构，包括资产所有者、管理资产超过45万亿美元的机构投资者承诺将把企业社会责任（以及人权）纳入他们的投资分析和决策中。[2] 这一发展趋势代表着一种金融地震，尽管企业董事会和供应链企业管理层尚未了解到这一点。

在这一点上，对企业社会责任的广泛含义作一个简短的评论可能会有所帮助。实际上，企业社会责任明显涉及一些不同的问题领域：人权；劳动权（这也属于人权）；对环境的关切，包括污染，水资源管理和气候变化（这些对于人类有着重要影响）；企业慈善，例如对教育和医疗的捐献；企业管理，包括企业在战略方面的指导和控制，以及对企业社会责任和其他风险的监控；最后，最广泛的类别，本身包含一些截然不同的问题领域，如符合道德的商业行为（如产品安全和腐败商业行为）。

上述所有的问题领域都直接或间接涉及人权规则。例如，对公务员行贿不仅是非法的犯罪活动，而且，如果是实质性的，它还间接地损害了经济发展以及贫困人口的医疗保健、教育和其他机会。[3]

机构投资者越来越认识到在商业活动中追求企业社会责任的行为不仅仅是一种道德行为，还包括将由政府监管、汇率和政治稳定等宏观经济条件造成的经济风险降至最低。举一个最近发生的最典型的例子，英国石油企业在墨西哥湾的钻井平台爆炸导致11名工人死亡，以此据称

---

〔2〕　Report on Progress 2014, *Principle for Responsible Investment*, October 2014, available at：http：//2xjmlj8428ula2k5o34l1m71. wpengine. netdna-cdn. com/wp-content/uploads/2014_report_on_progress. pdf.

〔3〕　See, for instance, in the case of Kenya, M. Wrong, *It's Our Turn to Eat*, New York：Harper Collins Publishers, 2010.

英国石油企业对工人的安全不够重视。[4] 新奥尔良的一家联邦法院目前正在审查一项与漏油事件有关的过失索赔案件，这起漏油事件可能导致近 50 亿桶石油泄漏。英国石油企业的重大过失将导致高达 200 亿美元的罚款。同时，英国石油企业已经花费大约 420 亿美元来解决一系列的民事和刑事索赔。[5] 在这起事故发生四年后（即 2010 年），该企业的股价仍比漏油前下跌了 30%。英国石油企业的漏油事故似乎是一个很好的例子，说明对工人安全的疏忽可能会导致股东所持股票价值的毁灭。人权规范与企业认真对待社会责任的动机之间的联系再清楚不过了。

2. 企业社会责任的商业驱动

企业社会责任是当今国际辩论中的重要议题。在过去的 20 年间，企业社会责任越来越难以回避，它对全世界的企业都变得更加重要。卡罗尔用如下几句话来描述企业社会责任："企业社会责任包括社会在某一特定时间点对某个组织的经济、法律、伦理和自由裁量的期望"。在他之后，2002 年惠滕等人将企业社会责任定义为"对企业行为的社会期望，一种被利益相关者认为是符合社会期望或道德要求的行为，因此也是对企业的合理要求"。一方面，在第一个定义出现后，企业社会责任的定义不断扩展，并涵盖了更多的企业行为和利益相关者的期望。另一方面，一些广义的用语，如"社会"被缩小到"利益相关者"。企业对利益相关者采取的行为在各个定义中都成为一个越来越重要的概念。企业行为是一个重要的概念，是因为它必须是道德的、合法的，对组织、利益相关者和社会负责。从这方面讲，企业行为也更有益于社会，这就是为什么它与道德和企业社会责任联系得更紧密。[6]

企业社会责任最广泛的定义是关于全球企业、各国政府和公民个人之间的关系应该是什么。狭义而言，这个定义关注的是企业与它所居住

---

〔4〕 "Deep Water: The Gulf Oil Disaster and the Future of Offshore Drilling", Report to the President, National Commission on the BP Deepwater Horizon Oil Spill and Offshore Drilling, January 2011.

〔5〕 此外，6 名英国石油企业的工人受到刑事指控。

〔6〕 See G. Aras and D. Crowther, *supra* n. 1.

或经营的当地社区之间的关系。另一个定义则关注的是企业及其利益相关者之间的关系。所有上述定义都是相关联的，并且分别代表了这个问题的不同维度。

与此同时，在伦理领域也出现了一场争论——是应该通过加强监管来控制企业，还是公民的道德基础已经沦丧，需要在社会责任行为出现之前予以替代？利己主义是边沁、洛克和密尔等人所拥护的功利主义的核心观点。例如，后者主张追求最大多数人的最大幸福在道德上是正确的。类似的如亚当·斯密的自由市场经济学是建立在相互竞争的利己主义基础上的。[7] 这些颇具影响的思想都把个人的利益置于集体的利益之上。然而，社会责任的核心原则是所有社会利益相关者之间的社会契约，这是公民社会的基本要求。这也可以被描述为公民身份，但无论如何，重要的是要记住，社会责任需要不仅仅涵盖现在的社会成员。社会责任也要求涵盖对未来和对未来社会成员的责任。

当然，其中包含了对环境的责任，因为这对现在和将来的社会其他成员都有影响。[8] 此外，企业行为会影响到负责任的和适当的经济和体制的发展。它也会影响着整个社会和共同的利益。

简而言之，影响企业良好社会责任行为的最重要的商业驱动力可以被认为涉及下面五个不同的问题：

· 投资者关系与资本获取；

· 竞争力与市场定位；

· 员工招聘、留用和生产力；

· 法律风险最小化，以及；

· 保留"经营许可"。

下面我们将讨论这些问题。

---

〔7〕 See G. Aras and D. Crowther, *The Durable Corporation*: *Strategies for Sustainable Development*, Farnham: Gower Publishing Limited, 2009.

〔8〕 See, for example, A. Cramer and Z. Karabell, *Sustainable Excellence*, New York: Rodale, 2010; C. I arzlo, *The Sustainable Company*, Washington: Island Press, 2005; and G. Aras and D. Crowther, *supra* n. 1.

2.1 投资者关系与资本获取

对于任何企业而言，最重要的一个因素是企业和其众多利益相关者的关系。这对企业的总体管理非常重要，而不仅仅只对企业的企业社会责任而言。有诸多因素在影响着这些关系。利益相关者是在一家企业里面享有权利和利益的。特别是代理关系和治理结构安排决定了组织的管理者与利益相关者之间的关系，尤其是其所有者和投资者之间的关系。

代理理论为现代企业治理提出了一种新的思路，即由独立的股东控制和指导企业的集体资本。杰森和梅克林（1976）关于代理成本和所有权结构的模型在企业治理文献中占有核心地位。[9]

然而，在认真对待人权义务的商业案例方面，现在和不久的将来，也许唯一的、最大的影响是对《联合国负责任投资原则》的遵守。《联合国负责任投资原则》涉及 1380 多项投资，（联合国负责任投资原则组织）管理着大约 59 万亿美元，并拥有世界上所有证券交易所约 20% 的股份。《联合国负责任投资原则》是在 2006 年才提出的，之后便得到了如此广泛的支持，这一事实实在是令人瞩目。[10]

这些机构投资者，如挪威养老基金（投资额约为 7250 亿美元）和加州公务员退休基金（投资额为 2550 亿美元），对跨国企业的执行管理层产生了巨大的影响。例如，挪威养老基金是欧洲最大的独立持股人，总共拥有欧洲证券交易所 1.78% 的股份。

根据《联合国负责任投资原则》，机构郑重承诺将企业社会责任考

〔9〕 G. Aras and O. Kutlu Furtuna, "Does Governance Efficiency Impact Equity Agency Costs? Evidence from Turkey", *Emerging Markets Finance & Trade Journal* (EMFT) (2015).

〔10〕 在这里也应该简单地提及联合国工商业和人权原则（通常称为"鲁格原则"），这一原则有三个支柱：国家有义务保护人权不受侵犯，包括企业的侵犯；企业有义务尊重人权；国家有责任为侵犯提供补救。2011 年，人权理事会通过了该原则。令人失望的是，企业对这一原则的支持尚未到来。商业和人权资源中心报告说，截至 2013 年 12 月，在总共 8 万多家跨国企业中，只有不到 400 家制定了人权政策。为了说明这一原则的发展，参见 J. Ruggie, *Just Business*: *Multinational Companies and Human Rights*, New York: W. W. Norton & Company, 2013. 对于该原则地位的说明，见 S. Ariel Aaronson and I. Higham, "Putting the Blame on Governments: Why Firms and Governments Have Failed to Advance the Guiding Principles on Business and Human Rights", available at: www. gwn. edu/~iiep/assets/docs/papers/2014WP/AaronsonHinghan201406. pdf (accessed on 25 October 2014).

虑纳入投资分析和决策。在这里提出庄严的保证也许是有用的：

作为机构投资者，我们有责任从受益人的长远利益出发采取行动。作为受托人，我们认为环境、社会和企业治理问题会影响投资组合的绩效，因此，在符合我们受托责任的情况下，我们承诺如下：

（1）我们将把企业社会责任问题纳入投资分析和决策过程。

（2）我们将成为积极的所有者，并将企业社会责任问题纳入我们的所有权政策和实践。

（3）我们将寻求我们投资的企业适当披露履行企业社会责任情况。

（4）我们将促进接受和执行投资行业的原则。

（5）我们会共同努力，提高落实该原则的成效。

（6）我们将分别报告我们在执行这一原则方面的活动和进展情况。

本着这一原则，双方积极寻求合作，以实现在企业社会责任问题上提高投资者效率的共同目标。大约 400 个《联合国负责任投资原则》的签署方已经加入了近 200 个合作倡议中的一个或多个。

举一个例子就足够了。由约 30 个《联合国负责任投资原则》签署方组成的联盟，管理着大约 3 万亿美元的资金，写信给没有采纳的《全球契约》企业[11]的首席执行官们，鼓励他们满足继续积极参与《全球契约》的最低报告要求。由于这一举措，迄今为止，76% 的没有行动的企业重新获得了积极的《全球契约》地位。《联合国负责任投资原则》秘书长评论："这是迄今为止达成最高的成功率的约定"。[12] 对这一倡议至关重要的是向市场提供准确、透明的企业社会责任信息，下文将对此进行讨论。

上述所说的联合国《全球契约》还必须从企业社会责任规范的重要业务驱动因素的角度进行单独考虑。《全球契约》原则包括一系列的

---

〔11〕 参与《全球契约》的企业需要每年与他们的利益相关者就他们在 10 项《全球契约》原则方面的表现进行沟通。没有沟通的企业是指未能在相关截止日期前就进展情况进行交流的企业。连续两年不交流的参与企业会被全球契约秘书处列出名单。

〔12〕 "Collaborations", Principles for Responsible Investments, available at, www.unpri.org/areas-of-work/collaborations/? post_id=3213.

十项企业[13]在经营活动中承诺遵守的原则。虽然《全球契约》原则在人权领域是众所皆知的。不过，为了方便起见，不妨在此阐述下《全球契约》所要求的保证。

人权：

原则 1：企业界应支持并尊重国际公认的人权；

原则 2：保证不与践踏人权者同流合污。

劳工：

原则 3：企业界应支持结社自由及切实承认集体谈判权；

原则 4：消除一切形式的强迫和强制劳动；

原则 5：切实废除童工；

原则 6：消除就业和职业方面的歧视。

环境：

原则 7：企业界应支持采用预防性方法应付环境挑战；

原则 8：采取主动行动促进在环境方面更负责任的做法；

原则 9：鼓励开发和推广环境友好型技术。

反腐败：

原则 10：企业界应努力反对一切形式的腐败，包括敲诈和贿赂。

《全球契约》的签署方已经成立了一些工作组来处理各项原则的问题。值得注意的是，《全球契约》的秘书长自 2000 年成立以来，已发起了 1000 多场国际对话，探讨该原则的含义和实施情况。这些对话起到了重要作用，前提是假定参与的企业都是有诚意，因为不能仅仅根据它们已经做出了承诺，就假定这些企业完全理解《全球契约》承诺的含义。为了帮助理解人权承诺的执行情况，《全球契约》与人权高专办秘

---

[13]　涉及利益相关者和《全球契约》运作的最新简要说明，见 D. Grayson and J. Nelson, *Corporate Social Responsibility Coalitions：The Past，Present and Future of Alliances for Sustainable Capitalism*, London：Greenleaf Publishing，2013，pp. 328 ~ 346. 批评的评论见：S. P. Sethi and D. H. Schepers，"United Nations Global Compact：The Promise Performance Gap"，（2014）112（2）*Journal of Business Ethics*，pp. 193~208。

书处合作出版了一系列实用指南。[14]

接下来要注意的是，市场对企业社会责任信息的关注正在显著而迅速地增长。哈佛商学院的研究人员研究了从 2010 年 11 月到 2011 年 4 月这 6 个月期间收集到的彭博社的企业社会责任数据。[15]在这 6 个月期间，搜索企业社会责任信息的点击量大约达 4400 万次。研究人员发现：

这个数据表明市场对了解一个企业的企业社会责任相关实践和政策的透明度非常感兴趣。……我们的假设是，市场认为投资于更透明的企业的风险更小，因为它们按照预期财务业绩交割的不确定性更小。这是由于使用有效的企业社会责任管理策略，从而获取创收机会，实现成本节约，并尽量减少失败、罚款和诉讼的负面影响。[16]

提高企业社会责任绩效的呼声也影响了证券交易所。最近一项对主要证券交易所的分析显示，主要证券交易所有兴趣促进更大程度的企业社会责任问题披露。可持续证券交易所倡议[17]调查了 27 家主要证券交易所，包括伦敦证券交易所、东京证券交易所、多伦多证券交易所、德国证券交易所、纳斯达克 OMX 证券交易所和一些大型新兴市场证券交易所。这项调查显示对企业社会责任披露的兴趣在迅速提高。例如，

---

〔14〕 "Embedding Human Rights into Business Practice", Joint Publication of the United Nations Global Compact and Office of the High Commissioner of Human Rights, available at：www. ohchr. org/ Documents/Publications/Embeddingen. pdf. "Embedding Human Rights into Business Practice II", Joint Publication of the United Nations Global Compact and Office of the High Commissioner of Human Rights, 2007, available at：www. ohchr. org/Documents/Pulications/Embedding_II. pdf；"Embedding Human Rights into Business Practice III", Joint Publication of the United Nations Global Compact and Office of the High Commissioner of Human Rights, 2009, available at：www. unglobalcompact. org/ docs/issues_doc/human_rights/Resources/EHRBIII. pdf.

〔15〕 R. G. Eccies, M. p. Krrus and G. Serefeim, "Market Interest in Nonfinancial Information", Harvard Business School Working Paper Series 12–018, 22 September 2011. 埃奇和塞雷菲姆在哈佛商学院，克劳斯实际上是一名商业顾问。

〔16〕 Ibid., p. 7. 此外，作者总结道："我们预测，随着越来越多的企业披露更多的非财务信息，随着商学院研究和教学项目开发出更多的知识，以及投资者开发出更复杂的估值模型，未来市场对非财务信息的兴趣将成倍增加。"

〔17〕 可持续证券交易所倡议是《联合国负责任投资原则》、联合国贸易和投资会议、联合国环境规划署金融倡议和联合国全球契约的联合倡议，见：www. SSEintiative. org.

57%的证券交易所报告认为上市企业的社会责任要求具有良好的商业意义，而2年前只有38%的证券交易所这样认为，如图4.1所示。[18]

你在多大程度上同意或不同意下面的说法？

"对上市企业有较强的企业社会责任要求，对股票交易所来说是很有商业意义的。"

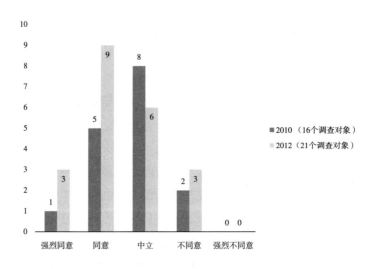

图4.1　上市企业社会责任要求

来源：可持续发展证券交易所倡议，可持续的证券交易所：发展报告（2012）

再举一个例子，参与调查的21家证券交易所中76%表示，他们认为自己有责任鼓励企业在可持续发展问题上承担更大的责任。[19] 值得注意的是，这种证券交易所自身参与感正在增强，如下表4.1所示。

---

〔18〕 "Sustainable Stock Exchanges: A Report on Progress. A Paper Prepared for the Sustainable Stock Exchanges 2012 Global Dialogue", Sustainable Stock Exchanges Initiative, p. 33.

〔19〕 *Ibid.*, p. 25.

表 4.1　证券交易所在企业社会责任的参与感

	2010	2012
证券交易所有责任鼓励履行更大的企业社会责任	63%	76%
证券交易所在企业社会责任方面没有责任	13%	5%

来源：可持续发展证券交易所倡议，可持续的证券交易所：发展报告（2012）

可持续发展证券交易所倡议报告的作者认为：

证券交易所有责任鼓励企业履行更大的社会责任，这一坚定信念预先反映在：

·包括提供指导或鼓励发行人披露可持续性信息；

·可持续性指数的激增，以及；

·在某些市场中，自愿披露要求向更严格的"遵守或解释基础"的转变。[20]

通过对投资者和企业利益的简要调查，我们可以得出结论，许多机构投资者对企业社会责任的表现产生了相当大的兴趣。这不仅仅是一个道德问题，尽管道德影响了一些投资者的想法。这也是风险最小化的问题。不顾企业社会责任风险的企业行为是简单的和不谨慎的，也不具有可持续投资的特征。

2.2 消费者

当面对必须向其购买商品和服务的大型企业时，人们很容易认为个人客户的力量很小。人们往往会认为，如果我们对这些商品或服务，甚至对企业本身不满意，那么我们唯一的选择就是不购买这些商品和服务。因此，我们必须选择另找供应商，或不买这些商品或服务。这是对客户和供应商之间关系的一种简单看法，因为供应商不愿意失去客户。一般而言，吸引一个客户的成本是留住一个现有客户的 6 倍左右，因此企业在吸引新的客户的同时也要努力留住现有客户，这是不可避免的。

---

〔20〕 "Sustainable Stock Exchanges: A Report on Progress. A Paper Prepared for the Sustainable Stock Exchanges 2012 Global Dialogue", Sustainable Stock Exchanges Initiative, p. 5.

这种个人与企业之间的权力关系的观点也有些过于简单，因为客户对企业产生了重大的影响。[21] 因此，我们必须考虑个人通过自身行动影响组织、机构和企业的方式。

次要的压力来自许多工业化国家和某些发展中国家的消费者。工业化国家的人们越来越关心企业应该以一种对社会负责的方式行事。欧盟委员会最近委托进行的一项调查最生动地揭示了这一点。该调查名为《企业如何影响我们的社会：公民的观点》（How companies influence our society：citizen's view）。首先在欧盟国家，令人印象深刻的是，79%的受访者宣称他们对在各自国家经营的公司的企业社会责任行为感兴趣。[22]

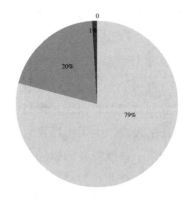

图4.2 企业如何影响我们的社会

来源：欧盟委员会，企业如何影响我们的社会（2013）

美国的这一数字甚至更高：87%的美国人表示，他们对在美国运营的企业的企业社会责任行为感兴趣。欧盟委员会也调查了一些大型的"新兴市场"，发现印度（77%）和巴西（73%）对企业社会责任的兴趣同样很高，但土耳其（31%）的兴趣较低。为了使大家感兴趣，图

---

[21] See G. Aras and D. Crowther, *supra* n. 1.

[22] 'How Companies Influence Our Society：Citizen's View Report', TNS Political & Social at the request of the European Commission, April 2013, p. 13.

4.3 转载了有关 34 个国家的调查情况。[23]

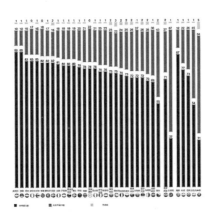

图4.3　公司对企业社会责任的兴趣

具有讽刺意味的是，企业，尤其是著名品牌企业根本不能忽视消费者对其行为的兴趣。举一个当代的例子，当正在写这一章的时候，脸谱网（Facebook）和它的许多广告客户遭受了女权主义活动家的批评，因为脸谱网页面包含了对女性的仇恨言论。有些网页上有"暴力强奸你的朋友只是为了好玩"之类的语言，还有一些网页上有妇女被虐待的图片。

这些活动人士向脸谱网的广告商发送了 5000 多封电子邮件，敦促他们从该网站上撤回广告。在宣传活动开始的几天内，日产汽车宣布将撤销其在脸谱网的广告业务，直到能够确保其广告不会出现在带有攻击性内容的页面上。就脸谱网而言，它公开表示"其识别和消除仇恨言论的系统未能像他们所希望的那样有效，尤其是在基于性别的仇恨问题上"。[24]

---

〔23〕 'How Companies Influence Our Society: Citizen's View Report', TNS Political & Social at the request of the European Commission, April 2013, p. 14.

〔24〕 "Hate speech drives some advertise off Facebook", *International Herald Tribune*, 30 May 2013, p. 15. See also "The lessons from making Facebook take control of its adverts", *Financial Times*, 31 May 2013, p. 7.

因此，近年来，各种利益相关者群体的相对权力发生了根本性的变化。特别是个人——无论是用户还是消费者——拥有了更大的权力，也更愿意使用其权力。这主要是源于信息技术和与世界各地不同地理位置的其他人轻松团结起来的能力。企业花了很长时间才认识到这个问题并做出相应的反应。

个人对向他们提供商品和服务的企业的反应不一定是被动的。他们的行为也不一定是出于自私的动机，因为有充分的证据表明他们是利他主义者，关心他人和环境。因此，这是理解企业社会责任行为复杂性的一部分。企业本身理解这一点并会相应地采取行动，企业行为中有关公共关系方面的一部分会关涉对个人行为的理解和反应。[25]

2.3 员工招聘、留用和生产力

一些机构投资者和活动家认为好的企业社会责任实践会有助于员工招聘、留用和生产力。除此之外，世界上许多行业都存在着严重的技能短缺，例如会计、IT、采掘业和工程。因此，企业社会责任表现不佳会对就业产生连锁反应。

一个恰当的例子是壳牌公司在 20 世纪 90 年代中期在两个截然不同的问题上遇到的困难：一个是决定将一个废弃的石油储存设施注入北大西洋；另一个是在尼日利亚三角洲审判并随后处决 9 名奥格尼兰激进分子。1995 年春天，壳牌公司决定将一个废弃的石油储存设施注入北大西洋。非政府组织绿色和平组织（greenpeace）以环境为由提出反对，随后发起了一场媒体运动，这成为壳牌公司的一大难题。该媒体运动在许多欧洲国家引起了相当大的负面宣传作用。例如，在德国，壳牌公司的汽油销量下降了 30%。壳牌公司最终明白，它所遭遇的声誉损害太严重了，该公司最终改变决定，不把布伦特原油倒入大海。壳牌公司将石油储存设施运往挪威，并在挪威进行拆卸。1995 年秋，壳牌公司遇到了第二次困难，这给他们带来了很大的负面影响。尼日利亚军政府已经

〔25〕 See G. Aras, "The Future Perspectives: What We Need for Market and Business Sustainability", in G. Aras, *Sustainable Markets for Sustainable Business: A Global Perspective for Business and Financial Market*, Aldershot: Gower, 2015; G. Aras and D. Crowther, *supra* n. 1.

审判了9名奥格尼兰激进分子，他们一直在抗议壳牌公司在尼日利亚三角洲的行为。这些激进分子被控谋杀，最终被判处死刑。但大赦国际和其他一些人权组织认为这一审判不公平。人权组织敦促壳牌公司与尼日利亚政府交涉，以免这些人在被视为不公平的审判之后被处死。但是这些人随后仍被绞死。人权组织认为，壳牌公司没有采取足够的行动干预军政府。随后，壳牌公司再次发现自己卷入了媒体的抗议风暴。[26]

一年后，壳牌公司总裁说，两次负面媒体宣传最具破坏性的后果是，由于壳牌公司的企业社会责任形象不佳，该企业在招聘最好的理工科毕业生方面遇到了新的困难。

此外，人们相信，良好的企业社会责任表现有助于员工招聘、留用和生产力的提高。优质工作环境（Great place to work）咨询企业专门就积极的工作态度提供咨询，它是这么说的：

信任管理层的忠诚和敬业员工的绩效提高了20%，离开企业的可能性就会降低87%，从而使员工和管理层更容易获得反馈，降低了培训成本，并在留用期内创造了不可估量的价值。此外，分析师指出，在我们的100家最佳上市企业名单中，上市企业的财务表现始终比主要股票指数表现高出300%，而且其自愿离职率只有竞争对手的一半。[27]

2.4 法律风险最小化

有一件事对所有企业都特别重要，而且变得越来越重要，那就是法律风险和风险管理问题。利益相关者的决策和管理方法可能会发现更多风险，并更好地管理这些风险。而这种风险也与可持续性密切相关，我

---

〔26〕　See R. Boele, H. Fabig and D. Wheeler, "Shell, Nigeria and the Ogoni. A Study in Unsustainable Development: The story of Shell, Nigeria and the Ogoni People-Environment, Economy, Relationship, Conflict and Prospects for Resolution", (2001) 9 *Sustainable Development*, pp. 74~86; "The Flames of Shell: Oil Nigeria and the Ogoni", *Berkeley Citizen*, available at: www. berkeleycitizen. org/boycott/boycott2. htm; "Shell's Environmental Devastation on Nigeria", *The Case Against Shell*, available at: http://wiwavshell. org/shell%E2%80%99s-environmental-devastation-in-nigeria; "Shell pays out $15.5m over Saro-Wiwa killing", *The Guardian*, 9 June 2009, available at: www. theguardian. com/world/2009/jun/08/nigeria-usa.

〔27〕　"Identifying Best Place to Work U.S. and Globally", *Great Place to Work*, available at: www. greatplacework. com/best-companies.

们将展示，缺乏对可持续性，特别是可持续发展的充分理解，就意味着这个问题在企业规划和报告中会被混淆了。[28] 因此，风险识别和风险管理是当前管理者面临的一个重要课题，风险管理计划的制定是一个长期而艰巨的任务。然而，需要注意的一点是，企业治理与企业所面临的风险水平之间的关系。好的管理和社会责任承担会减少企业风险，包括法律风险。而且也会保护企业不承担过度的风险。

企业社会责任原则以及倡议以由包括政府、行业和监管机构在内的各种各样的机构来提供和引导。它们还可用于增强更广泛的企业治理概念。企业社会责任涉及政府和行业，鼓励和奖励朝着统一标准和建立风险管理文化的方向发展。通过激励，它可以鼓励企业在商业事务中适当地防范风险。[29]

在劳工问题、人权问题、环境问题、企业治理和道德商业实践（如避免误导性广告和避免商业贿赂）等一系列问题上，良好的企业社会责任表现降低了面临成本高昂的诉讼、罚款和其他处罚的可能性。前文已经提及英国石油公司漏油事件。再举一个最近的例子，制药企业葛兰素史克在 2012 年 7 月被罚款 30 亿美元，这是当时美国制药史上最严重的罚款，是针对其三种药品的误导性宣传和广告的。[30] 最后一个例子，雪佛龙企业在厄瓜多尔被成功起诉，并被要求赔偿 180 亿美元，原因是自 20 世纪 70 年代初以来，该企业的石油生产活动对环境造成了损害。[31]

---

[28] See G. Aras and D. Crowther, *supra* n. 7, and G. Aras and B. Yobas, "Governance in Capital Market Institutions", in D. Crowther and G. Aras (eds), *The Governance of Risk: Developments in Corporate Governance and Responsibility Volume* 5, Emerald Group Publishing Limited, 2013, pp. 111~142.

[29] R. Sarre, M. Doig and B. Fiedler, "Reducing the Risk of Corporate Irresponsibility: The Trend to Corporate Social Responsibility", (2012) 25 (3) *Accounting Forum*, pp. 300~317.

[30] "Glaxo Smith Kline to pay $ 3 billion after pleading guilty to healthcare fraud-the biggest in U. S. history", Mail Online, 3 July 2012, available at: www. dailymail. co. uk/news/article-2167742/GlaxoSmithKlin-pay-3b-fine-pleading-guilty-healthcare-fraud. html. 日本制药企业武田（Takeda）最近在美国被罚款 60 亿美元，原因是该企业蓄意隐瞒其轰动一时的药物 Actos 具有的癌症风险。

[31] See Chevron Ecuador Lawsuit, October 2014, available at: www. chevron. com/ecuador/.

2.5 经营许可

"经营许可"指的是一家企业在没有特殊障碍，特别是没有来自政府或其公司业务相邻社区的阻碍的情况下，开展业务的能力。企业社会责任声誉差的企业，其经营计划往往会受到阻碍。美国零售业巨头沃尔玛就是一个很好的例子。包括波士顿、芝加哥和纽约在内的 100 多个社区认为沃尔玛的企业社会责任表现不佳，因此阻碍了沃尔玛在美国的扩张计划。简而言之，这一指控涉及低工资、恶劣的工作条件、反工会行为，以及沃尔玛的存在最终对当地企业造成的破坏性影响。[32]

企业广泛的利益相关者群体可能会阻碍企业的计划，因为这些计划，利益相关者会正确或错误地认为企业做出了不符合企业社会责任的行为，这样的情况越来越多。例如，从秘鲁到南非，许多国家的地方社区，通过声称存在环境污染和虐待劳工等问题，使一些世界上最大的矿业企业数十亿美元的经营活动陷入困境。[33] 举一个最近的例子，智利政府禁止了巴里克黄金企业对价值 85 亿美元的帕斯卡拉马金矿的采矿活动，因为当地社区声称采矿活动正在损害水资源供应。[34]

3. 结论

缺乏商业驱动的人权规范不太可能被企业重视。因此，无论是从近 10 万家跨国企业的观点来看，还是从发展中国家的供应链合作伙伴的观点来看，在商业运作中，找出合理的商业理由来说服企业接受人权规范是很有意义的。从企业本身及其所有利益相关者（投资者、雇员、商业伙伴、供应商、政府、非政府组织、当地社区和公民社会的其他因

〔32〕 2005 年一部关于沃尔玛的纪录片戏剧性地描述了沃尔玛遭遇的经营许可事件。"Walmart: The High Cost of Low Prices", See also http://makingchangeatwalmart.org/.

〔33〕 例如秘鲁采矿作业。由于抗议，秘鲁采矿决定在 2013 年削减 33% 的投资，米纳斯矿业企业的项目投资从 60 亿美元减少到 40 亿美元。由于抗议，该企业被迫推迟了 50 亿美元的米纳斯康加铜金矿项目。抗议活动和许可证延期迫使石油和天然气企业宣布在 23 个地区实施武力制裁，而在秘鲁的抗议活动使得 2013 年矿山投资削减 33%，彭博社 2012 年 9 月 6 日报道，参见：www. bloomberg. com/news/2012-09-05/peru-protests-to-cut-2013-mine-invest-ment-by-33-group-says-1. html。

〔34〕 "Chile Bans Operations at Barrick Gold's ＄8.5 Billion Gold Project", Energy Business Review, 27 May 2013, available at: www. bloomberg. com/2013-09-05/peru-.

素）的角度来研究商业原因。良好的企业社会责任表现所带来的商业利益是多种多样的，现在出现越来越多的研究证据，逐渐证明其带来的商业利益是真实的。企业行为对于企业的成功是极其重要的，不论是在经济上的还是在企业及其商业利益（利益相关者）的关系上。当谈及行为方面的时候，我们不能在没有道德和企业社会责任基础的情况下定义企业行为。企业行为包括法律规则，道德行为准则和社会责任原则。换而言之，企业行为不仅包括上述所有因素，还涉及法律、道德和企业社会责任。同样重要的是要认识到这种行为必须是合乎道德的，但也必须被看作是合乎道德的，这种观念是非常重要的。合乎道德的决策程序可确保对经济资源更有效的生产利用。因此，企业行为不仅对利益相关者和股东有影响，而且对整个经济也有影响。

企业社会责任以及合乎伦理的行为对一个企业及其延续都是至关重要的。我们也必须认识到商业不端行为要比良好的商业行为付出更高的代价。[35]

〔35〕 See G. Aras, "The Future Perspectives: What We Need for Market and Business Sustainability", in G. Aras, *Sustainable Markets for Sustainable Business: A Global Perspective for Business and Financial Market*, Aldershot: Gower, 2015; G. Aras and D. Crowther, *supra* n. 9.

第五章　人权领域的企业责任：
软法标准与域外措施的运用

亨伯特·坎图·里维拉*

1. 引言

关于人权领域的企业责任问题已经有很多讨论和辩论，特别是在一些国内法院最近审理了引起社会轰动的案件，以及《联合国工商业与人权指导原则》在世界范围内被采用和进一步发展的时候。[1] 这让我们不禁开始质疑某些具备司法和政治性质的进步能否确立起适用于公司的规则，以至少确保公司尊重人权，并在某些情况下确保受害者在人权受到侵犯时得到赔偿。

---

* 本章的前一稿是在 2014 年出版的《墨西哥国际报》上发表的。

〔1〕 本章中，我们讨论的术语"问责"指的是企业在人权领域所承担的法律责任。对这个词的理解，优先考虑到用工商业与人权方面的"责任"一词解释，至少根据《联合国工商业与人权指导原则》所使用的定义来理解这一词，而且在约翰·鲁格的整个任期内，它是一种当公司行为直接影响或其合作对人权造成负面影响时，公司没有直接的法律后果或影响（例如尊重人权的责任）的道德责任。摩格拉（Morgera）认为企业责任的概念是指企业在国家法律规定之外的贡献，但是企业问责是指基于公众期望的程序标准（透明度、报告和信息披露），允许对某一特定实体的业绩进行审查，从而对其提出质疑。在这个意义上，她认为问责是"一种公共和私营部门对他们的决策和运作负责，并在利益相关者的要求下做出解释的方式"。See E. Morgera, *Corporate Accountability in International Environmental Law*, New York: Oxford University Press, 2009, pp. 19, 22~23 (emphasis added). 伯纳兹（Bernaz）对企业问责的定义有类似的观点，她认为"这是一种强调责任人应对自己的行为后果负责，同时涉及非法律风险和公司责任的概念"。Cf. N. Bernaz, "Enhancing Corporate Accountability for Human Rights Violations: Is Extraterritoriality the Magic Potion?", (2013) 117 (3) Journal of Business Ethics, pp. 494. 因此，这是一个更广义的概念，包括通过法律和非法律手段对公司行为的监管。但是，我们将把重点放在对作为和不作为作出反应的义务上（作为问责的定义）。

需要有新的观点以确保法律能够有效地规范国际现状对人权造成的影响，因为作为国际法基础的传统方法在今天似乎不足以解决这些问题。从这个角度而言，主要难以解决的是下列两个问题：域外效力和软法地位。[2] 各国对这两个问题，不论是从条文还是司法层面都进行了深入研究，因为它们能够产生深远的国际影响。

域外效力问题是至关重要的，因为它会威胁到主权，而主权是威斯特法利亚时代的国际法基础。各国已尽其所能捍卫自己不受司法或其他形式干涉国内事务的权利。美国最高法院所审理的柯欧贝案件，特别强调了各国在裁定不涉及其利益或管辖权的主张时，必须格外谨慎。然而，有的国家法院认为只要满足特定的要求，例如当事方拥有该国国籍，或者在最初发生地法院不能获得可靠的司法诉讼资源，因此可能出现执法不公的情况，那么这些国家法院就能够获得和其有很少或没有联系的案件的管辖权。

此外，传统国际法下的软法地位问题也受到越来越多的关注。即使有些国家认为软法标准只不过是指南，完全没有法律拘束力。但是传统国际法渊源的某些要素能够促使对这一概念进行重新解释。其中面临的问题是最近的一些发展是否足以引发对国际法适用限制的修改，或者它们只是个别国家的尝试，不会全面地促进和保护人权，特别是在极其复杂的工商业和人权领域。

基于上述状况，本章将主要集中讨论国际法这两个不同的主题——域外管辖和软法——在涉及公司的案件中，特别是在涉及其负面人权影响的案件中，是否可能趋向于朝着同一方向发展，并促进人权事业的进步。鉴于它们属于国际法的两个不同领域，本章必须用一种综合方法来解读，主要是从整体角度来论述这两个领域的发展会有助于保护人权，而不是讨论使用域外效力措施和软法的强化之类的观点。从这个意义上说，本章将讨论如何使这两个主题进行"合作"，以制定更强有力的措

---

〔2〕"我们看到，人权领域的软法律和自愿实践正在逐步不断强化，有些则走向治外法权。"See M. Harding, "Banking on Human Rights", （2013）1 *The Business and Human Rights Review*, p. 4.

施，从而加强人权领域的企业问责制。在对影响人权的公司行为进行域外裁决和管制方面，制定和澄清相关国际人权法规则，特别是通过适用软性法律文书，例如权威性解释人员制定的《联合国工商业与人权指导原则》的一般性意见或宣言，可以缩小不同国家在处理这一问题的差距。此外，不断地使用和提及这些软性法律文书可以"强化"其地位，进而成为国际法的一般原则或习惯法，也为受害者寻求正义和免受企业活动负面影响提供一个有效工具。

2. 跳出界限的思考：域外效力

目前的讨论大多集中于域外效力不仅仅体现在法律事务中，还包括在政治和国际关系中产生的影响。在讨论中，有人指出域外效力处在国际公法和国际私法的交叉点上，既能够证明打击有罪不罚现象的措施是正当的，又可以从另一方面来防止出现被视为干涉内政的行为。

在深入探讨本章内容之前，我们必须了解域外效力的定义是什么。域外效力问题至少有两方面内容，包括温和的措施（如监管）和对争议事项的裁判。[3] 从这个意义上来说，域外效力一般会出现在有关的国家规定适用于不在其国界内发生的行为的时候。国家可以制定具有域外效力的法律，例如要求进行报告，这不会侵犯第三国的主权，但要求某些主体即使在国外活动，也必须遵守国内规定。[4] 或者在某些特殊情况下，国家可能对以司法方式查明不在其境内发生的案件行使司法管辖权（即域外管辖），但这可能侵犯第三国的主权并造成外交或法律紧张局面。[5]

下文将主要分析来自美国和荷兰司法机关的一些最新案件，这些例

---

〔3〕 在全球范围内，迪瓦对这一问题的定义如下："域外规制是指在其领土范围之外通过利益相关者制定的法律规制或采取其他监管措施。"因此，它与一个宽泛的域外规制概念相关，该概念又可以细分为两个不同的部分，如上文所述。See S. Deva, "Corporate Human Rights Violations: A Case for Extraterritorial Regulation", in C. Luetge (ed.), *Handbook of the Philosophical Foundation of Business Ethnics*, New York: Springer, 2013, p. 1078.

〔4〕 "东道国法律的治外法权意味着国家将其法律适用于在其境内注册的母公司的海外子公司。"*Ibid.*

〔5〕 "对特定国家的母公司的海外子公司行使域外管辖权，这可能会引发其他国家对这些子公司行使管辖权的多重担忧。"*Ibid.*, p. 1086.

子证明了域外管辖在理论和实践方面都有一些发展，并且在不同程度上回答了域外管辖问题。在柯欧贝案件分析中，会依据国际法实践对美国最高法院的判决进行简要分析。另一方面，来自海牙地区法院的弗莱德·阿克潘案件（Friday Akpan）和埃尔-哈茹（El-Hajouj）案件反对柯欧贝案件的判决结果，从而阐述上述两个发达而独立的司法体系在国际法解释上的差异。

2.1 对美国最高法院柯欧贝案件判决的分析

有关域外管辖权的最新案件表明了这个问题在国际法上存在诸多争议，不仅仅是因为所谓的"侵犯主权"和"法律帝国主义"，也是由于这一领域的国际准则缺乏清晰度和确定性。事实上，因为不存在关于域外裁决的国际法律框架，甚至没有具体的指导，这使得人们质疑什么是国际法所允许的，以及依据国际规范，在国内法中沉默对法律标准的发展可能产生什么影响。

这一问题在美国最高法院审理的著名的柯欧贝诉荷兰皇家石油公司[6]案中得到回答，美国最高法院发现高等法院在处理因公司卷入或参与严重侵犯人权行为而导致的治外法权和国际法适用（特别是人权法和国际习惯法）方面，存在严重分歧且犹豫不决。[7]

这个案件是根据《外国人侵权索赔法》提起诉讼的，这是一项1789年制定的模棱两可的古老法案，它规定"地方法院对外国人违反国内法或美国签署的条约的侵权行为提起的任何民事诉讼都拥有初审管辖权"。[8] 自20世纪80年代以来，这一法规一直被当作一种司法手段，全世界侵犯人权行为的受害者都试图通过它，来针对在国外遭受的损害获得赔偿，不论索赔的事实与有管辖权的美国联邦法院之间是否存

---

〔6〕 Esther Kiobel et al. v. Royal Dutch Petroleum et al. , No. 10-1491, Opinion, US Supreme Court, 17 April 2013.

〔7〕 虽然根据《外国人侵权索赔法》的美国判例法有很多，但我们只会详细提及最高法院分析过的两个案件，即索萨案件和柯欧贝案件，因为它们确立了《外国人侵权索赔法》的解释标准。

〔8〕 28 U. S. C. §. 1350. 最初，它承认针对大使的犯罪行为、威胁安全行为和海盗行为能够作为诉讼理由。

在直接联系。[9] 到目前为止，尽管已处理了几起受害者和被告公司的案件，但是根据这项法案审理的案件还没有作出有利受害者的判决。

该案件具体涉及 3 家不同国籍的公司涉嫌协助和教唆尼日利亚政府，分别是荷兰皇家石油公司，它是一家荷兰公司；英国壳牌运输贸易公司，这是一家英国公司；尼日利亚壳牌石油开发公司，是一家在尼日利亚开设的子公司。因为一些环保活动家指责上述公司在尼日利亚三角洲的石油污染造成了环境损害，这些公司帮助政府对环保活动家实施了不同的国际法上的犯罪行为，其中包括法外处决，危害人类罪，酷刑和残忍待遇，任意逮捕和拘留，侵犯生命、自由、安全和结社权，强迫流亡和损坏财产。原告在案情摘要中陈述了所有这些侵犯人权的行为。

对于原告的诉讼指控，地区法院在审理该案时，裁决只有原告关于危害人类罪、酷刑和残忍待遇、任意逮捕和拘留的指控，符合美国最高法院在索萨诉阿尔瓦雷斯·马其安（Sosa v. Alvarez Machain）案中关于文明国家之间的明确性和接受性的意见中规定的标准，才会在中期上诉时得到审理。

然而，收到上诉申请的第二巡回法院的上诉法庭，在 2010 年驳回了上诉，因为国际习惯法不承认公司责任，理由有三：责任的范围是由国际习惯法确定；《外国人侵权索赔法》要求法院在索萨案中认定被告的责任范围上适用国际法的"具体、普遍、强制性"规范；[10] 公司责任不是在国际习惯法中得到普遍认可的规则。但是，美国最高法院于2011 年批准了复审令，以考虑公司是否可以根据《外国人侵权索赔法》承担责任，因为一些巡回法庭对此的解释存在分歧，第二巡回法庭否认

---

〔9〕　从这个意义而言，根据《外国人侵权索赔法》提起的诉讼一般包括外国原告向外国公司的起诉，针对的是在美国领土管辖权范围外发生的行为。

〔10〕　Jose Francisco Sosa v. Humberto Alvarez Machain et al. , No. 03 - 339, Opinion, US Supreme Court, 29 June 2004. 在本案中，最高法院认定，《外国人侵权索赔法》只对违反文明国家明确接受的（具体的、普遍的、强制性的）国际法规范的侵权行为提供诉讼理由。

公司责任的存在,[11] 而第七巡回法庭、[12] 第九巡回法庭[13]和哥伦比亚特区巡回法庭[14]却承认其地位。

在第一轮口头辩论中,讨论从最初的习惯国际法是否承认公司责任的问题转移到《外国人侵权索赔法》是否适用于域外的问题,最高法院命令双方提供补充简报,说明《外国人侵权索赔法》是否允许,以及在何种情况下允许法院审理在美国以外的主权国家领土内发生的违反国际法的行为。这个问题在随后 2012 年 10 月的第二次听证会上得到了解决。[15] 2013 年 4 月 17 日,美国最高法院对柯欧贝案件进行裁决,支持了第二巡回上诉法院的裁决,并驳回了这项索赔,理由是习惯国际法不承认违反国际法的公司责任,同时含糊地回答了关于什么情况下允许《外国人侵权索赔法》为在美国本土以外发生的违反国际法的行为提供诉讼理由。

美国最高法院在柯欧贝案占多数的法律意见是针对域外管辖和国会在 1789 年第一部司法法案中颁布《外国人侵权索赔法》的最初意图。从这个意义来说,首席法官罗伯特写道,对域外效力的推定适用于根据《外国人侵权索赔法》提出的索赔,而该法律中没有规定能够推翻这一推定。在讨论这两个问题时,尽管他所依据的是对该文本的语法解释,

---

〔11〕 Esther Kiobel et al. v. Royal Dutch Petroleum et al., No. 10-1491, Opinion, US Supreme Court, 17 April 2013.

〔12〕 Boimah Flomo et al. v. Firestone Natural Rubber Co., LLC, No, 10-3674, Judgment, US Court of Appeals for the Seventh Circuit, 11 July 2011.

〔13〕 Sarei et al. v. Rio Tinto plc et al., No. 02-56256, Judgment, US Court of Appeals for the Ninth Circuit, 25 October 2011.

〔14〕 John Doe VIII et al. v. Exxton Mobil Corporation et al., No. 09-7125, Judgment, US Court of Appeals for the DC Circuit, 8 July 2011.

〔15〕 对柯欧贝案件在第二次审理中所辩论的指控的详细内容见: H. F. Cantu Rivera, "Recent Development in Kiobel v. Royal Dutch Petroleum: An Important Human Rights Forum in Peril?", (2013) 28 *Cuestiones Constitucionales*, *Revista Mexicana de Derecho Constitucional*, pp. 245~250。

显然没有提到法律的治外法权，[16] 尽管它确实清楚地表明，该法律是为处理当时涉及国际法的情况而制定的。[17]

然而，正是对黑石案件在18世纪晚期承认什么构成了违反国家法律的解释，才允许对这一问题进行讨论。无论在何处发现海盗，海盗行为都被认为是违反国际法的行为，因为海盗是全人类的共同敌人。海盗在公海航行时，在船上采取的行动，都被认为是普遍打击对象（即被起诉）。从这个意义上来说，一艘船在航行时悬挂哪国的国旗就拥有哪国的国籍，因此这导致其他主权国家域外管辖权的扩张。因此，关于海盗行为的管辖权问题不可避免地涉及侵犯外国主权管辖权的行为，除非是针对具有该国国籍的航行船只提起的诉讼。然而，这一观点似乎很不合理，这使我们需要简要地分析美国最高法院在柯欧贝案件中的观点。

即使多数意见是正确的，警告要谨慎使用美国法律来解决全球其他地方出现的争议。但是，它也成为一个严重的障碍，甚至打消了公司侵犯人权受害者的最后希望。[18] 美国最高法院认定美国法律只是适用和

---

〔16〕　在这方面，最高法院在莫里森诉澳大利亚国家银行有限公司案中裁定，如果一部法规没有明确表明其拥有治外法权效力，就不能推定它拥有。同样的观点在柯欧贝案件中被重述。一些作者，如科兰杰洛（Colangelo）对最高法院在柯欧贝案件的裁决存在质疑，认为它不仅和国际法以及美国法律相抵触，而且创造了自己独有的先例："莫里森案件解释了对域外管辖的推定并不适用于该管辖权法规，正如法院在柯欧贝案件中公开承认的那样，《外国人侵权索赔法》也是一个适用'严格管辖'的法规。" Cf. A. J. Colangelo, "Kiobel: Mudding the Distinction Between Prescriptive and Adjudicative Jurisdiction", (2013) 28 *Maryland Journal of International Law*, p. 2.

〔17〕　最高法院在索萨案件中已经明确了这一点，并且声明与当时的国际法进行类比，同样可以根据《外国人侵权索赔法》向司法机关起诉："在索萨诉阿尔瓦雷斯·马其安案中，最高法院认定《外国人侵权索赔法》允许美国法院承认联邦普通法的诉讼事由，"基于当今的国家法，它建立在文明世界所接受的国际性规范上，并以与我们所承认的18世纪范式特征相当的特殊性来定义"。See W. S. Dodge, "Corporate Liability Under Customary International Law", (2012) 43 *Georgetown Journal of International Law*, p. 1045.

〔18〕　正如荷兰和英国在柯欧贝案件的"法庭之友"简报中所指出的那样，美国民事诉讼制度与其他国家的民事诉讼制度在程序上存在重大差异，这一点就更加重要了。更多细节见 Esther Kiobel et al. v. Royal Dutch Petroleum et al., No. 10-1491, Brief of the Governments of the Kingdom of the Netherlands and the United Kingdom of Great Britain and Northern Ireland as Amici Curiae in support of Neither Party (US Supreme Court, 13 June 2012), pp. 27 ~ 28. See also J. A. Cabranes, "Witholding Judgement: Why U. S. Courts Shouldn't Make Foreign Policy", (2015) 94 (5) *Foreign Affair*, pp. 125~133.

管理美国国内事务，而不是全球事务。在适用《外国人侵权索赔法》时，美国不会运用其法律去监管在外国主权的领土内发生的行为。[19] 美国最高法院自己也承认，《外国人侵权索赔法》是有关管辖权的法规，因此它只对违反符合索萨案件要求的国内法的行为规定了管辖权和裁决法庭，而不将本国法律适用到外国领土。该管辖权将明确一个法院，以确定诉讼双方的权利和义务，这些权利义务来自国际法，而非美国国内法。[20] 美国例外主义的概念在美国法院对国际法的解释中是显而易见的，至少在两次案件审理期间以及柯欧贝案件的判决中，都似乎与国际法（特别是国际人权法）的观点以及目前的实践相去甚远。

治外法权的问题由来已久。例如，常设国际法院在其对 S.S. 荷花号案的著名判决中指出，除非国际法明确禁止国内法的域外适用，否则各国可以确立域外适用法，并在境外适用其法律。[21] 当时国际法庭的许可仍然是国际法的支柱之一，它没有受到其他判决的挑战。[22] 因此，它本应是柯欧贝案件原告留下的一项重要遗产，将确定一项法律的域外适用问题交给了国内法律及相关立法机构，并没有提及国际法对国内法

---

〔19〕 "当我们谈到治外法权时，我们主要考虑的是对作为或不作为的授权，这是实体法的一部分。有人试图将这些授权置于与国家主权有关的实体权力框架之外，而不是置于法院行使管辖权的范围之内。" F. J. Zamora Cabot, "Kiobel and the Question of Extraterritoriality", (2013) 2 *The Age of Rights*, p. 9.

〔20〕 "国际私法最基础的历史成果是国际司法管辖权体系的多元化。因此，美国的司法管辖权（由法院行使）不必与其他国家的标准相一致，也不必把管辖权让给那些在这件事或其他事情上被认为关系更密切的法院。唯一需要做到的是当与主张管辖权的国家有充分联系时，应以合理的方式行使管辖权。" *Ibid.*

〔21〕 *The case of the S.S. "Lotus"* (*France v. Turkey*), Judgment, Permanent Court of International Justice, 7 September 1927. See in the same sense n. Bernaz, *supra* n. 1, p. 18, 作者认为普遍的民事管辖权是合法的，因为它没有被国际法禁止；and D. Sloss, "Kiobel and Extraterritoriality: A Rule Without A Rationale", (2013) 28 *Maryland Journal of International Law*, p. 2, 在此，作者介绍了国际法下可受理性的推定。

〔22〕 虽然这超过了本章讨论的范围，但必须注意到国际法院对管辖豁免案件的判决，这是在 2012 年初通过的，其中国际法院判决豁免适用于意大利公民在意大利对德国提起的民事诉讼，因为后者根据国际习惯法享有程序豁免。See *Jurisdictional Immunities of the State* (*Germany v. Italy*), Judgment, International Court of Justice, 3 February 2012.

域外适用的立场问题。[23]

然而，由于《外国人侵权索赔法》具有公认的裁决性质，这一论点与本案无关。另一方面，洛斯特案件中的法官意见只有在涉及实体法问题时才适用，所以这是一种立法管辖（prescriptive jurisdiction），而不是一种程序性行为。在最高法院支持的反对治外法权推定情况下，可予受理推定（the presumption of permissibility）[24] 是一个国际法中值得探讨的问题。

即使国际法认可具有域外效力的实体法律，而这也是国际法院在过去几十年来所支持的，那么根据国际法，美国最高法院选择不允许一项有关司法管辖权的法规的域外适用也是合法的，因为可予受理推定具有自愿性和非强制性。然而，这样会损害人权的普遍性，不利于人权保护，这也使得柯欧贝案中受害者在其居住地法院没有寻求救济的可能。因此，问题还是在于如果最高法院根据当前全球对国际法的理解，从更加中立的角度解释当前问题时，它本可以做些什么。

遵照当前国际法对《外国人侵权法》的解释，我们可以发现核心人权公约、国际习惯法、强制法规范和国际法的一般原则至少构成了国际社会普遍遵循的规范。[25] 这符合 18 世纪公认的国际法惯例的一般标准。就目前的情况而言，167 个国家批准《公民权利和政治权利国际公

---

〔23〕 "国际法本身并不关注它是如何在任何被选定的国内法律制度中被诠释和执行的……这是国家国内法解决的问题，而不是国际法解决的问题"。See A. Colangelo, *supra* n.16, p.5.

〔24〕 "进行任何管辖权分析时最开始考虑的是可予受理的推定问题，一个只有证明该行为在其他方面受到条约或习惯国际法的禁止才能推翻的推定"。See D. Stigall, "International Law and Limitations on the Exercise of Extraterritorial Jurisdiction in U. S. Domestic Law", (2012) 35 (2) *Hastings International & Comparative Law Review*, p.331. 这也是科索沃政府在科索沃单方面宣布独立的咨询程序中向国际法院提交的书面意见书中所解释的立场。See Written Contribution of the Republic of Kosovo, *Accordance with International Law of the Unilateral Declaration of Independence by the Privisonal Institutions of Self-Government of Kosovo*, Advisory Opinion, International Court of Justice, 17 April 2009, p.138.

〔25〕 类似的批判可以参见《联合国工商业与人权指导原则》，正是因为它们的作者约翰·鲁格认为这是对国际法的一种"狭隘看法"。See E. Decaux, "Le Projet de l'ONU sur la responsabilite des entreprises transnationales", in I. Daugareilh (ed.), *Responsabilite sociale de l'entreprise transnationale et globalisation de l'economie*, Brussels: Bruylant, 2010, pp.459~474.

约》。这清楚地表明，它几乎得到了文明国家的普遍承认，其中所载的准则应被视为普世价值。

甚至在该案件中涉及的四个国家都承认这些价值，包括：美国作为原告居住地法院所在国；荷兰和英国作为主要被告注册地所在国；以及尼日利亚作为欧洲公司合资企业所在国和原告国籍国。这个事实提供了更加强有力的理由，即为什么原告在其诉讼中提到的某些侵权行为必须是具体的、普遍的和有义务的。《公民权利和政治权利国际公约》被上述四个国家批准的事实是他们的共同之处，这甚至意味着"当事人之间"（inter partes）原则会适用于上述所有国家。因为，被请求的所有权利都规定在该公约中，而缔约国负有在其领土内确保这些权利符合《公民权利和政治权利国际公约》第2条第1款规定的国际义务，所以上述任一国家的法院对这些权利的司法保护，会是不可缺少的条件（conditio sine qua non）。

即使美国最高法院在索萨案件中声明，由于其非自我执行的性质，《公民权利和政治权利国际公约》没有确立一项相关的和可适用的国际法规则。[26] 这一立场有两种含义。第一，它表明尽管国际社会已正式承诺尊重基本人权，但由于能够以国内因素和法律制度（特别是二元立场）为由不适用国际法，这使得国际社会可能不履行根据条约必须遵守（pacta sunt servanda）的义务。现行条约法中关于域外裁决的沉默，默许了使用管辖权来维护和保障侵犯人权行为的受害者的权利。美国国会对《公民权利和政治权利国际公约》的批准，确认其遵守和承诺尊重国际人权规则。并且该公约是国际法渊源之一，对美国和其他批准该公约的国家具有法律拘束力。

第二，另一方面来说，《外国人侵权法》的文义解释提供了如下假设，即使与布雷耶法官在其独立意见中围绕海盗行为的观点一致，仍然可以根据该法提起诉讼。而大多数的争议集中在"国际法"。然而，在

---

〔26〕 尽管该公约在国际法上对美国具有约束力，但美国批准该公约是由于它认为这个公约不是自动执行的，因此本身也没有规定联邦法院可执行的义务。José Franciso Sosa v. Humberto Alvarez-Machain et al. , no. 03-339, Opinion, US Supreme Court, 29 June 2004, p. 41.

柯欧贝案件的裁判意见中没有提及该法的最后一部分内容，这部分明确阐述了美国法院可以受理外国人因"违反美国条约规定"的侵权行为而提起的民事诉讼。

因为美国在 1992 年批准了《公民权利和政治权利国际公约》，而该公约中规定禁止酷刑和残忍待遇[27]以及任意逮捕和拘留，[28] 对这些条约权利的侵犯和"国际法"的明确概念，为美国最高法院允许进行民事诉讼的司法理念提供了另一个合理依据。虽然对于在其他主权国家领土内发生的事实问题仍然存在，但是至少现代国际法的构成问题可以被搁置起来，从侵犯国际人权文书规定的某项权利的角度来看，该文书对美国以及与此案有直接利害关系的其他国家都有约束力。

关于柯欧贝案件的决定，还有两个观点需要分享。第一个与习惯国际法有关，第二个与人权的普遍性有关。鉴于美国最高法院在柯欧贝案件的两个不同阶段都对国际法主题和治外法权问题进行了一些审议，这两个论点很重要。

正如道奇（Dodge）所说："在索萨案中适用于起诉的规范，是只关注行为，而不考虑犯罪者的身份（的规范）。"[29] 这一规范的特点不同于国际人权法的经典概念，根据这种规范，国家将明确地对在其管辖范围内发生的侵犯人权行为负唯一的主要责任。然而，必须指出的是，即使是该国被认定对未能防止和保护此类损害人类尊严的行为负有责任，但根据索萨案的标准和适用于在美国提起诉讼的此类行为的大多数国际准则，都没有确定谁有能力实施这种侵犯人权的行为。[30]

国际人权法，特别是相当于习惯法或强制法规范的，应对侵犯人权行为的公约或条约，也侧重于规范正在发生的行为，而没有解决犯下这

---

〔27〕 美国在其对《公民权利和政治权利国际公约》的保留中承认这一点，其中声明："③美国认为自己受到第 7 条的约束，即'残忍、不人道或有辱人格的待遇或处罚'是指美国宪法第五、第八和/或第十四修正案所禁止的残忍和不寻常的待遇或处罚。"

〔28〕 另一方面，反人类罪在其他国际文件中也有涉及，比如美国只签署但没有批准的《国际刑事法院罗马规约》。

〔29〕 W. S. Dodge, *supra* n. 17, p. 1047.

〔30〕 "习惯国际法下的公司责任问题并不取决于抽象地找到习惯国际法的规范，而是取决于该规范是否适用于公司。" *Ibid.*, p. 1050.

一行为的主体问题。鉴于已经明确国家是唯一有能力侵犯人权的主体，这种空白可以被解释为因为这是国际人权公约中明显不必要进行阐述的问题。或者具体来说，不明确定义国际法主体问题，是为了让国内和国际的司法部门能够在这方面制定相关法典（corpus juris）。

谁可以成为违反一项国际法律规范的主体问题没有得到解决，而这一问题对确定公司侵犯人权的责任是至关重要的。国际法并没有将可被认定为负有责任或不负有责任的行为者进行分类。它仅仅关注于确定一项行为的合法性或不合法性，而不管是谁犯下了该行为。[31] 因此，不存在规定公司享有豁免权的国际习惯规则，在很大程度上代表着事实上公司没有享有豁免权。[32]

国际法院对管辖豁免案的判决也重复了这一决定，认为各国享有的程序豁免不同于这项责任要求："免于起诉的国家也会违反国际法，尽管享有豁免，仍需要对此类违法行为负责。根据国际法，公司一般没有豁免权，更不用说从连国家都不享有的跨实体非责任规则中获益了。"[33] 因此，没有具体的国际法规范确立了非国家行为者赔偿责任，同时现行条约法标准也对这些问题保持沉默。但要证明这种赔偿责任的合法性，在很大程度上基于如下假设，即非国家行为者对违反国际法的行为负有责任的可予以受理。

在治外法权方面，针对国际法的特点，有观点认为它是作为一个包罗万象的、具有法律约束力的框架，在任何地方和任何时候都能够适用。[34] 即使这种观点捍卫了一个理想主义立场，但是在很大程度上忽略了一个国际政治问题，这使得人权的普遍性得到质疑，尤其是世界上大多数国家已经普遍认可和批准的不可克减的权利。

普遍权利不能得到强制实施这一事实是对国际人权法基础的直接攻击。因此，今后的决定不应仅仅着眼于国际关系的框架和范围以及礼让

---

〔31〕 W. S. Dodge, *supra* n. 17, p. 1046.

〔32〕 同时，也没有明确的指示规则可以认定它们有责任，因此构成了规范性的沉默。

〔33〕 W. S. Dodge, *supra* n. 17, p. 1047.

〔34〕 "国际法规定了全世界的行为规范规则，因此它的适用范围从来没有真正具有域外性，因为涉及全球，特别是在违反普遍管辖权情况下。"See A. Colangelo, *supra* n. 16, p. 1.

问题，还着眼于延续和加强普遍人权制度，以保证开展国际协调一致的举措，打击公司有罪不罚现象。[35]

在国际层面，特别是在人权领域，需要有关治外法权问题的更明确的指导和准则。缺乏这样的制度只会加剧国际法已有的分裂，使有罪不罚现象屡见不鲜，并让原本可以解决问题的国家举措难以见效，甚至有可能出现更大的分歧。

2.2 荷兰司法系统中的治外法权

来自荷兰司法系统的最近两个案件，都说明了治外法权问题的另一种处理方法，并显示了直接源自国际私法的关于治外法权的处理需要满足某些要求。

我们将要讨论的第一个案件是弗莱德·阿尔弗雷德·阿克潘等诉荷兰皇家壳牌公司等,[36] 这是在海牙地区法院提起的诉讼。我们对此案的事实进行总结，原告指控其遭受环境和人身伤害是源于 2006 年和 2007 年在尼日利亚的伊科特阿达屋多（Ikot Ada Udo）地区发生的两次漏油事件，而两次漏油事件是由于被告人没有对该地区的石油生产活动进行尽职调查所造成的，并且这导致原告丧失了谋生手段。

地区法院进行了有趣的分析，发现荷兰皇家壳牌公司集团尼日利亚子公司违反特定看护义务，与阿克潘遭受的损害之间存在因果关系。而在尼日利亚开设的子公司尼日利亚壳牌石油开发公司因没有对在漏油事件发生之前已经遭受破坏的油井提供充分安全保护，对原告构成了过失侵权。[37] 对此，荷兰地方法院下令，该尼日利亚被告为阿克潘遭受的损失支付赔偿。

必须指出，尽管海牙法院明确表示，此案不能因为被告人的消极行

---

〔35〕 以历史方法解决公司对侵犯人权行为的责任问题，特别是针对解决公司带来的人权负面影响的多元解决模式，see generally S. Deva, *Regulating Corporate human rights violations*: *Humanizing Business*, London: Routledge, 2012。

〔36〕 *Friday Alfred Akpan et al v. Royal Dutch Shell plc et al.*, Case C/09/337050/ HA ZA 09-1580, Judgment, The Hague District Court, 30 January 2013.

〔37〕 *Friday Alfred Akpan et al v. Royal Dutch Shell plc et al.*, Case C/09/337050/ HA ZA 09-1580, Judgment, The Hague District Court, 30 January 2013., para. 4. 45.

为（没有采取具体行动），而被视为是该子公司所实施的侵犯人权行为，[38] 因为牵涉到是否直接侵犯原告的基本权利，因此这显然属于人权领域的问题，特别是关于外国子公司的责任。这在美国的柯欧贝案件裁决之后变得尤为重要，因为《外国人侵权法》通常是针对（国内或外国）母公司及其外国子公司的。美国最高法院最近决定不进行域外管辖，除非确认案件所涉企业是美国的企业，或者审理的案件严重影响到美国利益。

在弗莱德·阿克潘案件裁决中，荷兰法院考虑了这一特殊情况。因为该案的被告是跨国公司，其总部设立在荷兰，因此地区法院决定与其他案件和国际趋势进行类比：

> 一段时间以来，……国际上有一种趋势，认为跨国公司的母公司在其本国应对其外国子公司的有害做法负责，其中涉及外国子公司的案例也多次要求其与母公司一起被传唤。[39]

虽然这一趋势可能是最近才出现的，但它支持了从柯欧贝案件判决中可以推断出的一种观点：如果有确凿的证据表明母公司与子公司之间存在密切的关系，并且导致索赔的行为是母公司命令采取的，或者如阿克潘案件判决所述，母公司应该已经知道导致索赔事实的相关内容，或者子公司执行的特定行为是非法的，两者都可被传唤到跨国公司所在国法院出庭受审。

但是荷兰法院发现，如果子公司和母公司之间联系不那么紧密（例如，它们都在同一个国家），那么要求母公司承担注意义务并不合理。根据英国司法系统对钱德勒诉凯普公司（Chandler v. Cape plc）案的判决，法院裁定，根据案件的具体情况，不能认为母公司比子公司更了解国外的当地情况，从而导致对母公司的索赔被驳回。

尽管案件被驳回，但是地区法院认为：

---

〔38〕 *Friday Alfred Akpan et al v. Royal Dutch Shell plc et al.*, Case C/09/337050/ HA ZA 09-1580, Judgment, The Hague District Court, 30 January 2013., para. 4. 56.

〔39〕 *Friday Alfred Akpan et al v. Royal Dutch Shell plc et al.*, Case C/09/337050/ HA ZA 09-1580, Judgment, The Hague District Court, 30 January 2013., para. 4. 5.

不方便法院限制在当今国际私法中不再发挥任何作用：地区法院认为，荷兰法院根据《荷兰民事诉讼法》第 7 节的规定[40]在本案中不具有对外国子公司的管辖权，对母公司的索赔将被驳回，事实上，这个案件与荷兰司法管辖区没有任何联系或几乎没有任何联系。[41]

阿克潘案件的判决引发了对其人权影响的一些思考。第一，这个判决基于国内法，而不是国际法。这类案件可以明确表明，只有通过国内法律才能要求某种程度的公司责任。它还表明，缺乏具有约束力的国际框架已经引起，并将继续促进对国内诉讼途径和案由的探索，这很可能会导致在处理公司责任和域外管辖的案件方面构建起比较法规则，正如海牙地区法院在上述案件中所示。

第二，地区法院的审理是基于尼日利亚实体法的规定，以及英国体系下的普通法规定，后者在尼日利亚独立前具有约束力，在独立后继续作为参考。此外，荷兰法院的裁判依据是荷兰法律，特别是在母公司是荷兰公司的情况下。

这两个特点表明，根据国际私法、法律冲突法和比较法，可以在独立于行为发生地的国家法律下，试图让公司承担责任。而且如荷兰法院本身所承认的那样，这有助于减少通常适用于此类案件的不方便法院的限制。因此，如果找到了可以授予外国司法机构的管辖权（如提起诉讼所在地）最低限度的联系，即使是对应在外国法院审理的案件，也有可能作出域外裁决。

第三，阿克潘案件的规则是基于合理的谨慎义务，即尽责的措施。因此是过失的侵权行为，而不是侵犯人权的行为。显然，基于侵权的案件比人权案件更为成功，也得到更多的探讨，并且由于其中受争议的权利在司法上更容易确定，因此能够以更有利的方式得到普遍解决。然而，不论其名称如何，同样明显的是，尽管这类判决被归为对侵权行为

---

[40]　Dutch Code of Civil Procedure, Article 7 (1). 如果诉讼程序是通过传票令启动的，且荷兰法院对其中一名被告具有管辖权，则该法院对其他要进行同一程序的被告也具有管辖权，前提是对不同被告的诉讼权利相互联系，并且为了效率进行合并审理是合理的。

[41]　*Friday Alfred Akpan et al v. Royal Dutch Shell plc et al.*, *supra* n. 36, para. 4. 6.

的判决，但它也涉及人权问题。[42]

在这方面，从侵权角度探讨人权问题可能是在国家层面追求，并进一步提高人权事业的有效解决方案，特别是如果公司的总部或公司所在国家的司法系统，对域外裁决和使用国际私法的问题采取自由和全球化的方法。

另一个有趣的例子是最近发生在荷兰司法体系中的，它回答了酷刑和人权域外裁判问题，这个案件是阿什拉夫·艾哈迈德·塔尔-哈茹诉哈伯·阿米尔·德巴尔等（Ashraf Ahmed El-Hojouj v. Harb Amer Derbal et al, Libya）。[43] 本案的原告是保加利亚—巴勒斯坦国籍，他在荷兰提起诉讼，声称自己曾被利比亚政权非法拘留和折磨，利比亚政权指控他让393名儿童感染了艾滋病毒。在遭受酷刑供认后，原告被判处死刑，但后来获赦免并被当局释放。但是，原告在荷兰（荷兰给予他难民地位）提起诉讼，因为利比亚政权犯下了国际罪行，而后者作为被告没有出庭。

审理这个案件的海牙地区法院，根据《荷兰民事诉讼法》第9条第3款规定，认为自己有国际管辖权，因为该条款规定如果要求原告将案件提交给外国法院审理是无法实现的，那么荷兰法院将对该案件拥有管辖权。因此，它本身就是必须被考虑的法院，因为拒绝享有对原告的管辖权有可能使被告逃避司法。[44] 所以，由于被告在本案中没有履行义务，因此即使执行埃尔-哈茹的诉讼判决可能牵涉到政治问题，司法机关至少将宣布有利于原告的判决。

---

〔42〕 "虽然通过侵权索赔，私人当事人可以寻求维护私人利益，但这些案件的判决确认了社会准备执行的规范中所体现的更广泛利益。" Vid. D. F. Donovan and A. Roberts, "The Emerging Recognition of Universal Civil Jurisdiction"，（2006）100 *American Journal of International Law*, p. 154.

〔43〕 Ashraf Ahmed El-Hojouj v. Harb Amer Derbal et al. （Libyan Officials），Case 400882/ HA ZA 11-2252, Judgement, The Hague District Court, 21 March 2012.

〔44〕 这一观点是索托马约尔（Sotomayor）法官在美国最高法院审理柯欧贝案的第二次听证会上提出的，他表示，为了避免司法不公，美国法院成为最后的手段。See Esther Kiobel et al v. Royal Dutch Petroleum et al., No. 10-1491, Transcript of Oral Argument, Supreme Court, 1 October 2012, p. 13.

因此，海牙地区法院的判决意味着这是一项适用普遍民事管辖权的行为，即要求参与酷刑的利比亚官员（该官员自担任国家代理人以来，违背了利比亚国家的国际刑事责任）赔偿损失，因为他犯下了相当于国际罪行的严重侵犯人权行为。实际上，酷刑的不可克减性质和作为强制法（jus cogens），将支持行使普遍管辖权，以捍卫受害者的利益和促进对人权的尊重，这是基于所有国家都有禁止和起诉这类行为的国际义务。

虽然这两个案例处理的情况非常不同，无法统一解释，但它们确实展示了两个有趣的发展。其一，当受害人因管辖权问题而被拒绝审理时，如果法院认为不会发生违反国际法的情况，则可采取行动保护他们或要求赔偿其遭受暴行受到的损害。其二，母公司及其子公司可能要承担责任，即使是在域外适用上，他们在开展业务活动时的粗心或鲁莽行为，如果缺乏尽责也会对受其活动影响的社区的生计和权利产生重要的负面影响。而承担的责任大小取决于其参与程度和对所在处境的了解。

3. 提高软法地位：从指导原则到义务？

在国际人权法中，软法一直备受争议，特别是由于理论界和人权活动人士试图让它在通常国际法规则中更有法律约束力。对此，被公认为国际法渊源的范式规则，《国际法院规约》第 38 条自通过以来一直没有改变。因此，对于希望将国际规范的约束力保持在最低限度的强大国家来说，这是一个抗辩的有力工具。但是，人权各领域最近的发展表明，司法解释和国家实践至少可以使软性法律规范具有半约束性。[45]

这个观点将是本节讨论的重点。其一，本节将简要分析经典的国际法渊源是什么，国际法院逐渐对这些渊源进行了解释，从而通过判例法确定了一些国际人权宣言的地位。其二，本节将简要回顾软法在国际法中的地位，试图通过国家实践和判例法，分享一些关于软规范（如工商业与人权指导原则）可能发展成具有约束力的习惯国际法规则的想法。

---

〔45〕 在这一章中，我们把软法的半约束力定义为当软规范开始发展为国际法正式渊源的时候，无论是通过蜕变成为国际法的一般原则还是作为习惯规范，从而获得比仅仅是一项声明（软规范）更为正式和更具强制性的价值。

其中国际习惯形成的基本要素是特别值得关注的。

3.1 根据《国际法院规约》的传统国际法渊源

根据《国际法院规约》，传统国际法渊源主要有以下两种：主要的和次要的。第一类是跨国和双边的国际公约和条约；国际习惯，作为国际上通例之证明而经接受为法律者，以及为文明国家所承认的一般法律原则。第二类是该规约的第 38 条第（卯）项中具体规定的，即司法判例及权威最高的公法学家学说，但该规约的第 59 条规定，法院的司法裁判只对争讼各方及该个案具有约束力。

尽管这些传统渊源之间互相联系，而且基本上没有受到质疑。但是，从理论的观点来看，[46] 其中一些问题已由国际法院本身以及一些处理特别法（lex specialis）的区域法院，例如美洲人权法院，逐步进行解释。对此，下文将会用一些案例来证明这种观点。

在 1969 到 1986 年间，国际法院修改了对形成习惯国际法规则的评估。1969 年，在北海大陆架案件的判决中，国际法院认为，国家实践必须反映出这样一种信念，即这种做法是强制性的，因为有一项法律规则要求这样做。[47] 因此，法院认定只有通过法律确信（opinio juris）才能确认国家的做法，这将是通过传统方法所构想的习惯的基础。[48]

但是，在其对尼加拉瓜军事和准军事行动案[49]作出判决的 17 年后，法院认可了法律规则的存在必须有国家的法律确信，而且在实践中

---

〔46〕 See generally F. A. Cárdenas Castañeda, "A Call for Rethinking the Source of International Law: Soft Law and the Other Side of the Coin", (2013) 13 *Anuario Mexicano de Derecho International*, pp. 355~403.

〔47〕 North Sea Continental Shelf Case (Germany v. Netherlands; Germany v. Denmark), Judgment, International Court of Justice, 20 February 1969.

〔48〕 "确定习惯国际法规则的传统方法依靠法律确信来确认国家实践，甚至从国家实践中推断法律确信，因此，传统方法更重视国家所做的（实际行为）而不是它们所说的（口头行为）。" M. T. Kamminga and M. Scheinin (eds.), *The Impact of Human Rights Law on General International law*, Oxford: Oxford University Press, 2009, p. 7.

〔49〕 Military and Paramilitary Activists in and against Nicaragua (Nicaragua v. United States of America), Judgment, International Court of Justice, 27 June 1986.

被确认。[50] 因此，国际法院对国际习惯的评估增加了法律确信这项更为重要的价值，在这一点上，它是仅次于国家实践的。[51]

国际法院对国际习惯法的形成所作评估的这种演变是伴随着人权的增长和发展的。在这一领域，国际行动者（国际法庭、跨国组织和公法学家）在更有利实现其工作目标方面发挥了重要作用，并支持从国家实践过渡到外交行动，以证明一项国际习惯的存在。[52] 更有甚者，"人们常常认为……在人权领域形成习惯法的方法……将使法律确信比国家实践发挥更重要的作用"。[53]

这不仅是不平等的国家实践的结果，而是一套不同的价值观和原则，并且是面对人权挑战的现实所必需的，这些价值观念和原则与国际法其他领域中存在的价值观念有很大的不同。然而，一般国际法的常设范式之一，国际法形成和巩固的关键因素，实际上是存在一种依赖于对某种行为或规范的广泛使用和适用，最后形成的普遍国家实践。

其中浮现出来的一个重要问题是，需要何种程度的行为或行为规范的应用或使用，才能确定存在一般国际惯例。一种可能的反应是，这种做法不仅出现在国界内，而且也反映在不同国家法庭对跨国案件的审理中；理论上，如果在国际组织中对国家行动采取定量的方法，那么国家在参与外交活动时所采取的行动，就会表明对通常在其领土管辖范围内

---

〔50〕 See generally A. A. Cançado Trindade, "International Law for Humankind: Toward a New Jus Gentium (I)", *Collective Courses*, Vol. 316, Leiden: Martinus Nijhoff, 2006, Particularly Part III, Chapter VI.

〔51〕 "国际法院在其尼加拉瓜判决中给人的印象是，只要法律确信没有疑问，那么国家惯例的一致性（一项习惯规则所珍视的和可以说是原始的因素）就不应首先考虑。"See J. Wouters and C. Ryngaert, "Impact on the Process of the Foundation of Customary International Law", in M. T. Kamminga and M. Scheinin (eds.), *The Impact of Human Rights Law on General International law*, Oxford: Oxford University Press, 2009, p. 113.

〔52〕 "在确定国家实践时，人权条约机构、国际刑事法院和法庭强调的是国家所说的，而不是它们所做的。"M. T. Kamminga, *supra* n. 47, pp. 7～8. See also F. M. Menéndez, *Derecho International Público: Parte General*, 3ʳᵈ edn., Madrid: Trotta, 1999, p. 366, 在国际惯例形成方面，他提到国家在扩股组织中的实践的有效性。

〔53〕 J. Wouters and C. Ryngaert, *supra* n. 51, p. 111.

共同做法的明确意图（即法律确信）。[54]

因此，这通常是发展习惯法和国际法一般法律原则的重要步骤。它是以国家在国际上所作的声明和行动为基础，随后确认了国家做法。此外，国际或区域法院对在这些宣言和无约束力决议中所体现的外交层面的国家实践所进行的解释，在某些情况下推动了这些软法规范的演变，使其至少具有半约束性质。联合国《土著人民权利宣言》就是一个很好的例子。[55]

从这个意义上说，国际法也在区域人权法院的庇护下不断发展。一个有趣的例子是美洲人权法院。不论是《美洲人权公约》，还是《美洲人权法院规约》及其程序法，它们构建起法律渊源的一种分类系统，在此基础上将作出裁决。如下文所述，适用于其管辖案件的法律渊源是一般国际法渊源，这是《国际法院规约》第38条规定的。但是，最近通过的美洲案例法确立了一个例外，具体涉及《国际法院规约》第39条，它规定，法院的司法裁决只对当事方（inter partes）有约束力，而不具有普遍性（erga omnes）。

但是，在雷迪拉·帕切科（Radilla Pacheco）案件判决中，美洲人权法院发现被告国不仅有义务执行在本案中已作出的判决，而且有义务执行该区域法院判例法中关于军事司法的发展和决定。[56] 在这种幌子之下，法院要做的是拓宽将义务强加于国家的法律视野，这见证了判决效力的演变过程，从一项当事人之间的义务演变为一项适用于本半球所

---

〔54〕 "然而，如果考虑到国际论坛中的口头国家实践，就会出现另一种情况。现代实证主义允许考虑国家在国际论坛上的声明，默许国际法庭的规约和判决，以及对处理这一问题的条约的广泛适用。" J. Wouters and C. Ryngaert, *supra* n. 51, p. 125.

〔55〕 美洲人权法院将该文件解释为原则和权利宣言，其中载有一些已达到国际法一般原则地位的规定，这些规定对接受其管辖的国家具有约束力，承认它们是人类本性的基本特权。

〔56〕 Case of Radilla Pacheco v. Mexico, Judgment, Inter-American Court of Human Rights, 23 November 2009, paras. 339~340.

有缔约国的普遍义务。[57] 为了澄清这一立场，现将判决书的相应部分抄录如下：

在这项任务中，司法机关不仅应考虑到该条约，而且还应考虑到美洲法院作为这项美洲公约的最后解释机关对该条约所做的解释。

340. 因此，有必要对墨西哥军事管辖权的实质和个人能力标准的宪法和立法解释进行调整，使之符合本法院判例中确立的原则，而这些原则在本案件中已被重申。[58]

法院通过这项判决所取得的成就，也是它在以往案件中所做的，就是确定了一项适用于同意接受其管辖的国家的国际人权法一般原则。所以，重申国际法院和国际法庭的标准在某些情况下导致了国际法的一般原则和国际习惯法的发展，即使这些原则只适用于特定的一些国家。

这两个例子都表明，尽管《国际法院规约》所载国际法渊源基本上没有变化，但是新的发展和解释拓宽了其范围，在某些情况下，阐明其意图是为了更好地服务于人权领域的国际司法利益。鉴于人权已被证明是国际法的一个动态领域，有必要使适用的法律框架适应它所面临的现实；理论上，这至少是法律的目的论作用，以规范人类的行为，使之符合应有的标准。

由于缔结具体的、有约束力的硬性国际法（以条约的形式）困难重重，而且国际法的原则和习惯规则的构成不具确定性，软法作为促进国家惯例形成的初步步骤得到了更广泛的承认。在这个意义上，下面将提出几点意见，特别是关于公司对其参与侵犯人权行为负责的情况。

3.2 不停地呼吁"重新思考"国际法渊源：软法的地位

皮埃尔-玛丽·杜普（Pierre-Marie Dupuy）认为，软法是界定国际法领域中一种含糊现象的矛盾术语。首先，这是因为法律规则通常被认

---

〔57〕 美洲人权法院在赫尔曼（Gelman）案件中得出了同样的结论，在这个案件中，法院声明即使有些国家不是某一国际程序的缔约国，它们在某种程度上也有义务遵守该区域人权机构颁布的先例或判例法。Case of Gelman v. Uruguay, Monitoring Compliance with Judgment, Inter-American Court of Human Rights, 20 March 2013, paras. 67, 69.

〔58〕 Case of Radilla Pacheco v. Mexico, Judgment, Inter-American Court of Human Rights, 23 November 2009, paras. 339~340 (emphasis added).

为是强制性的，这是软法所缺乏的。其次，软法的法律效力因所处的领域和情况而有很大的差异，这使它们难以被识别和分类。[59] 虽然软法还没有被认可为一种正式的国际法渊源，它甚至被怀疑除了声明之外还有什么作用，但是它是一种有用的工具，使各国参与讨论和拟订宣言和其他类型的国际文件，以表明在那个时期某一具体问题的现状（status quo）。因此，它与预先提出的问题有关，这些问题可能得不到足够的支持，无法在条约制定过程中加以讨论。[60]

大量的软法文书证明了这一现实，同时也反映了国际法的分权性质，以及国际立法者的缺失，甚至是类似于民族国家的政治—法律国际结构的缺失。在目前的情况下，国际舞台已经成为一个有组织的混乱体，以条约、习惯规则和国际法一般原则形式存在的硬性法律不断受到挑战，而且还与软性法律文书相互作用，因此，模糊了用来区分国家实际做法和"一般做法"概念含义的界限。因此，就软法目前在人权某些领域中所起的作用，以及如何在工商业和人权方面使用它，分享一些评论是有益的。

第一，软法已被纳入国际法律。它是各国在国际论坛上使用的重要工具（因此是一种国际国家惯例），至少是区域人权法院解释和审议的依据。在这个意义上来说，软法是一项国际发展，帮助各国和其他非国家行为体在不同程度上成功应对全球化在世界范围内产生的影响。与此有关的主要问题是，软法文书是否可以在被称为软法变硬法的情况下，对国家和其他国际行动者制定和强加有约束力的义务。[61] 考虑到国际

〔59〕 P. -M. Dupuy, "Soft Law and the International Law of the Environment", （1991）12 （2）*Michigan Journal of International Law*, p. 420.

〔60〕 F. A. Cárdenas Castañeda, *supra* n. 46, p. 369："软法文书的出现是对国际社会面临的法律需要的回应，是现实模拟国际法的结果，是国际实践模拟的来源！" See also W. M. Reisman, "The Quest for World Order and Human Dignity in the Twenty - First Century: Constitutive Process and Individual Commitment", *Collected Courses*, Vol. 351, Leiden: Martinus Nijhoff, 2012, pp. 132~135, 其中作者讨论了软法相对于硬法的价值。

〔61〕 关于在工商业和人权方面加强软性法律，见 n. Bernaz, Nadia, *supra* n. 1, p. 15. ; and S. Deva, "Multinational, Human Rights and International Law: How to Deal with the Elephant in the Room", paper presented at the GLOTHRO Workshop on the Direct Human Rights Obligation for Corporations (Slovenia, January 2013), p. 9.

法的现状，最有可能的选择是通过制定习惯规则或国际法一般原则来加强国际法。[62] 为了达到本章的目的，我们将集中在习惯的发展上。

软法要变成硬法，必须符合形成硬国际法的一些经典要素，但鉴于各国对待宣言和准则的不同做法，其中一些国家可能已经参与了采用含有这种软性规范文书的工作。[63] 显然，任何最终至少成为半强制性义务的规则，都必须符合惯例的先决条件，因为如果不被普遍适用，就不存在发展成为具有约束力规范的可能性。另一方面，主观要素（法律确信）也必须存在于习惯法规则的发展之中。[64]

特别是在联合国等跨国组织的框架内，关于法律确信的一系列特定情况的讨论已经进行了很长时间。在这个意义上，一致通过对规范性项目意味着什么（特别是在不具约束力的文书中），这一问题特别重要："如果一项决议被充分多数人通过，被认为具有普遍代表性……那么就不可能以缺乏或未经证实的法律确信为理由，对该规则的权威性提出质疑。"[65] 如果根据在公司责任领域采用的最新一套规则，即联合国《工商业与人权指导原则》加以说明，这一主张就特别重要。

《工商业与人权指导原则》是约翰·鲁格教授担任 6 年人权和跨国公司及其他工商企业问题特别报告员后的成果，它在 2011 年 7 月 6 日

---

〔62〕 "确立作为一般原则的人权义务所需要的，基本上是同习惯法一样的普遍接受和承认的令人信服的证据。" B. Simma and p. Alston, "The Source of Human Rights Law: Custom, Jus Cogens and General Principles", （1992）82 *Australia Yearbook of International Law*, p. 105.

〔63〕 "联合国决议本身可以构成国家做法，也可以表达法律确信，从而创造习惯法。" H. W. A. Thirlway, *International Customary Law and Codification: An Examination of the Continuing Role of Custom in the Present Period of Codification of International Law*, Leiden: A. W. Sijthoff, 1972, p. 66. See also *Legality of the Threat or Use of Nuclear Weapons*, Advisory Opinion, International Court of Justice, 8 July 1996, para. 70, 其中指出："法院认为大会决议即使不具约束力，有时也可能具有规范价值。在某些情况下，它们可以提供重要的证据，证明规则的存在或法律确信的出现，……或者一系列的决议可能会显示建立新规则所需的法律确信在逐渐形成。

〔64〕 对此，一名作者不同意："虽然习惯法的传统观点认为习惯法包含物质和心理两种构成要素，但事实上，使用习惯法的物质要素是纯粹的证据，只要法律确信能够明确确立，就不需要任何使用或实践。" A. D'Amato, "On Consensus" （1970）8 *Canadian Yearbook of International Law*, p. 111. 在这名作者看来，法律确信和国家实践都是互相独立，又相辅相成的。

〔65〕 H. W. A. Thirlway, *supra* n. 63, p. 66.

被联合国人权理事会一致同意通过。[66] 作为一项软性法律发展，它们通常只作为各国的指导方针，以解决公司活动在其国家范围内可能产生的负面影响。但是，它们获得一致通过的事实很可能也反映了各国的共同关切和信念，即文书中所载的准则是全球接受的公司尊重人权的最低限度。如果这一点是正确的，就有充分的理由认为，它们的一致通过反映了法律确信，这是处于习惯规则核心的主观因素，[67] 最终可能成为发展国际法习惯规则的基础。

此外，以参与通过《工商业与人权指导原则》的国家的外交实践为例，因为"不可否认的是，当一项决议在联合国这样具有普遍性的组织中正式通过时，该决议不仅仅是会员国一致的声明或愿望"。[68] 在这个意义上，正如沃特斯（Wouters）和林加特（Ryngaert）所说，在跨国组织中，通过他们在话题讨论中的陈述所反映出来的口头国家实践，通常是国家实践和特定国家对所讨论话题的信念的证据，这将满足习惯国际法形成的实质要求（实践）和心理要求（法律确信）。[69]

尽管之前的确信可能存在争议，但联合国或人权理事会以外的一系列国家实践明确表明，指导原则至少被视为正在发展中的国际法规则要素。这一点在全世界通过不同的行动计划和执行鲁格原则活动上有所体现，欧洲联盟及其成员国就是这样（欧洲委员会关于石油和采矿部门、信息和通信技术、就业和招聘机构以及制定和执行国家行动计划的指导项目），还有拉丁美洲的一些国家。

在这方面，重要的是要记住国家行动可指国家任何机构的行动，包括国家人权机构的工作，这有助于执行、传播和发展联合国决议所载价

---

〔66〕 Human rights and transnational corporations and other business enterprises, UN Res. A/HRC/RES/17/4（6 July 2011）.

〔67〕 "如果所有国家都接受一项声明，即某一特定公式表达了一项现有的法律规则，那么问题就到此为止了，因为国家认为的国际法就是国际法共同惯例。"

〔68〕 H. W. A. Thirlway, *supra* n. 63, p. 65.

〔69〕 J. Wouters and C. Ryngaert, *supra* n. 51, p. 115.

值观的相应法律文化。[70] 同时，各国法院使用该规则可能反映国家实践，[71] 有助于制定习惯规则，不论一系列司法决议在国家法律框架内可能产生何种影响。[72] 正如之前所讨论的，法院（如美洲人权法院）对软法的一再解释在某些情况下提高了软法的地位（至少在其管辖区域内），成为约束受其管辖国家的强制性标准。

因此，趋向一致的全球做法最终可能导致形成一种新的习惯国际法规则，如果人权理事会通过《工商业与人权指导方针》的决议所展示的法律确信，可以被解释为国际社会接受了一套最低标准，而这些标准关心的是国家和公司期望公司行为对人权的享有可能产生的作用和影响。

虽然可以预想有些国家会反对将该决议解释为国际社会普遍共识，但是在确定习惯法时，根据传统的做法，首先需要国家实践，其次是获得法律确信。诚然，国际和国内实践通常体现了法律的发展，由于现实和法律受制因素不同，查明国际法的正式方法不那么容易实现。

4. 结论

从前面几段的论点中可以得出一些一般性的结论，特别是在所讨论的重新划分的两个广泛领域：治外法权和软法的强化。

在治外法权方面，根据最高法院在柯欧贝案中的观点，可以推断，在下一个获得管辖权的外国人侵权索赔案件中，将采取特别严格的做法。所以，美国法院的管辖权需要其与美国利益或美国国籍相关，而外国案件似乎被初步排除在他们的管辖范围之外。但是，其他国家的法院正在进行域外裁判的案件可能会转移受害者的注意力，他们将继续求

---

〔70〕 例如，墨西哥新莱昂州人权委员会的皇家赌场建议就是一个例子，该建议在很大程度上依赖于鲁格框架，来确定公司在 2011 年 8 月发生的火灾中因疏忽而造成 52 人死亡的责任。关于该案件更多细节见：H. F. Cantú Rivera, "Corporations and Compliance with International Human Rights Law: From a 'Responsibility to Respect' to Legal Obligation and Enforcement", in J. L. Cernic and T. Van Ho, *Human Rights and Business: Direct Corporate Accountability for Human Rights*, Oisterwijk: Wolf Legal Publishers, 2015.

〔71〕 "正如国际法庭的司法裁决可以澄清国际法和国内法的某些问题一样，国家法庭的司法裁决在讨论国际法问题时也可以这样做。" A. A. Cançado Trindade, *supra* n. 50, p. 159.

〔72〕 例如，法律先例的发展可以使《工商业和人权指导原则》在国内法下具有约束力。

助于挑选法院，以便找到一个更倾向于支持其申诉利益的管辖法院。

然而，根据国际人权法，有必要制订一项没有约束力的文书，来指导各国进行域外裁决。正如前述，一项软性法律文书更有可能演变成对各国具有约束力的义务规范，而不是直接制定一项国际条约。而且如果有几个国家正在审理涉及域外因素的案件，那么就更为这一文书提供了良机。考虑到在这一领域已经有一些实践，尽管数量很少，但是通过人权理事会机制，或人权与跨国公司及其他工商企业问题工作组构想的一项国际文书，可以被用做国际上不具约束力的标准，从而为在政治和法律方面最难解决的人权问题提供指导。

在强化软法方面，为了使软法不再仅仅是外交或学术上的实践和参考，就需要国际社会不同行动者的持续实践。举例而言，对于联合国《土著人民权利宣言》或联合国宣言、实践和各国普遍接受的若干环境原则，通过实践至少把它们提高到国际法一般原则的地位，而一般原则被视为国际法渊源中约束力最弱的。但是，持续的实践有可能促使这些规范最终成为硬法，要么通过注重国家实践的传统方法，要么作为对一般法律意见的确认，从而演变为习惯规则，而人权方法更倾向于这一点。即使一些国家，通常是最强大的国家，可能不愿意接受其约束性规范的特征。越来越多的国家使用和执行这些规则，最终可能会迫使这些反对者屈服，并在有限的情况下接受这些规则，因为这些规则会被国际社会视为具有强制性。

即使这些类型的发展成果并不容易实现，我们必须铭记，这是一般国际法的一个基本特点：国际社会要最终接受，并设法管理，不断变化的现实给它们带来的挑战还来日方长。

第六章　《马斯特里赫特原则》在促进发展中国家的社会经济权利方面的可行性

埃比尼泽·杜洛亚

1. 引言

传统上，国家被视为国际法的主体。国际人权文书巩固了这一立场，这些文书要求各国承担人权义务。在大多数国际和区域人权文书中，尊重、保护和实现人权的义务是针对文书的缔约国。这就带来了一种错误的信念，即不能追究非国家行为者侵犯人权的责任。然而，最近一段时间，跨国公司的活动开始对全世界，特别是发展中国家的人权产生不利影响。有文件证明跨国公司的活动是如何在发展中国家严重侵犯人权的。[1] 这种做法包括不公平的劳工待遇、破坏环境，以及合谋攻击工会领导人或成员。发展中国家的积极分子和民间社会团体共同努力揭露了跨国公司迄今未被注意到的这些消极活动。其中值得注意的是，耐克在印尼和其他东南亚国家的劳工渎职行为，以及荷兰皇家壳牌公司与尼日利亚共谋执行肯·萨罗·维瓦（Ken Saro Wiwa）和其他人权积极分子死刑的问题。[2] 最近一些公司将可口可乐公司作为目标，指控其在哥伦比亚的瓶装企业参与暗杀工会领袖的活动。

可悲的是，在许多发展中国家，跨国公司侵犯人权的行为往往得不

---

〔1〕　Amnesty International, *Undermining Rights*: *Forced Evictions and Police Brutality around the Porgera Gold Mine*, *Papua New Guinea*, London: Amnesty International, 2010.

〔2〕　Amnesty International, *Nigeria*: *Petroleum*, *Pollution and Poverty in Niger - Delta Area*, London: Amnesty International, 2009.

到纠正。这通常是因为大多数跨国公司的总部设在其他地方，东道国有时不愿意或缺乏对这些公司采取行动的政治意愿。国际法目前逐步形成一种共识，即跨国公司应当为其侵犯人权的行为负责。事实上，（各国）多年来采取了不同的举措，要求跨国公司对侵犯人权行为负责。这些包括提出人权水平效应的概念，颁布国家立法，例如《外国人侵权索赔法》，以及最近在马斯特里赫特大学 2011 年 9 月召开的一次会议上，一群律师和人权专家提出的经济、社会和文化权利领域的域外义务原则。

本章的目的是审查这些举措的有效性，特别注意到这个社会经济权利域外义务原则。《马斯特里赫特原则》虽然从任何标准来看都不是一项具有约束力的文件，但它寻求为有罪不罚问题提供持久的解决办法，而大型跨国公司在许多发展中国家的活动往往利用了这一点。因此，这个原则的目的是确保公司母国为其在境外的侵犯人权行为承担责任。本章对域外适用原则的内容进行了批判性分析，以期提高使非国家行为者，特别是跨国公司对其总部以外的侵犯人权行为负责的可行性。

2. 跨国公司受国际人权法约束吗？

在发展中国家的许多地方，跨国公司通过提供就业机会和加强土著人民的能力，继续在当地的经济活动中发挥重要作用。此外，跨国公司还继续探索商机，为东道国提供必要的技术支持。跨国公司参与到不同方面的经济活动中，包括采矿、石油勘探、制造业和建筑以及建设活动，从而提高东道国的收入和公民的整体生活水平。虽然跨国公司为东道国的年收入贡献颇多，但是有时他们会直接或间接参与到东道国领域内的人权侵犯行为中。这些侵犯行为包括参与东道国警察和军队的犯罪、使用强迫劳动和童工、压制结社和言论自由权、侵犯文化和宗教习俗权利、侵犯财产权（包括知识产权）以及严重破坏环境权。[3] 这就提出了一个重要的问题，即是否可以将人权义务强加给跨国公司。

遗憾的是，从《世界人权宣言》到具有约束力的人权条约，大多

---

〔3〕 D. Kinley and S. Joseph, "Multinational Corporations and Human Rights: Questions about their Relationship", (2002) 27 *Alternative Law Journal*, pp. 7~11.

数人权文书并没有直接对跨国公司施加义务。然而，认为国际法的义务只施加给国家的传统观念正在快速变化，因为非国家行为者在某些情况下能够承担国际法的义务。国际刑法领域就是一个很好的例子。回顾在纽伦堡法庭期间，个人因其在第二次世界大战期间所犯下的荒唐侵犯人权和危害人类罪中所起的作用而被追究责任。这被认为是试图将国际法规定的义务强加于非国家行为者的转折点。

评论家们比以往任何时候都更激烈地争辩，尽管跨国公司是为盈利而创建的，它在法律和道德上都有义务尊重和保护人权。[4] 最近，采取了不同措施确保跨国公司对其侵犯人权的行为负有直接责任。从 20 世纪 80 年代中期开始，国际社会为此采取了主动行动。其中包括 1970 年的沙利文原则，1977 年的联合国跨国公司法草案，1976 年经合组织的《跨国企业准则》（已经被修改了几次），以及 1977 年国际劳工组织的《关于多国企业和社会政策的三方原则宣言》。[5] 其中，经合组织《跨国企业准则》规定跨国公司有义务"尊重和保护受其活动影响的人的人权，这符合东道国政府的国际义务和承诺"。[6]

如今，这些指南仍然是界定跨国企业义务最广泛使用的工具之一。[7] 有人指出，该准则是作为《国际投资和多国企业宣言》的一部分通过的，其中：

在另一方面，它力求促进经合组织国家之间的贸易，特别是要求缔

---

〔4〕 B. Frey, "The Legal and Ethical Responsibilities of Transnational Corporations in the Protection of International Human Rights", (1997) 6 *Minnesota Journal of Global Trade*, pp. 152~188; S. Ratner, "Corporations and Human Rights: A Theory of Legal Responsibility", (2001) 111 *Yale Law Journal*, pp. 443~542.

〔5〕 S. Katuoka and M. Dailidaitè, "Responsibility of Transnational Corporations for Human Rights Violations: Deficiencies if International Legal Background and solutions offered by National and Regional Legal Tools", (2012) 19 *Jurisprudence*, pp. 1301~1316.

〔6〕 See OECD Guidelines for Multinational Enterprises, chapter on "General Policies", para 2.

〔7〕 《跨国企业准则》是针对经合组织 30 个缔约国政府的，但阿根廷、巴西、智利和斯洛伐克共和国也通过了该准则。这些国家政府"向在其领土上经营或形成其领土的跨国企业建议遵守准则"（《国际投资和跨国企业宣言》，2000 年 6 月 27 日）。因此，该准则的适用不受领土限制。由于大多数跨国企业的注册地都在经合组织的工业化国家，这些指导原则基本上对跨国企业具有普遍适用性。

约方采用国民待遇原则，并设法尽量降低向跨国企业强加相互冲突要求的风险。该准则被视为鼓励外国经济开放和向外国直接投资开放的一种手段。[8]

它们力求确保所有缔约国通过设立国家联络点以及与经合组织投资委员会（以前称为国际投资和跨国企业委员会，CIME）的合作做出贡献，确保对在其管辖范围内注册的跨国企业的活动做出一定程度的控制，即使这种监督完全是自愿的，不会采取制裁措施。

除了经合组织的这些举措，国际劳工组织也通过了《关于多国企业和社会政策的三方原则宣言》。[9] 根据该宣言的序言，它是基于这样的信念而被建立的：

多国企业如果不顾及国家架构就组织其运营的话，可能导致对经济权力的集中滥用并与民族政策目标和工人利益发生冲突。此外，多国企业的复杂性以及难于明确了解它们的多种多样的结构、活动和政策的事实，有时可能会在本国或在企业所在国，或同时在二者中引起关注。

所以，这份《三方原则宣言》的重要目的之一是"考虑到提倡建立国际经济新秩序的联合国各项决议，鼓励多国企业对经济和社会进步可能作出的积极贡献，以及尽可能地缩小和解决这些企业的各类活动可能引起的困难"。

更重要的是，除了工人现有的权利，例如结社自由的原则[10]和集体谈判的权利之外，[11]《三方原则宣言》禁止任意解雇，[12] 要求保护

〔8〕 O. De Schutter, *Transnational Corporation and Human Rights*: *An Introduction. Global Law Working Paper*, Hauser Global Law School New York：University of New York, 2005, p. 13.

〔9〕 国际劳工局理事会 1977 年 11 月 16 日第 204 届会议通过了《三方宣言》。

〔10〕 国际劳工局理事会 1977 年 11 月 16 日第 204 届会议通过了《三方宣言》，para. 41～47.

〔11〕 国际劳工局理事会 1977 年 11 月 16 日第 204 届会议通过了《三方宣言》，para. 48～55.

〔12〕 国际劳工局理事会 1977 年 11 月 16 日第 204 届会议通过了《三方宣言》，para. 27.

工作健康和安全[13]（劳工组织不同公约和建议所保障的），[14] 强调尊重工人的基本权利。特别值得注意的是，《三方原则宣言》第8段载有关于尊重人权的详细和一般性规定：

> 所有与本宣言有关的各方将尊重各个国家的主权，遵守国家法律和条例，对当地的惯例给予应有的考虑，以及尊重有关的国际标准。它们应当尊重《世界人权宣言》和联合国大会所通过的相应国际公约以及国际劳工组织章程及其原则，根据这些原则，言论自由和结社自由对持续的进步是不可缺少的。它们应有助于实现1998年通过的《国际劳工组织关于工作中基本原则和权利宣言及其后续措施》。它们也应当遵守根据国家法律和公认的国际义务所自由承担的义务。

可以说，这个宣言是具有道德意义的，它是由政府、雇主和工人组成的国际劳工组织理事机构协商一致通过的。尽管如此，该宣言仍然是一项不具约束力的文书。[15]

除了经合组织准则之外，在新千年开始之际，联合国开始表示有意向让跨国公司对世界各地的侵犯人权行为直接负责。采取的措施包括"全球契约"（2000），联合国跨国公司和其他工商企业人权责任规范（2003），人权和跨国企业及其他工商企业问题秘书长特别代表的报告，以及约翰·鲁格的《尊重、保护和救济：工商业与人权框架》（2008，下面将详细讨论）。特别是，联合国跨国公司行为守则草案已准备就绪，准备在2003年通过。此外，这个行为守则规定：

> 跨国公司应当尊重经营地所在地国的人权和基本自由。跨国公司在处理其社会事务和劳资关系时不得因种族、肤色、性别、宗教、语言、社会出身、国籍、种族来源或政治或其他观念而给予歧视待遇。跨国公

---

〔13〕 国际劳工局理事会1977年11月16日第204届会议通过了《三方宣言》，para. 36~39.

〔14〕 例如，国际劳工大会1998年6月通过的《劳工组织工作中的基本原则和权利宣言》。

〔15〕 国际劳工局理事会第238届会议（1987年11月，日内瓦）和第264届会议（1995年11月）通过的《关于跨国企业和社会政策的三方原则宣言》补遗指出："为了符合宣言的自愿性质，其所有条款，无论它们系来自国际劳工组织公约和建议书或是来自其他来源，都只是建议性的；当然，公约的条款对那些已经批准了它们的成员国来说仍具有约束作用"。

司应遵守当地政府旨在增进机会和待遇平等的政策。

但是，遗憾的是，由于跨国公司的强烈反对以及发达国家和发展中国家在国际法和跨国公司责任方面的分歧，行为守则草案未能通过。[16]

直到最近，联合国才试图通过其特别机制，将公司活动与其对人权的影响联系起来。鲁格框架最终形成了《联合国工商业和人权原则》，至今仍是让跨国公司为全世界侵犯人权行为负责的最综合的举措。该框架以 3 个支柱为基础，即国家有义务通过适当的法律政策和裁决，防止包括公司在内的第三方侵犯人权；公司有义务通过尽责尊重人权，避免侵犯他人权利；国家有义务确保侵犯人权行为的受害者获得更多的有效补救（司法和非司法）。该原则提出了 5 个优先领域，通过这些领域，国家可以努力促进公司对人权的尊重，防止公司涉及侵权行为。这些领域是：①努力在与企业打交道的各部门之间实现更广泛的政策一致性和有效性，包括在签订经济协议时确保国家自身保护权利的能力；②在国家与企业，无论是所有者、投资者、保险公司、代理人或仅仅是促进者做生意时，促进对人权的尊重；③在国内外培养尊重人权的企业文化；④制定创新政策，指导在受冲突影响地区运营的公司；⑤审查跨领域的治外法权问题。

此外，该原则明确了企业尊重和保护人权的概念。根据该原则规定，公司应当采取人权尽责，以确保其活动不会侵犯人权。一般而言，人权尽责的概念通常是适用于让国家为其未能防止第三方侵犯人权的行为负责。所以，在对妇女的暴力问题上，联合国关于暴力侵害妇女行为的宣言和消除对妇女歧视委员会在第 19 号一般性建议中都注意到这一点。如果一个国家不能通过适当的法律和政策来防止对妇女的暴力行为

---

〔16〕 W. Spröte, "Negotiations on a United Nations Code of Conduct on Transnational Corporations", (2005) 33 *German Yearbook of International Law*, pp. 331~345; UN Sub-Commission on Prevention of Discrimination and Protection of Minorities 1996; p. Muchlinski, "Attempts to Extend the Accountability of Transnational Corporations: The Role of UNCTAD", in M. T. Kamminga and S. Zia-Zarifi (eds.), *Liability of Multinational Corporations under International Law*, The Hague: Kluwer International Law, 2000; n. Jägers, *Corporate Human Rights Obligations: in Search of Accountability*, Antwerp: Intersentia, 2002.

发生，则它要为私下对妇女的暴力行为负责。这一原则将如何适用于公司，还有待观察。

使用"责任"而不是"义务"一词似乎在暗示，目前在国际法上尊重人权不是直接施加给公司的义务，虽然在国内法中可能有相关因素。这种软弱的用词往往会加剧国际社会在追究公司对实施侵犯人权行为的责任方面遇到的困难。基于《工商业与人权原则》是源自各项人权原则和标准的，为了此目的采用更加强硬的用词是更合适的。在这方面的另一种论点是，使用"责任"一词而不是"义务"是一个术语问题，并没有以任何方式减少公司确保其活动符合人权标准的义务。

在此必须指出，企业尊重人权的企业责任适用于其整个企业活动，以及与这些活动相关的第三方，如商业伙伴、其价值链中的实体，以及其他非国家行为者和国家代理人。并且，公司需要考虑到国家和当地的情况，以应对它们可能带来的任何特殊挑战，以及这些挑战对企业活动和人权的影响。

尽管有不同举措让跨国公司对侵犯人权行为直接负责，但收效甚微或根本没有。主要的缺陷是由于这些倡议大多缺乏约束力，甚至只能说是空谈。更重要的是，不同的倡议未能建立监测和问责机制，以确保该规则得到适当执行。这些不同的尝试被编入不具约束力的文件，这意味着遵守是自愿的，将取决于跨国公司的诚意。

卡托卡（katuoka）和戴利达特（Dailidaitè）认为，这些主动行动的自愿性质可能是优势，也可能是缺陷：[17] 跨国公司更愿意合作，以确保这些倡议在不受强迫的情况下取得成功。但是，因为跨国公司没有义务或被迫遵守这些倡议，他们在执行不同倡议的规定时往往自鸣得意。[18] 这也许是软法和条约之间的区别。根据国际法，一旦国家批准了一项条约，这就成为一项受其规定约束的有约束力的声明，但对该条

---

〔17〕 S. katuoka and M. Dailidaitè, "Responsibility of Transnational Corporations for Human Rights Violations: Definition of International Legal Background and solutions offered by National and Regional Legal Tools", (2012) 19 *Jurisprudence*, pp. 1301~1316.

〔18〕 *Ibid.*

约的具体规定提出保留的除外。[19] 此外，为了保证人权条约的条款得到遵守，（根据条约）建立了条约监督机构（TMBs）来监督国家行为。这些机构会发布具有权威性的一般性意见和建议来解释人权条约的内容。更重要的是，条约监督机构在审查国家报告后会发布结论性意见。这些报告是为了说明国家遵守其条约义务而采取的步骤和措施。虽然条约监督机构不能强迫一个国家执行其结论性意见或者建议，但是有时他们会用"点名批评"来确保国家认真对待其结论性意见。

软法通常指的是各国政府在不同会议和论坛上发表的声明和决议，以及条约监督机构以一般性意见、建议和结论性意见的形式向缔约国作出的解释。软法往往对国家没有法律约束力。但是，它给国家施加了道德义务，并且提供了一个国际法上良好的法律渊源。多年来，国际和区域层面都发表了一些宣言和决议，这些宣言和决议可能影响人权的享有。例如，在通过《世界人权宣言》时，国际社会同意有必要承认人类尊严和每个人的人权，不论种族、性别和阶层，这对和平和世界秩序而言是至关重要的。事实上，《世界人权宣言》已经成为具有高度影响力的人权文书，几乎达到了习惯国际法的地位，证明了软法的重要性及其在国际上影响各国人权行动的能力。

这些旨在解决让跨国公司直接对侵犯人权行为负责这一严重挑战的倡议的局限性，再次凸显了国际人权法在这方面的弱点。

3. 在国家层面建立跨国公司承担侵犯人权责任的尝试

除了为确保跨国公司对侵犯人权行为负有直接责任而采取的各种行动外，在国家层面也同样试图使跨国公司对侵犯人权行为负责。应该明确的是，跨国公司犯下的大多数侵犯人权行为往往发生在东道国领土内。在大多数情况下，如果东道国是发展中国家或最不发达国家，要追究跨国公司对此类违法行为的责任即使不是不可能，也会变得非常具有挑战性。在跨国公司参与对东道国经济发展发挥关键作用的情况下尤为如此。因为存在这样的挑战，最近的发展表明，一些"母国"正在试

---

[19] 批准是一国受条约规定约束的众多方式之一。关于条约具有约束力的其他方式，见《1969 年维也纳条约法》第 12~17 条。

图规范跨国公司在其他国家管辖区域开展的活动。在追究非国家行为者对侵犯人权行为的责任方面，宪法一般有两种做法。传统的做法是例如美国和加拿大宪法，它不会将人权义务归咎于非国家行为者。相反的是，最近越来越多的宪法，例如南非和爱尔兰宪法倾向于确认非国家行为者的人权责任。[20] 虽然美国宪法没有对非国家行为者施加义务，但是最近对法律解释的发展表明试图使得非国家行为者在某些情况下为侵犯人权行为负责。其中最经常被引用的例子是美国的 1789 年《外国人侵权索赔法》。这部法案允许人们向美国联邦法院提起有关域外行为的诉讼。它规定"地区法院对外国人仅因违反国家法律或美国批准条约的侵权行为提起的任何民事诉讼具有最初管辖权"。[21] 这一条款被美国法院有意地解释为，他们对在美国注册或与美国有持续商业关系的公司有管辖权，在这些企业行为中，外国人是违反国际法的受害者。[22] 不论侵犯行为发生在何地，受害者可以向有关公司寻求赔偿，不论公司是否直接或间接地参与了国家代理人实施的行为。[23] 并且，第二巡回法院注意到国际法的规则不是一成不变的，而是随着时间的推移而改变的。因此，这就使得在美国联邦法院援引《外国人侵权索赔法》作为保护人权的工具成为必要。[24]

1996 年南非宪法试图承认人权的横向适用。例如，该宪法的第 8 条第 2 款规定权利法案的规定在其适用范围内对自然人和法人都有约束

---

〔20〕 See D. Chirwa, "The horizontal application of constitutional rights in a comparative perspective", (2006) 10 *Law, Democracy and Development*, pp. 21~48.

〔21〕 28 U. S. C. § 1350.

〔22〕 美国最高法院认为，当面临这样的诉讼时，美国联邦法院应该"要求任何基于当今国际法律的索赔，需要建立在文明世界所接受的国际性规范之上。其定义的特殊性可与 18 世纪的典型特征相比较，即侵犯安全行为，侵犯大使的权利，以及国会在 1789 年通过第一项司法法案时所考虑的海盗行为"。Sosa v. Alvarez-Machain, No. 03-339, slip op. At 30~31 (US Sup. Ct. 2004).

〔23〕 See in particular John Doe I v. Unocal Corp., 395 F. 3d 392, 945~946 (9th Cir. 2002), 联合优尼科公司与缅甸军方共谋犯下的践踏人权的罪行；and Sarowiwa v. Royal Dutch Petroleum Co., 2002 WL 319887, ∗ 2 (S. D. N. Y, 2002)，尼日利亚壳牌公司及其母公司英国壳牌公司和荷兰皇家石油公司串通尼日利亚警方侵犯人权的行为。

〔24〕 T. T. Posner, "Kadic v. Karadzic 70 F. 3d 232", (1996) 90 (4) *American Journal of International Law*, p. 61.

力。为了进一步证明南非宪法对人权义务的横向适用，第 9 条第 4 款规定 "任何人不得以宪法所列任何理由直接或间接地非法歧视他人"。为了促进这项规定，南非政府制定了 2000 年《第 4 号促进平等和防止不公平歧视法》。该法案明确规定在这个国家内 "所有人" 都有义务和责任来禁止歧视。这些条款也可以被视为建议非国家行为者，包括跨国公司，能够对该国内的侵犯人权行为负责。但是，仍然存在的问题是：非国家行为者在何种程度上为侵犯人权的行为负责，特别是涉及社会经济权利时。这不是能够轻易回答的问题。对于这个问题，奇瓦（Chirwa）的理由如下：[25]

国家行为范式可以作为区分非国家行为者在社会经济权利方面的责任水平的有用依据。具体地说，按照惯例，这一标准被用来确定某一私人行为者是否应为侵犯人权行为承担责任。因此，除非原告证明非国家行为者的行为等同于国家行为或与国家有关，否则他/她将无法成功起诉非国家行为者。

尽管这项法律在性质上大有作为，并且在《外国人侵权索赔法》下对跨国公司有各种各样的诉讼，但是在法院审理的任何案件中，均未作出不利于任何跨国公司的裁决。这再次表明使跨国公司对其侵犯人权行为负责的艰难。它同时也提醒人们注意在这个重要情况下，国际人权所存在的不足。特别是，在遏制跨国公司负面影响方面，加强了国家立法对域外适用的限制。金利（Kinley）和约瑟夫（Joseph）辩称，与健康权、清洁环境权和工会权等有争议的社会经济权利相比，法院可能更愿意裁定跨国公司违反强制法规范，包括免于奴役、生命和免受酷刑的权利。[26] 这一认识进一步表明了利用国内立法，使跨国公司对侵犯人权行为负责的局限性。

德舒特（De Schutter）已经查明了一些导致国际法规定的域外义务

〔25〕 D. Chirwa, "Non-state actors" responsibilities for socioeconomic right: The Nature of their Obligation under South African Constitution; (2002) 3 (3) *ESR Review*.

〔26〕 D. Kinley and S. Joseph, *supra* n. 3, pp. 7~11.

得以发展的倡议，如下所述。[27]

援引域外管辖权的最初尝试之一涉及打击国际犯罪的努力。国际人道主义法的最近发展，例如《罗马规约》和《禁止酷刑公约》，倾向于允许域外管辖权处理战争罪或危害人类罪。这些倡议允许一个国家去调查和起诉国际罪行，即使这些罪行发生在国内管辖范围之外，并且不论犯罪者或者受害者是否是有关国家的国民。这些原则通常适用于自然人，但有时也可适用于法人。

同时，为了解决诸如恐怖主义和人口贩卖方面的跨国犯罪，而使得域外管辖权被用来处理这些犯罪行为。例如，2000 年通过的《制止向恐怖主义提供资助的国际公约》第 5 条规定，"每个缔约国根据本国法律原则，应该采取必要措施，使一个负责管理或控制设在其领土内或根据其法律设立的法律实体的个人，如果其以该身份犯下了现有的各项打击恐怖主义人权公约所涉的罪行，就必须追究该法律实体的责任"，这些罪行是该公约所规定的，涉及现有的各项打击恐怖主义人权文书。此外，第 8 条要求各缔约国对资助恐怖主义的罪行进行管辖，不论该罪行是否发生在其领土内。另外，第 7 条第 2 款第 C 项允许在下列情况下，缔约国确立其对资助恐怖主义行为罪行的管辖权：犯罪的目的或结果是实施在该国境内或针对该国国民，或者针对该国在国外的国家或政府设施，包括该国外交或领事房产的罪行，以迫使该国从事或不从事任何一项行为；而该罪行是由惯常居所在该国境内的无国籍人实施，或者是在该国政府营运的航空器上实施的。

另一个通过援引域外管辖权控制跨国公司的尝试是基于向犯罪地国家施加压力的政治目的。对此，一个典型例子是美国政府针对在古巴做生意的人们所采取的措施。最终，美国于 1996 年通过了《古巴自由和

---

〔27〕 O. De Schutter, "Extraterritorial Jurisdiction as a tool for improving the Human Rights Accountability of Transnational Corporations", *Background Paper to Seminar organized in collaboration with Office of the UN High Commissioner for Human Rights*, Brussels, 3~4 November 2006, available at: http://198.170.85.29/Olivier-de-Schutter-report-for-SRSG-re-extraterritorial-jurisdiction-Dec-2006.pdf (accessed 3 December 2014).

民主团结法》，[28] 即众所周知的《赫尔姆斯-伯顿法》，作为寻求国际支持制裁古巴运动的一部分。该法的其中一项规定是，在1959年革命后被征用财产的美国国民，对"贩运"这种"没收财产"的任何自然人或法人寻求损害赔偿；另一项规定允许国务卿拒绝向任何被发现"与没收财产的贩运有牵连的人"，以及任何"由一个美国公民声称的，对涉及没收财产或贩运被没收财产的实体具有控制利益的公司官员、委托人或股东"发放签证。[29]

4. 《马斯特里赫特原则》在促进社会经济权利方面的作用？

2011年，一群法律专家在荷兰的马斯特里赫特举办会议，并且发布了名为《关于国家在经济、社会、文化权利领域的域外义务原则》（即《马斯特里赫特原则》）的文件。这份文件是为了应对跨国公司对其注册国以外发生的侵犯社会经济权利的行为承担法律责任这一长期挑战。该原则的序言规定：

个人、群体和人民的人权受到和依赖于国家的域外行为和不作为。特别是经济全球化的到来，意味着各国和其他全球行动者对实现世界各地的经济、社会和文化权利产生了相当大的影响。

序言部分还进一步表明，这份文件的本质是明确国家实现经济、社会、文化权利的域外义务，以推进和充分落实《联合国宪章》的宗旨和国际人权。德瓦（Deva）指出，控制跨国公司活动的方式有四种：单边、双边、多边和国际条例。[30] 他进一步指出，在这四项措施中，单边和国际条例似乎是最可行的。[31] 在"母国"或"东道国"管制的单边模式下，一国可以对跨国公司施加或强制执行国际公认的权利。[32] 依据国际法规，国际社会认为其有责任规范跨国公司在侵犯人权的情况

---

〔28〕 Cuban Liberty and Democratic Solidarity (Libertad) Act of 1996 (Codified in Title 22, Sections 6021~6091 of the US Code) p. L. 104~114, Sect. 302.

〔29〕 *Ibid.*, Sect. 401. See also Sect. 302 of the Act.

〔30〕 S. Deva, "Acting extraterritorially to tame Multinational Corporations for Human Rights Violations: who should 'Bell the Cat'?", (2007) 5 *Melbourne Journal of International Law*, pp. 37~65.

〔31〕 *Ibid.*, p. 42.

〔32〕 *Ibid.*, p. 43.

下从事的活动。根据国际法，一般原则是一个国家对其管辖范围以外的活动行使权力，将被视为侵犯活动发生国的主权。[33] 因此，规范的域外适用只能出现在某些例外情况下。

即使马斯特里赫特原则并没有明确证明域外适用义务的合理性，德瓦确定了 4 个关键点，证明跨国公司有必要承担域外义务。[34] 第一，域外适用的义务不是针对所有跨国公司，只是那些和有关国家有联系的跨国公司；第二，域外适用法要求执行国际政策，而不是国内政策，它比寻求促进外交政策的域外国内法更有可能得到宽恕。当人们认为保护人权已不再是一个国内问题时，这一推理似乎会得到更多的注意。国际法院在关于被占领巴勒斯坦领土上修建隔离墙的法律后果的咨询意见中强调了这一点。[35] 然而在讨论《公民权利和政治权利国际公约》适用范围时，国际法院指出如下：

虽然国家的管辖最初是基于领土，但在某些时候可能会在其国家领土外适用。基于《公民权利和政治权利国际公约》的宗旨和目的，似乎很自然得出，即使是这样，公约缔约国也有义务遵守其规定。[36]

在刚果民主共和国诉乌干达[37]一案中重申了这一立场，在该案中，国际法院确认，就核心人权文书而言，人权法可以延伸到域外。

第三，可以认为，将跨国公司的法规标注为域外是"误导性"的，实际上在性质上远没有那么"域外"。这是因为此类监管只影响在其领土内注册，但通过公司之手在海外经营的母公司。[38] 第四，现在无可

---

[33] J. Cassels, *The Uncertain Promise of Law: Lessons from Bhopal*, Toronto: University of Toronto Press, 1993, p.273; D. Senz and H. Charlesworth, "Building Blocks: Australia's Response to Foreign Extraterritorial Legislation", (2001) 2 *Melbourne Journal of International Law*, pp.69~84.

[34] S. Deva, *supra* n.30, pp.37~65.

[35] *Legal Consequence of the Construction of Wall in the Occupied Palestine Territory*, Advisory Opinion 2004 ICJ 136, 9 July 2004.

[36] *Legal Consequence of the Construction of Wall in the Occupied Palestine Territory*, Advisory Opinion 2004 ICJ 136, 9 July 2004.

[37] *Armed Activities on the Territory of the Congo (DRC v. Uganda)*, 2005 ICJ 26, 19 December 2005.

[38] See for instance, A. Lowenfeld, *International Litigation and the Quest for Reasonableness: Essays in Private International Law*, New York: Oxford University Press, 1996, p.106.

争辩的是，母国和东道国都有义务根据国际法（在某些情况下还有国内法）尊重和保护人权。这似乎意味着它们必须确保其管辖范围内的所有实体遵守人权标准。[39]

《马斯特里赫特原则》的原则 3 规定"所有国家都有义务尊重、保护和履行其域内和域外的人权，包括公民、文化、经济、政治和社会权利。"为了避免在这一点上的任何混淆，该原则接着试图提供域外义务的定义。根据该原则，域外义务包括：

a）一国在其领土内或领土以外，对在其领土以外影响人权的行为和不作为的义务；

b）《联合国宪章》和各项人权文书所规定的全球性义务，即通过国际合作分别或共同采取行动，实现普遍人权。

原则 8 的含义是，一个国家不仅采取必要步骤防止在其管辖范围内侵犯社会经济权利，而且还将有义务防止在其管辖范围以外的侵犯行为。对此，经济、社会和文化权利委员会指出：

当一个外来方对一国境内的局势承担哪怕是部分的责任（不论是根据《宪章》第七章或其他规定），它也不可避免地承担起尽其所能保护受影响人口的经济、社会和文化权利的责任。[40]

这是基于《维也纳行动纲领》确认的原则，即保护人权是所有国家的首要责任。[41] 换句话说，"人权义务的受益者是受国家权威和控制的权利持有人，但确保有关权利的法律义务是整个国际社会的义务"。[42]

---

〔39〕 D. Kinley, "Human Rights as Legally Binding or Merely Relevant?", in S. Bottomley and D. Kinley (eds.), *Commercial Law and Human Rights*, Aldershot：Ashgate, 2002, pp. 38~42.

〔40〕 General Comment No. 8, "The relationship between economic sanctions and respect for economic, social and cultural rights", *Committee on Economic, Social and Cultural Rights*, E/C. 12/1997/8, 12 December 1997.

〔41〕 Vienna Declaration and Programme of Action, Adopted by the World Conference on Human Rights, 25 June 1993, A/CONF 157/24, Part 1 ch III.

〔42〕 O. De Schutter, A. Eide, A. Khlfan, M. Orellana, M. Salomon and I. Seidermanf, "Commentary to the Masstricht Principle on Extraterritorial Obligation in the Area of Economic, Social and Cultural Rights", (2012) 34 *Human Rights Quarterly*, pp. 1084~1169.

原则8第b款与《联合国宪章》和其他人权文书的规定相呼应，呼吁各国单独或联合采取行动，通过国际合作防止侵犯人权的行为。[43]这强调了很重要的一点，即人权保护，特别是对社会经济权利的保护。这是各国共同承担的责任，不论其发展水平高低。该规定中隐含的是，发达国家和发展中国家都有义务防止全世界范围内侵犯社会经济权利的行为。鉴于大多数跨国公司的总部设立在发达国家，这些国家必须与大多数经营跨国公司的发展中国家合作，以避免或最小化由于跨国公司的活动而可能发生的侵犯社会经济权利的行为。经验表明，大多数发达国家往往是跨国公司在发展中国家侵犯人权行为的同谋。这当然违背了各国防止侵犯人权的"单独和共同"义务。

该原则的原则9第（a）和（b）款解释了什么时候会产生域外义务。当一个国家对其主权领土以外的人民或局势行使控制权力或权威，从而可能影响这些国家人民或在此类情况下的人权时，域外义务就会增加。所有国家都应承担尊重人权的责任。同时，域外义务可能发生在国际法所规定的国际合作基础上。这或多或少是重申了《联合国宪章》的国家承诺。根据1945年《联合国宪章》的第56条规定，"各会员国担允采取共同及个别行动与本组织合作，以达成第55条所载之宗旨"。类似的目的还包括"全体人类之人权及基本自由之普遍尊重与遵守，不分种族、性别、语言或宗教"。[44]

《马斯特里赫特原则》规定了在什么情况下国家有义务尊重、保护和实现社会经济权利。这些情况包括：如果国家对另一国的作为或不作为行使完全控制权，可能影响社会经济权利的享有；或"国家根据国际法通过行政，立法或司法部门采取单独行动或共同行动的决定性影响力或采取措施在域外实现经济，社会和文化权利的情况"。[45]

原则12解决的是国际人权法的一个重要内容，它指出国家可能需

---

[43] 特别是《联合国宪章》第55条和第56条所采用的"共同及个别行动"措辞，相比之下，《经济、社会和文化权利国际公约》第2条第1款采用的是"个别或通过国际合作"一词。

[44] 《联合国宪章》于1945年6月26日签署。

[45] See Principle 9（c）.

要为在其直接指导或控制下的非国家行为者的作为或不作为行为负责。它也被认为是国际法中的人权尽责条款。消除对妇女歧视委员会在其关于对妇女的暴力行为的第 19 号一般性建议（1983 年）中指出，根据尽责原则，私营部门的暴力行为可归咎于国家。[46] 一些人权法院也采取同样的观点。例如，在社会和经济权利行动中心等诉尼日利亚案件中，非洲人权和人民权利委员会认为，尼日利亚政府违反了《非洲宪章》的各项规定，未能阻止奥格兰壳牌公司造成的侵犯人权行为。[47] 这是一个重要的裁判，它要求国家为私人行为者或实体在其领土外的侵犯人权行为负责。这正是原则 12 的最初目标。

在规定尊重义务的部分中，《马斯特里赫特原则》明确了直接或间接的国家行为都会导致侵犯社会经济权利的原则。因此，国家被限制采取任何可能直接或间接影响在其境外的社会经济权利的行为。[48] 关于保护义务，《马斯特里赫特原则》规定了国家必须规范非国家行为者的行为，以保障不会影响到社会经济权利的享有。其中包括采取行政、立法、调查、司法和其他措施。原则 25 规定国家要采取措施，以保证下列情况中的社会经济权利：

a）损害或损害威胁起源于或发生于其境内；

b）当非国家行为者拥有有关国家的国籍；

c）在工商企业方面，公司或其母公司或控股公司在有关国家有其活动中心、注册地或住所、主要营业地或重大经营活动的；

d）有关国家与它试图规范的行为之间存在合理联系，包括非国家行为者相关行为在该国领土内进行；

e）任何损害经济，社会和文化权利的行为均违反国际法的强制性规范。根据国际法，这种违法行为也构成犯罪。各国必须对应当承担责任的人行使普遍管辖权，或将其合法转移到适当的管辖区。

---

〔46〕 CEDAW, General Recommendation 19, "Violence against Women", adopted August 1983 (CEDAW/C/7), p. 1.

〔47〕 *Social and Economic Rights Action Center* (*SERAC*) *and other v. Nigeria* (2001) AHRLR 60 (ACHPR 2001).

〔48〕 See Principle 20 and 21.

关于实现义务，《马斯特里赫特原则》强调了一系列国际必须采取的行为。其中包括"个别并通过国际合作，采取深思熟虑、具体和有针对性的步骤，创造有利于普遍实现经济、社会和文化权利的国际有利环境"。[49]

5. 《马斯特里赫特原则》的不足

毫无疑问，域外义务原则包含了有助于保障发展中国家社会经济权利的重要条款。但是，其面临挑战和其他"软法"文书类似，即没有法律约束力。各国，特别是发达国家，是否会认真对待，还有待观察。当人们认为联合国要求跨国公司在其总部以外发生的侵犯人权行为承担义务的最初尝试遭到抵制时，情况就更是如此。这些原则的成功与否在很大程度上取决于发达国家和跨国公司遵守其精神和宗旨的意愿。但是，需要注意的是类似的没有法律约束力的文件，比如《实施社会经济权利的林堡原则》和《马斯特里赫特原则》都是国际上值得尊重的，并且经常作为解释社会经济权利的本质和内容的指南而被援引。

《马斯特里赫特原则》的一个明显不足是未能建立任何问责机制，以确保各国适当遵守其规定。《马斯特里赫特原则》没有建立起能够监督其条款实施情况的机构。鉴于《马斯特里赫特原则》是没有法律约束力的，就可以理解其没有建立监督实施机构的原因。然而，值得讨论的是《马斯特里赫特原则》虽然没有法律约束力，但不能阻止其建立类似于条约机构的，由个人、公民社会组织和跨国公司代表组成的专家机构。专家委员会应负责受理关于跨国公司侵犯人权行为的投诉，调查并给出关于该侵犯行为的调查结果。这将确保该原则中值得称赞的条款不会仅仅成为书面承诺。这样一个专家委员会可以通过从私人捐助机构筹集资金而成立。鉴于《马斯特里赫特原则》本身不是一项条约，各国甚至跨国公司是否愿意与为监督原则执行情况而设立的机构合作，还有待观察。

还可以肯定的是，采用侵权法中已知的可预见性概念来确定侵犯人

---

[49] See Principle 29.

权的域外义务方面的国家责任，可能会削弱该原则的效力。德舒特（De Schutter）等人支持这种做法，认为这"是对各国评估其选择对在国外享受经济、社会和文化权利的影响的一种强有力的激励，因为它们的国际责任将根据其当局知道或应该知道的情况来评估"。[50] 但是，由于侵犯人权是建立在严格责任的基础上的，可预见的办法可能给母国对跨国公司侵犯人权行为提出借口的空间。事实上，可预见的办法似乎与《马斯特里赫特原则》早先申明的尽责办法相矛盾。

6. 结语

多年来，跨国公司一直在许多发展中国家从事不利于人权、特别是社会经济权利的享有的活动。这些侵犯人权行为发生后，受害者得不到补救或救济，其背后有很多因素。其中包括跨国公司事实上通常不被视为国际法的主体，而且在大多数情况下，它们的注册地在另一个不同于其经营所在地的国家。此外，由于跨国公司在许多发展中国家的经济发展中发挥着重要作用，这些国家的政府往往缺乏采取严厉措施来规范跨国公司活动的政治意愿。甚至即使发展中国家愿意规制跨国公司的活动，有时也很难做到，因为大多数跨国公司是在其他地方注册的。毫无疑问，关于在经济、社会、文化权利领域域外义务的《马斯特里赫特原则》的通过，是在国际层面重申，确保跨国公司对其在公司成立国家之外所犯的侵犯人权行为负责。《马斯特里赫特原则》提供了一个很好的机会以确保国家（包括跨国公司）对其管辖范围之外实施的侵犯人权行为负责。

除了《马斯特里赫特原则》可能对国家施加了域外义务外，事实上，它们还缺乏一个监督机构来监督其执行情况，再加上这项原则的非约束性，仍有许多问题有待改进。这些原则的成功与否在很大程度上取决于各国的善意。这不符合我们的期望，因为促进和保护人权不是一个慈善问题，而是国家的法律责任。虽然这项原则值得赞扬，因为它是让跨国公司对其注册地以外的侵犯人权行为负责的第一步，但当务之急是在国际层面通过一项具有约束力的规定来应对这一非常严峻的挑战。

---

〔50〕 O. De Schutter, A. Eide, A. Khalfan, M. Orellana, M. Salomon and I. Seidermanf, *supra* n. 42, pp. 1084~1169.

第二部分　相关问题

第七章 "公平贸易"的下一代：全球供应链中打击公司腐败的人权框架

汉娜·伊万豪

1. 引言

从耐克到可口可乐，再到苹果，企业社会责任运动的出现，使人们认识到跨国公司有责任努力防止和补救其外国子公司和供应商侵犯人权的行为，不论这种侵犯行为发生在世界何处。国际社会必须重视和利用企业社会责任运动的发展势头，并将这种人权框架应用于解决全球供应链中的腐败问题。

十多年来，人们一直在呼吁（国际社会）承认"生活在没有腐败的社会里"也是一项人权，[1] 而美国（前）总统巴拉克·奥巴马（Barack Obama）在 2010 年将持续的腐败称为"对基本人权的侵犯"，使得这一概念的合法性获得承认。[2] 在此前后的几年里，关于这种权利是否存在，以及如果存在这种权利，是否可以被认为对公司具有约束力，从而由此引起的任何诉讼可以得到国际或国内法院裁决等问题已经出现了相当多的论述。

---

〔1〕 See e. g. n. Kofele-Kale, "The Right to a Corruption-Free Society as an Individual and Collective Human Rights: Elevating Official Corruption to a Crime under International Law", (2000) 34 *The International Lawyer*, p. 149. See also A. Brady Spalding, "Four Unchartered Corner of Anti-Corruption Law: In Search of Remedies to the Sanctioning Effect", (2012) *Wisconsin Law Review*, p. 661.

〔2〕 National Security Strategy, White House (2010), available at: www. whitehouse. gov/sites/default/files/rss_viewer/national_security_strategy. pdf.

本章采纳的是普遍的观点，即国际人权保护框架一般会作为硬法对公司加以约束（一些明显的例外除外）。但是，它还认为，由于腐败与侵犯人权之间的关系，实际上存在着一种间接派生的生活在无腐败社会中的权利，即系统性腐败经常导致并可能导致侵犯人权。它也认为该权利适用于约翰·鲁格的"保护、尊重和补救"框架（以下简称鲁格框架或框架）下的公司，因此被纳入公司的企业社会责任政策和内部合规中。[3]

虽然对于腐败本身是否构成对人权的侵犯还有争议，但可以肯定的是，人们普遍认为系统性腐败导致并加速了对人权的侵犯。为了使公司承担起根据鲁格框架尊重人权的义务，这些公司必须阻止在其供应链中发生腐败。没有禁止腐败就不可能尊重人权，因此如果不采取积极措施防止供应链中的腐败，就不能说该公司充分尊重其供应链中的人权。

总而言之，本章所讨论的是，在鲁格框架下，腐败与侵犯人权行为之间的关系已被认可，公司有责任预防腐败，因此，处于全球供应链消费端的跨国公司有更高的责任确保这些供应链中没有腐败现象。由于腐败会导致对基本人权的侵犯，而在鲁格框架下，公司有义务确认和积极尊重人权。所以，公司有义务在其供应链中打击腐败。

本章首先将对供应链中的腐败问题进行简要概述，并且着重介绍其对人们享有的基本人权会带来哪些负面影响。然后，本章将会总结学术界对以下论点的支持：腐败是侵犯人权的行为，因此应通过人权框架加以解决。随后将会讨论根据鲁格框架，跨国公司有义务根据尊重人权的义务防止供应链中的腐败，而且在没有严格的法律标准和司法管辖权的情况下，可以通过强有力的企业社会责任方法（包括非营利活动和媒体活动）在舆论法庭上履行这一职责。

2. 腐败和侵犯人权的联系

本节将简要概述腐败问题，以及通过人权框架看待这一问题的支持

---

〔3〕 "Guiding Principles on Business and Human Rights", United Nations Office for the High Commission for Human Rights（2011），available at：www. ogchr. org/Documents/Publications/Guid-ingPrinciplesBusinessHR_EN. pdf.

理由。

2.1 问题概述：腐败在全球供应链中造成的影响？

全球反腐败联盟"透明国际"将腐败定义为"滥用委托权力牟取私利"。[4] 这一对腐败的定义反映了国际社会的共识，但《联合国反腐败公约》（以下简称《反腐败公约》）没有定义这个术语。而被广泛认为是《反腐败公约》前身之一的美国《反海外腐败法》所规定的定义，可能会是有益的借鉴。总而言之，《反海外腐败法》的相关条款（被称作"反贿赂条款"）禁止美国公民和企业，以及某些外国公民及企业向外国官员支付腐败款项以获得或保留业务。[5] 值得注意的是，《反海外腐败法》通常被认为在禁止的行为方面，比《反腐败公约》规定的范围更窄。

联合国《全球契约》对腐败的看法也可能为即时分析提供信息，并对下面关于企业社会责任的讨论具有重要意义。联合国《全球契约》明确承认企业有责任以其原则 10 的形式防止供应链中的腐败，该原则规定"企业应打击一切形式的腐败，包括勒索和贿赂"。[6]

腐败会对社会和经济发展带来负面影响，从而使得世界上最贫穷的人们永远处于贫困状态。[7] 跨国公司有能力通过贸易和投资推动全球发展，它也有义务确保这些贸易和投资在企业供应链的各个层面都合乎道德，以免它们对发展产生反作用。

然而，在《反海外腐败法》通过 36 年之后，关于跨国公司子公司和承包商/分包商的腐败行为是否应该受到监管的争论仍在持续，如果

---

〔4〕 Transparency International, *Frequently Asked Questions on Corruption*, available at: www. transparency. org/whoweare/organisation/faqs_on_corruption#defineCorruption.

〔5〕 "FCPA: A Resource Guide to the US Foreign Corrupt Practices Act", Criminal Division of the US Department of Justice and the Enforcement Division of the US Securities and Exchange Commission (2012), available at: www. justice. gov/criminal/fraud/fcpa/guide. pdf; see also Foreign Corrupt Practices Act of 1977, *Public Law*, No. 95 ~ 213, 91 Stat. 1494, codified as amended at 15 U. S. C. 78m (b),(d)(1), (g)-(h), 78dd-1 to-3, 78ff (2006).

〔6〕 UN Global Compact, Principle 10, available at: www. unglobalcompact. org/aboutthegc/thetenprinciples/principle10. heml.

〔7〕 United Nations Global Compact, "Corporate Sustainability with Integrity: Organizational Change to Collective Action" (2012).

应受到监管，发达国家或整个国际社会是否应该履行这一监管角色。安德鲁·阿帕尔丁（Andrew Apalding）认为，发达国家的反贿赂立法对发展中国家具有经济制裁的效果。[8] 不过，为了简洁起见，本章假设（通过国内法或国际法律协议制定的）反腐败条例是合理，对促进全球发展和高产的全球经济也是必要的。

下一节将简要介绍供应链中的腐败现象，并试图证明表面上很轻微的腐败行为会对腐败泛滥国家的公民产生怎样的影响。

2.2 供应链中的腐败：发展情况的概述

本文不是为了分析导致社会腐败的各种文化和社会经济背景，而是为跨国公司在其供应链中打击腐败，特别是在腐败猖獗的社会中做生意，提出一个具有历史意义的方法。

由于受到时间上的限制和正在进行的法律调查与和解的保密性质的影响，不允许进行彻底的审查。以下讨论将简要概述跨国公司全球供应链腐败指控中的两个突出案例。

沃尔玛无疑是全球最大的零售商之一，也是目前因全球供应链腐败指控而受到公众关注度最高的公司。在 2012 年，纽约时报披露了沃尔玛在墨西哥的子公司行贿和隐瞒信息的新闻。[9] 该报告表明，沃尔玛的墨西哥子公司为了获得建造和开设新商店所需的许可证，共支付了总额高达 2400 万美元的贿赂款项。[10] 因为政府调查还悬而未决，致使这个案件的许多事实还不清楚，但如果这些指控被证明是存在的话，那么这家沃尔玛子公司的行贿行为是持续且严重的。[11]

---

〔8〕 See A. Beady Spalding, "Unwitting Sanctions: Understanding Anti-Bribery Legislation as Economic Sanctions Against Emerging Markets", (2010) 62 *Florida Law Review*, p. 351.

〔9〕 C. Savage, "With Wal-Mart Claims, Greater Attention on a Law", *New York Times*, 25 April 2012, available at: www. nytimes. com/2012/04/26/business/global/with - wal - mart - bribery - case-more-attention-on-a-law. html.

〔10〕 D. Barstow, "At Wal-Mart in Mexico, A Bribery Inquiry Silenced", *New York Times*, 21 April 2012, available at: www. nytimes. com/2012/04/22/business/at - wal - mart - in - mexico - a - bribe-inquiry-silenced. html.

〔11〕 P. J. Henning, "Taking Aim at the Foreign Corrupt Practices Act", *New York Times*, 30 April 2012, available at: http://dealbook. nytimes. com/2012/04/30/taking-aim-at-the-foreign-corrupt-practices-act/.

行贿以换取新的建筑许可，对这个国家（即墨西哥）有着令人不安的潜在影响，在这个国家，行贿的原因有很多。第一，报告中显示一个这样的例子，贿赂是为了让沃尔玛获准在古遗址上建一家分店，如果沃尔玛下属公司的高管没有以重画分区图为交换条件，那么这种做法将被城市规划法禁止。[12]

第二，建筑许可通常要求保护健康和安全，规避此类许可要求（或至少从政府监督和监管中取消对该要求的遵守）可能会给沃尔玛员工和/或客户带来健康或安全问题。

第三，据称，为换取沃尔玛官员的非法付款而放弃的许可证类型至少包括环境许可证。因此，沃尔玛在墨西哥城北部环境脆弱的洪水盆地建造了一个大型冷藏配送中心。

第四，对当地批准许可官员的行贿导致非法夺取了当地居民的土地。根据纽约时报对该事件的报道，沃尔玛执行官行贿了数十万美元，以便能够在当地一名妇女种植苜蓿作物的土地上建一家商店。[13]

第五，也是最后一点，根据所支付款项的具体情况和通过这些付款获得的好处，有可能通过支付这些贿赂而使某些个人致富，但这是以提供国家所需的收入为代价，而这些收入本来可以用来支持基础设施发展或其他社会福利计划。

在 2011 年，一家主要品牌拥有公司，拥有健力士（guinness）、乔斯·库尔沃（Jose Cuervo）和贝利（Bailey's）品牌，世界上最大的饮料公司之一帝亚吉欧（Diageo PLC），与美国证券交易委员会（Securities and Exchange Commission，SEC）就违反《反海外腐败法》的诉讼达成和解。作为和解协议的一部分，该公司同意支付超过 1600 万美元，并

---

〔12〕 A. D'Innocenzio, "Details Emerge in Wal-Mart Bribery Case", *Huffington Post*, 10 January 2013, available at: www. huffingtonpost. com/2013/01/11/details-emerge-on-wal-mart-bribery-case_n_2455981. html.

〔13〕 D. Barstow and A. Xanic von Bertrab, "The Bribery Aisle: How Wal-Mart Got Its Way in Mexico", *The New York Times*, 17 December 2012, available at: www. nytimes. com/2012/12/18/business/walmart-bribes-teotihuacan. html? pagewanted = all&module = Search&mabReward = relbias% 3Ar%2C%7B%222%22%3A22%3A%2213%22%7D.

对其内部执法程序进行重大改进。[14] 根据美国证券交易委员会报道，帝亚吉欧向印度、泰国和韩国政府官员不当支付了近 300 万美元，以换取"丰厚的销售和税收优惠"。[15]

帝亚吉欧被指控所做的那些不当付款，有的是为了逃避向发展中国家缴税，而发展中国家政府要依靠外贸收入，包括这些税的征收来促进发展。当确保一个国家公民获得这些收入的规定被有效地通过腐败绕过时，这些收入可能无法惠及全体公民。最终，当一个公司为了在其经营的国家逃避应缴纳的税款而进行不当付款，那么这个国家的公民可能会被剥夺他们依法应得的收入。

2.3 腐败侵犯人权的学术和实践理论依据

腐败也是对人们享有的基本人权的威胁。同时，在过去的十年里，人们对人类有权生活在一个没有腐败的社会的观念有了越来越多的共识。许多学者、联合国和美国总统都直接或间接地表达了对这一看法的支持。[16] 这也促成了一个不断发展的共识，即普遍存在的腐败是破坏性的，与尊重和保护基本人权背道而驰。

这表现在许多方面，其中一些是相当生动的。但是，即使是在媒体对腐败和侵犯人权的报道很少的情况下，除了那些更令人震惊的报道，看似无害的腐败行为也可能侵犯人权。

举例来说，公司腐败会侵犯食物权，因为会导致农业用地分配不当，致使合法拥有该土地的人民丧失生计。[17] 它还可能导致对人民政治权利的侵犯，如果公司为了利益向政客支付非法报酬，以有效地"购买"对他们有利的立法投票和决策。

---

〔14〕 US Securities and Exchange Commission Press Release 2011-158, *SEC Charges Liquor Giant Diageo with FCPA Violations*, February 2011, available at: www. sec. gov/news/press/2011/2011-158. htm.

〔15〕 *Ibid.*

〔16〕 See generally, J. Thuo Gathii, "Defining the Relationship between Human Rights and Corruption", (2009) 31 *University of Pennsylvania of International Law*, p. 125; see also n. Kofele-Kale, *supra* n. 1.

〔17〕 See e. g. Bacio-Terracino, *Corruption as a Violation of Human Rights* (2008), International Council on Human Rights Policy (forthcoming).

联合国已经承认腐败和侵犯人权事件关系紧密。《反腐败公约》序言指出"腐败是一种严重的瘟疫，对社会有广泛的腐蚀作用。它破坏民主和法治，导致对人权的侵犯"。[18] 联合国人权高专办也承认腐败是实现强有力的人权保护的障碍。[19]

腐败行为本身是否构成违反人权法是另一个问题（尽管是相关的）。许多人令人信服地指出，在国家实践和习惯国际法中有充分的证据支持存在一项生活在没有腐败的社会中的人权。这种论述的支持理由包括，这项权利是尊重生命、尊严和平等的基本权利所必需的，上一节中重点介绍的案例研究就证明了这一点。[20] 尼迪娃·科菲尔·卡莱（Nidiva Kofele-Kale）认为"建立一个没有腐败的社会的权利本来就是一项基本人权，因为生命、尊严和其他重要的人类价值观都依赖于这项权利。也就是说，这是一种权利，如果没有了它，这些基本价值就失去了意义"。[21]

据称，生活在没有腐败的社会的权利来源于经济自决权，特别是人民对其自然资源行使主权的权利。[22] 这个观点得到了人权活动家科拉沃勒·欧拉尼亚（Kolawole Olaniya）博士的支持，他在最近的一本书中指出，腐败本身就构成了对人权的侵犯，它剥夺了人们的自然财富和资源。[23]

据称，这项权利也是基于《公民权利和政治权利国际公约》和

---

〔18〕　UN General Assembly, United Nations Convention Against Corruption, 31 October 2003, A/58/422, available at: www. refworld. org/docid/4374b9524. html (accessed 10 June 2013).

〔19〕　United Nations High Commissioner for Human Rights, Implementation of General Assembly Resolution 60/251 of 15 March 2006 entitled "Human Right Council, Noted by the High Commissioner for Human Rights transmitting to the Human Right Council the report of the seminar on anti-corruption measures, good governance an human rights" (Warsaw, Poland, 8~9 November 2006), A/HRC/4/71, 12 February 2007.

〔20〕　See S. Coquoz, *Corruption and Human Rights: An International and Indonesian Perspective*, presented at the Pusham UII/Norwegian Centre for Human Rights Workshop on Corruption and Human Rights, 15~16 May 2012, in Yogyakarta, Indonesia; see also n. Kofele-Kale, *supra* n. 1.

〔21〕　n. Kofele-Kale, *supra* n. 1, p. 163.

〔22〕　*Ibid.*, p. 164.

〔23〕　K. Olaniyan, *Corruption and Human Rights in Africa*, Oxford: Hart Publishing, 2014.

《经济、社会和文化权利国际公约》共有的第 1 条的规定。[24] 该条规定"所有人民都有自决权。他们凭这种权利……自由谋求他们的经济、社会和文化的发展"。该条款进一步明确：

> 所有人民得为他们自己的目的自由处置他们的天然财富和资源，而不损害根据基于互利原则的国际经济合作和国际法而产生的任何义务。在任何情况下不得剥夺一个人民自己的生存手段。[25]

虽然在共同的第 1 条中没有明确提及这点，但是美国（前）总统巴拉克·奥巴马在 2010 年美国国家安全战略中，将普遍存在的腐败称为"对基本人权的侵犯"，这对公共和私营部门都有重大的实际影响。[26]

作为习惯国际法的一个问题，将腐败视为一种侵犯国际人权行为的观点得到了下面一系列因素的支持：①一贯、广泛和具有代表性的国家做法，包括要求禁止在外国司法管辖区的腐败行为并将其定罪（例如，美国的《反海外腐败法》[27] 和英国 2010 年的《反贿赂法》,[28] 以及至少 38 个批准或加入《经济合作与发展组织关于在国际商业交易中打击贿赂外国公职人员的公约》（简称《经合组织公约》）的其他缔约国的法律，这些缔约国因此被要求通过这种法律）；②在治理腐败的多边和国际条约中，使用明确和禁止性的语言谴责腐败行为（例如，联合国

---

〔24〕 See International Covenant on Civil and Political Rights, 993 UNTS 171, 6 ILM 368 (entered into force 23 March 1976); see also International Covenant on Economic, Social and Cultural Rights, 993 UNTS 3, 6 ILM 360 (entered into force 3 January 1976).

〔25〕 Common Article 1, International Covenant on Civil and Political Rights, 993 UNTS 171, 6 ILM 368 (entered into force 23 March 1976); see also International Covenant on Economic, Social and Cultural Rights, 993 UNTS 3, 6 ILM 360 (entered into force 3 January 1976).

〔26〕 National Security Strategy, White House (2010), available at: www. whitehouse. gov/ sites/default/files/rss_viewer/national_security_strategy. pdf.

〔27〕 Foreign Corrupt Practices Act of 1977, Pub. L. No. 95-213, 91 Stat. 1494, codified as amended at 15 U. S. C. 78m (b), (d) (1), (g) - (h), 78dd-1 to -3, 78ff (2006).

〔28〕 The British Bribery Act of 2010 (c. 23).

《反腐败公约》[29] 和《经合组织公约》）;[30] ③国家通过严肃有力的语言谴责腐败行为，声称腐败威胁民主、法治和人权；④各国合作来防止腐败行为的普遍意愿（如上面提到的国际协定所示）；⑤如上所述，越来越多的文献承认腐败是（直接或间接）侵犯人权的行为。[31] 但是，目前还不清楚国际习惯法的法律确信是否得到充分满足。

值得注意的是，关于发展中国家腐败的具体发生率以及这种腐败对保护人民人权的影响和后果方面的实证数据也很少。实证分析对得出下列结论是必要的，也是至关重要的，即在国际习惯法方面，生活在一个没有腐败的社会中能否成为一项可被强制执行的人权。然而，本章的目的仅限于提出一个拟议的框架，以解决与侵犯人权有关的腐败问题。而在一个没有腐败的社会中生活是否属于人权，即使这项权利至今尚未规定在国际人权文书中，还需要未来的研究和实证分析去得出最终的结论。

总而言之，把腐败作为一种对人权的侵犯的承认得到越来越多的认可，在当下看来，这种承认并不能作为国际人权法的一部分。[32] 就本次讨论而言，只要承认接受腐败导致并创造一种有利于侵犯人权的环境这一前提就足够了。

3. 跨国公司在供应链中尊重人权的责任

一般而言，公司不是大多数国际人权公约或者国际人权法院和法庭

---

[29] UN General Assembly, United Nations Convention Against Corruption, 31 October 2003, A/58/422, available at: www. refworld. org/docid/4374b9524. html (accessed 10 June 2013).

[30] Convention on Combating Bribery of Foreign Public Officials in International Business Transactions and related Documents, 17 December 1997, pmbl, available at: www. oecd. org/corruption/oecdantibriberyconvention. htm.

[31] n. Kofele-Kale, *supra* n. 1, p. 172.

[32] 更多有关"生活在一个没有腐败的社会的人权正日益得到越来越多人权活动人士和学者的认同"这一论点的讨论，见 D. Kinley, "A New Human Right to Freedom from Corruption", *Syndey Law School Research Paper* no. 14/12; see also K. Olaniyan, *supra* n. 23.

管辖内的主体（除非公司是违反国际刑法的共犯）。[33] 我接受目前流行的一种观点，即公司传统上不受国际人权法的约束，因为它们不是国家行为体，因此它们直到最近还处于国际法主流之外。[34] 而鲁格框架的通过以及在此之前的声明、宣言和辩论标志着这方面的转变。这项分析将讨论在这一框架下让公司适用国际人权标准的有效性。[35]

3.1 保护、尊重和补救框架及其适用的概述

正如本书导言和第一章所讨论的，联合国人权理事会于 2011 年 6 月批准了《工商业与人权指导原则》：执行联合国"保护、尊重和救济"框架，建立并且重申国家有保护人权的义务，公司有尊重人权的责任和人权受到侵犯的受害者有寻求救济的权利。[36]

在这方面，鲁格框架与为工商业和人权制定标准的类似国际倡议有显著区别，因为它为公司规定了明确的义务，而不只是一个良好行为指南或重申现有的人权保护措施（例如结社自由，消除强迫或强制劳动），然后任由各国政府对其区域内的企业实施这些保护措施（见经合组织《多国企业指导方针》和《国际劳工组织关于工作中基本原则和权利宣言》）。[37]

诚然，鲁格框架自成立以来一直受到广泛批评，一方面其被认为是

---

〔33〕 因为本文篇幅有限，不可能包括美国法院根据《外国人侵权索赔法》或在国际刑事法院因公司违反国际人权法提起诉讼的问题。关于对这些问题的全面评估，见 D. Cassel, "Corporate Aiding and Abetting of Human Rights Violations: Confusion in the Courts", （2008）6 *Northwestern Journal of International Human Rights*, p. 304. See also the Rome Statute.

〔34〕 E. Duruigbo, "Corporate Accountability and Liability for International Human Rights Abuses: Recent Changes and Recurring Challenges", （2008）6 *Northwestern Journal of International Human Rights*, p. 222.

〔35〕 See J. Ruggie, "Report of the Special Representative of the Secretary-General on the Issue of Human Rights and Transnational Corporations and Other Business Enterprises", United Nations Human Rights Council, A/HRC/8/5, 7 April 2008.

〔36〕 "Report of the SRSG: Guiding Principles on Business and Human Rights: Implementing the United Nations 'Protect, respect and Remedy' Framework", United Nations Human Rights Council, A/HRC/17/31, 21 March 2011; J. Ruggie, *supra* n. 35.

〔37〕 OECD Guideline for International Enterprises, available at: http://mneguidelines.oecd.org; About the ILO Declaration on Fundamental Principle and Rights at Work, available at: www.ilo.org/declaration/thedeclaration/lang--en/index.htm.

要求公司执行国际人权法的一个不完善措施，另一方面被企业代表认为是联合国的越权行为。在面对两方面的批评时，重要的是注意到该框架深植于现有的国际规则中。秘书长特别代表指出，企业承诺在其经营的所有地方遵守社会规范，这是其能否获得在这些地区经营的社会许可证的考量因素。[38] 其中一个社会规范是他们必须遵守的，而且也得到国际广泛认可，即公司尊重人权的责任。[39]

这项尊重原则的权威性体现在公司自身的陈述和行为（即实践）中，并植根于软法之中。因此，公司可能被认为受到某些要求的约束，即使这些要求没有被严格的法律规定，因为他们相信，公开声明在很多情况下就表明他们受到这些要求的约束。正如秘书长特别代表所指出的，"企业尊重人权的责任得到了几乎所有公司和行业的企业社会责任倡议的承认，也得到了世界上最大的商业协会的认可，同时在全球契约及其全球国家网络中得到了确认，并载入了这些软性法律文书中，例如《国际劳工组织三方宣言和经合组织准则》"。[40] 本书的第一章进一步探讨了在细节方面对该框架的一般批评，但目前而言，重要的是认识到公司在全球范围内接受和承担其职责的程度。

该框架在对公司尊重人权的要求中，隐含了一些额外的要求，包括防止在其供应链内发生侵犯人权行为的肯定义务。最值得注意的是，鲁格框架中规定的公司尊重人权责任，要求公司尽责，以防止侵犯人权，或在已经发生侵犯的情况下，减轻其负面影响。[41] 根据该框架规定，这种尽责被定义为"公司不仅要确保遵守国家法律，还要负担人权损害，以期避免这种情况的发生。"[42]

虽然"腐败"这个术语只在鲁格框架的文本中出现了一次，但是

---

[38] "Promotion of all human rights, civil, political, economic, social and cultural rights, including the right to development", United Nations Human Rights Council, A/HRC/11/13, 22 April 2009, para. 46.

[39] *Ibid.*

[40] *Ibid.*, para. 47.

[41] *Ibid.*, para. 59.

[42] J. Ruggie, *supra* n. 35, para. 25.

这种尽责的要求最终被转化为一项公司责任，即在该公司的全球供应链运作过程中，采取和执行某些必要的内部控制、政策和做法，以防止人权受到损害。[43] 最后，鉴于人们普遍认为腐败会导致侵犯人权行为并使之长期存在，公司必须在供应链中预防腐败，这是它们的一项积极义务，即采取积极主动的措施，确保根据鲁格框架实现尊重人权（例如对尽责的要求）。

3.2 企业社会责任和自愿标准在促进尊重人权方面的作用

据称，在较短的时间内，鲁格框架已经成为被广泛（虽然不是普遍）接受的工商业与人权标准。如上所述，企业越来越认识到并接受其尊重人权的责任，这一趋势在公司中以多种不同的方式表现出来。其中，最普遍的在供应链中实现公司尊重人权的责任的两种方法是参与多方利益相关者倡议（MSIs）和采用公司供应商行为准则。

第一，20 世纪 90 年代，随着耐克和真维斯的血汗工厂丑闻以及随后的媒体闪击战，诸多公司开始加入多方利益相关者倡议，在某些情况下还成立了多方利益相关者倡议，以应对他们在宣传方面面临的挑战。对多方利益相关者倡议最好的定义，是政府、政府间机构、私营部门和非营利组织之间的集体倡议。[44] 自 20 多年前首次出现在商业和人权领域以来，它已经越来越受欢迎，也越来越重要。现在，多方利益相关者倡议的成立几乎可以是为了任何目的，其扮演着各种不同的角色，从第三方认证（如社会责任国际的 SA 8000 认证）到公开披露计划（如全球报告指数）。[45] 它们最基本的统一特征是，由多个不同的利益相关者聚集在一起共同采取集体行动。一群专家对多方利益相关者倡议现象总结如下："通过将所有相关参与者纳入联合流程，多方利益相关者倡议

---

〔43〕 *supra* n. 38，para. 59.

〔44〕 L. Koechlin and R. Calland, "Standard Setting as Cutting Edge：An Evidence Based Typology for Multi-stakeholder Initiatives", in A. Peters et al.（eds.）, *Non-state Actors as Standard Setters*，New York：Cambridge University Press，2000.

〔45〕 对公司内部和公司之间的不同类型的多方利益相关者倡议和其他企业社会责任机构的全面概述，见 J. Moon, A. Crane and D. Matten, "Corporations and Citizenship in New Institutions of Global Governance", in C. Crouch and C. Maclean（eds.）, *The Responsible Corporations in a Global Economy*，Oxford：Oxford University Press，2011.

寻求对每个参与者面临的个别和共同问题采取全面的方法，并找到适当的集体解决方案。"[46]

无可否认，多方利益相关者倡议被批评是无效和无用的，因为它们完全是自愿的，有时会强调合作和对话，而不是具体的承诺。[47] 但是，在最近几年已经出现了一种趋势，即多方利益相关者倡议提供明确的标准和往往经过审计的认证方案。在这些标准下，公司可以承诺寻找他们所需要的特定商品的供应，这些商品是按照多方利益相关者倡议的标准种植、加工和交易的。因此，这些公司以一种既可以监督（通过审计）又可以由任何利益相关者（如多方利益相关者倡议秘书处、非政府组织和活动家以及行业媒体）执行的方式有效地遵守这些标准。

举例来说，邦苏克罗（Bonsucro）以前被称为"更好的甘蔗倡议"，是一个致力于使甘蔗生产和加工更具可持续性的多方利益相关者倡议，成立于 2005 年，是行业参与者之间的一个对话平台。但此后其制定了具体标准（例如，遵守劳工组织关于童工、强迫劳动、歧视和结社自由以及集体谈判权的劳工公约）。一些世界上最大的食品和饮料公司现在所有或部分的甘蔗产品已经开始从那些得到这些标准认证的生产商处获得。[48]

最近几年还出现了越来越严格的企业供应商行为准则，以解决跨国公司复杂的供应链中的人权、劳工和环境权利问题。[49] 同样，这些准则也因为其自愿性而受到批评，但它们有助于概括一个公司的人权责

---

〔46〕 L. Koechlin and R. Calland, *supra* n. 44, p. 86.

〔47〕 See e. g. J. Martinsson, "Multistakeholder Initiatives: Are They Effective?", *The World Bank*, 1 May 2011, available at: http: //blogs. worldbank. org/publicsphere/multistakeholder-initiatives-are-they-efffective.

〔48〕 See e. g. S. Hills, "Coca-Cola Snaps up First Bonsucro Certificated Sugarcane", *Food Navigator*, 22 June 2011, available at: www. foodnavigator. com/Financial - Industry/Coca - Cola - snaps-up-first-Bonsucro-certifed-sugarcane; see also Our Spirit is Clear: Bacardi Limited Corporate Responsibility Report 2012, available at: www. bacardilimited. com/Content/uploads/corporate/responsible/pdf/corp_resp_report_2012. pdf.

〔49〕 有趣的是，在即时分析中，这些准则大多源自 20 世纪 70 年代流行的种族准则，主要关注于防止供应链中的腐败。更多信息请见 A. Florini, "Business and Global Governance: The Growing Role of Corporate Codes of Conduct", (2003) 21 (2) *The Brookings Review*, pp. 4~8.

任，并约束或至少指导其子公司和供应商（有时甚至是二级和三级供应商）在整个公司的全球供应链中遵守这些准则。[50] "虽然这些准则通常在法律上不可以强制执行，但是通过这些准则的公司是以其声誉做担保，以及一直存在的遭受媒体曝光的威胁。"[51] 正如下节将要讨论的，防范这种声誉风险的愿望，是企业自愿改革的一个经常被提及的动机。

值得注意的是，一些供应商准则实际上在法律上是可强制执行的，只要这些准则被明确地或通过引用纳入公司的供应商合同中。[52] 但是，即使在这种情况下，这些准则只有在采购公司违反合同或其他相关诉讼理由时才可对其供应商强制执行。

截至 2009 年，已经有 300 多个行业或行业行为准则，其中包括社会、劳动、环境和其他相关实践领域，许多公司选择制定自己的公司特定准则。[53] 确实，这些准则的内容和制定的标准（以及质量）千差万别。但是现在，这些准则通常会直接援引国际劳工组织及其保护和促进劳工权利的各种法律规定和原则。[54] 一般而言，即使这些准则没有明确援引国际劳工组织公约，也通常会包括某些基本的国际劳工组织标准（例如，禁止雇佣童工）。

然而，这些准则的目标不仅仅是保护在其条款中已经规定的人权。供应商行为准则的支持者认为，供应商行为准则是一种工具，可以在新的社会规范中建立共识并获得支持，而新的社会规范最终可能成为强制性法律的基础。怀疑论者经常将这些准则视为管理公司行为的工具而不

---

〔50〕 J. Nolan, "With Power Comes Responsibility: Human Rights and Corporate Accountability", *University of New South Wales Faculty of Law Research Series*, Working Paper 11, February 2010, p. 583.

〔51〕 *Ibid.* , pp. 589~590.

〔52〕 M. Azizul Islam and K. Mcphail, "Regulating for Corporate Human Rights Abuses: The Emergence of Corporate Reporting on the ILO's Human Rights Standards within the Global Garment Manufacturing and Retail Industry", （2011）22 *Critical Perspectives on Accounting*, pp. 790~810.

〔53〕 D. Vogel, "The Private Regulation of Global Corporate Conduct: Achievement and Limitations", （2010）68（1）*Business & Society*, pp. 49, 72.

〔54〕 See e. g. Apple Supplier Code of Conduct, available at: www. apple. com/supplierresponsibility/pdf/Apple_Supplier_Code_of_Conduct. pdf; see also PepsiCo Global Code of Conduct, available at: www. pepsico. com/Download/supplier_code_of_conduct/English. pdf.

屑一顾，理由是这些准则充其量只是一些软法，只不过是为遵守和宣传这些准则的公司进行营销。[55] 但是，通过这些准则是为了营销的言论，强调了企业至少认识到表面上遵守最低人权标准对公司的营销活动和品牌标识的重要性。

对全球服装制造和零售业的一项研究发现，在过去 15 年中，采用和报告国际劳工组织工作场所人权标准的公司数量大幅度增加。[56]安·弗洛里尼（Ann Florini）为布鲁金斯学会（Brookings Institution）撰文说，"现在几乎每个有自尊的大公司都有行为准则"。[57] 或许最重要的是，雇佣独立第三方，根据供应商准则中的人权条款，对公司的全球供应链进行审计。这在跨国公司（尤其是那些原籍国在美国和欧洲，但从世界各地的生产基地寻找和采购的公司）中越来越普遍。[58]

非政府组织和公民社会的活动人士已经开始利用这一发展趋势，呼吁落后的公司寻求并在某些情况下重新公布它们尚未提交的第三方审计结果。[59] 然后，当这些审计揭露违规行为时，这些非政府组织和活动人士会提高公众对审计结果的关注。

正如前述，多方利益相关者倡议和企业供应商行为准则在防止企业供应链中侵犯人权行为方面的有效性值得关注。因为他们本质上是自愿和自由的，因倡议和公司而异。因此，某些准则和倡议比其他的更有效。此外，在缺乏第三方审计的情况下，他们缺乏监督机制。

但是，越来越多的人支持这样一种观点，即多方利益相关者倡议和准则正趋向于更加有效和有力。国际领先的企业社会责任咨询公司可持

---

〔55〕 A. Florini, *supra* n. 49.

〔56〕 M. Azizul Islam and K. McPhail, *supra* n. 52, p. 790.

〔57〕 A. Florini, *supra* n. 49.

〔58〕 令人不安的是，很少有研究试图量化审计供应商行为准则的相对百分比。不幸的是，这样的研究超出了本文关注的范围。人们也有理由质疑这样的审计师的独立性，因为他们实际上是公司的雇员。事实证明，这种困境对非政府组织来说是一种挑战，因为它们本身缺乏足够的财政资源来资助这种审计。

〔59〕 See e. g. Human Rights Watch, Bangladesh: Tragedy Shows Urgency of Worker Protections, 25 April 2003, available at: www. hrw. org/news/2013/04/25/bangladesh-tragedy-shows-urgency-worker-protections，孟加拉国发生建筑倒塌悲剧，造成数百名服装业工人死亡，人权观察组织随后发表的声明。

续系统（sustainslystic）最近写道：

在公司层面，推行人权政策的公司不但数目显著增加，政策的质量和范围亦有显著改善。这些政策越来越多的纳入《指导原则》所建议的各种要素，例如人权尽责程序和申诉机制。[60]

虽然目前针对公司在其供应链中侵犯人权的行为承担责任的程度是有争议的，但是公司似乎也在采取措施，以期比鲁格框架通过之前更多地，以及在更高的质量水平上加强对人权标准的遵守。[61] 如果同样的框架适用于供应链中的腐败，公司可能会采取类似的做法，在确保遵守相关国内法律的要求之外，主动采取措施，防止供应链中的腐败行为。

4. 企业防止供应链中的腐败，以承担其尊重人权的责任

根据前面已经讨论过的腐败与人权之间的偶然关系的衍生性质，和公司有义务采取积极措施，确保其供应链中的人权不受侵犯，这是公司尊重人权义务的产物，所以公司有责任防止其供应链中的腐败。[62]

公司对其防止腐败的义务的承认，可能会产生巨大的潜在影响，尤其是对于处于全球供应链消费端的品牌跨国公司而言。这将引发一项更大的责任，即这些企业必须确保其全球供应链的各个方面和不同层面都不存在腐败。此外，根据鲁格框架，这要求企业制定内部尽责政策和程序，以防止和查明这些公司的子公司和/或供应商在整个链条中的腐败行为。它还要求建立某种申诉报告机制，通过这种机制，公司腐败行为的受害者可以报告这些情况，并使得公司采取某种相对应的改善措施。

这项义务将超出已经适用的联合国和经合组织反腐败公约所对应的国内法对公司的要求，而不管这项义务是否可以通过国际人权法院或法

〔60〕 I. Grick, "UN Forum on Human Rights: Assessing the Ruggie Framework", *Sustainalystics Reporter*, Issue No. 13, February 2013.

〔61〕 为了更深入地讨论私营部门对企业行为的自愿监管不能完全替代以国家为基础的监管执法这一论点，见 D. Vogel, *supra* n. 53, p. 68。

〔62〕 "Promotion of all human rights, civil, political, economic, social and cultural rights, including the right to development", United Nations Human Rights Council, A/HRC/11/13, 22 April 2009, para. 52.

庭得到适用或执行。[63]

相反，在全球供应链中防止腐败的义务体现在供应商行为准则和跨国公司一般社会责任政策/惯例中，然后在舆论法庭上由充当检察官的媒体和活动家对这些公司执行。

正如一名作者所阐述的：

今天，人权工作者认识到跨国公司和其他私营公司在处理人权侵犯上的责任，企业社会责任的概念越来越多地被用来呼吁企业重视对受其活动影响的所有利益相关者的需要。将腐败与人权联系起来的一个主要承诺，实际上是能够让企业对腐败行为负责。[64]

现在，我将全面讨论企业社会责任运动及其在有效"执行"企业防止腐败的职责方面的作用。

5. 通过企业社会责任方法在非司法层面强制执行这项义务

认识到公司有责任确保其供应链中没有腐败，这是公司尊重人权的义务，我现在谈谈如何执行这一义务的问题，因为目前没有一种令人满意的法律或司法执行机制来追究公司对侵犯国际人权行为的责任。如上所述，我提出，解决方案可以在企业社会责任运动中找到正确的适用办法。

哈佛大学约翰·肯尼迪政府学院（John F. Kennedy School of Government）对企业社会责任进行了全面的定义，具体而言，企业社会责任不仅包括企业如何使用其利润，还包括企业如何赚取利润，即如何运营：

企业社会责任说明企业如何管理其经济、社会和环境影响，以及企业在所有关键影响领域的相互关系：工作场所、市场、供应链、社区和公共政策领域。[65]

从经济的角度而言，企业社会责任的结果是迫使全球企业"将一些负

---

[63] See generally Foreign Corrupt Practices Act of 1977, Public Law. No. 95-213, 91 Stat. 1494, codified as amended at 15 U.S.C. 78m (b), (d) (1), (g) - (h), 78dd-1 to-3, 78ff (2006).

[64] S. Coquoz, *Corruption and Human Rights*: *An International and Indonesian Perspective*, presented at the Pusham UII/Norwegian Centre for Human Rights Workshop on Corruption and Human Rights, 15~16 May 2012, in Yogyakarta, Indonesia.

[65] John F. Kennedy School of Government, *Corporate Social Responsibility Initiative*: *Defining Social Responsibility*, available at: www. hks. harvard. edu/m-rcbg/CSRI/init_define. html.

面的社会和环境外部性内在化，并增加对一些公共产品的私人供给"。[66]

许多人对企业社会责任运动持批评的态度，因为它是自愿的，而且缺乏具有独立争端解决机构的执行机制。[67] 但是，这种批评并没有提出正确的问题：正如大卫·沃格尔（David Vogel）所言，对企业社会责任监管的任何准确评估"都不应将其与有效全球经济治理的理想世界相比较，而应与实际的政策选择相比较。"[68]

为此，值得注意的是，大多数企业社会责任条款可能比许多发展中国家法律上可执行的、成文的劳工和人权条例更为有效。也因此，相关的问题不在于企业社会责任方法是否允许在法院强制执行公司义务，而是是否存在一种制度和机制，通过这种制度和机制，公司表明自己受到某些义务的约束（如果没有企业社会责任），否则公司就没有义务履行这些义务。[69]

5.1 通过企业社会责任方法在全球企业供应链中打击腐败的可行性

本章不涉及对企业社会责任方法有效性的全面分析，但以下讨论将简要概述企业社会责任在促进企业普遍尊重人权和具体防止腐败方面的有效性。

第一，可以合理地将关于公司的国际人权标准作如下概况，因为公司认为这些很重要：公司编写自愿的内部公司规则和准则，概述这些义务（通常直接援引国际劳工组织和联合国的规定），然后投入大量资源聘请第三方审计其供应链，并确保这些规则和准则得到遵守。这种做法在某种程度上支持了这样一个前提，即公司设法通过其公司社会责任方案来遵守国际人权义务，即使法律没有要求它们遵守这种义务。[70]

---

[66] D. Vogel, *supra* n. 53, p. 68.

[67] See generally R. McCorquodale, "Corporate Social Responsibility and International Human Rights Law", (2009) 87 *Journal of Business Ethnics*, pp. 385, 394; See also J. Nolan, *supra* n. 50, p. 589.

[68] D. Vogel, *supra* n. 53, p. 80.

[69] 这名作者（即大卫·沃格尔）还反驳了上述论点，理由是它没有考虑到公民社会、提起倡议的非政府组织和媒体的作用，指责企业未能履行其已作出的（甚至是自愿的）社会责任承诺。

[70] P. Lund-Thomsen and K. Khalid Nadvi, "Global Value Chains, Local Collective Action and Corporate Social Responsibility: A Review of Empirical Evidence", (2010) 19 *Business Strategy and the Environment*, p. 1.

第二，即使对其有效程度还有争议，许多人仍赞同企业社会责任运动（包括并伴随着非政府组织的宣传活动的增加）已经鼓励了大量的跨国公司至少逐步改变其政策和做法，以便在整个供应链中更好地防止对人权的侵犯。[71]

举例而言，国际乐施会的"成长运动"旨在改革全球粮食系统，它最近发表了一份报告，强调了可可供应链中的性别歧视和不平等问题，随后开始公开反对全球最大的三家可可采购商——雀巢（Nestle）、玛氏（Mars）和亿滋（Mondelez）。[72] 在不到一个月的公开行动之后，雀巢和玛氏公司宣布将按照乐施会的要求做出承诺，包括签署联合国赋予妇女权力原则。[73]

布鲁金研究会注意到，这些组织有权因为公司的不道德行为，而点名公司并让其感到羞愧。同时，其还观察到这些组织"善于羞辱或胁迫企业关注活动家所说的私营部门更广泛的社会责任"，从而得出结论，这些公司实际上是屈服并满足了这些积极活动家的要求。[74]

为了更好地了解这种情况，简要审查公司采用企业社会责任计划和自愿遵守这些计划的各种理由是有价值的。在许多司法管辖区，作为法律要求的一个问题，公司首先关注的是它们的信托责任，即为股东实现利润最大化。[75]

因此，公司所采取的任何措施都是以某种方式实现这一目标。根据这一点，我们可以推断，公司决定改变政策是出于以下四个原因之一：①减少和规避风险（法律和其他方面）；②保持正面的品牌声誉和身

---

〔71〕 为了支持这一前提，请考虑可可行业中进行第三方审计和认证的大规模行动。总部位于美国和欧洲的企业又花了数千美元来确保供应链的可追溯性，以确保它们的供应不会依赖西非的童工。

〔72〕 "Oxfam food company Campaign Delivers Win for Women Cocoa Farmers", Oxfam International, 25 March 2012, available at: www. oxfam. org/en/grow/pressroom/pressrelease/2013-03-25/oxfam-food-company-campaign-delievers-win-women-cocoa-farmers).

〔73〕 *Ibid.*

〔74〕 A. Florini, *supra* n. 49, p. 5; D. Vogel, *supra* n. 53, p. 76.

〔75〕 L. E. Strine, Jr., "Our Continuing Struggle With the Idea That For-Profit Corporations Seek Profit", (2012) 47 *Wake Forest Law Review*, p. 135.

份；[76] ③通过增加供应链透明度和可追溯性，确保可靠和持续地供应商品和服务；④吸引和留住有社会意识的员工和投资者。[77]

另外，"舆论法院"作为一种可行的非司法强制执行机制，需要一个强大而活跃的媒体和民间社会来揭露公司未能遵守其社会和环境承诺的案例。如果媒体和民间社会发挥这一作用，它们将继续引导公众关注那些不尊重人权的公司。[78]

在这些考虑的基础上，用秘书长特别代表的话说，如果公司未能履行尊重人权（从而防止腐败）的基本责任，将使这些公司"受制于由员工、社区、消费者、公民社会和投资者组成的舆论"审判，从而损害了他们的底线，即利润。[79]

5.2 为什么企业社会责任方法有用？

正如前述，学者们最近开始解决的问题是，根据国际人权法律制度，公司是否可能因参与政府腐败而被追究责任。[80] 但是，最终这些尝试似乎（尽管不情愿）大多数得出同样的结论：一般国际人权法和具体生活在没有腐败的社会的权利，对于私营部门实体没有强制约束力。[81] 用一位作者的话来说，"最终，国际人权制度以国家为中心的性质，限制了对非国家行为者的共谋标准的适用"。[82]

人们还普遍认为，国际人权法缺乏一种机制，使受害者可以向负有

---

[76] D. Vogel, *supra* n. 53, p. 71.

[77] See e. g. Council on Ethnic for the Government Pension Fund, Annual reports 2006 and 2007, available at: www. regjeringen. no/en/sub/Styrer - rad - utvalg/ethics _ council/annual - reports. html? id=458699, 挪威政府养老基金决定从沃尔玛撤资，原因是沃尔玛侵犯了人权。See also J. Nolan, *supra* n. 50, p. 592.

[78] "Promotion of all human rights, civil, political, economic, social and cultural rights, including the right to development", United Nations Human Rights Council, A/HRC/11/13, 22 April 2009, para. 47.

[79] J. Ruggie, *supra* n. 35, para. 54.

[80] C. Rose, "The Application of Human Rights Law to Private Sector Complicity in Governmental Corruption", (2011) 24 *Leiden Journal of International Law*, p. 715.

[81] See e. g. R. McCorquodale, *supra* n. 67, p. 385; see also C. Rose, *supra* n. 81, p. 715.

[82] C. Rose, *supra* n. 81. 反对意见, See e. g. A. Clapham, "The Human Rights Obligations of Non-State Actors in Conflict Situations", (2006) 88 (863) *International Review of the Red Cross*. 遗憾的是，对这些文章进行彻底的比较分析超出了本文研究范围。

责任的公司寻求对其侵犯行为的补救。[83] 换言之，没有法律或者司法措施来强制公司履行尊重人权的义务，因此也没有这样的机制来强制公司履行防止腐败的义务。这一不幸的事实突显了企业社会责任范式对实施人权保护的必要性。诚然，企业社会责任方法缺乏对企业侵犯人权行为受害者的申诉和补偿机制。

正如前面所讨论过的，有大量的激励措施来促进公司采取有意义的企业社会责任方案。根据鲁格框架和执行该框架的企业社会责任方法，这些激励措施也适用于反腐败措施。国际商会编制的下表提供了一些潜在的激励措施实例，包括自愿遵守的好处和未能采用自愿遵守的风险，这是一份改编自联合国全球契约（UNGC）、国际商会、透明国际（TI）和世界经济论坛的联合报告。

表7.1 反腐败的商业理由[84]

参与的好处	不参与的风险
降低经营成本 吸引有道德的投资者投资 吸引和留住有原则的员工，增强员工士气 获得竞争优势，成为关注道德的客户/消费者的首选 符合美国和意大利等司法管辖区减少法律制裁的条件	刑事起诉，在某些司法管辖区，无论是公司还是高级管理层，都可能被判处监禁 被排除在投标程序之外，例如国际金融机构和出口信贷机构 "赌场风险"——如果交易对手未按约定交付和/或继续为此提高价格，则无法律补救措施 损害其名誉、品牌和股价 在招聘新员工时更难争取到人才 监管机构的谴责 纠正措施的成本和可能的罚款

〔83〕 C. Rose, *supra* n. 81, p. 722.

〔84〕 "Clean Business is Good Business", *International Chamber of Commerce*, 2008, available at：www. unglobalcompact. org/docs/news_events/8. 1/clean_business_is_good_business. pdf.

续表

参与的好处	不参与的风险
创造公平竞争环境，克服"囚犯困境" 提高公众对企业的信任 影响未来的法律法规	在扭曲的市场中错失商机 腐败的规模越来越大 政策制定者通过在国际、地区和国家范围内采用更严格和更强硬的法律法规来应对

在现有的内部反腐败合规制度中增加一个国际人权框架和明确国际人权框架的保护地位，能够明晰反腐败的商业理由。它将增加企业对内部人权政策和鲁格原则的遵守，从而让企业获得表中列举的参与的好处，同时也增加了不保护这些权利的风险，以及随之而来的潜在的公共人权丑闻的威胁，正如表中列举的不参与的风险。这些因素加在一起会增加公司遵守此类政策的可能性。

采取人权和企业社会责任的角度来解决在供应链中的腐败问题，也鼓励公司将主要的反腐败标准和规定，纳入其人权政策和供应商行为准则中，因为这些反腐败标准最终可以像其准则中规定的其他人权保护措施一样，对整个公司的供应链进行审计。

所以，最终鲁格原则通过企业社会责任运动得到适用，为私营部门实体强制履行人权（和其他道德）义务提供了必要的选择，否则它们可能不会受到这些义务的约束。由于企业社会责任方法的有效性不需要公司在国际法庭或法院进行审判，因此即使在没有国际硬性法律义务的情况下，企业社会责任也有可能有效地促进公司对人权的尊重。

需要说明的是，我怀疑即使是最热心的企业社会责任支持者，也不会认为这是执行企业人权或反腐败要求的最佳途径，但在国际社会制定出具有法律约束力的标准和裁决机制之前，企业社会责任可能为控股公司提供一种可行的替代策略，在一定程度上使企业对其供应链中的侵犯人权行为负责。

5.3 如果国内已经有反腐败法，为什么还需要建立企业社会责任方法打击腐败？

为了简洁起见，本节将主要关注美国的《反海外腐败法》，它可以说是国内反腐败法中最有力的例子。

对于用国内法律打击全球腐败的最主要批评是，它们局限在国内法律范围内，而不是国际适用的。第一眼看上去，这似乎是有力的批评，但是以美国《反海外腐败法》为例，必须要了解的是，它通过其域外适用条款，具有全球影响力。美国《反海外腐败法》的各项规定适用于美国公民和公司（包括其国外子公司），包括在美国证券交易所上市的美国和外国上市公司（或需要向美国证券交易委员会提交定期报告的公司），以及在美国境内从事商业活动的某些外国人士和公司。最终，外国公司实体和国民也可以因为贿赂公职人员（不论在本国和国外），依据《反海外腐败法》被诉，即使其在美国没有发生实质性的行为。[85]

此外，《反海外腐败法》和其他类似的国内法律禁止在外国司法管辖区的腐败行为，并对此有严厉惩罚的威胁，包括在某些情况下的巨额罚款和监禁。[86] 最后，有人可能会说，《反海外腐败法》和其他类似的国内法的域外影响，加上它所威胁施加的具体惩罚，实际上使这里提出的替代性人权或企业社会责任框架变得不必要。但是，有许多理由可以说明为什么另一种打击腐败的工具是有益的。

像《反海外腐败法》这样的国内法律的有效执行，太容易受到一

---

[85] D. p. Ashe, "The Lengthening Anti-Bribery Lasso of the United States: The Recent Extraterritorial Application of the U. S. Foreign Corrupt Practices Act", (2004) 73 *Fordham Law Review*, p. 2897.

[86] 在 2011 年，泰拉电信公司（Terra Telecommunications Corp.）前总裁因参与在海地一家国有电信公司向海地政府官员行贿而被判处 15 年监禁。"Executive Sentenced to 15 years in Prison for Scheme to Bribe Officials at State-owned Telecommunications Company in Haiti", Department of Justice, 25 October 2011, available at: www. justice. org/opa/pr/2011/October/11 - crm - 1407. html (accessed 18 May 2013). 欲知更多关于违反《反海外腐败法》最大处罚的信息，see E. Lichtblau and C. Dougherty, "Siemens to Pay \$1. 34 Billion in Fines", *New York Times*, 16 December 2008。

系列外部影响。再次以《反海外腐败法》为例，只要惩罚企业腐败行为的最有效的监管工具仍然是美国法律的产物，它将受制于美国历届总统政府和国会所特有的政治冲动和不同的执法环境。第 133 届美国国会，作为上届执政的国会，由于拒绝支持即使是最根本的政府规章和机构，其政治恶名达到了新的高度。举例来说，国会议员路易·戈默特（Louie Gohmert）在 2011 年呼吁废除负责异常无争议的计算立法费用的无党派国会预算办公室。[87] 尤其是在具有高度影响力和资金基础雄厚的美国商会和一名美国前司法部长慷慨激昂的反对《反海外腐败法》的情况下，不难想象美国国会将会把注意力转向废除《反海外腐败法》。[88]

《反海外腐败法》也是基于检察机关的自由裁量权。在执行《反海外腐败法》的历史上有一个明显的趋势，即使在有大量不当行为证据的情况下，当事人也大多选择和解而不是起诉。特别是，当潜在的被告具有很高的影响力，并对美国的外交政策或全球金融体系施加某种直接或间接的压力时，这种和解的趋势更为明显。

斯伯丁（Spalding）认为，过去 10 年《反海外腐败法》的某些执法行动表明，美国相关监管机构正将外交政策纳入《反海外腐败法》的执法考虑范围内。[89] 例如，在 2008 年，全球电子巨头西门子（Siemens）同意为违反《反海外腐败法》的行为支付 8 亿美元的罚款，这一结果被普遍认为对该公司有利。[90] 据称，西门子曾向政府官员行贿，以赢得委内瑞拉的地铁运输合同、以色列的电力计划合同以及联合国石

---

〔87〕 E. Klein, "Trashing the CBO, and undermining any chance at fiscal responsibility", *Washington Post*, 20 January 2011, available at: www. washingtonpost. com/wp-dyn/content/article/2011/01/20/AR2011012005852. html.

〔88〕 P. J. Henning, "Taking Aim at the Foreign Corrupt Practices Act", *New York Times*, 30 April 2012, available at: http://dealbook. nytimes. com/2012/04/30/taking-aim-at-the-foreign-corrupt-practices-act/. S. Rubenfeld, "Chamber Picks Apart Guidance in Letter, Demands Statutory FCPA Reform", *Corruption Currents*, *Wall Street Journal*, 19 February 2013.

〔89〕 A. Brady Spalding, *supra* n. 1, p. 681.

〔90〕 *Ibid.*, p. 684.

油换粮食计划下向伊拉克出售电站的合同。[91]

需要注意的是，除这些好处外，避免因贿赂定罪意味着西门子今后不会被禁止参与美国政府合同的投标。[92] 确保西门子有资格竞标潜在的美国采购合同，是决定寻求和解而非起诉的一个重要因素。美国司法部在西门子的判决备忘录中明确表示，其"对附带后果的分析包括了被禁止参与和被排除在政府合同之外的风险"。[93] 也许，最令人担忧的是，施加在这些执行决定上的压力和影响，以及随之而来的和解和不起诉的倾向，都是在不受公众审查和监督的情况下秘密发生的。

类似的情况也可能发生在对国际金融市场有重要影响的《反海外腐败法》被告公司上，即那些"大到不能倒"的银行和公司。[94] 虽然它不是一个《反海外腐败法》的案例，2012 年，汇丰银行与美国司法部就汇丰银行违反美国制裁和反洗钱法律达成的和解协议表明，美国政府在决定是否起诉被告公司时，往往是由外界的担忧决定的。随后，助理司法部长伦尼·布鲁尔（Lenny Breuer）在宣布与汇丰达成和解的新闻发布会上也承认了这一点，他表示，"如果美国当局决定提起刑事诉讼，汇丰银行几乎肯定会失去其在美国的银行牌照，该机构的未来将受到威胁，整个银行体系将被动摇"。[95] 鉴于美国外交政策和全球金融体系的性质，这些情况不太可能改变，因此，《反海外腐败法》的执行仍将容易受到政治突发事件和外部因素的影响。

如上一节所述，企业社会责任模式还为公民社会参与和公众施压提供了途径，将腐败作为一种侵犯人权的行为而不是像《反海外腐败法》这样的国内法规定的行为。正如一位作者所假设的：

如果腐败被视为侵犯人权，它将提高人们关于腐败对个人利益影响

---

[91] U. S. *Securities and Exchange Commission v. Siemens Aktiengesellschaft*, Complaint, 12 December 2008 at 2.

[92] E. Lichtblau and C. Dougherty, *supra* n. 87.

[93] Department's Sentencing Memorandum at 11, United States v. Siemens *Aktiengesellschaft*, No. 08-CR-367-RJL（D. D. C. Dec. 12, 2008）, available at: www. justice. gov/opa/documents/siemens-sentencing-memo. pdf.

[94] M. Taibbi, "Gangster Bankers: Too Big to Jail", *Rolling Stone*, 14 February 2013.

[95] *Ibid.*

的认识，以及轻微的腐败行为可能对受害者和大众造成多大的损害。这可能会让大部分公民成为打击腐败的有力支持者。[96]

它还将加强世界各地的人权和反腐败非政府组织的现有努力。

最后，将企业反腐败合规工作置于普遍人权的背景下，有利于转移此类投诉的焦点。用斯伯丁的话来说，"如果《反海外腐败法》执行的主要重点是防止侵犯人权，那么我们的重点必须从公司转移到发展中国家的受害者上"。[97] 因此，如果公司有防止腐败的公认责任，作为公司尊重人权责任的延伸，为了履行该责任下的义务，公司不仅必须确保遵守相关的国内立法（即其员工和子公司不得有腐败行为），还需要采取一些积极行动，以防止在其经营所在司法管辖区内发生其他腐败行为，包括为其提供原材料的第三方供应商实施的腐败行为。

6. 结语

承认公司有责任在其全球供应链中预防腐败，并有义务尊重并采取企业社会责任方法，这将使企业对自己的反腐败政策和实践拥有自主决定权，并使其成为自己品牌的一部分，而不仅仅是法律强制的企业合规的产物。它还将为非政府组织和活动家提供一个机会，倡导那些未能充分防止供应链中发生腐败问题的公司，与其进行对话，并可能发起反腐败运动。

最终，这种新方法带来的改变企业国际运营方式的真正潜力在于，它提供了更多监控这些公司的手段，并最终对它们施加压力，迫使它们以更公平、更合乎道德和社会公正的方式运营。根据本文提出的方法，非政府组织和民间社会组织可以采用与现在相同的策略，将人们的注意力转移到侵犯人权和全球腐败问题上，比如让企业因其供应链中的腐败案件而遭到点名羞辱。相关媒体可以像目前报道公司侵犯人民组织工会的结社权或污染社区供水一样，突出公司的腐败行为及其后果。

---

〔96〕 J. Bacio-Terracino, *Corruption as a Violation of Human Rights*, International Council on Human Rights Policy (2008).

〔97〕 A. Brady Spalding, *supra* n. 1, p. 675.

简言之，本文提出的这一方法将促使国际民间社会团体和媒体，将全球腐败问题纳入主流和日益流行的人权话语中，使这一问题得到澄清，即使不能在法庭上，至少也要在舆论上追究公司腐败行为的责任。

第八章　冲突矿物领域人权尽责框架的批判性研究
——对电子行业的挑战

高以美子

1. 引言

刚果民主共和国东部省份自 1996 年以来一直饱受暴力冲突和不安全的困扰，引发了世界上最严重的人道主义危机之一。这一危机夺去了 500 多万人的生命，造成大约 270 万国内流离失所者（IDPs）和大约 50 万刚果难民。[1] 当时的联合国冲突中性暴力问题特别代表马戈特·沃尔斯特罗姆（Margot Wallstrom）也给这个国家贴上了"世界强奸之都"的标签。[2]

刚果民主共和国东部省份还拥有钽、锡、钨和黄金等高价值的矿物，这些矿物的应用范围很广，尤其是在智能手机和笔记本电脑等高科技消费品上。自 20 世纪 90 年代以来，对这些"技术矿物"的需求一直在增长，而由于近期技术和工业的发展，需求突然增加，这些矿物的价格也大幅飙升。[3] 刚果民主共和国东部省份的暴力冲突在很大程度上被认为是由这些矿产资源带来的利润驱动而维持的，这正是著名的"资

---

〔1〕　UNHCR, "2015 UNHCR country operations profile-Democratic Republic of the Congo", available at: www. unhcr. org/pages/49e45c366. html（accessed 15 June 2015）.

〔2〕　"UN Office calls DR Congo 'rape capital of the world' ", *BBC News*, 28 April 2010.

〔3〕　B. Buijs and H. Sievers, "Critical Thinking about Critical Minerals: Assessing risks related to resource security", Polinares Working Paper no. 33, March 2012.

源诅咒"之说。勒·比隆（Le Billon）解释说，对"冲突资源"的
"控制、剥削、贸易、税收或保护"导致了武装冲突或从武装冲突中
获益。[4]

　　已经有很多研究在探究矿物资源的生产和贸易在助长和维持刚果民
主共和国东部省份的暴力冲突中所起的作用。2001 年至 2003 年，[5]
联合国专家组撰写了一系列调查和报告，突出了工商业在加剧刚果民
主共和国冲突中的作用。这些报告首次公布了刚果民主共和国参与非法开
采自然资源的公司名单。电子行业协会"全球电子可持续性倡议"
（GeSI）委托编写的一份报告也对电子行业在刚果民主共和国冲突中的
影响范围提出了质疑。[6] 在进行这些调查之后，联合国专家组、中非
倡议组织（INICA）、国际发展部（DEID）和资源咨询服务部等组织开
展了一系列其他研究活动。[7] 此外，全球见证组织（Global Witness）、
"使其公平"（Make IT fair）和"足够项目"（the Enough Project）等非
政府组织多年来一直在倡导研究刚果民主共和国冲突的起因，并游说政
府和电子公司采取行动。

　　与此同时，自 20 世纪 90 年代以来，有关企业在冲突中的作用的文

〔4〕　P. Le. Billon, "Getting It Done: Instrument of Enforcement", in I. Bannon and p. Collier (eds.), *Natural Resources and Violent Conflict: Options and Actions*, Washington DC: The world Bank, 2003, pp. 215~286, p. 216.

〔5〕　UN, Final Report of the Panel of Experts on the Illegal Exploitation of Natural Resources and Other Forms of Wealth of the Democratic Republic of Congo, UN Doc. S/2002/1146, available at: www. srwolf. com/reports/UNCONGO. pdf.

〔6〕　K. Hayes and R. Burge, *Coltan Mining in the Democratic Republic of Congo: How tanta-lum-using industries can commit to the reconstruction of the DRC*, Cambridge: Fauna & Flora International, 2003.

〔7〕　Department for International Development (DFID), "Trading for Peace: Achieving security and poverty reduction through trade in natural resources in the Great Lakes area", Research Report, October 2007; Initiatives for Central Africa (INICA), "Natural Resources and Trade Flows in the Great Lakes Region", Phase 1 Report, 2007; n. Garret and H. Mitchell, "Trading Conflict for Development: Utilizing the Trade in Minerals from Eastern DR Congo for Development", April 2009, Resource Consulting Services; UNSC, Final Report of the Group of Experts on the Democratic Republic of Congo, UN Doc. S/2008/773, 12 December 2008.

献越来越多，反映了全球化经营和公司规模的不断扩大。[8] 为了给在受冲突影响和/或治理薄弱地区经营的全球公司提供指导，国际社会已经制定了若干框架，如《经合组织跨国公司在治理薄弱地区的风险意识工具》[9]《经合组织跨国企业准则》[10] 以及《安全与人权自愿原则》[11]。

此外，时任联合国秘书长特别代表的约翰·鲁格制定了一个工商业和人权框架，其中包括通过尽责程序来确保公司尊重人权的责任，这一新兴的工商业和人权协调机制已广为人知。因此，如果与供应链中任何侵犯人权的行为联系在一起，即使企业在武装冲突或治理薄弱地区没有直接的经营活动，也很容易遭遇声誉风险；全球供应链的管理也成为近年来企业战略管理的关键问题之一。[12]

在这方面，原产于刚果民主共和国东部的钽、锡、钨和金被称为"冲突矿物"。全球对"冲突矿物"的认识和关注显著增加，因为即使在全球经济停滞的情况下，对这些矿物的需求依然强劲。但是，刚果民主共和国东部的矿产供应链是复杂的，因为矿产大多是由非正规的、不受管制的手工采矿部门开采的，主要通过非正规渠道进行交易，部分原因是刚果民主共和国的治理能力薄弱。在这种情况下，国际社会已经制定了各种办法，以便通过在矿产供应链中运用人权尽责的手段，来解决

〔8〕 V. Haufler, "Is There a Role for Business in Conflict Management?", in C. A. Crocker et al. (eds.), *Turbulent Peace: the Challenges of managing international conflict*, Washington, DC: United States Institution of Peace, 2003, pp. 659~675.

〔9〕 OECD, "OECD Risk Awareness Tool for Multinational Enterprises in Weak Governance Zones", in *Annual Report on the OECD Guidelines for Multinational Enterprises* 2006: *Conducting Business in Weak Governance Zones*, 1 December 2006, OECD Publishing, doi: 10.1787/mne-2006-4-en.

〔10〕 OECD, "OECD Guidelines for Multinational Enterprises - 2011 edition", 2011, OECD Publishing, available at: http://dx.doi.org/9789264115415-en.

〔11〕 Voluntary Principles on Security+Human Rights, "The Principles", available at: www.voluntaryprinciples.org/principles/introduction (accessed 16 July 2012).

〔12〕 M. Shtender-Auerbach, "The Top 5 Socio-political Business Risks for 2010", 13 January 2010, available at: www.huffingtonpost.com/michael-shtenderauerbach/the-top-5-socio-political_b_421466.html (accessed 23 February 2010).

刚果民主共和国的冲突矿物问题。

　　本章将回顾解决全球供应链中冲突矿物问题的人权尽责框架的出现过程，并讨论实施这些框架的意义和挑战。由于在编写本报告时，这些举措的制定和实施仍处于早期阶段，本章参考了各种资料，从相关文献、报告、报道、新闻到 2009 年在卢旺达实地调查收集的数据。[13] 本章分为五节。接下来的一节将会简要概述了人权尽责概念的发展过程。第三节概要介绍旨在促进人权尽责，以遏制冲突矿物贸易的新举措。第四节讨论目前这些举措存在哪些争议，以及在矿产供应链中运用人权尽责面临的挑战。第五节探讨这些举措对刚果民主共和国矿产供应链的影响，并在最后一节中对其进行了总结。

2. 人权尽责概念分析

　　由于近几十年来私营部门和跨国经济活动的大量扩张，自 20 世纪 90 年代以来，人们对工商业在冲突和侵犯人权方面作用的认识和讨论有所增加，使工商业和人权问题进入全球政策议程。为了回应对解决商业人权影响指南日益增加的需求，约翰·鲁格在 2005 年被联合国秘书长任命为特别报告员，以确立一个工商业与人权框架。该联合国框架在 2008 年被确立，其中包括三个核心的原则，即"国家有义务提供保护防止第三方包括工商企业侵犯人权；公司有责任尊重人权；（国家和公司）必须提供更加有效的救济机会"。[14] 这一系列新的工商业与人权指导原则，[15] 其中列举了如何实现上述人权理事会于 2011 年 6 月 16

---

　　[13]　作为博士研究的一部分，作者在卢旺达进行了实地调查，"Conflict coltan: Local and international dynamics in the Democratic Republic of Congo", between 2007 and 2011.

　　[14]　J. Ruggie, "Protect, Respect and Remedy". Report of the Special Representative of the Secretary-General on the issue of human rights and transnational corporations and other business enterprises, Human Rights Council, UN Doc. A/HRC/8/5, 7 April 2008.

　　[15]　Human Rights Council, "Report of the Special Representative of the Secretary-General on the issue of human rights and transnational corporations and other business enterprises, John Ruggie-Guiding Principles on Business and Human Rights: Implementing the United Nations 'Protect, Respect and Remedy' Framework", UN Doc. A/HRC/17/31, 21 March 2011.

日通过的"保护、尊重和补救"框架。[16] 该框架的第二个原则要求，公司尊重人权的责任是"社会对所有公司的底线期望"，其中企业需要尽责。[17] 该框架将尽责定义为"公司不仅确保遵守国内法律，而且要管理人权损害风险，避免发生这种损害"。[18]

伴随着联合国工商业与人权框架的发展，人权尽责已经成为负责任公司运动中的核心概念，它为解决全球供应链中的冲突矿物问题奠定了基础。在这些努力中，实现矿产的可追溯性至关重要，但也非常困难，因为矿产供应链"可能跨越全球数千英里，涉及众多供应商、零售商和消费者，并由跨国运输和电信网络支撑"。[19] 刚果民主共和国东部的上游矿产供应链由于其复杂的网络，包括手工采矿和非正式经济活动，对建立可追踪性和实施尽责程序构成了特别的挑战。

除了刚果民主共和国复杂的矿产供应链，2010 年 7 月，美国颁布了《多德-弗兰克华尔街改革和消费者保护法》[20]（以下简称《多德-弗兰克法案》），其中包含第 1502 节中的冲突矿物条款，因此，开展人权尽责成为一项要求，而非一项建议。但由于其规则在要求范围和审计标准方面极其复杂和模糊，受到了批评，美国证券交易委员会（SEC）直到 2012 年 8 月才确定了这项规定。[21] 尽管美国证券交易委员会的规定并未禁止企业采购冲突矿物，但它要求美国至少 6000 家公开交易的公司，核实其产品是否含有源自刚果民主共和国及其邻国的钽、锡、

---

〔16〕 United Nations Office at Geneva, "UN Human Rights Council Endorse New Guiding Principles on Business and Human Rights", New & Media, 16 June 2011, available at: www. unog. ch/unog/website/news _ media. nsf/（httpNewaByYear _ en）/3D7F902244B36DCEC12578B10056A48F? OpenDocument（accessed 16 July 2012）.

〔17〕 John Ruggie, *supra* n. 14, p. 5.

〔18〕 *Ibid.* , p. 9.

〔19〕 A. Nagurney, Supply Chain Network Economics: Dynamics of Prices, Flows and Profits, Chrltenham: Edward Elgar, 2006, p. 3.

〔20〕 Securities and Exchange Commission, Dodd-Frank Wall Street Reform and Consumer Protection Act, 2010, available at: www. sec. gov/about/laws/wallstreetreform-cpa. pdf（accessed 20 August 2012）.

〔21〕 KPMG, "Conflict Minerals Provision of Dodd-Frank: Immediate implications and long-term opportunities for companies", Report, August 2011, p. 5.

钨、黄金或其衍生品。[22] 如果有，公司必须追踪其产品中矿物的来源，对其供应链进行尽责调查，并发布冲突矿物报告。这一过程被认为会影响到全球大量的供应商。尽管美国商会（US Chamber of Commerce）和美国国家制造商协会（National Association of Manufacturers）等一些美国商业团体强烈抵制具有法律约束力的立法，[23] 但加拿大和欧盟也考虑过类似立法，这将影响更多的公司。

因此，人权尽责概念的发展意味着供应链管理在两个方面的重大转变。首先，矿产的全面可追溯性需要运用人权尽责，将生产商在整个供应链中的责任延伸到原材料开采阶段的上游供应链。其次，立法的发展，例如《多德-弗兰克法案》努力使得供应链中的尽责具有法律约束力，从而背离了基于个人和/或集体行为准则的自愿供应链管理模式。这一范式转变推动了在冲突矿物供应链中进行追溯和人权尽责的各种倡议。下一节将回顾处理冲突矿物的最先进举措，以说明目前人权尽责的方法及其进展。

3. 矿物供应链中实施人权尽责的倡议

解决刚果民主共和国冲突矿产问题的举措日益增多，大致可分为三类，即指导方针、对监管链和封闭供应链的验证和独立审计。本节通过阐述一些现有的措施来考察这三种方法。

第一，具体的指导方针是为了帮助公司追溯其矿物来源。其中最主要的指导方针是《经合组织受冲突影响和高风险地区矿产供应链尽职调查指南》[24]（以下简称《经合组织指南》），这是经济合作与发展组织确立的。《经合组织指南》是为了帮助公司在不侵犯人权或助长冲突的

---

〔22〕　Securities and Exchange Commission, 17 CFR PART 240 and 249b〔Release No. 34-67716; File No. S7-40-10〕, RIN 3235-AK84, available at: www.sec.gov/rules/final/2012/34-67716.pdf（accessed 6 June 2013）.

〔23〕　J. Low, "Dodd-Frank and the Conflict Minerals Rule", *Directors & Boards*, Fourth Quarter 2012, KPMG, pp. 44~45, available at: www.kpmg.com/US/en/IssuesAndInsights/ArticlesPublications/dodd-frank-series/Documents/dodd-frank-and-conflict-minerals-rule-q4.pdf（accessed 6 June 2013）.

〔24〕　OECD, "OECD Due Diligence for Responsible Supply Chains of Minerals from Conflict-Affected and High-Risk Areas", Paris, 2011.

情况下购买矿物。它是通过一种合作的方式拟订的，以解决冲突矿物的复杂问题。这个过程会涉及大量的利益相关者，例如非洲和经合组织国成员国、工业、民间社会、联合国有关刚果民主共和国和小规模采矿技术援助和培训服务专家组（SASSECOM）[25] 以及负责组织和监督手工采矿业的刚果民主共和国政府机构。《经合组织指南》代表了自经合组织理事会 2011 年建议制定指南以来，加入国的共同立场和政治承诺。

《经合组织指南》考虑到刚果民主共和国东部复杂的经营环境，将尽责定义如下：

一个持续的积极和反应的过程，在这个过程中，公司采取合理的步骤，按照国际商定的标准，真诚地努力识别和应对造成冲突和严重侵权的风险，通过与供应商的建设性接触，促进尽责在实践方面的逐步改进。[26]

此外，经合组织为冲突矿产供应链中基于风险的尽责制定了标准：

· 建立强有力的公司管理体制；

· 识别和评估供应链中的风险；

· 设计并实施应对已识别风险的策略；

· 开展独立第三方审计；以及

· 供应链中尽责情况报告。[27]

虽然《经合组织指南》没有解释供应链尽责应如何运作，[28] 但是有了这些标准，就能够帮助公司建立一个实施尽责的程序，并披露信息，从而遵守上述《多德-弗兰克法案》的冲突矿产的规定。[29]

《经合组织指南》已被广泛接受为冲突矿产的国际尽责标准。美国

〔25〕 Service d'Assistance et d'Encadrement du Small Scale Mining（Technical Assistance and Training Service for Small-Scale Mining）.

〔26〕 OECD，"A Joint Letter to U. S. Security and Exchange Commission"，debated 29 July 2011，p. 4，para. 2，available at：www. sec. gov/comments//s7-40-10/s74010-282. pdf（accessed 16 July 2012）.

〔27〕 KPMG，*supra* n. 21，p. 7.

〔28〕 *Ibid.*

〔29〕 OECD，"Note of Clarification"，29 July 2011，p. 2，para. 4，available at：ww. oecd. org/investment/investmentfordevelopment/48889221. pdf（accesseed 16 July 2012）.

证券交易委员会把《经合组织指南》视为企业根据《多德－弗兰克法案》的规定，开始制定相关政策的起点。同样，在2010年联合国专家小组最终报告中出现的联合国专家小组的尽责指南，[30] 支持并依照了《经合组织指南》。刚果民主共和国政府还于2011年9月发布了一项指令，要求在该国经营的所有矿业和矿产贸易公司进行供应链尽责调查，以防止支持刚果民主共和国东部的武装组织，这符合《经合组织指南》的规定。[31] 该指令在2012年2月被纳入了国家法律。其他使用《经合组织指南》的倡议包括：大湖地区国际会议（ICGLR）反对非法开采自然资源的区域倡议活动；国际锡研究所（ITRI）供应链倡议；无冲突锡倡议；希望解决方案；无冲突采购倡议（CFSI）；世界黄金协会的无冲突黄金标准；伦敦金银市场协会的负责任黄金指南；迪拜多种商品交易中心负责任贵金属采购；以及负责任珠宝理事会的产销监管链认证。[32]

第二，采用独立审计的各种认证机制，以提供矿物的保管和产地链，从而使公司能够购买到无冲突的矿物。下面将详细介绍四种不同的机制。

3.1 大湖地区国际会议（ICGLR）反对非法开采自然资源的区域倡议

大湖地区国际会议（ICGLR）是一个由11个非洲国家成员组成的区域机构，[33] 于2006年签署了《大湖区安全、稳定与发展公约》，其

---

〔30〕 The guidelines is provided in UN Security Council, "Letter dated 15 November 2010 from the Chair of the Security Council Committee established pursuant to resolution 1533 (2004) concerning the democratic republic of congo addressed to the president of the security council", S/2010/596, 29 November 2010, available at: www. un. org/ga/search/view_doc. asp? symbol＝S/2010/596 (accessed 21 May 2012) and adopted in the UN Security Council Resolution 1952, UN Doc. S/RES/1952 (2010), 29 November 2010, available at: www. un. org/ga/search/view_doc. asp? symbol＝S/RES/1952 (accessed 21 May 2012).

〔31〕 "Congo government enforces law to curb conflict mineral trade", Global Witness, 21 May 2012, available at: www. globalwitness. org/library. congo－government－enforces－law－curb－conflict－mineral－trade (accessed 6 June 2013).

〔32〕 OECD, "Implementing the OECD Due Diligence Guidance", n. d., available at: www. oecd. org/daf/inv/mne/implementingtheguidance. htm (accessed 4 June 2013).

〔33〕 International Conference on the Great Lakes Region, available at: www. icglr. org/.

中包括一项反对非法开采自然资源的议定书，其中列举出一项综合性举措，以结束对自然资源的掠夺性使用。通过反对非法开采区域自然资源倡议（RINR）是为了将议定书化为具体行动。该反对非法开采区域自然资源倡议的目的是，打破矿产收入和叛军融资之间的联系。该倡议使用了 6 种工具来抑制在大湖地区非法开采自然资源，其中最重要的是区域认证机制。区域认证机制为大湖地区国际会议成员国提供了一个区域协调的供应链尽职调查框架，包括由国家矿业局进行的矿区检查、监管链管理、矿物出口装运认证和数据管理，以及与大湖地区国际会议秘书处就上述程序进行交流。大湖地区国际会议支持《经合组织指南》，并将其纳入了区域认证机制和最近通过的自然资源认证手册。

3.2 无冲突冶炼厂

电子工业协会、电子行业公民联盟（EICC）[34] 和全球电子可持续性倡议（GeSI）[35] 将负责任的采购视为其成员的优先事项，并致力于将其影响力扩大到直接供应商之外，以改善整个供应链的社会和环境状况。自从 2005 年以来，他们通过电子行业公民联盟和全球电子可持续性倡议联合采掘工作组进行合作，并制定了锡、钽、钨和黄金的无冲突冶炼厂（CFS）计划，[36] 使企业能够获得无冲突矿产。

无冲突冶炼厂计划是一项自愿方案，由独立的第三方根据业务流程审查和材料分析审查，对冶炼厂进行评估，以确定它们是否能够证明其加工的所有材料均来自无冲突矿产。最终，无冲突冶炼厂计划能够提供一份无冲突冶炼厂清单，并简化在产品中使用锡、钽、钨和金的企业的尽职调查程序，因为它们只需要追踪其矿物供应链到冶炼厂的数量。在美国证券交易委员会作出解释，在供应链中来自矿物加工设施的合理可靠的陈述是满足《多德-弗兰克法案》第 1502 条对原产国的合理询问

---

〔34〕 Electronic Industry Citizenship Coalition, available at: www. eicc. info/.

〔35〕 Global e-Sustaniablity Intiative, available at: www. gesi. org/.

〔36〕 Conflict Free Sourcing Initiatives, available at: www. conflictfreesmelter. org/; Electronic Industry Citizenship Coalition Program, available at: www. eicc. info/CFSProgram. shtml.

要求的一种方式之后，无冲突冶炼厂计划的参与者就迅速增加了。[37]

3.3 国际锡研究所（ITRI）锡供应链倡议

国际锡研究所（ITRI）是一家总部设在英国的锡行业协会，自2008 年以来一直致力于开发一个有关监管链和尽责制度的国际锡研究所锡供应链倡议（iTSCi）[38]。该锡供应链倡议程序的目的是支持上游企业，从矿山到冶炼厂，在实践层面上遵守《经合组织指南》，通过这些公司来继续对其采购实践负责。它由 3 个部分组成，即实现可追溯性、风险评估和独立第三方审计的监管链数据收集。监管链数据收集包括条形码矿标签和处理器标签，[39] 每个标签都有唯一的编号，并添加到矿物袋中。在进行标记的同时，其还通过专门设计的日志收集详细的数据，以提供记录和数据。上游供应链中的所有成员均由国际锡研究所锡供应链倡议的审计员审计；冶炼厂将由上述无冲突冶炼厂审计，因为国际锡研究所锡供应链倡议监管链系统提供无冲突冶炼厂要求的信息。国际锡研究所锡供应链倡议还能够帮助公司满足《多德-弗兰克法案》的报告要求。虽然该倡议的第一个试点项目于 2010 年在南基伍启动，但在 2010 年 9 月刚果民主共和国政府提出 6 个月的采矿禁令后被迫暂停，如果满足若干条件，例如批准无冲突矿山、获取资金和找到买家，则该项目将于近期重启。自 2011 年以来，该倡议还在卢旺达和刚果民主共和国的加丹加省得到实施，并有可能扩大到整个大湖地区。此外，国际锡研究所还与大湖地区国际会议签署了一项合作协议，建立上述锡的区域认证机制。

3.4 认证贸易链和指纹分析

德国联邦地球科学和自然资源研究所（BGR）[40] 一直致力于推动大湖地区矿物认证。2006 年，他们启动了两个研究项目，以提供钽的

---

〔37〕　K. E. Woody, "Conflict Minerals Legislation: The SEC's new role as diplomatic and humanitarian watchdog" (2012) 81 *Foedham Law Review*, pp. 1315～1351.

〔38〕　International Tin Research Institute (ITRI), "iTSCi Project Overview", available at: www. itri. co. uk/index. php? option=com_zoo&view=item&Itemid=189 (accessed 28 May 2012).

〔39〕　中间人，为贸易公司组织从矿山/当地市场购买矿石。

〔40〕　Bundesanstalt fur Geowissenschaften und Rohstoffe, available at: www. bgr. bund. de.

来源保证。德国联邦地球科学和自然资源研究所目前有 4 个正在进行的项目，分别是在卢旺达的 G8 试点项目认证贸易链（CTC）、在刚果民主共和国的矿物认证、指纹分析（AFP），以及对上述大湖地区国际会议的反对非法开采区域自然资源倡议（RINR）的支持。[41] 这些项目是基于认证贸易链和指纹分析，从最初的两个研究项目发展而来的。

第一，认证贸易链是在手工和小规模采矿部门促进可追溯性、透明度和负责任的生产标准的一种手段，包括通过第三方基线审计和合规性审计进行绩效监测，为国家一级的潜在认证奠定基础。在卢旺达，它于 2008 年与卢旺达地质和矿业管理局（OGMR）合作启动；在刚果民主共和国，它于 2009 年开始支持矿业部门通过矿产认证来加强采矿部门的透明度和控制，并且首次为经认证贸易链认证的卡林比（Kalimbi）锡矿颁发大湖地区国际会议出口证书。[42] 大部分的认证贸易链标准已经被纳入大湖地区国际会议的地区认证机制，作为其进步的标志。

第二，指纹分析是于 2006 年建立的，目的是通过对矿石样品进行矿学、地球化学分析，并与指纹分析数据库进行比较，以验证矿物来源。德国联邦地球科学和自然资源研究所已经开发了独立追踪中非生产的钽精矿来源的方法，并为锡精矿开发了类似的指纹分析计划，并准备将该计划扩展到钨精矿。作为支持大湖地区国际会议的一部分，德国联邦地球科学和自然资源研究所已经帮助其建立用于大湖地区国际会议的地区认证机制的指纹分析，将其视为独立的监督工具。

第三，最新的发展是在 2000 年《多德-弗兰克法案》颁布后，（国际社会）试图建立封闭管道供应链，从刚果民主共和国采购非冲突矿

〔41〕 Federal Institute for Geo science and Natural Resources（BGR），"Minerals Certification at the BGR", available at：www. bgr. bund. de/EN/Theme/Min _ rohstoffe/CTC/Home/CTC _ node _ en. html；jsessionid＝9D214EA0D26CB7B286445EA3D89606E7. 1_cid289（accessed 30 May 2012）；BGR，"Mineral Certification：Certified Trading Chains（CTC）and the Analytical Fingerprint（AFP）"，*Newsletter* 01/2012，available at：www. bgr. bund. de/EN/Theme/Min _ rohstoffe/CTC/Downloads/newsletter_01_2012. html（accessed 30 May 2012）.

〔42〕 BGR，"Mineral Certification DR Congo-Roadmap"，available at：www. bgr. bund. de/EN/Theme/Min_rohstoffe/CTC/Mineral－Certification－DRC/Roadmap/roadmap_drc_node_en. html（accessed 12 September 2014）.

产，以解决事实上的刚果民主共和国矿产禁运问题。这个封闭管道供应链包括一组确定的关键生产商和贸易商，从刚果民主共和国的特定矿山获取矿产，并使用上述国际锡研究所锡供应链倡议可转让性流程。这与第三代负责任供应链管理机制的建议一致，即"在划定的区域内建立企业社会责任无风险采购和投资区，包括特定区域内的所有供应商和次级供应商。"[43] 目前，刚果民主共和国有两个类似的机制在运行：关于钽来源的希望工程解决方案及关于锡来源的无冲突锡倡议。

希望工程解决方案（SfH）[44] 于 2011 年 7 月由摩托罗拉解决方案公司[45] 和 AVX 公司[46] 推出，前者是一家领先的通信设备制造商，后者是一家领先的钽电容器制造商。这是一个试点项目，旨在利用封闭的管道供应从刚果民主共和国获得无冲突的钽，并促进该地区的经济稳定。该项目在加丹加省北部的麦巴里迪（Mai Baridi）、基森戈（Kisengo）和卢巴（Luba）矿区执行，由矿产资源公司（Mining Minerals Resources SPRL）特许经营[47]。矿产资源公司与刚果民主共和国采矿合作社（CDMC）签订合同，管理手工采矿者。作为锡供应链倡议可追溯过程的一部分，由当地的 SAESSCAM 代理在矿山称重和记录从矿山生产的矿物，然后运输到矿产资源公司出口。AVX 公司以目前的全球市场价格购买这些矿物，F&X 电子材料有限公司和全球先进金属公司（GAM）这两家符合无冲突冶炼厂计划（CFS）标准的冶炼厂，为 AVX 公司将这些矿物加工成钽粉和金属线。AVX 公司生产的无冲突钽电容器被摩托罗拉解决方案公司、惠普、英特尔、诺基亚、富士康和其他参与该项目的公司使用。

2012 年 1 月进行的项目评估证实，希望工程解决方案是一个可靠

---

〔43〕　S. S. Thorsen and S. Jeppesen, "Changing Course-A study into Responsible Supply Chain Management", Executive Summary Authored by GLOBAL CSR and Copenhagen Business School for the Danish Ministry of Foreign Affairs, 2011, p. 9.

〔44〕　Solutions for Hope, available at: http: //solutions-network. org/site-solutionsforhope/.

〔45〕　Motorola Solutions, available at: www. motorolasolutions. com/.

〔46〕　AVX corporations, available at: www. avx. com/.

〔47〕　Vinmart Group, available at: www/vinmartgroup. com/associates/mmr-sprl.

的机制，并且已全面运行。它旨在增强其可持续性和可扩展性，并向所有公司开放，包括采矿、冶炼厂、部件制造和产品制造公司。该项目支持国际锡研究所锡供应链倡议、认证贸易链（CTC）和大湖地区国际会议等程序，以便在其现场开采的材料获得大湖地区国际会议证书。MMR 还参与了《经合组织指南》的上游试点实施，并由独立审计员根据《经合组织指南》进行了两次审计。迈巴迪矿被评估为符合认证贸易链的要求，并被认为是"绿色"产地。

无冲突锡矿倡议（CFTI）[48] 是荷兰政府召集的行业合作伙伴于 2012 年 9 月宣布的另一个从南基伍省卡莱赫卡林比矿采购无冲突锡的试点项目。该倡议的目的是促进刚果民主共和国负责任的采购和经济发展。该试点项目利用一个受到严格控制的供应链，包括来自基乌斯的已确认的无冲突锡买家，旨在创造对无冲突锡的需求，并保留《多德-弗兰克法案》规定的刚果民主共和国矿产的实际储量。无冲突锡矿倡议使用锡供应链倡议的可追溯和尽职调查系统，由独立的非政府组织契约（Pact）操作，并在大湖地区国际会议框架内构建，包括刚果民主共和国政府和当地公民社会，以促进刚果民主共和国政府和矿业部门的改革倡议。[49] 这符合《经合组织指南》的规定。目前加入无冲突锡矿倡议（CFTI）的有：AIM 金属及合金公司，阿尔法、苹果、黑莓、良心手机（Fairphone）、惠普、国际锡研究所、马来西亚冶炼有限公司（Malaysia Smelting Corporation Berhad）、摩托罗拉解决方案公司、诺基亚、皇家菲尔普斯、塔塔钢铁和优利时（Traxys），此外，还开放给所有公司参与。

该项目中，由刚果民主共和国政府、联合国、德国联邦地球科学和自然资源研究所、国际锡研究所锡供应链倡议以及当地企业和公民社会的官员组成的小组成功地确认了卡林比矿是无冲突的。它还见证了 200 多吨锡的生产，以及向该冶炼厂运送的 7 批货物。无冲突锡矿倡议也声

---

〔48〕 Conflict-Free Tin Initiative, available at: http://solutions-network.org/site-cfti/.

〔49〕 Conflict-Free Tin Initiative, "Conflict-Free Tin Initiative announced", *Press Statement*, 18 September 2012, available at: http://solutions-network.org/site-cfti/files/2012/09/Press-statement-Conflict-Free-Tin-Initiative-Press-Release-18-Sept.pdf (accessed 4 June 2013).

称在其他领域获得成功：矿产数量从 100 增加到 1200；矿工的收入从每公斤 2 美元增长到每公斤 4~6 美元；工作条件、健康和安全标准也得到改善，从而提升了该行业的正规化程度。[50] 虽然在北基伍最近的安全局势下，卡林比矿仍然开放，[51] 但是无冲突锡矿倡议认为其发展是取决于北基伍的安全局势，[52] 并且已经将采矿业务扩展到南基伍旁边的马尼埃马（Maniema）。

4. 矿物供应链中实施人权尽责面临的挑战

现有的关于供应链管理的文献没有确立供应链责任边界的定义，而责任界定仍然是企业社会责任领域最具挑战性的问题之一。[53] 最后，负责任供应链管理倡议的进展大多是临时性的，但通常要求对一级、二级和三级供应商负责，这体现了《全球契约》倡导的在影响范围内采取行动的号召。冲突矿物问题从供应链的管理扩张到整个供应链，并且促进了上一节所审查的各种人权尽责倡议，还制定了使负责任的供应链管理能够服务于公司和部门所面临具体情况的机制和方法。[54] 因此，这些倡议的发展引发了各行业、决策者和非政府组织之间的激烈讨论。在这个辩论中所表达的不同意见，部分反映出负责任的矿物供应链管理的迅速演变的性质，以及将整个供应链责任强加给材料最终用户的未知影响和优缺点。

本章将讨论在矿物供应链中实施人权尽责面临的各种挑战，这些挑战是由于将整个供应链的冲突矿物责任施加给最终用户，例如电力公司，甚至到原材料提取阶段的远端供应链参与者。这些挑战是在消费品和原材料的生产阶段，或下游供应链和上游供应链中产生的。

第一，在下游供应链中，实现矿物的可追溯性，以确保适当的人权尽责的可行性是一个严肃的问题。矿物可追溯性的可行性仍然不为人

---

〔50〕　Conflict-Free Tin Initiative, available at: http://solutions-network.org/site-cfti/.

〔51〕　*Ibid.*

〔52〕　Conflict-Free Tin Initiative, *supra* n. 49.

〔53〕　S. B. Young et al., "Principle for responsible metals supply to electronics", （2016）6 （1）*Social Responsibility Journal*, pp. 126~142.

〔54〕　*Ibid.*

知，尽管它在供应链管理中极为重要。由于金属市场和贸易的性质，金属供应链是广泛和复杂的，这为有效地实施可追溯制造了巨大的障碍。[55] 钽等金属通常通过买卖双方直接签订的长期合同进行交易，但由于合同的保密性和供应链中不同来源的金属的混合，使得买卖双方的联系被丢失。当金属在商品市场（如伦敦金属交易所和纽约商品交易所）进行交易时，这些金属的来源多种多样，而且买方看不到卖方。此外，在刚果民主共和国东部的开采方面，如下文更详细地解释的那样，矿物是由手工采矿者开采的，通常是在基础设施落后的偏远地区非正式开采的，而且运输和交易主要在广泛的非正式部门进行，因此对实现可追溯性提出了重大挑战。举例而言，英特尔声称，自 2009 年以来，它已经走访了超过 12 万英里内的 30 家冶炼厂，建立了一个无冲突供应链，并在 2011 年底为其业务规划了 92% 的钽、锡、钨和黄金供应线。[56]

一位业内人士称，由于刚果民主共和国的矿产储量大、质量高、易于开采，尽管面临着实现矿产可追溯性的巨大挑战，矿产（尤其是钽）仍将不可避免地从刚果民主共和国采购。[57] 据估计，用于制造电子产品的钽约有一半来自冲突地区，这是因为无冲突地区钽资源短缺。[58] 这些矿产也可能包括由哥伦比亚革命武装部队（FARC）和其他哥伦比亚犯罪团伙控制的钽和钨矿。[59] 有研究表明，继 2009 年澳大利亚和加拿大因金融危机而关闭矿场之后，22% 的钽在 2009 年到 2010 年生产于

---

[55]　S. B. Young, "Social and Environmental Responsibility in Metals Supply to the Electronic Industry", GHGm Report, 20 June 2008, available at: www. eiccaolition. org/media/docs/publications/SERMetalsSupplyreport. pdf (accessed 27 January 2010).

[56]　M. Smith, "Intel Plans Conflict – Free Tantalum Microprocessors", *Tantalum Investing News*, 7 June 2012, available at: http: //tantaluminvestingnews. com/2346 – intel – plans – conflict – free–microprocessors–tantalum–tin–gold–tungsten. html.

[57]　*Ibid.*

[58]　*Ibid.*

[59]　C. Jamasmie, "Colombian armed rebels tighten control over gold mining", *Mining*, 13 December 2012, available at: www. mining. com/colombian – armed – rebels – tighten – control – over – gold – mining–99114/ (accessed 4 June 2013).

卢旺达和刚果民主共和国。[60] 新的矿区很难被发展起来，因为获取投资困难重重，以及满足各种标准的成本高昂。所以钽和钨等关键金属的供应预计会有问题。[61]

根据 2013 年 4 月对美国公司进行的一项调查显示，超过 35% 的美国公司没有建立实施《多德-弗兰克法案》的冲突条款规定的计划，而只有 7.5% 的美国公司回应会做好实施准备。[62] 事实上，在 2014 年 6 月 2 日的第一次提交截止日期前，6000 家上市公司中只有约 1300 家公司向美国证券交易委员会（SEC）提交了冲突矿产申报。[63] 公司可能关注的是实施的成本，[64] 对供应链中合作伙伴的保密，制造程序和合同[65]，以及他们对供应商缺乏影响力。[66] 此外，此前的研究表明，互有重叠的标准揭示了负责任的供应链管理计划中需要注意避免的阻碍。[67] 在这个问题上，全行业的机制可以降低成本和供应商合规的复杂性，例如由电子行业公民联盟（EICC）和全球电子可持续性倡议（GeSI）开发的无冲突冶炼厂计划，并可能创造一个获得行业支持的

---

〔60〕　H. Sievers and L. Tercero, "European dependence on and concentration tendencies of the material production ", POLINARES Working Paper no. 14, March 2012, available at: www. polinares. eu/docs/d2-1/polinares_wp2_chapter2. pdf（accessed 4 June 2013）.

〔61〕　B. Sylvester, "The Conflict over Conflict Metals: Lisa Reisman", *The Gold Report*, 4 June 2013, available at: www. theaureport. com/pub/na/15333（accessed 5 June 2013）.

〔62〕　IHS, "IHS Survey reveals more than one-third of companies completely unprepared for US Conflict Minerals Rules", Press Release, 18 April 2013, available at: http: //press. ihs. com/press-release/design-chain/ihs-survey-reveals-more-one-third-companies-competely-unprepared（accessed 25 April 2013）.

〔63〕　PWC, 2014 *Conflict minerals filing review*, available at: www. pwc. com/en_US/us/cfodirect/assets/pdf/automative-conflict-minerals-benchmarking. pdf（access 12 September 2014）.

〔64〕　KPMG, *supra* n. 21.

〔65〕　D. Bannerman, "One Step Forward for Conflict Minerals, but What Impact on Congo?", *Greenbiz*, 10 August 2010, available at: www. greenbiz. com/blog/2010/08/10/one-step-forward-conflict-minerals-what-impact-congo? page=full（accessed 19 May 2011）.

〔66〕　Informal conversation, Corporate Responsibility Senior Manager of a mobile phone company, at the Conference Board, "European Council on Corporate Responsibility & Sustainability", British American Tobacco, London, 6 February 2009; S. B. Young et al. , *supra* n. 53.

〔67〕　H. B. Jorgensen et al. , "Strengthening Implementation of Corporate Social Responsibility in Global Supply Chain", Investment Climate Department of the World Bank, October 2003, Washington, DC.

"关键多数"。[68] 在无冲突冶炼厂计划中，冶炼厂被认为是矿物可追溯性的良好控制点，以便简化尽责工作。[69] 除了满足尽责要求所面临的诸多挑战，对终端的公司进行供应链尽责工作也有一些潜在的好处，例如，提供供应链简化、合理化和成本降低的机会，提高客户品牌认可度，实施环境和可持续性领域的其他即将出台的标准和认证。[70] 换言之，《多德-弗兰克法案》等法律能够为公司提供提高道德标准和工作效率的机会。[71]

第二，在上游供应链中，来自刚果民主共和国东部的矿产很可能给人权尽责工作带来主要挑战。刚果民主共和国的政府管理不力，特别是在其东部许多地区没有政府加以控制。这可能会妨碍各种人权尽责框架的有效实施和执行。非洲联盟进步小组注意到，诸如国际锡研究所锡供应链倡议和认证贸易链等方案的执行机制薄弱，并将问题归咎于许多冲突地区的政府权力有限，以及一些邻国政府继续支持在矿区活动的武装团体。[72] 地方利益相关者也从一些实际问题出发，强烈质疑可追溯机制的可行性，例如基层利益相关者缺乏敏感度、组织和能力，以适应新的要求，公务员参与实施这些举措的能力和工资不足，缺乏对手工采矿者和矿区周围居民的资助。[73] 同时，他们也对政府机构有能力保障不欺骗、不腐败地执行可追溯机制缺乏信心。[74] 当地执行者强调，这个

---

〔68〕 D. E. Krueger, "The ethics of global supply chains in China-convergences of east and west", (2008) 79 *Journal of Business Ethics*, pp. 113~120.

〔69〕 IHS, "IHS Survey reveals more than one-third of companies completely unprepared for US Conflict Minerals Rules", Press Release, 18 April 2013, available at: http: //press. ihs. com/press-release/design-chain/ihs-survey-reveals-more-one-third-companies-compelety-unprepared (accessed 25 April 2013).

〔70〕 KPMG, *supra* n. 21.

〔71〕 Africa Progress Panel, "Africa Progress Report 2013- Equity in Extractives: Stewarding Africa's natural resources for all", Geneva, p. 88.

〔72〕 *Ibid.*

〔73〕 P. Pöyhönen et al. , "Voice from the Inside: Local views on minging reform in Eastern DR Congo", Finnwatch & Swedwatch, Helsinki and Stockholm, October 2010.

〔74〕 D. Johnson, "Who's in charge? Putting the Mineral Trade in Eastern DRC under International Control: An Overview", August 2010, Pole Institute, Goma.

国家贫穷，而且在许多地区，特别是在东部省份，[75] 政府无法发挥作用，并对在有严重侵犯人权记录的国家军队和警察的地区选择进行矿产尽责调查表示担忧。[76]

自 2003 年以来，刚果民主共和国实施金伯利进程国际证书制度（KPCS）[77] 的情况已经表明，刚果民主共和国政府的执法能力有限。金伯利进程国际证书制度是一个多方利益攸关方的认证程序，旨在遏制冲突地区钻石的生产和贸易。尽管该计划成功地通过征收钻石出口税和许可证费，在一定程度上增加了国家收入，但由于刚果民主共和国境内冲突和非法钻石走私活动依然猖獗，该计划在该国的实施基本上失败了。[78] 根据对金伯利进程国际证书制度在刚果民主共和国实施情况的调查，发现其中存在诸多问题，例如走私、低估价值以逃避税收、保密和普遍腐败，这主要是由于刚果民主共和国的内部控制薄弱。[79] 而内部控制薄弱大多是由于在很多地区缺乏政府管理，从而使得这些地区动荡不安，[80] 而且在这个幅员辽阔的国家，难以对个人的、不受控制的

〔75〕　Pole Institute, "Blood Minerals: The Criminalization of Mining Industry in Eastern DRC", Goma, August 2010.

〔76〕　P. Pöyhönen et al., *supra* n. 73.

〔77〕　The Kimberley Process, available at: www. kimberleyprocess. com/.

〔78〕　J. Bavier, "Kimberly Process failing Africa-campaigners", Reuters, 18 October 2009, available at: http://af. reuters. com/article/topNews/idAFJOE59H06Q20091018.

〔79〕　PAC (Partnership Africa Canada) and CENADEP (*Centre National d'Appui au Dévelopment et à la Participation Populaire*), *Diamond Industry Annual Review: Democratic Republic of the Congo* 2005, Ottawa: PAC and Kinshasa: CENADEP; PAC (Partnership Africa Canada), *Diamonds and Human Security Annual Review* 2009, Ottawa: PAC, October 2009.

〔80〕　J. Burbank, "The Effect of the Kimberly Process on Governance, Corruption & Internal Conflict", *The Fund for Peace Globalization & Human Rights Series*, The Fund for Peace Spring Washington DC, 2006.

手工采矿进行监控。[81] 此外，相关政府机构缺乏动力[82]和足够的资源来履行其职责。[83] 如果不提供大量资金和能力建设，就不能指望这些政府机构能够有效地确保人权尽责程序的有效实施。[84]

在刚果民主共和国实施的一般难题也体现在 2013 年 4 月 17 日，作为全球采掘业透明度框架的《采掘业透明度倡议》（EITI）暂时中止。[85] 虽然《采掘业透明度倡议》委员会承认，自 2008 年该国晋升为《采掘业透明度倡议》候选国以来，在过去 5 年中，刚果民主共和国在提高透明度和问责制方面取得了重大进展，但在充分披露和保证数据可靠性方面，刚果民主共和国未能达到《采掘业透明度倡议》标准，导致其候选人身份于 2013 年 4 月 18 日中止。该国只有在采取补救措施以满足《采掘业透明度倡议》标准中规定的要求，才被承认为《采掘业透明度倡议》的正式成员。[86]

尽管如此，刚果民主共和国政府通过 ICGLR 和 2011 年 9 月发布的一项指令表明了其对矿产供应链尽职调查的承诺，该指令要求所有采矿

〔81〕 C. Dietrich, "Hard Currency: The Criminalized Diamond Economy of the Democratic of the Congo and its Neighbours", The Diamond and Human Security Project Occasional Paper no. 4, Ottawa: Partnership Africa Canada, 2002; Global Witness and PAC (Partnership Africa Canada), *Rich Man, Poor Man-Development Diamonds and Poverty Diamonds: The Potential for Change in Artisanal Alluvial Diamond Fields of Africa*, Ottawa: PAC, October 2004; PAC and CENADEP, 2005, *supra* n. 79; J. Burbank, *supra* n. 80.

〔82〕 J. Burbank, *supra* n. 80; R. Perks and K. Vlassenroot, "From Disclosure to Practice: A Sharper Perspective on the Relationship between Minerals and Violence in DR Congo", in J. Cuvelier (ed.), T*he Complexity of resource goverance in a context of state fragility: The case of eastern DRC*, London: International Alert, November 2010, pp. 64~69.

〔83〕 Email communication, DRC National Coordinator for the ICGLR, 20 March 2010; R. Perks and K. Vlassenroot, *supra* n. 82.

〔84〕 R. Perks and K. Vlassenroot, *supra* n. 82; D. Verbruggen et al., "Guide to Current Mining Reform Initiatives in Eastern DRC", April 2011, Antwerp: IPIS (International Peace Information Service), p. 22.

〔85〕 Extractive Industries Transparency Initiative (EITI), "Democratic Republic of the Congo temporary 'suspended'", *News*, 18 April 2013, available at: http://eiti.org/news/democratic-republic-congo-temporary-suspended (accessed 25 April 2013).

〔86〕 EITI, "DR Congo becomes full member of EITI", *EITI News*, 2 July 2014, available at: http://eiti.org/news/dr-congo-becomes-full-member-eiti (accessed 12 September 2014).

和矿产贸易公司按照《经合组织指南》和联合国安理会 1952 (2010) 号决议[87]进行供应链尽职调查，该决议于 2012 年 2 月被纳入该国法律。[88]

同时也存在着各种其他阻碍人权尽责机制有效实施的问题。其中最大的障碍是安全状况。2012 年 2 月，负责任矿产贸易的公私联盟 (PPA)[89] 访问刚果民主共和国，评估刚果东部的形势，并考虑从大湖地区采购无冲突矿产的项目类型和标准，证实了这一点。负责任矿产贸易的公私联盟的访问报道[90]强调，安全是发展无冲突试点供应链的关键先决条件。继 2012 年 4 月开始的激烈冲突之后，最近叫停了用于证明北基伍的锡和黄金来源的锡供应链倡议中的包装和标签进程。这生动地说明了作为尽责机制的一部分，进行标签程序需要安全和稳定。与北基伍的包装和标签制度不同，加丹加省的希望工程解决方案（SfH）中封闭管道供应链迄今为止被认为是成功的，这主要是因为该省相对安全的环境和已经达成的政治意愿。[91] 在上述负责任矿产贸易的公私联盟报告中，政治意愿也被列为有效实现尽责调查程序的一个条件。虽然刚果民主共和国的大多数当地贸易商对尽责调查过程的态度似乎发生了普遍转变，[92] 但还需要更广泛的利益相关者基于对倡议的拥护而表现出

---

〔87〕　The Government of Democratic Republic of Congo, "Note Circulaire", 002/CAB. MIN/ MINES/01/2011, available at: www. globalwitness. org/sites/default/files/library/Note_Circulaire_ OECDguidelines_06092011. pdf (accessed 20 July 2012).

〔88〕　"Congo government enforces law to curb conflict mineral trade", Global Witness, 21 May 2012, available at: www. globalwitness. org/library/congo-government-enforces-law-curb-conflict- mineral-trade (accessed 20 July 2012).

〔89〕　负责任矿产贸易公私联盟（PPA, www. resolve. org/site-ppa）该计划于 2011 年启动，由美国国务院、美国国际开发署、非政府组织和公司/行业组织共同制定，是一项为了解决刚果民主共和国和大湖区冲突矿产挑战的供应链方案。

〔90〕　M. Loch, J. Celorie, S. Lezhnev, F. Bafilemba and R. Robinson, "PPA Governance Com- mittee Members Summary Trip Report", 4~8 February 2012, available at: www. resolve. org/site-ppa/ files/2011/09/In-region-Trip-Report-Kivu-Leg (accessed 20 July 2012).

〔91〕　M. Loch, J. Celorie, S. Lezhnev, F. Bafilemba and R. Robinson, supra n. 90.

〔92〕　S. Pickles and A. Dunnebacke, "SEC Delays Risk Undermining Efforts to Curb Congolese Conflict Minerals", Huff Post World, 19 April 2012, available at: www. huffingtonpost. com/sophia- pickles/sec-delays-risk-undermini_b_1438364. html (accessed 25 May 2012).

的政治意愿和承诺。[93]

在该地区可能影响尽责调查程序实施的其他问题也包括矿山所有权、手工采矿的现状和刚果民主共和国政府的治理。由于矿山所有权的重复和复杂性，在刚果民主共和国东部曾发生过涉及政府军、叛乱组织和私人公司的矿山所有权冲突，部分原因是刚果民主共和国的三项相互矛盾的法律，即《采矿法规》《一般物权法》和习惯法。其中《采矿法规》[94] 明确指出，国家拥有所有矿藏，并可授予采矿权和勘探权，[95]但不包括地上权。而地上权是规定在《一般物权法》中的，它明确了国家拥有土地所有权，并可以将地上权授予私人或公共主体。[96] 下列情况使土地所有权问题更加复杂，尽管 1973 年颁布了《一般物权法》，取消了现有的传统土地所有权，并允许个人从国家那里购买土地权利，[97] 但传统的土地所有权制度仍然存在。[98] 此外，自 1996 年冲突爆发以来，刚果民主共和国东部的大部分地区都由叛乱组织控制，使得

---

〔93〕 J. Bavier, "Thaisarco suspends Congo tin ore purchase", Reuters Africa, 18 September 2009.

〔94〕 The Government of Democratic Republic of Congo, LAW No. 007/2002 of 11 July 2002 Relating to the Mining Code, available at: www. unites. uqam. ca/grama/pdf/DRC2002. pdf (accessed 12 November 2009).

〔95〕 *Ibid.* , Article 3.

〔96〕 H. André-Dumont and G. Carbonez, "Democratic Republic of Congo", in S. Farrell et al. (eds.), *Getting the deal through: Mining* 2009, London: Law Business Research, 2009, pp. 44~48.

〔97〕 C. Huggins et al. , "Conflict in the Great Lake Region-How it is linked with land and migration?" (2005) 96 *Natural Resource Perspectives*, The Overseas Development Insitute (ODI); S. W. Meditz and T. Merrill (eds.), *Zaire: a country study*, Washington, DC: Library of Congress Federal Research Division, 1994.

〔98〕 基伍的三级地方当局包括最低一级的当地酋长、最高一级的集体主管和集体的姆瓦米（Mwami）。只有团体负责人和集体的姆瓦米具有管理和确认种族归属、签发身份证、分配维持生计的传统土地和实行传统司法的权力；然而，"非土著"的人通常只有来自他们自己级别的地方长官，因此处于不利地位。更多详细内容见：M. Mamdani, "Understanding the Crisis in Kivu: Report of the CODESRIA Mission to the Democratic Public of Congo, September 1997", text of report to be submitted to the General Assembly of the Council for the Development of Social Research in Africa (CODESRIA), Center for African Studies, University of Cape Town, Dakar, 14~18 December 1998, available at: www. ukzn. ac. za/ccs/files/mamdani. kivu. pdf (accessed 23 June 2010).

矿区所有权的争端更加复杂，而且在当地持续发生。[99] 但是，《采矿法规》没有规定如何解决矿产所有权冲突，或者与其他法规的冲突问题，因而影响到该矿产所在地区的治安状况。[100] 矿产所有权冲突是一个非常敏感的问题，因为在人口稠密的刚果民主共和国东部，土地是重要的生计来源。[101] 所以，土地所有权争端会严重影响矿产地区的治安和稳定，从而破坏尽责调查的实施。

上述提到的《采矿法规》以及 2003 年的采矿法，明确区分了工业采矿和手工采矿，旨在规范手工和小规模采矿和矿物交易。[102] 手工采矿部门虽然在发展中国家很普遍，被认为是具有重大经济影响的一个重要活动，但缺乏一个普遍的定义，部分原因是手工采矿行为具有多样性。[103] 手工采矿部门被普遍认为是采矿部门最基本的领域，[104] 而且大部分是非正规的。[105] 为了减少负面的环境和社会经济影响，提高减贫的潜在经济影响，这一部门的正规化一直是各种研究项目和捐助倡议的

〔99〕 J. Cuvelier（ed.），"The Complexity of resource goverance in a context of state fragility：The case of eastern DRC"，International Alert Report，November 2010；PPA，*supra* n. 89.

〔100〕 D. Johnson and A. Tegera，"Digging deeper：How the DR Congo's mining policy is failing the country"，Pole Institute report，December 2005，Goma.

〔101〕 E. Sosne，"Colonial Peasantization and Contemporary Underdevelopment：A View from a Kivu Village"，in G. Gran with G. Hull（eds.），*ZAIRE*，the Political Economy of Underdevelopment（New York：Praeger，1979），pp. 189~210；F Van Acker，"Where did all the land go? Enclosure & social struggle in Kivu（D. R. Congo）"，（2005）32（103）*Review of African Political Economy*，pp. 79~98；T. Tuner，*The Congo Wars：Conflicts，Myth and Reality*，London：Zed Books，2007.

〔102〕 关于《采矿法规》和规范手工采矿活动的采矿条例的具体内容，see "PROMINES Study：Artisanal Mining in the Democratic Public of Congo"，Pact，Inc.，June 2010.

〔103〕 "Small scale mining"，The World Bank，available at：www. artisanalmining. org/index. cfm? page＝page_disp&pid＝3305（accessed 6 November 2009）.

〔104〕 G. M Hilson，"General Introduction"，in G. M Hilson（ed.），*The Socio-Economic Impacts of Artisanal and Small-Scale Mining in Developing Countries*，London：Taylor & Francis，2003.

〔105〕 G. M Hilson，*supra* n. 104.

焦点[106]，以及相互矛盾的经济改革举措[107]促进了对工业采矿业的外国直接投资，阻碍有效文书的制定，使得该部门在很大程度上仍然是非正规的、非法的，因此很脆弱。

在刚果民主共和国，手工采矿和非正规经济活动的发展是由于20世纪80年代该国面临经济危机后，工业采矿业务和国家产能的下降。[108] 最终，接近90%的矿产是由手工采矿者生产的。[109] 而且超过半数从刚果民主共和国出口的自然资源没有官方记录，这是因为（出口商）漏报出口以逃税和国家机构内部缺乏治理能力。[110] 2011年的一项研究证明了刚果民主共和国中非正规贸易的猖獗程度，其中80%在刚果民主共和国生产的黄金被非法出口。[111]

毫无疑问，刚果民主共和国将手工部门正规化的尝试似乎失败了。根据刚果民主共和国《采矿法》，手工采矿者在缴纳费用和参加培训后，可以向省矿业局申请一年期的手工勘探卡（carte de creseur），并在指定的手工开采区内采矿。有效采矿权所涵盖的地区不能转换为手工采矿区，手工采矿区不能获得工业采矿的采矿权，因为这样做会使得手工采矿区的使用权得不到充分保护。这些规定似乎是不适当的，因为发放

[106] G. M Hilson and O. Maponga, "How has a shortage of census and geological information impeded the regularization of artisanal and small-scale mining?" (2004) 28 (1) *Natural Resources Forum*, pp. 22~33.

[107] S. M. Banchirigah, "How have reforms fuelled the expansion of artisanal mining? Evidence from sub-Saharan African", (2006) 31 *Resources Policy*, pp. 165~171; G. M. Hilson and n. Yakovleva, "Strained relations: A critical analysis of the mining conflict in Prestea, Ghana", (2007) 26 *Political Geography*, pp. 98~119.

[108] L. Zeilig, "Crisis, resistance and the failed rebellion in the Democratic Public of Congo", in n. Vidal with p. Chabal (eds.), *Southern African: Civil Society, Politics and Donor Strategies- Angola and its neighbors - Southern Africa, Namibia, Mozambique, Democratic Public of Congo and Zimbabwe*, Luanda and Lisbon: Media XXI & Firemamento, 2009, pp. 223~238.

[109] World Bank, "Democratic Public of Congo: Growth with Governance in the Mining Sector", Report No. 43402-ZR, May 2008, Oil/Gas, Mining and Chemical Department.

[110] DFID, *supra* n. 7.

[111] ICGLR (International Conference on the Great Lakes Region), "Newsletter on the ICGLR Regional Initiative in Natural Resources (RINR)", 3rd edn., February 2012, available at: https://icglr.org/IMG/pdf/RINR_NEWALETTER_EN_3_FEB_2012_2_.pdf (accessed 16 July 2012).

的手工采矿勘探卡很少，[112] 而且直到最近才在基伍省建立指定的手工采矿区，这主要是由于有关当局缺乏资源和能力，再加上离首都很远和缺乏基础设施，使得该情况更加严重。[113] 虽然最近在基伍省设立了至少 13 个手工采矿区，但手工采矿者不太可能去这些地点开采，因为没有获得所需的资料、资源和技术技能。[114] 事实上，在潜在利润丰厚的矿藏上分配手工采矿区，将与世界银行起草的《采矿法》相矛盾。《采矿法》旨在通过吸引大型矿业投资来促进经济改革。[115]

第三，这些不完善的手工采矿规定助长了欺诈行为，使手工采矿部门成为非法和不受监管的部门，而且没有为手工采矿群体提供任何法律保护。[116] 虽然《采矿法规》明确禁止军事和安全部队进入矿场，但武装团体和国家军队在各种路障处非法征税的现象普遍存在，[117] 这威胁到尽职调查计划的有效实施，如 ITSCI 的包装和标签制度。虽然 ITSCI 系统已被纳入 SfH 和 CFTI 等其他计划，但 ITSCI 需要进行现场监控，

---

〔112〕 S. Geenen, "A dangerous bet: The challenges of formalizing artisanal mining in the Democratic Public of Congo", （2012）37 （3）*Resources Policy*, pp. 322 ~ 330; D. Johnson and A. Tegera, *supra* n. 100; PACT, *supra* n. 102.

〔113〕 S. Geenen, *supra* n. 112; D. Johnson and A. Tegera, *supra* n. 100; B. Radley, "What needs to be done to improve the working conditions and quality of life for people working at or near the bottom of the mineral supply chain in the Kivus? Part I", Kivu Mining, 19 June 2012, available at: http://kivumining.org/2012/06/19/what-needs-to-be-improve-the-working-condition-and-quality-of-life-for-those-working-at-or-near-the-bottom-of-the-mineral-supply-chain-in-the-Kivus/ （accessed 25 July 2012）.

〔114〕 PACT, *supra* n. 102, pp. 52~53.

〔115〕 Personal interview, Artisanal mining expert, Stoke-on-Trent, 25 September 2009.

〔116〕 n. Garret, "The Extractive Industries Transparency Initiatives （EITI）& Artisanal and Small-Scale Mining （ASM）: Preliminary Observation from the Democratic Public of Congo （DRC）", Draft Report, 22 October 2007, available at: http://riti.org/files/Garrett_EITI_10_2007.pdf （accessed 22 January 2010）.

〔117〕 "The Hill belongs to Them: The Need for International Action on Congo's Conflict Mineral Trade", Report of the Global Witness Organisation, December 2010, pp. 23~25.

这降低了其可扩展性。[118] 2010 年进行的一项研究[119]还指出，当地缺乏区分矿物来源和确保独立于支持交战集团行动的能力，这是刚果民主共和国实现可追溯性的主要挑战之一。

此外，最重要的是手工采矿者们不能从他们的产品贸易中获益，因为强大的贸易公司与刚果民主共和国内外的既得利益网络联系在一起，控制着进入国际买家和市场的渠道。而相反，这些群体遭受环境破坏、社会经济和不安全等问题。[120] 现有的确保无冲突矿物的人权尽责机制效力薄弱，没有解决手工采矿在刚果民主共和国的非法和非正式地位以及"社会产业升级对刚果手工采矿工人生计的担忧"。[121]

5. 人权尽责倡议的影响

人权尽责框架的发展，特别是《多德-弗兰克法案》（的颁布），导致人们担心，尽职调查的要求将导致禁止从该区域采购矿物，这是实现无冲突供应链的一个更容易的选择。据悉，对来自刚果民主共和国及其邻国矿物的事实禁令，给当地居民本已非常拮据的生计造成了意想不到的不利后果，他们一直遭受该地区持续冲突和不安全的折磨。[122] 而基伍省估计有 200 000 至 300 000 名手工采矿者从事定期、季节性或补充作业。[123] 实际上，2010 年之后，刚果民主共和国东部的矿产遭到事实上的禁运，许多采矿业的参与者被迫转移到其他地区，如东南部的加丹

---

〔118〕 E. Blackmore and C. Holzman with A. Buxton, "Scaling up certification in artisanal and small-scale mining: Innovation for inclusively", IIED (*International Institute of Environment and Development*) *Linking Worlds Working Paper No.* 2, 2013, p. 13.

〔119〕 "Tracing a Path Forward: A Study of the Challenges of the Supply Chain for Target Metals Used in Electronics", Report by Resolve, April 2010.

〔120〕 D. Johnson and A. Tegera, *supra* n. 100.

〔121〕 n. D. S. Sakar, "Blood on your mobile phone? Capturing the gains for a arisanal miners, poor workers and women", Capturing the Gains Briefing Note 2, February 2011, available at: http://ssrn. com/abstract = 1990229 (accessed 4 June 2013).

〔122〕 n. Garret and H. Mitchell, *supra* n. 7; M. Smith, *supra* n. 56; S. B. Young, *supra* n. 55, p. 136.

〔123〕 PACT, *supra* n. 102.

加省，[124] 或寻求非法的采矿市场。[125] 虽然事实上的禁运通常可以归因于《多德-弗兰克案》，[126] 但尚不清楚《多德-弗兰克法案》或其他法案在多大程度上导致了刚果民主共和国矿产贸易的减少。

有一个例外情况是，通过核查计划被核实为无冲突的矿产可以获得更好的价格，从而使手工采矿群体受益。但是，最近负责任矿产贸易的公私联盟（PPA）对刚果民主共和国东部地区的访问，表明了带标签的矿物获得了"公平的市场价格"，而没有带标签的矿物由于出口是非法的，因此价格被大打折扣。[127] 同时，不加标签的库存不能被认为是无冲突的，因此不能出售或将以低得多的价格出售。手工采矿者的弱势地位意味着，贸易商对未标记矿物收取较低价格，在开采阶段就把风险转嫁给个体采矿者和其他人，从而对手工采矿者的经济状况产生不利影响。此外，通过适当的举措来管制手工采矿和贸易，或改变采矿部门内现有制度的任何方面，都将影响或排除某些既得利益者，因此很可能会遇到强烈的抵制。如果不谨慎处理这种紧张关系，这些改革就可能导致在该地区挑起或加剧暴力和冲突，而不是减少冲突和掠夺性开采矿物。[128] 结果导致手工采矿者和其他处于开采阶段的人面临更严重的剥削。[129]

最重要的是，即使解决了在该地区实施尽职调查面临的各种挑战，但是仅仅运用尽职调查不太可能使矿产开采和贸易与刚果民主共和国东部的暴力冲突脱钩。这是因为交战各方可以很容易地使其资金来源多样化，其他行业和公司可以继续从这些地区采购矿物。[130] 此外，在各种

---

〔124〕 SOMO, "Roundtable on Conflict Minerals Legislation Towards prevention of trade in conflict minerals and promotion of trade in clean minerals from Congo", European Parliament, Brussels, 26 May 2011; "DEC: The Mineral Curse", Report by the Pole Institute, October 2011, pp. 30~34.

〔125〕 E. Kajemba, "A Congolese perspective on legislation", in SOMO, *supra* n. 124, pp. 9~10.

〔126〕 SOMO, *supra* n. 124.

〔127〕 PPA, *supra* n. 89.

〔128〕 PACT, *supra* n. 102, p. 9.

〔129〕 n. Garret and H. Mitchell, *supra* n. 7; B. Young, *supra* n. 55.

〔130〕 n. Garret and H. Mitchell, *supra* n. 7; B. Young, *supra* n. 55.

尽职调查的设计中，采矿业的动态和现场的冲突[131]在很大程度上被忽略了。冲突与矿物开采和贸易之间的关系比目前对冲突矿物的简单看法要复杂得多，[132]这种看法是构建人权尽责方法的基础。但是，对刚果民主共和国东部冲突动机和进程的实证分析似乎存在严重的局限性，无法证实这种线性假设。例如，和这种假设相反的观点是，正是矿产的利益驱动和维持着暴力冲突，而控制矿产丰富地区的军事战略是一种打压对手的方式。[133]武装团体同样也企图控制其占领的区域。[134]敌对势力在矿区的合作常常被解释为行为体之间存在经济利益的证据，而无视刚果民主共和国更大的贫困和非正规行业等严重问题。[135]资源开发并不总是直接受到军事战略的驱动，也不总是与冲突动态有关，但其在社会经济和政治体系中发挥着各种激励作用。[136]对当地采矿者的采访证实了这一点，因为他们没有将刚果民主共和国东部的冲突归因于该地区的矿产资源，而是指出了围绕矿山的不同冲突背后的其他原因，比如贸易争端。[137]基于对矿产有限的研究，我们发现作为刚果民主共和国东部更大范围的非正规经济的一部分，矿物开采和交易制度根植于对矿产开采和开发的狭隘关注。

同时，在尽责运动中并没有考虑到该地区冲突和武装团伙的历史背景。自从殖民地时期开始，移民、种族、公民和土地问题就交织在一起，错综复杂，导致不满和不安全，从而使得该地区的暴力和冲突循环往复。如果不认识到暴力和冲突这一长期、复杂的因果关系，试图通过尽职调查计划缓解冲突的努力，可能会对当地冲突动态产生意想不到的

---

[131]　R. Perks and K. Vlassenroot, *supra* n. 82; M. Taka, "Coltan mining and the conflict in the eastern Democratic Republic of Congo（DRC）", in M. McIntosh and A. Hunter（eds.）, *New Perspectives on Human Security*, Sheffield: Greenleaf of Publishing, 2010; M. Taka, "Conflict Coltan: Local and International Dynamics in the Democratic Republic of Congo", unpublished PhD thesis, 2011.

[132]　M. Taka, 2010, *supra* n. 131; M. Taka, 2011, *supra* n. 131.

[133]　M. Taka, 2011, *supra* n. 131.

[134]　R. Perks and K. Vlassenroot, *supra* n. 82.

[135]　M. Taka, 2011, *supra* n. 131.

[136]　R. Perks and K. Vlassenroot, *supra* n. 82.

[137]　M. Taka, 2011, *supra* n. 131.

影响。此外，国际社会在努力提高刚果民主共和国东部的政府权威，因为该地区的腐败和国家暴力为国家带来负面影响，这使得当地的采矿者们感到担忧。[138] 人们担心，加强该地区的国家权力可能会改变冲突的平衡，而不会减少冲突，因为从历史上看，刚果民主共和国将财富分配给了有限的个人，而不是普通民众。[139]

可以认为，对上述社会经济和政治问题以及方案中狭隘的技术焦点的忽视，是冲突矿物议程的外部驱动性质的结果，以确保获得符合伦理要求的无冲突原料。[140] 此外，上游供应链群体的主要成员被排除在尽责调查议程之外。[141] 但是，很难与这些地方利益攸关方协商，收集他们的意见，并帮助其制定有效的政策和措施，以改善当地的状况。例如，该地区的许多手工采矿者没有被组织起来，自由和有建设性地表达他们面临的问题和担忧，[142] 而且，虽然该地区有一些手工采矿合作社，但这些合作社有各自不同的目标，并不能有效保障手工采矿者的权益。[143] 对于他们是否有能力和资源组织起来，以至于能够对影响到他们的政策和措施表达自己的意见，仍然是一个问题。[144] 并且，尽管武装团体会严重影响到当地状况，但咨询这些武装团体是不现实的，因为不会有公司愿意被发现与武装团体有接触。

6. 结语

本章回顾了人权尽责概念的最新发展，以及在冲突矿产中应用该方法的挑战和影响。人权尽责是一种追求"不伤害他人"的过程，除了遵守国家法律外，它已经成为工商业与人权文献和全球经济的一个重要概念。对于临界矿物的需求不断增加，这些矿物对例如电力工业等行业十分重要，以及对负责任产业链的迫切，这促使了使用尽责机制来追踪

---

[138]　P. Pöyhönen et al., *supra* n. 73.

[139]　D. Johnson D, *supra* n. 74.

[140]　*Ibid.*

[141]　*Ibid*; R. Perks and K. Vlassenroot, *supra* n. 82.

[142]　n. Garret, "Observations from the DRC", (2008) 3 (1) *African Analyst*, pp. 79~97.

[143]　PACT, *supra* n. 102; M. Taka, 2011, *supra* n. 131.

[144]　n. Garret, *supra* n. 142.

无冲突矿物。

对来自刚果民主共和国的矿产实行事实禁运，可能会影响到刚果民主共和国东部的手工采矿社区，最初的这些担忧似乎通过发展封闭管道供应链（如 SfH 和 SFTI）得到了解决。虽然封闭式供应链可能提供电子工业急需的负责任的供应链管理解决方案，但安全状况和当地执法能力有限可能阻碍这个方案的实施。该地区人权尽责方案的实施要求加强刚果民主共和国的政府权威。但是，这似乎不能改变当地的状况。对可追溯的人权尽责机制关注有限，因为它在抑制刚果东部交战或减少冲突方面没有发挥作用，但它将改善手工采矿社区的生活，并可能以一种意想不到的方式影响持续的冲突。因此，人权尽责方案必须与改善手工采矿部门的管理和当地社会经济条件的更广泛努力结合起来。

第九章　追求实质性的企业人权政策

马修·穆勒恩

1. 引言

为了履行尊重人权的责任，工商企业制定了企业人权政策（CHRPs）。而《工商企业与人权：实施联合国"保护、尊重和补救"机制指导原则》（第 A /HRC/17/31 号）在原则 15 和原则 16 中也确立了该政策。但是，还不清楚什么会使得企业人权政策变得具有实质意义，也就是什么能够将纸面上的企业人权政策与能够改善企业人权表现的政策区分开来？这个问题很重要，也是成败的关键。一项不符合标准或缺乏实质内容的公司人权政策是否会造成损害？事实上，企业人权政策就像是一枚烟雾弹，造成一种企业在认真对待人权的假象，而实际上并不是如此。本章将讨论即使联合国《工商业与人权指导原则》和其他文件规定了关键的预期标准，但关于企业人权政策的实质和内容的实效性问题仍然存在。据介绍，最近启动的一个项目正在填补这个空白，这个空白是由于"没有确立一个全球性的、被广泛接受的程序，供企业证明其政策和程序是否确实符合联合国《工商业与人权指导原则》的要求，从而能够履行其尊重人权的责任"而留下的。[1]

---

〔1〕 Human Rights Resource Centre, "Development Global Standards for the Reporting and Assurance of Company Alignment with the UN Guiding Principles on Business and Human Rights" (2013), available at: http://hrrca.org/content/developing-global-standards-reporting-and-assurance-company-alignment-un-guiding-principles-. 该项目是由联合国工商业与人权工作组官方支持的。

人们似乎对企业人权政策持谨慎乐观的态度。部分是因为其实质问题很突出。联合国工商业与人权工作组成员玛格丽特·琼克（Margaret Jungk）[2] 对此也持谨慎乐观态度，这体现在她对麦当劳股东决议案的分析，该决议要求麦当劳评估并公开其对人权的影响报告。

过去，股东决议案曾经要求企业通过一项政策或成立一个承认人权的委员会，但没有要求企业确保自己执行了这些政策。这并不违背政策承诺，但这只是第一步。今年的决议要求麦当劳除了发表首席执行官签署的声明以避免对人权的负面影响之外，还要做得更多。

琼克的观点强调了一个空洞的企业人权政策可以是如此得没有意义。一个公司会重视人权的含糊承诺不是保障人权的第一步，而是一条死胡同。基于对超过 150 份企业人权政策的研究，包括对 20 份企业人权政策的深入分析，本文认为不能主观地评价一份企业人权政策是否具有实质性，而是必须建立一个具有明确指标的机制。"基于人权的方法"（HRBA）就是这样的机制。基于人权的方法机制为评估企业人权政策提供了适当和可使用的指标。根据这个机制来评估整个商业运作可能有些过分，但对企业人权政策的作用是独特的。企业人权政策是一张企业人权计划的蓝图；是一张供企业内部和外部权利人使用的示意图。就像基于人权的方法一样，根据"以国际人权标准为规范基础，并在实际操作中旨在促进和保护人权"的框架来评估这些政策，在道德和实际操作上都是有意义的。[3] 基于人权的方法（HRBA）是评估企业人权政策实质内容的合理机制，这是商界内外都应注意的一个信息。

2. 原则 16 的内容

《工商企业与人权：实施联合国"保护、尊重和补救"机制指导原则》（第 A / HRC/17/31 号）的原则 16，连同附带的指导工具概述了企

---

〔2〕 M. Jungk, "Shareholder's Press McDonald's to Report Human Rights Impacts", *Huffington Post Business*, 22 May 2013, available at: ww. huffingtonpost. com/Margaret-jungk/macdonalds-share-holders-no_b_3317423. html.

〔3〕 Office of the High Commissioner for Human Rights (OHCHR), "Frequently Asked Questions on a Human Rights Based Approach to Development Cooperation", New York and Geneva: United Nations, 2006.

业人权政策的必要要素。原则 16 详细阐述了 A/HRC/17/31 号文件的原则 15（a）的内容：

15. 为了履行尊重人权的责任，工商企业应制定与其规模和环境相适应的政策和程序，包括：

（a）履行尊重人权的责任的政策承诺……

在原则 15（a）中，制定企业人权政策是强制性的，并且适用于"所有工商企业，包括跨国企业和其他企业，无论其规模、所属部门、地点、所有权和结构"，这是《联合国指导原则》的一般原则部分所规定的。企业有责任积极起草和制定企业人权政策。这种责任将企业视为有责任感的责任承担者，有能力控制自己的人权印迹。换句话说，《联合国指导原则》承认，实际上也强调，企业有自我监管的能力。无所作为是不可接受的，因为这是重要的人权行为。对原则 15 的评注将企业人权政策作为企业传达他们"知道并表明尊重人权"的一种工具。[4] 这种知晓和展示表明了对规则或预期的理解。如果企业误解了预期，企业人权政策就可能使公司在损害发生之前纠正错误。从这个意义上讲，企业人权政策是预防性的。

原则 15 广泛呼吁采取行动，然后在原则 16 中加以解构。原则 16 属于第二部分公司尊重人权的责任的实施原则部分。在政策承诺的标题下，原则 16 规定：

作为其尊重人权责任的基础，工商企业应通过一项政策声明，表明承诺履行这一责任，该政策声明应：

（a）得到工商企业最高管理层的批准；

（b）由内部和/或外部专家指导；

（c）规定了企业对个人、商业伙伴和与其业务、产品或服务直接关联的其他方的人权预期；

（d）予以公布并传达给内部和外部所有个人、商业伙伴和其他有

---

〔4〕 Office of the High Commissioner for Human Rights（OHCHR），"Guiding Principles on Business and Human Rights：Implementing the United Nations'Project，Respect and Remedy'Framework"，New York and Geneva：United Nations，2011，p. 16.

关方；

（e）体现在整个工商企业的业务政策和程序中。

原则16强调了企业人权政策嵌入企业尊重责任机制的重要性。原则16并没有对企业人权政策进行狭隘的定义，还鼓励企业以任何形式公开发布其"责任、承诺和预期"。[5] 显然，不同的行业需要不同类型的声明。每个行业都有独特的职责、管理程序和基于具体的业务操作所关注的问题。因此，每个企业都需要一个定制的企业人权政策。每个企业和公司都有着截然不同的企业人权政策，小型本地企业和大型跨国企业也是如此。原则16认识到并接受这种无限多样性的需求。

定制企业人权政策是可能的，因为原则16第（a）至（e）段中规定的最低要求是基本和广泛的。这些最低预期的普遍适用性允许原则16适用于任何工商企业，无论它是一般公司、大公司、商号、合伙企业、独资企业或其他。所有的工商企业都要满足相同的标准，因为这些标准可以根据具体情况加以调整。以第（a）段规定为例，它要求工商企业最高管理层批准这项政策。工商企业最高管理层的组织由于企业结构和法律安排的不同，而各不相同，但是获得最高管理层的授权是普遍需要的。第（b）段和第（c）段的规定，让每个企业自己去寻找专家来制定其政策和内部规章制度。对此，没有规定必须怎么做，它允许每个企业根据自身情况进行选择。第（d）段建议企业人权政策应予以公布，而且评论指出，该政策应该"主动传达给与企业保持合同关系的实体；与其业务直接相关的其他方，可能包括国家安全部队；投资者；同时，在有巨大人权风险的业务中，应传达给可能受影响的利益攸关者"。[6] 企业可以自己决定谁是需要传达的利益攸关者。

第（e）段关注的是内部执行。正如评论所说的，该政策的内部化

---

〔5〕 Office of the High Commissioner for Human Rights（OHCHR），"Guiding Principles on Business and Human Rights: Implementing the United Nations 'Project, Respect and Remedy' Framework"，New York and Geneva: United Nations, 2011，p. 16.

〔6〕 Office of the High Commissioner for Human Rights（OHCHR），"Guiding Principles on Business and Human Rights: Implementing the United Nations 'Project, Respect and Remedy' Framework"，New York and Geneva: United Nations, 2011，p. 17.

要求构建意识，进行培训和执行有关政策和程序，这些政策和程序"应当说明问责制的设计和制度是怎样的"。工商企业能够根据自己的需要，设计自己的制度，并且在内部进行交流，只要他们设立了这个制度，确实能够提高意识就行。原则 16 的评论重申了企业人权政策内部化和实施的重要性。该评论说：

　　就如国家应努力实现政策的一致性那样，工商企业也应努力使其尊重人权的责任与指导其更广泛的业务活动和关系的政策和程序之间的保持一致……通过这些和其他适当手段，政策声明应从工商企业高层嵌入其所有职能中，否则他们会在不了解或不尊重人权的情况下行事。[7]

　　在谈及内部化（包括问责制）的时候，该评论所使用的语言是建议性的，即"应该"。虽然并没有削弱执行的重要性，但这种语言不是强制性的。在这里，人们可以观察到一种不愿过于自信地告诉企业如何履行《联合国指导原则》的义务。简单地说，原则 16 设定了标准，让每个企业来决定他们如何达到这些最低预期。其包容性说明它是普遍适用的。然而，它反映出一种倾向于达成共识、而非强加的对冲策略。对此，迪瓦（Deva）说："这种共识的言辞在一定程度上解释了为什么指导原则在对待人权的态度上过轻了"。[8]

3. 确保实质性

　　一项企业人权政策看似符合原则 16 的规定，但仍可能缺乏实质内容。这可能不是因为原则 16 或《联合国指导原则》存在缺陷。相反，这就是落实人权原则和标准所面临的现实。抵制、解释、别有用心和其他行动都可能完全破坏最初文本的目的或精神。基于原则 16 本身的灵活性，工商企业可能会想办法起草一项人权政策，其中包括原则规定的

---

　　〔7〕　Office of the High Commissioner for Human Rights（OHCHR），"Guiding Principles on Business and Human Rights：Implementing the United Nations 'Project，Respect and Remedy' Framework"，New York and Geneva：United Nations，2011，p. 17.

　　〔8〕　S. Deva，"Treating human tights lightly：a critique of the consensus rhetoric and the language employed by the Guiding Principles"，in S. Deva and D. Bilchitz（eds.），*Human Rights Obligations of Business：Beyond the Corporate Responsibility to Protect*，Cambridge：Cambridge University Press，2012，p. 80.

活动部分，但不会起到任何实质性的作用。工商企业有自己的理由来避免制定有实质意义的企业人权政策。但是如果适用恰当的话，一项企业人权政策可能会暴露企业的不足，并要求企业不断调整并投入时间、精力和资源。因此，工商企业可能倾向于走过场，而避免制定实质性的政策。简单地说，真正的风险是，企业只是作作秀，制定一个企业人权政策，旨在提升企业公众形象，却对改善企业对人权的影响没有任何帮助。

一项空洞的企业人权政策看起来是无害的。但是，这种类型的政策和承诺实质上是有害的。它给人带来的印象是，有问题正在发生，企业却无动于衷。换言之，空洞的企业人权政策就像一个障眼法，当被问及人权问题时，才发现这是工商企业的一个幌子。事实上，从人权角度而言，最糟糕的情况是企业人权政策成为保护企业免受利益相关者问询的阻碍。促进这种调查正是企业人权政策存在的价值所在。

《联合国指导原则》的最低期望是不是太低而不能保证实质性吗？联合国全球契约的《确立人权政策指南》指出：

人权政策能够采取不同的形式，且没有统一的定义。但至少，这是企业最高管理层通过的一项公开声明，承诺企业遵守国际人权标准，并通过制定政策和程序来识别、预防或减轻人权风险，并补救由此造成或促成的任何不利影响。该声明中应当明确使用"人权"一词。[9]

对于只提供对人权的广泛承诺，并提及企业与人权相关的政策和流程的企业人权政策，存在一些明显的问题。[10] 即使企业最高管理层通过了企业人权政策，而且有外部专家参与，对人权的广泛承诺也可能只是纸上的文字。一个没有具体适用办法的承诺是没有实际意义的。[11] 一个恰当的例子是，《朝鲜民主主义共和国社会主义宪法》的第8条规

---

[9] UN Global Compact, *Guide on How to Develop a Human Rights Policy*, 2011, p.4.
[10] 即使是最广泛的企业人权政策也有一些具体的要求："一项良好的人权政策至少应包括：《世界人权宣言》《公民权利和政治权利国际公约》《经济、社会和文化权利国际公约》；以及国际劳工组织《关于工作中的基本原则和权利的宣言》。"全球契约，2011年，第15页。
[11] U. Wyhoven, "Commentary on the Importance of a Human Rights Policy Statement", Policy and Legal Office of the United Nations Global Compact, May 2010.

定，"国家维护从剥削和压迫下获得解放、做了国家和社会主人的工人、农民、军人、知识分子等劳动人民的利益，尊重和保护人权"。全球契约从另一个角度阐述了这个问题，它指出，一份声明"表明了一种承诺，即充分认真地尊重人权，包括采用与外部协商等方式，分配管理时间和资源来制定和实施这项政策"。[12] 这种观点认为，企业正在起草一项人权政策，以改善他们的人权足迹。在很多情况下，这可能是真的。但是，假设或者相信这些掌握权力人士的动机是有风险的，不管语言看起来多么真诚，一页纸上那些模糊和未经证实的词语，可能仍旧是文字而已。迪瓦回顾，在企业人权政策中可能会使用某些措辞来限制必要的行为：有人认为，故意使用精心选择的术语（例如"责任"而不是"义务"，"影响"而不是"违反"）和概念（如社会期望和尽职调查），会产生使公司人权义务的法律具体化倒退的效果。[13] 即使外部各方协助制定政策，对于这些专家和其他利益相关者在这一过程中的作用和影响，也总是存在疑问的。因此，无法保证企业人权政策是"公司承诺支持人权的前导"。[14]

无论是广泛的人权承诺，还是对内部人权政策和程序的简要提及都不能确保企业采取适当行动。这样的企业人权政策并不要求企业刻意将自己定位为责任承担者，或者是权利持有者。利益相关者并没有被指引怎样回应其问题或者担忧。有一个声明就"万事大吉"。这样的企业人权政策可以很好地保护一家企业的公众形象，或者回避其面临的人权质询。这似乎是人权的最坏情况，企业人权政策成为企业自我保护和自我推广的一种手段。

一个企业人权政策并不是花言巧语，它为企业朝着正确的方向迈出一步提供了指引。正如凯瑟琳·德维（Kathryn Dovey）观察到："如果没有这样的实际执行，企业运营就有可能得不到所需的指导，而且从外

---

〔12〕 L. Amis, "A Guide for Business: How to Develop a Human Rights Policy", United Nations Global Compact Office and Office of the High Commissioner on Human Rights, 2011, p. 4.

〔13〕 S. Deva, *supra* n. 8, p. 80.

〔14〕 L. Amis, *supra* n. 12, p. 4.

部看，这项政策可能无法经得起作为对人权的真正承诺的审查。"[15] 即使企业人权政策向利益相关者解释了他们如何使用或执行该政策，但（后者）对实质内容的担忧仍然存在。一项企业人权政策可能让利益相关者感到困惑，或者使得利益相关者陷入无法产生结果的过程和程序之中。许多企业人权政策声明了工商企业对人权尽责和救济的承诺，这是《联合国指导原则》的原则 15 所规定的，但是它们没有规定具体的质询方式。人权尽责和救济需要流程和程序加以保障。怎样启动这些程序？它们是由谁启动的？它们能否提供实质性解决方案或帮助？事实上，这些途径在任何地方都是适用的吗？不合理的内部的程序和流程肯定会导致循环反复或使利益相关者陷入死胡同。而程序也可以变得非常复杂，导致无法使用。理想状态下，企业人权政策将指导内部和外部利益相关者制定清晰的、由问责制驱动的程序，但是这种情况很少实际发生。

关于企业人权政策的实质含义的一系列其他问题仍然存在。例如，在公共获取问题上，政策是否惠及最受影响或最相关的人？有什么方法可以确保这一点吗？就企业内部行为和行为程序而言，这意味着语言和培训的改变，还是实际情况的变化？企业对人权的遵守程度有没有实际提高？总而言之，企业人权政策能够满足原则 16 的标准，却不回答关于权利持有人如何行使与企业经营有关的权利的基本问题。据称，评估企业人权政策的实质性需要构建一个独立的机制。这个机制能够确定和评价企业行为的人权影响，包括侵犯人权的情况。

4. 通过基于人权的方法（HRBA）的指标来评估企业人权政策的内涵

基于人权的方法提供了一些指标，最终形成一个适当和可适用的机制，并据此评估企业人权政策。这样的机制就如何使企业人权政策朝着具有实质内涵的方向发展方面引发了争论。利益攸关者不必认为实质内容永远是主观的，从而没有任何机会超越《联合国指导原则》确立的

---

〔15〕 K. Dovey, "Commentary on Building a Strong Human Rights Policy from Within", *Global Business Initiative on Human Rights*, May 2010.

最低预期。虽然有很多不同的评价机制，但是基于人权的方法似乎是最好的选择。其最终目标是评估这些政策和倡议的人权倾向。因此，应用基于人权的方法背后的基本原理是内在的和工具性的。[16] 这里的结论是直截了当的：只要满足基于人权的方法的指标，企业人权政策就能被认定为是合法的、实质性的。

这并不意味着工商企业应当在其经营活动的所有方面满足基于人权的方法的指标。基于人权的方法是为了指导国家行为和发展组织而设置的。人权高级专员办公室认为基于人权的方法是一个必要的机制，适用于联合国发展机构和自愿加入国际人权法的国家："联合国发展机构和其他'国际法主体'在法律上都有义务遵守，并自愿执行由各国自愿承担的国际法律义务，包括与人权有关的义务。"[17] 基于人权的方法的规范化模式不是固定的。奥芬格（Offenheiser）和霍尔科姆（Holcombe）讨论将基于人权方法扩展到私营部门，包括从事发展工作的非营利和志愿部门。[18] 将其适用于所有的工商企业活动将是过度超前的一步。工商企业只需要遵守人权。遵守人权是企业面临的众多任务之一。企业人权政策就是为了解决这一任务。因此，我们应该期待，而且确实要求企业人权政策是以人权为基础；并且符合规范的人权运作标准。在实际层面而言，这意味对企业人权政策的评价机制是"通常以国际人权标准为基础，以促进和保护人权为目的"，而基于人权方法就是这样。[19] 实际上，受基于人权方法启发或指导的企业人权政策，必然会导致企业内部发生积极变化，并从多个角度获得积极关注。这一部分从为什么要通过基于人权的方法指标来筛选企业人权政策，转向探讨基于人权的方法指标的应用，并列举了相关的实证例子。下面是对相关指标的简要介绍。

〔16〕 Office of the High Commissioner for Human Rights, *supra* n. 3, p. 16.

〔17〕 Ibid. , p. 21.

〔18〕 R. Offenheiser and S. Holcombe, "Challenges and Opportunities in Implementing a Rights-Based Approach to Development: An Oxfam American Perspective", （2003）32（2）*Nonprofit and Voluntary Sector Quarterly*, pp. 268~301.

〔19〕 Office of the High Commissioner for Human Rights, *supra* n. 3, p. 15.

基于结果：基于人权的方法的一个关键特征是以结果为导向。它关注的是产出或结果，特别是人权的实际改善情况。基于人权的方法就是在寻求强有力的和令人信服结果的证据。全球企业人权倡议主席凯瑟琳·德维（Kathryn Dovey）认为："一项人权政策最重要的要素是其对公司行为的影响，以及一旦执行完成会发生什么。"[20] 虽然人权的发展是一个过程，但其导致的结果是在实践中衡量该过程是否有效的唯一方法。

苹果公司给我们提供了一个非同寻常的案例，可以说明对基于结果的企业人权政策可能会是什么样子。鉴于当时的苹果制造商富士康（Foxconn）恶劣环境的消息被曝光后，出现了对苹果公司不利的报道。然而，这些报道所提供的细节和数据是一个有用的参考点。这些内容本身并不是政策的一部分，而是在其网页上被简单地称为"劳工与人权"。在页面上写着：

2012 年，我们改进了该计划，每周跟踪超过 100 万名员工的工作时间，并且每月发布数据。由于这一努力，我们的供应商在整个工作周内达到了平均 92% 的合规率，员工每周平均工作时间在 50 小时以下。

企业人权政策的结果导向不应该只在从不合规转向合规的过程中发挥作用，也不应该只在人权政策失败被揭露之后才生效。即使一家企业已经有良好的人权记录，它们的企业人权政策也应该能够及时告知利益相关者它们做了哪些工作，下一步希望完成的是什么，以及他们是否在按照计划实现这些结果。

权利人和义务人的认定：企业人权政策要求明确承认权利人和义务人的存在。作为义务人，企业有责任承认自己是义务人。企业必须明确其义务，承认存在权利人以及他们享有的权利。但这不是直截了当的，因为工商企业有责任尊重每一个人的人权，不论在何地。但是，企业人权政策要求关注最相关的权利人及其权利。具体而言，企业人权政策促进优先考虑那些可能因商业活动而受到最严重影响或被边缘化的个人和

---

[20] K. Dovey, *supra* n. 15.

社区的权利。这些被边缘化的权利人以及他们的权利会受到最多关注。这些权利人的权利会受到商业运营的威胁，这需要承认。由于认证的过程会是困难的，所以吸收来自内部和外部利益相关者的意见是有用的。

企业人权政策要求企业不仅要作出人权承诺，还要承担起义务人的责任。此外，企业人权政策意味着对权利人以及其权利的明确定位。这项研究并没有展示任何符合这一描述的企业人权政策。然而，它还是列举出了一些有用的例子。强生公司（Johnson & Johnson's）政策中的措辞明确阐述了公司如何理解其作为义务人的地位，声明："作为一家公司，强生有责任尊重这些权利，特别是每天与我们产品和服务接触的10多亿人的权利，包括我们的员工和支持我们业务的人。"雀巢也表达了类似的观点。力拓在认识到其商业运营对土著人民有重大影响方面迈出了良好的第一步。但是，其政策不仅没有解决土著人民作为权利人的问题，也没有解决力拓对这些群体的影响最紧迫的问题。相反，这个政策写着：

我们尊重土著人民的多样性，承认他们对土地、水和环境以及他们的历史，文化和传统习俗的独特和重要的权益。不论我们在哪里开展工作，我们与当地社区接触，力求了解我们的工作对其社会、文化、环境和经济的影响，以便我们能够回应人们的关切，努力为当地社区和整体经济带来最大效益和减少负面影响。我们认为，这有助于发展，加上我们的社区参与方案（可能包括企业发展、培训、就业、社区保健和社会文化遗产倡议），可以进一步促进人权的实现。

企业人权政策应当是"全面的"。约翰·鲁格反驳了工商企业对人权影响有限的观点，认为：

公司活动可以影响到国际公认的所有人权，而不仅仅是有限的一部分。因此，事前提出一个适用于企业的限定性的权利清单，是一种愚蠢的行为。几乎所有权利都是相互关联的，尽管在特定情况下，有些权利可能比其他权利更重要。这一事实需要在国家和公司的政策中有所体现。[21]

企业人权政策应该解决直接影响和间接影响。正如上文约翰·鲁格所述，试图涵盖全部人权的企业人权政策并没有意义。但是，采用有限权利的政策会带来一些不利后果。因此，全面的人权政策需要涵盖直接和间接的人权问题（包括地区的和专题的）。

尊敬的大卫·席林（David Schilling），作为企业责任跨宗教中心人权主任，发现：

首先，许多企业通过的政策仅仅涵盖一小部分人权，大多数集中在工作场所的人权。这些政策应当是基于《世界人权宣言》《经济、社会及文化权利国际公约》《公民权利和政治权利国际公约》以及国际劳工组织核心劳工标准保护的人权之上的，且一个公司将主要关注那些最直接和间接受到公司活动影响的权利。[22]

金罗斯黄金公司（Kinross Gold）采取了一种有趣的方法来展现其整体的构想。他们制作了一个表格，显示了八个权利主题，其中一栏描述了潜在的风险领域，另一栏展示了适用的金罗斯政策或标准。

国际标准和规范的使用：基于人权方法的指标是直接明了的。企业人权政策和相关程序应当是以国际人权法为基础的。国际人权标准和文书是检验一切事物的基准。全球契约强烈建议工商企业应当依据《世界人权宣言》《公民权利和政治权利国际公约》《经济、社会及文化权利国际公约》以及《国际劳工组织工作基本原则和权利宣言》的规定。[23] 例如，艾波比集团公司的企业人权政策包括了上述所有这些文书规定的权利，以及《经合组织跨国企业准则》中的权利。

一个确实需要解决的问题是，建议当地法律优先于企业对国际人权

---

〔21〕 J. Ruggie, "Opening Remarks: Consultation on operationalizing the framework for business and human rights presented by the Special Representative of the Secretary General on the issue of human rights and transnational corporations and other business enterprises", 5~6 October 2009, GenevA.

〔22〕 D. Schilling, "Commentary on Adopting and Implementing Corporate Human Rights Policies. Interfaith Center on Corporate Responsibility", May 2010.

〔23〕 The Global Compact, *supra* n. 10, p. 15.

的尊重承诺，正如摩根大通的企业人权政策中所述，"如果当地法律与本人权声明所载原则相冲突，摩根大通将遵守当地要求，同时，寻求维护这个人权声明所载原则的方法"。

参与或包容：一项不具有实际参与性或包容性的政策，会忽视了其应该保障的个人和社区的利益。在起草和执行政策时，基于人权的方法呼吁参与和包容性。在不同的语境下，其含义可能不太一致。这可能涉及工人或工人代表的参与，甚至包括不同部门经理、受影响社区、消费者，甚至民间社会的参与。参与的水平和类型取决于工商企业的性质。在这方面，基于人权方法提供了一个类似于《联合国指导原则》的框架，后者"根据企业的规模和地理位置，为企业提供了一种按比例调整的方法"。[24] 这使得参与成为企业人权政策最难定义的指标。但是，它很重要，因为它"反映了权利受到侵犯者和有义务采取行动者之间的共识"。[25] 根据这些，凯瑟琳·德维（Kathryn Dovey）认为："同样重要的是如何制定政策：通过与社区和人权部门协商，或通过与参与投资者的对话，确定在哪些业务部门内制定政策。"[26] 所以，参与或者包容度的水平与企业人权政策的实质内容有关。

大多数企业人权政策都规定了对利益相关者参与或者加入程序的承诺，大多数依据基于人权方法制定的政策会进行详细规定。一些政策会讨论与已建立的人权机构开展合作。例如，埃尼集团提到了它与丹麦人权研究所和商业与人权项目的合作；微软对此没有提供大量的细节，但其企业人权政策中声明其建立了一个促进对话与合作的技术与人权中心；雀巢提供了大量相关信息，分解利益相关者参与过程中的每一个支柱保障情况。虽然通过一项企业人权政策很难看出上述包容举措的效果，但这样的描述是很好的开端。

透明度，包括可获取性：透明度有赋权的作用。透明度会涉及一系

---

〔24〕 R. Blitt, "Beyond Ruggie's Guiding Principles on Business and Human Rights: Charting an Emberacive Approach to Corporate Human Rights Compliance", (2012) 48（33）*Texas International Law Journal*, pp. 33~62.

〔25〕 Office of the High Commissioner for Human Rights, *supra* n. 3, p. 17.

〔26〕 K. Dovey, *supra* n. 15.

列的内容，其中一个重要因素是信息的可获取性。可获取性对于最受影响或者相关的权利人而言是十分重要的，如果一项企业人权政策只有英文版本，或者只能在网上获取，那么最相关的利益相关者可能被拒之门外。因此，政策和相关信息的提供和分发是至关重要的。清晰易懂的信息是同样重要的，过于复杂的企业人权政策是很难透明的。因此，法律或商业术语可能会妨碍获取。政策可以非常宽泛或者简单，亦或是不完整。衡量透明度的标准并不复杂。必要的信息是否可以找到，可获取以及可执行，即权利人是否能够使用？如果政策使得权利人满怀困惑，而且无处寻求帮助，那么这个政策就缺乏透明度。

许多企业采取措施使其企业人权政策更便于用户使用。例如，阿迪达斯的企业人权政策将信息分解为常见问题，便于引导。此外，阿迪达斯还提供了更多信息和其他问题的链接。盖璞（Gap）公司在其人权政策中提供个人联系方式："请通过 social_responsibility@ gap. com 与社会和环境责任副总裁金德利·沃尔什·劳勒（Kindley Walsh Lawlor）联系。"这样的个人联系方式赋予了企业人权政策生命。正如前述，语言是可获得性的重要决定因素，许多企业都特别提到了语言和传播。纽约梅隆银行表示："我们很高兴在我们开展业务的每个国家公布我们的人权政策。我们努力确保我们的所有员工都意识到自己的权利，无论他们在世界上的哪个地方与我们共事"。百事公司指出，它的企业人权政策有 40 种语言版本。除了企业人权政策的可获取性，完全透明要求，查询方便。艾波比集团公司提供了一个值得注意的例子，它声明"联系方式公布在艾波比集团公司的内部和外部网站上"。尽管如上所述，艾波比集团公司没有提供姓名和个人电子邮件地址，但它为利益相关者提供了明确的方向。也许在企业人权政策中，最能体现透明度的是企业公布其缺点的时候。这样的情况很少见，但是在研究中发现过一个例子，即阿斯利康制药有限公司（Astra Zeneca），这种程度的开放和诚实向权利所有人和投资者发出信号，表明企业已经准备好并愿意做出改变。

问责制：除了有对可获取性的问责，否则企业人权政策对权利人没有任何作用。问责制能够保证政策的执行，它要求企业采取积极和被动的措施，这些措施都应当规定在企业人权政策中。工商企业有义务建立一个尽责和救济的程序和机制。企业人权政策的任务是使得企业的问责路径畅通可用。这样的政策不需要描绘整个系统。在实践中，这意味着企业人权政策将指导那些想表达担心、提起投诉、提供信息或在适当的方向进行尽职调查的人。在救济方面，基于问责制的企业人权政策将向有关个人或当局解释他们应该联系哪些部门或个人，无论是法律部门还是其他有能力的联系人。并且，由于问责制不仅仅是回应，企业人权政策还应当描述监控过程并使其易于访问，这有助于主动和持续的问责。

这意味着，所有企业都应该表现出同样广泛的问责策略。布莱特（Blitt）提醒我们："如果公司规模越大，出现更严重的人权影响的风险越大，或者国家履行人权义务的责任越大，那么其人权政策承诺、尽职调查程序或相关补救措施都将更加严格。相反，在指导原则下，那些在争议较少的领域经营的小型企业所遵循的合规标准也没有那么严格。"[27] 无论所涉及的企业是大企业还是小型企业、国内企业还是跨国企业、一般公司、有限责任公司、合伙企业还是其他类型企业，利益相关者都可以判断他们是否认为企业人权政策中列出的问责活动是适当的。

许多企业人权政策提到了尽责或者救济，但是只提供了如何使用这些途径的最少信息。一些例子打破了这一趋势。阿迪达斯集团提供了阿迪达斯如何处理人权投诉的一般概述，并且详细讨论了该过程。它提供了如何使用这些途径的信息，而且阿迪达斯会继续监测。固特异（goodyear）和强生（Johnson & Johnson's）是两个详细讨论责任的企业。他们也谈到了让读者参考加州供应链透明度法案，根据这个法案，他们必须披露相关信息。权利人及其代表可以使用具有约束力和可执行的问责机制的通知。值得注意的是，星巴克的企业人权政策所使用的语言，敦促员工在发现违反政策的情况下提起投诉。关于如何做到这一点的指导是值得注意的，星巴克提醒员工"这样的报告最好是书面的，可以按

---

〔27〕　R. Blitt, *supra* n. 24, p. 48.

照公司的反骚扰/反报复合规程序或商业行为标准做出"。

可持续性："改变现有的权力分配——以人权为基础的方法的基石——并非没有挑战。历史上权力的缺乏可以被社会化并被隐藏其中，从而削弱人们认同自己拥有权利和行使权利的倾向和能力。"[28] 基于人权的方法从根本上讲是关于可持续性的，其前提是，人权是唯一真正可持续发展的轨道。企业人权政策常常提及可持续性，但在此项研究中，没有探究企业人权政策对基于人权的方法所寻求的可持续性方向。在基于人权的方法下的可持续性不仅要解决现有的问题或预测未来的挑战；它还询问需要进行哪些改革，以确保未来一段时间内所有权利人的人权。这可能意味着解决目前有利于企业底线的边缘化问题。这里产生的附加值可能会被企业董事会视而不见。在一项企业人权政策中，那些推动人权的人寻求实现一种长期的人权愿景，表明愿意解决企业在边缘化中所扮演的角色，无论是薪酬结构、工作场所状况、法律漏洞的利用或对社区的开发。在这个最终指标中，人们可以看到企业人权政策在企业业务外部和内部所带来的范式转变。

5. 结论：坚定而有策略地发展

从人权的角度看，企业人权政策当然值得工商企业为之努力。然而，工商企业可能有不同的意见，就像要求麦当劳评估和公开其人权的报告的麦当劳股东决议提案显示的那样。麦当劳提交了一份委托书，劝阻股东投票反对该决议。琼克（2013）引用委托书声明说："鉴于麦当劳对人权的坚定不移的承诺以及在这方面持续的报告，我们认为提案要求的额外报告是不必要的……我们还认为该提议可能会导致资源转移，而不会给公司、我们的客户或股东带来相应的好处。"琼克将这个观点总结为"换句话说，尊重人权既费钱又没有好处"。[29] 琼克预测这个决议不会被通过，但将该决议视为一个积极的发展，其指出：

毫无疑问，这一决议可能会失败……上周，哈里伯顿（Halliburton）否决了一份几乎完全相同的股东决议。这没关系。明年以及后年

---

[28] Office of the High Commissioner for Human Rights, *supra* n. 3, p. 18.

[29] M. Jungk, *supra* n. 2.

更多类似的决议会在其他公司提起。现在确立的这些原则将为消费者、政府和雇员所接受。这种压力不会消失。不论什么时候我提到工商企业，他们总会告诉我，确定和报告其人权影响是困难的。如果确实如此，那么每天吃数百万个汉堡也是如此。我认为，在未来的某个时候，如果没有前者，企业将无法实现后者。[30]

这份决议被股东否决了，其中 70% 的股东投了否决票。据报道，麦当劳的首席执行官认为："麦当劳在菜单上增加了更多的水果和蔬菜，遵守了面向儿童的自愿营销指南，并建立了麦当劳叔叔之家慈善机构，而施压团体将麦当劳描述为不负责任的企业公民不符合实际情况"。[31]人权实践者和倡导者面临的问题是推动一项实质性企业人权政策究竟有多困难。期望企业在他们的人权政策上走得太远可能会引起抵制或者强烈反对。同时，一项实质性的企业人权政策最终将有利于工商企业。

工商业与人权似乎正朝着真正的问责迈进。企业人权政策是一项能降低未来风险的弹性计划，无论是声誉受损、丑闻、合规失败还是诉讼，在最严重的情况下所有这些都可能导致企业破产。一项企业人权政策是对未来的投资，也是一个在即将到来的浪潮中让企业保持领先的机会。这对于任何类型和大小的工商企业而言都是真理。从人权角度来看待企业越来越受重视。执行企业人权政策不再是选择性的。工商企业必须参与到保障人权中，而且企业人权政策就是其行动蓝图。正如布莱特提醒我们："虽然联合国秘书长特别代表鲁格新制定的指导原则在今天可能会让人觉得没有约束力和毫无抱负，但该原则可以，而且将会以秘密的方式成长为可执行的国际准则，这可能会严重影响公司、官员和准备不足的股东。"[32]工商企业可以采取逃避或伪造的方式制定公司人权政策，但这只会损害企业利益。当涉及企业人权政策时，那些推动人权者似乎占据了上风。他们可以持有并提出更高的期望。

---

〔30〕　M. Jungk, *supra* n. 2.

〔31〕　M. Brandau, "McDonald's defends practices at Shareholder meeting", *Nations Restaurant News*, 23 May 2013, available at: http://nrn.com/quick-service/mcdonalds-defends-practices-shareholder-meeting.

〔32〕　R. Blitt, *supra* n. 24, p. 41.

第三部分　国别案例评析

第十章 投资协议和人权：
对拉丁美洲采矿业的反思

斯蒂芬·葛维斯

1. 引言

因为国有化等政策变化以及东道国政府强化监管带来的不可预测成本，使得采矿业在发展中国家是一项"高风险"投资。在拉丁美洲，许多政府已经注意到民间社会组织要求取消开采合同，修改采矿法规，以保护人权和遵守环境标准。一个采掘业公司所在的国家和一个拥有资源的东道国之间签订的投资协定，使投资者对其矿产要求和利润分配条件有一种安全感。这些协议可以采取双边投资条约（BITs），外国投资合同（FICs）或者自由贸易协定（FTAs）中的投资专章的形式，其中通常会包括如果政策变化导致公司利润损失，政府必须对公司进行赔偿的规定。目前，各地区和经济地位不同的国家之间签署了 3160 多项投资协定，许多国家政府也已经签署了有此类条款的协定，因此必须权衡执行人权政策的成本。如果一个仲裁庭发现某个政府的政策违反了投资协议的规定，它会要求政府向投资者支付赔偿金。赔偿金额从几百万美元到某些情况下的数十亿美元不等，这些赔偿金被认为是以任何干预措施来阻止政府在投资项目中严重侵犯人权的行为。[1]

---

[1] R. Suda, "The Effect of Bilateral Investment Treaties on Human Rights Enforcement and Realization", NYU Global Law Working Paper No. 01, 2005; S. Anderson, J. Artiga-Purcell, A. Dreyfus, M. Perez-Rocha and M. Rocha, "Mining for Profits in International Tribunals", Report by the Institute for PolicyStudies, 2011.

在此领域，人权政策与投资协定之间出现冲突的原因有很多。在最近的案件中常见的情况是，当某一特定类型的开采活动预期会侵害人权时，东道国政府会暂停这些活动。例如，大型金属矿开采有可能危害人体健康，污染水源和农田，并与土著社区的自决权发生冲突。[2] 已获得土地所有权（或勘探许可证），但随后又被拒绝获得开始作业所需的二次开采许可证的投资者，可能会声称，扣留这些许可证是政府征收的一种形式，违反了投资协定的规定。当拒绝开采的理由是基于项目的环境和社会影响评估未能满足有关开采许可的国内法律要求（见哥斯达黎加的案例）的时候，就会引发违反投资协定的主张。因为许多投资协议中会包括保护投资者免受此类与拒绝许可相关的间接征用的规定，这些投资者会提起诉讼，要求东道国赔偿预期利润损失。当下列两种法律义务发生冲突发生，即尊重投资协议的义务和执行国内法律规定的人权条款之间发生冲突时，各国可以选择在仲裁法庭前捍卫自己的监管权利，或者像"监管寒蝉"理论所暗示的那样，取消这些政策，以避免诉讼带来的高额成本。[3]

联合国工商业与人权特别报告员的任命促成了《联合国工商企业与人权指导原则》（简称《指导原则》）的确立，并成立了监督其执行情况的联合国工商业与人权工作组。《指导原则》中的一个核心支柱是，国家有义务保护人权免受第三方的侵害，包括来自工商企业的侵害。为了实现这点，《指导原则》建议国家保留足够的政策空间来实施人权保护机制。[4] 不幸的是，这项建议没有就如何在不违反已有的投资协定的情况下执行人权政策提供指导。

本章通过对拉丁美洲国家在采掘业执行符合联合国指导原则的人权

---

〔2〕 FIDH (International Federation for Human Rights), "Large-scale Mining in Ecuador and Human Rights, Abuses: The Case of Corriente Resource Inc. ", 2010, available at: www. refworld. org/docid/4d2e9ec82. html (accessed 21 August 2013).

〔3〕 K. Tienhaara, "Regulatory chill and the threat of arbitration: a view from political science", Regulatory Institutions Network, Australian National University, 2010.

〔4〕 Human Rights Council, "Guiding Principles on Business and Human Rights: Implementing the United Nations ' Protect, Respect and Remedy' Framework", 2011, UN Doc. A/HRC/17/31, p. 12.

政策的相关案例的分析，来考察国际投资协定对履行这些原则的影响。虽然对"监管寒蝉"理论的研究通常适用于环境政策，但本项研究会在经济、社会和文化权利的国际框架下将环境和卫生政策结合起来。拉丁美洲在采矿业对人权的影响方面给予了极大的关注，该地区的一些政府，例如，哥伦比亚、哥斯达黎加、玻利维亚和厄瓜多尔通过其宪法明确地将自然和自然资源权利与健康权联系起来。[5] 这拓展了人们在经济活动对人类健康影响方面的理解。

2. 方法

考察那些已经批准了《经济、社会和文化权利国际公约》的国家，其政策致力于维护干净的环境，例如禁止污染形式的采矿被解释为试图保护健康权、适当的生活水平权、水权和其他特有的权利。这些案例研究将检验国际投资协定（IIA）阻碍人权政策执行，从而导致"监管寒蝉"的假设。由于很难猜测政策决定背后的动机，我们不能假设国际投资协定本身为东道国不执行人权法律提供了依据。相反，在处理已生效的国内政策和投资协定之间争议的仲裁案件时，国际投资协定影响政策的证据会更具说服力。随着政府向公司支付赔偿金的威胁变得更加可信，投资协议和人权政策之间的本质矛盾也就变得更加明显。因此，为了研究国际投资协定的影响，本章会考察已经生效的政策，并审查政府是否在投资者提起诉讼后就不再执行这些政策。

本研究使用的是案例分析方法，以了解在拉丁美洲地区的采矿业中，投资协定在人权政策实施方面发挥的作用。鉴于直到最近才出现了若干仲裁案件（大多数至今未结案），在这方面的研究成果较少的现状下，本研究之目的在于探讨"监管寒蝉"理论的合理性。这仍然是一个对"未被证实的理论"的初步探讨，因此，一旦这些案例审结后，还需要予以进一步的研究。[6] 与典型的理论测试研究类似，本文用

---

〔5〕　A. Fabra, "Enforcing the right to a healthy environment in Latin American" （1994）3 (4) *Review of European Community & International Environmental Law*, pp. 215~222, available at: http://bit. ly/1bzvGOI.

〔6〕　A. George and A. Bennett, *Case Studies and Theory Development in The Social Science*, Cambridge, Mass: MIT Press, 2005, p. 75.

"最相关"监管寒蝉的案例来分析这个理论，并查明其中的要素。

本文通过分析自变量，以及外国投资者利用投资协定提起仲裁诉讼对东道国政府实施人权政策的影响这一因变量来检验这个假设。这个因变量的方差是根据东道国政府对引起人权问题的投资项目的政策行动来评价的。将勘探许可证分配给投资者的年份作为研究政府政策变化的基线。随后，将政策变化与威胁和投资争端的进展并列进行研究，严格审查这种威胁可信的案例。在这种情况下，在采矿业的监管寒蝉最有可能发生的案件是，投资者依据包括上述条款的条约，提起了国际仲裁。这些条款的存在增加了在后续诉讼程序中，政府向企业支付赔偿金的可能性。这些条件被认为会增加一个政府改变政策方向，以利于外国投资而不是人权的可能性。

自变量被认为会影响因变量的有效性，因为发起投资诉讼将可能导致政府撤销诉讼所针对的采矿政策。这也就是说，利用国际投资协定提起诉讼似乎引发了对人权政策目标的撤销，从而使相关法规被淡化，并证实了该理论的假设。相反，如果没有发生撤销而且政府追求实现人权政策，那么这个假设就是不成立的。从提起诉讼的一开始就对差异进行了研究，由于案件尚未结案，在法庭作出裁决后，需要进行进一步研究，以充分评估这种差异。

3. 监管寒蝉理论

投资协定对国内政策（即环境政策）以及由此而来的对人权政策的影响的主流理论是监管寒蝉理论（领导者，2006）。[7] 在目前的文献中，既有证据支持这个理论，也有反对意见。一方面，监管寒蝉理论的支持者认为在外商投资领域的人权政策是受制于投资协定的。另一方

---

〔7〕 H. Mann, "International Investment Agreement, Business and Human Rights: Key Issues and Opportunities", International Institute for Sustainable Development, February 2008, available at: www. iisd. org/pdf/2008/iia_business_human_rights. pdf; E. Neumayer, "Do Countries Fail to Raise Environmental Standards? An Evaluation of Policy Options Addressing 'Regulatory Chill' ", (2011) 4 (3) *International Journal of Sustainable Development*, pp. 231~244 (revised version obtained from author, pp. 1~27); R. Suda, *supra* n. 1; K. Tienhaara, "What You Don't Know Can Hurt You: Investor-State Disputes and the Protection of the Environment", (2006) 6 (4) *Developing Countries Global Environment Politics.*

面，该理论的反对者认为投资协定不会对东道国的监管权力构成威胁，因为监管是在其主权范围内的权力。[8]

监管寒蝉理论所指代的现象，即国家"放弃可能对外国投资产生负面影响的环境和社会立法，以避免潜在的责任"。[9] 对该理论的一般理解是，为了吸引投资，国家事先避免通过限制性法律。但是，很难把这种规避归咎于投资协定，除非承担责任的威胁变得显而易见。从这个意义上说，在政策已经开始实施或政府表达意图的情况下，可以观察到这种寒意，因为在分析投资条约对政策的影响方面存在许多实践挑战，但这些影响还有待深思。说明监管寒蝉的典型例子是，在近 150 家矿业公司威胁要根据印度尼西亚的双边和多边投资条约提起诉讼后，印度尼西亚的反矿业立法被废除。[10] 很难说投资条约的存在没有影响印度尼西亚废除禁止采矿法案的决定，因为其对财政的威胁是相当可信的。

根据监管寒蝉理论，一旦确认存在仲裁诉讼的风险，政府将修改其政策，以纠正投资者提出的因违反条约而索赔的所谓原因。撤销有关矿业政策的理由是，他们担心会面临高昂的赔偿费用和法律费用。政府认为其处于不利地位，并且有着更高的担责风险是有几点理由的。这种担忧的一个直接理由是，仲裁小组对协定条款的解释导致有利于投资者的结案案件数量增加。一项关于仲裁庭裁决的实证研究发现存在着一种系统性的偏见，仲裁员通常更倾向于支持投资者的立场而不是国家的立场，而且如果投资者的总部设在一个主要的西方资本输出国，仲裁员更

---

〔8〕　J. Doe and n. Rubins, "Regulatory expropriation and the Tecmed case: context and contributions", in T. Weiler (ed.), *International Investment Law and Arbitration: Leading Cases from the ICSID, NAFTA, Bilateral Treaties and Customary International Law*, London: Cameron, 2005; J. D. Fry, "International Human Rights Law in Investment Arbitration: Evidence of International Law's Unity", (2009) 9 *Duck Journal of Comparative International Law*, pp. 77~149.

〔9〕　S. G. Gross, "Inordinate Chill: BITs, Non-NAFTA MITs, and Host-State RegulatoryFreesom- An Indonesia Case Study", (2002) 24 (3) *Michigan Journal of International Law*, pp. 893~960.

〔10〕　K. Tienhaara, *supra* n. 3.

有可能这样做。[11] 这项研究"从 140 个投资条约案例中得出了具有统计意义的证据，并表明仲裁员一贯对各种条款（如投资概念）采用（有利于索赔人的）扩张解释，而仲裁律师在涉及人权和社会权利时采取了国际法中的限制性做法"。[12]

显然，存在一种反复出现的条款模式，它以国家改变投资项目监管条件的能力为目标，与实施人权政策相冲突。[13] 在这些条款中，被引用最多的增加东道国风险的是"稳定条款"，"征收"的限制，"非歧视性和合理性条款"，"公平公正待遇"标准以及"国家和最惠国待遇"等条款。[14] 投资者通常控告东道国违反这些条款，因为政府取消合同，提高环境标准或者在国内法院对投资者进行刑事诉讼。在某些情况下，这些措辞显然限制了国内法规的修改，而在另一些情况下，这些条款的含糊措辞使投资者有更大的解释自由，使各国难以计算同意仲裁面临的风险。[15]

虽然这些条款措词明显为适用于外国投资的监管设置了阻碍，但是据说，只有当投资者要求仲裁或威胁要这样做时，各国才会暂停这些政策。[16] 为了造成这样的威胁，协定必须包含允许投资者绕过国内法院，

---

〔11〕　G. Van Harten, "Arbitrator Behaviour in Asymmetrical Adjudication: An Empirical Study of Investment Treaty Arbitration", *Osgoode Hall Law Journal*, forthcoming; Osgoode CLPE Research Paper No. 41/2012.

〔12〕　P. Eberhardt and C. Olivet, "Profiting from Injustice: How Law Firms, Arbitrators and Financial Are Fuelling an Investment Arbitration Boom", Corporate Europe Observatory and the Transnational Institute, 2012, p. 48.

〔13〕　S. Anderson, J. Artiga-Purcell, A. Dreyfus, M. Perez-Rocha and M. Rocha, *supra* n. 1; J. G. Brown, "International Investment Agreement: Regulatory Chill in the Face of Litigious Heat?" (2013) 3 (1) *Journal of Legal Studies*; S. G. Gross, *supra* n. 9; International Finance Corporation (IFC), "Stabilization Clauses and Human Rights", World Bank Group, 11 March 2008; U. Kriebaum, "Privatizing Human Rights: The interface between international investment protection and human rights", in A. Reinish and U. Kriebaum (eds.), *The Law of International Relations: Liber Amicorum Hanspeter Nauhold*, The Hague: Eleven International Publishing, 2007, pp. 165~189; H. Manne, *supra* n. 7; R. Suda, *supra* n. 1.

〔14〕　S. Anderson, J. Artiga-Purcell, A. Dreyfus, M. Perez-Rocha and M. Rocha, *supra* n. 1.

〔15〕　J. G. Brown, *supra* n. 13, p. 5.

〔16〕　K. Tienhaara, *supra* n. 3.

向国际仲裁庭提起诉讼的条款。目前仲裁庭的实践和其对条约的习惯性解释被认为是不利于东道国施行有关投资项目方面的公共利益法律的。[17] 最常审理此类仲裁诉讼的三个仲裁庭是常设仲裁法庭（PCA），联合国国际贸易法委员会（UNCITRAL）和国际解决投资争端中心（ICSID）。后者已经成为最近的联合国贸易与发展会议（UNCTAD）报告中关注的话题，其中列明了目前争端解决中心的主要关注点。

一个国家在仲裁中为自己辩护所需的财政资源，往往被视为对可能与投资条款冲突的公共利益政策的威慑力量。例如，在美国西方石油公司诉厄瓜多尔案中，投资者要求东道国提供高达 1000 亿美元的赔偿，而最终裁决赔偿只有近 20 亿美元。这些昂贵诉讼的威胁被认为是执行影响投资项目的人权政策的主要威慑因素，特别是对面临大型跨国企业的小国而言。[18] 虽然法律费用对投资者和东道国而言都很重要，而在一个跨国公司向发展中国家提起诉讼时，优势是站在投资者一方，他们往往能够从更多的金融资源和法律专业知识中获益。即使在国家未被罚款或案件被驳回的情况下，诉讼费用平均仍接近 1000 万美元。[19]

由于仲裁小组无视收到投资者争议的东道国执行政策背后的动机的普遍做法，支付类似赔偿金的风险不断增加。这引起了第二个担忧，即不能保证政府为证明其政策选择的正当性而作出的辩护将得到与投资者索赔相同的重视，因为仲裁小组很容易考虑到不符合与投资争端有关的资格而驳回这些索赔。虽然大多数协定要求一国的投资政策和该国的国内法律制度一致，但仲裁程序可以得出结论，国家有以公共利益名义违反条约的正当理由，并决定不要求其向投资者进行赔偿。不幸的是，研究表明，在大多数情况下，法庭不会考虑到政策选择背后的理由，即使这种理由涉及人权或者公共道德。[20] 批评者指出，仲裁员小组在公共

〔17〕 UNCTAD, "Reform of Investor-States Dispute Settlement: In search of a roadmap", *Special Issue for the Multinational Dialogue on Investment*, pp. 28~29 May 2013.

〔18〕 *Ibid.*, p. 3.

〔19〕 J. Paulsson, "Moral Hazard in International Dispute Resolution", Inaugural Lecture, Miami School of Law, 29 April 2010.

〔20〕 R. Suda, *supra* n. 1, p. 29.

利益和人权政策问题上缺乏专业知识，这证明他们不应就这些政策的有效性作出裁决。[21]

基于上述分析，东道国政府有可能，而且在许多情况下因在相关投资领域推行人权政策而受到惩罚。这将对政府实施人权政策的意愿产生什么影响？一个普遍的假设是，由于各国担心投资者提出索赔所产生的成本而放弃了有利于人权的监管，因此投资条约会产生"监管寒蝉"。这些顾虑促使了《联合国指导原则》提到投资协定对国内政策的影响。具体而言，《联合国指导原则》的作者约翰·鲁格建议："在与其他国家或工商企业追求与商业目标时，国家应保持适当的国内政策空间，以实现其人权义务，例如通过投资条约或合同。"[22] 鲁格认为"国际投资协议这一术语可能会限制各国全面实施新的人权立法，或者如果这样做的话，会使各国面临具有约束力的国际仲裁的风险"。《联合国指导原则》谈到了这一点，说明监管寒蝉理论不仅在部分学术界，而且还在重要的国际政府间组织中不断获得支持。

4. 案例研究

本文所选择的案例是基于建立在监管寒蝉理论下"最有可能"的案件。研究这一理论的第一个条件是，一个政府已承诺要通过一项既定政策解决投资项目涉及指称的或预见的侵犯人权的情况。一开始，如果政府没有明确表示愿意执行与投资项目有关的人权政策，政策的寒蝉就不能与投资协定的存在联系起来。为了理解这种监管寒蝉现象是如何发生的，这些人权政策必须和已经存在的投资协议所保护的投资利益相冲突。

第二个条件是，项目所在国与投资国母国之间签订的投资协定，其中包括稳定、征用、最惠国公平和公正待遇或保护性条款。这个协定必须包含争议解决条款，从而允许投资者绕过国内法院，直接向国际法庭提起诉讼。政府撤回人权政策的可能性取决于投资者声称违反这些条款，并要求使用国际仲裁来向政府要求赔偿的能力。如果该协定没有包

---

[21] UNCTAD, *supra* n. 17.

[22] Human Rights Council, *supra* n. 4, p. 12.

括允许投资者向国际仲裁法庭提起诉讼的条款，不得不支付巨额赔偿金和法律费用的威胁就相对较小。这些条款的存在增加了在随后的仲裁程序中，政府不得不向公司支付赔偿金的可能性。[23]

尽管有更多的案例可供借鉴，本研究将考察两个符合上述标准的著名案件。为了将范围缩小到这些特定案件，对向国际解决投资争端中心（ICSID）、常设仲裁法庭（PCA）和联合国国际贸易法委员会（UNCITRAL）提起的，与拉丁美洲采矿有关的所有已结和正在进行的仲裁案件进行了调查。其中有的即使符合地区和行业的标准，还是被驳回了，如委内瑞拉和玻利维亚的案件，因为这些案件缺乏实质性的文件证明侵犯人权。虽然委内瑞拉在一般采矿业有 26 起诉讼案件，[24] 赔偿金额从 120 万美元到 320 万美元不等，[25] 其中一些甚至是以支持国家政策的裁决结案的，但其有争议的政策与人权无关，而是与其他经济发展战略有关。具体而言，它们是与为了增加政府税收的行业国有化有关，而没有对环境和人权造成影响。并且，尽管在厄瓜多尔，与石油、天然气和其他能源工业等其他采掘部门的人权政策有关的仲裁案件有所增加，但为便于提供针对具体行业的观察，因而将案件的选定范围严格限定在采矿业。

就其本身而言，拉丁美洲是与采矿业有关的仲裁案件数量最多的地区，目前占国际解决投资争端中心（ICSID）案件的 51%。为了应对这些诉讼，许多拉丁美洲地区的政府采取了非常明确的公开立场，质疑外国矿业部门发起诉讼的合法性。正如这些案例中记载的那样，基于这些立场产生的政策是拉丁美洲一种更广泛趋势的一部分，那就是人们倾向于保护环境和人权，而不是矿业部门的外国投资。虽然从全球视野看，人权和环境的关系在国际法中没有明确，但该地区的许多政府已经在宪法中将人权和环境保护联系起来。这使得政府更容易声称危险采矿项目

---

〔23〕　K. Tienhaara, *supra* n. 3.

〔24〕　M. D. Goldhaber, "Arbitration Secorecard 2013：Treaty Disputes", *The American Lawyer*, 1 July 2013, available at：http：//bit. ly/ISBT1h（accessed 16 July 2013）.

〔25〕　K. Vyas, "Venezuela PDVSA：Won Arbitration Case Against Opic Karimun", 4-*Traders*, 29 May 2013, available at：http：//goo. gl/WYChCV（accessed 16 July 2013）.

对人权和公共利益构成威胁，并允许政府在不符合环境要求的情况下暂停或取消开采合同。

这些案例研究着眼于规范采矿业的过程，以检验仲裁程序如何影响东道国政府的政策方向。每一个案件研究都会列举出按照方法论讨论中所述标准进行挑选的理由，然后说明这个投资项目所处的人权状况，以及国内政策的应对情况。对投资者提出申诉时使用的投资协定的具体情况以及仲裁程序本身进行审查，将有助于确定因变量如何受到自变量的影响。

4.1 环太平洋开曼群岛诉萨尔瓦多案

4.1.1 选择理由

在讨论投资协定争端对矿业人权落实的影响时，最经常被援引的案件是发生在萨尔瓦多和环太平洋矿业公司之间的案件。在过去的几年中，它得到了媒体高度的关注，部分原因是投资者寻求的赔偿金高昂（几乎占该国国内生产总值的2%），以及总统采取的公开立场，声称国家有权停止采矿。[26] 即使当事方都同意在诉讼中对信息进行保密，它还是一个有据可查的案件。选择这个案件是由于它满足监管寒蝉理论的"最有可能"标准，因为投资者发起了一项昂贵的投资诉讼，要求政府在其项目因环境和人权方面的考虑而被中止后，就其被征用予以赔偿。根据这个理论，法律诉讼的威胁会使得政府恢复该公司的采矿合同。但是，这一案件与监管寒蝉理论的假设相左。

4.1.2 人权背景

萨尔瓦多是一个中美洲小国，该国大部分地区位于中美洲黄金带上。其矿藏与该国的主要分水岭（伦巴河）和构成第二大就业部门的密集农业区交叠。[27] 在过去的十年里，这些矿藏的所有权已被外国投资者，即总部位于加拿大的环太平洋矿业公司（Pacific Rim）拥有。而

---

〔26〕 CISPES, "Release: Salvadoran president reiterate opposition to mining project", 13 January 2010, available at: http://bit.ly/1c09bsw (accessed 6 October 2013).

〔27〕 World Bank Data, "Employment in agriculture", 2010, available at: http://data.worldbank.org/indicator/SL.AGR.EMPL.ZS.

土地所有权使投资者有权在这些土地上勘探矿藏。虽然这些权利是卖给该公司的，但随后，该公司必须申请勘探许可证，才能在该地开矿。

2006 年，该公司为其位于坎巴纳斯的黄金（El Dorado）项目申请许可证的两年后，由于不符合环境要求而被拒绝。[28] 有关这些环境影响的担忧是由许多团体提出的，他们在全国各地组织起来抗议这个项目和类似的项目。[29] 反对这类采矿的原因是，社区越来越多地了解到此类采矿对健康的负面影响。这些团体呼吁保护他们的水权、健康的环境和生命权，他们认为这些权利受到该项目的威胁。国际发展组织也表达了担忧，并发布了一项报告，列举了该国不断增加的采矿活动是如何损害其他更加可持续的产业，例如农业和生态旅游，而且其可持续时间比采矿更长。[30]

因此，反对采矿的人与支持采矿并欢迎额外收入和就业的人在群体内产生了冲突。2009 年，当一些团体开始向政府施加压力，要求关闭矿区时，这些团体的领导成为受攻击对象，并且其中一些人受到酷刑折磨，甚至被杀害。马塞洛·里维拉（Marcelo Rivera）就是其中一人，他通过圣伊西德罗·卡巴纳斯之友协会（association of friends of San Isidro Cabanas）领导一场反对环太平洋矿业公司项目的运动。在他失踪后不久，他的尸体被发现并有遭受酷刑的痕迹。[31] 两名反对该采矿项目的卡巴纳斯环境委员会成员，拉米罗·里维拉（Ramiro Rivera）和多拉·艾丽西亚·索塔·雷西诺斯（Dora Alicia Sorta Recinos）也在一周内被一支 M-16 步枪射杀。其中，索塔·雷西诺斯怀孕 8 个月，她是在

---

〔28〕　ICSID, *The Republic of El Salvador's Preliminary Objections Under Article* 10. 20. 4 *and* 10. 20. 5 *of CAFTA*, Case No. ARB/09/12, 4 January 2010, available at：http：//bit. ly/18HbuO6, 5.

〔29〕　Terra Network Chile, "Salvadorenos merchan contra la explotacion minera", 27 July 2008, retrieved 6 October 2013, available at：http：//bit. ly/1dasXhp.

〔30〕　Oxfam America, "Central American mining could undermine economic well-being", 11 March 2009, available at：www. oxfamamerica. org/press/central-american-mining-could-undermine-economic-well-being/.

〔31〕　Human Rights Watch, "El Salvador：Investigate Killing of Community Leader", 8 August 2009, available at：www. hrw. org/news/2009/08/07/el-salvador-investigate-killing-community-leader.

2 岁的儿子面前被枪杀的，她的儿子也受伤了。[32] 这些谋杀的消息引发了邻近社区和国际社会的强烈反响，呼吁政府调查该谋杀事件。

公司对这些事件以及与矿山相关的预期影响提出了异议。并没有人针对所声称的公司卷入的这些谋杀，提起法律诉讼。而关于该项目对环境的影响，公司同样坚持认为该矿区标准"超过现行的加拿大和美国环境标准"。[33] 但是，这份公司声明的有效性并不是本次研究的主体，而且也与检验监管寒蝉理论无关。相反，重要的是政府对人权问题的看法会影响其保护或防止侵犯人权的政策选择。在这个案件中，政府明确指出，该投资项目对人权构成威胁，因为它认为采矿的方式不可能不危及环境和公民的健康。[34] 所以，政府表达了暂停开采的意图，并继续在公开声明中拒绝允许开采。[35] 虽然没有办法证明政府的这份声明只是为了获取政治资本，但其高于投资利益、保护环境的承诺（特别是获取干净的水权）在仲裁过程中一直存在。[36]

4.1.3 国内政策

在 21 世纪早期，当环太平洋矿业公司开始加快其在该国的矿产勘探时，历届国民共和党联盟（ARENA）政府一直支持采矿业的外国投资。[37] 但是，由于社区的压力和国民共和党联盟越来越不受欢迎，安东尼奥·萨卡（Antonio Saca）总统撤回了该公司的勘探许可证，并对

---

〔32〕 Inter Press Service, "El Salvador: Activists Link Mining Co. To Murders", 27 January 2010, available at: www. ipsnews. net/2010/01/el-salvador-activists-link-mining-co-to-murders/.

〔33〕 "Statement Filed in Arbitration Case Against El Salvador; PacRim Seeks Damages of US $ 315 Million", *Globe and Mail*, 1 April 2013, available at: http: //bit. ly/18XTGkp.

〔34〕 CISPES, "Release: Salvadoran president reiterates opposition to mining projects", 13 January 2010, available at: http: //bit. ly/1c09bsw (accessed 6 October 2013).

〔35〕 CDHAL, "Press Release: Salvadoran president: 'My government will not authorize any mining extraction projects'", Committee for Human Rights in Latin America, 13 January 2010, available at: http: //cdhal. org/en/newspaper/2010-01-12/salvadoran-president-my-government-will-not-authorize-any-mining-extraction.

〔36〕 "World Bank tribunal threatens El Salvador's development", *Aljazeera America*, 22 April, 2014, available at: http: //goo. gl/Y42MJy (accessed 2 August 2014).

〔37〕 "El Salvador: Activists Link Mining Co. To Murders", *Inter Press Service*, 27 January 2010, available at: www. ipsnews. net/2010/01/el-salvador-activists-link-mining-co-to-murders/.

未来的项目发布了事实上的采矿禁令。这允许环境和自然资源部（MARN）拒绝发给环太平洋矿业公司勘探许可证，因为存在环境和公共健康风险。[38]

这项政策在 2009 年的选举中得以巩固，当时来自法拉本多·马蒂民族解放阵线（FMLN）的毛里西奥·富内斯（Mauricio Funes）在一个反对该国采矿的平台上竞选并最终赢得大选。自从其掌权以来，富内斯在采矿问题上没有采取行动，继续拒绝颁发新许可证，因为目前没有任何金属开采活动。[39] 但是，他至今还没有通过议会成功地将暂停令转换为法律。全国反对金属采矿圆桌会议（Mesa Nacional）等组织继续呼吁议会通过一项实际的法律，以确保该国禁止采矿的法律基础。[40]

4.1.4 仲裁程序

上述政策是总部位于加拿大的环太平洋矿业公司，在 2009 年向国际解决投资争端中心（ICSID）提起国际仲裁的基础。而提起诉讼的管辖权是基于美国与哥斯达黎加、萨尔瓦多、危地马拉、洪都拉斯、尼加拉瓜以及最近多米尼加共和国签订的《中美洲自由贸易协定》（CAFTA）的投资章节。虽然加拿大和萨尔瓦多并没有签订投资协议（拟议中的加拿大—《中美洲自由贸易协定》只导致了加拿大和洪都拉斯签署了一项协定），它也不是《中美洲自由贸易协定》的缔约国。但它能够通过其在开曼群岛的子公司提出索赔。通过将其子公司的国籍转为美国（该协定的缔约国），然后这个子公司可以依据《中美洲自由贸易协定》确定司法管辖区。[41]

---

〔38〕 K. Gallagher, "Stop private firms exploiting poor states", *The Guardian*, 5 February 2010, available at：http：//bit. ly/1e91bXL（accessed 14 November 2012）.

〔39〕 M. Karunananthan, "El Salvador mining ban could establish a vital water security precedent", *The Guardian*, 10 June 2013, available at：http：//bit. ly/ISCaRX（accessed 6 October 2013）.

〔40〕 "ONG salvadorena insiste ante Parlamento que apruebe una ley contra la mineria", *America Economia*, 22 July 2013, available at：http：//bit. ly/18HaXff（accessed 6 October 2013）.

〔41〕 ICSID, *The Republic of El Salvador's Memorial Objection to Jurisdiction*, Case No. ARB/09/12, 3 August 2010, p. 1, available at：www. italaw. com/sites/default/files/case – documents/ita0602. pdf.

  该公司声称对采矿的事实禁令是超出法律的，而且违反了《中美洲自由贸易协定》投资章节的一些规定，萨尔瓦多是该协定成员。其中涉及的是关于国民待遇的第 10.3 条；有关最惠国待遇的第 10.4 条；最低待遇标准的第 10.5 条；以及征收与补偿的第 10.7 条。因为违反了这些条款规定，环太平洋矿业公司想从政府那里获得赔偿，从最初的 7500 万美元已经上升到最近的 3.15 亿美元。[42] 该金额在公司就案情和数额提交其诉状时进行了修改，这代表了仲裁程序进入最终"基于案情"的阶段。在对备忘录进行审查之后，仲裁庭将裁定萨尔瓦多是否必须向该公司赔偿其索偿金额。

  就政府而言，最初回应是根据《中美洲自由贸易协定》第 10.20.4 和 10.20.5 条提出异议，根据这两条，他们有权质疑争端的实质，即案件的事实。[43] 在当年晚些时候，仲裁庭否定了这个异议，[44] 随后该政府辩称该公司没有提起诉讼的管辖权依据，而且它利用其在开曼群岛的子公司（转为美国国籍）的行为构成滥用程序。[45] 在 2012 年，仲裁庭也否定了这一异议，并坚持认为该公司是在其管辖权范围内提出索赔的。[46]

4.1.5 因变量的变化

  尽管目前的投资争端解决机构没有向被告国家提供条约解释方面的指导，[47] 萨尔瓦多似乎对其禁止采矿以保护人权的权利很自信。此外，

---

〔42〕 "Statement Filed in Arbitration Case Against El Salvador: PacRim Seeks Damages of US ＄315 Million", *Globe and Mail*, 1 April 2013, available at: http://bit.ly/18XTGkp.

〔43〕 ICSID, *The Republic of El Salvador's Preliminary Objections Under Article* 10.20.4 *and* 10.20.5 *of CAFTA*, Case No. ARB/09/12, 4 January 2010, available at: http://bit.ly/18HbuO6.

〔44〕 ICSID, *Decision on the Respondent's Preliminary Objections under CAFTA Article* 10.20.4 *and* 10.20.5, Case No. ARB/09/12, 2 August 2010, available at: http://bit.ly/1crlgiS.

〔45〕 Dewey & LeBoeuf, El Salvador's Objections under ICSID Rule 41 (1), Case No. ARB/09/12, 3 August 2010, available at: www.italaw.com/sites/default/files/case-documents/ita0600.pdf.

〔46〕 ICSID, *Decision on the Respondent's Jurisdictional Objections*, Case No. ARB/09/12, 1 June 2012, available at: www.italaw.com/sites/default/files/case-documents/ita0935.pdf, p.35.

〔47〕 UNCTAD, "Reform of Investor-States Dispute Settlement: In search of a roadmap", *Special Issue for the Multinational Dialogue on Investment*, 28~29 May 2013, p.10.

由于没有其他规定来指导政府如何平衡投资和人权利益，[48] 他们必须选择保护其中之一，在这种情况下，他们选择保护人权。

在本案中，许多因素导致人们相信，所通过的法规和政策与维护人权的义务是一致的。无论是该公司的环境影响评估（EIA）不符合监管标准，还是社区出于保护他们生计的考虑而反对该项目，根据其采矿法，政府完全有权取消或不分配开采许可证。至少，仲裁庭应考虑到这些政策产生的背景。[49] 由于在国际解决投资争端中心（ICSID）等机构的仲裁法庭没有义务考虑萨尔瓦多的这些论点，很可能会导致人们相信，该系统倾向于投资者利益而非东道国自身利益。[50]

萨尔瓦多继续拒绝给该公司颁发许可证的决定表明，作为一项投资协议的结果，它并没有成为监管寒蝉理论的牺牲品。除了投资协议本身，真正考验这一法律工具有效性的是投资者提出的索赔和仲裁程序，这也未能阻止政府扣留公司的许可证和宣布事实上的暂停采矿。除了政府面临的不断增长的花费，如果其在仲裁程序中败诉，将被要求向该公司支付 3.15 亿的赔偿。被该公司作为索赔依据的《中美洲自由贸易协定》投资章节的规定，也没有对实施人权政策起到威慑作用。

但是，如果仲裁法庭支持保护投资者的话，这项裁决是否会迫使该国撤回事实上的暂停令，还有待观察。可以确定的是，根据投资条约提出的申诉，高昂的法律诉讼成本限制了政府执行人权法规的企图，因此，造成了外国投资的权利和维护人权的义务之间的冲突。此外，萨尔瓦多现行的支持人权而不是投资利益的政策，表明"最有可能的"案例没有通过监管寒蝉理论的合理性探究。

4.2 英菲尼托黄金有限公司诉哥斯达黎加案

4.2.1 选择理由

哥斯达黎加的经济极大依赖于生态旅游产业，反过来这个产业又依

---

　　[48]　M. Wells Sheffer, "Bilateral investment treaties: a friend or foe to human rights?" (2011) 39 (3) *Denver Journal of International Law and Policy*, p. 502.

　　[49]　R. Suda, *supra* n. 1, p. 29.

　　[50]　K. Tienhaara, *supra* n. 3, p. 12.

靠该国对生态系统的保护。因此，政府不断取消在其领土内的采矿项目，而这些项目没有完全满足环境影响评估要求，以及存在造成健康和环境损害的风险。克鲁伊塔斯露天金矿开采项目就是被取消的项目之一，该项目为加拿大英菲尼托黄金有限公司（Infinito gold Ltd.）的子公司所有，其前身为凡妮莎风险投资公司（Vannessa Ventures）。[51] 哥斯达黎加最高法院裁定该项目违反了中美洲生物多样性协定，以及该国宪法上的健康环境权。[52]

这一人权和投资项目的冲突也被认为是监管寒蝉理论的一个明显例子,[53] 因为该公司威胁，并最近向国际投资争端解决中心提出了违反《加拿大—哥斯达黎加外国投资促进和保护协定》（FIPA）的指控。但是，和这个理论逻辑不同的是，该国政府坚持维护健康环境的宪法权利，尽管有可能不得不在仲裁程序中支付 10.92 亿美元的赔偿金，仍拒绝该项目继续进行。

4.2.2 人权背景

克鲁伊塔斯露天金矿开采项目位于哥斯达黎加北部，距离中美洲地区最广泛的水道之一圣胡安河 7 公里。在对当地人民反对露天开采金矿的调查中，达席尔瓦（DaSilva）记录了该项目对附近社区和当地生物圈潜在负面影响的看法。[54] 根据国际环保组织的说法，这将需要清理 200 公顷的森林，并有可能通过尾矿池的酸性排水污染 32 个社区的水源。[55] 社区也表达了对潜在缺水的担忧，因为根据国际森林运动，该矿将在 1 小时内耗费一个家庭在 20 年内使用的水。[56]

据记载，露天矿周围使用酸性采矿排水系统导致的健康问题，与暴露在空气中的乙醛、铅和氰化物有关，这些物质被认为会导致神经系统

---

〔51〕 "Costa Rica court annuls Infinito Gold concession", Reuters, 24 November 2010, available at: http://reut.rs/1cr1ned (accessed 6 October 2013).

〔52〕 K. Tienhaara, *supra* n. 3, p. 23.

〔53〕 *Ibid.*

〔54〕 J. M. DaSilva, "Silence is Golden: An Exploration of Local Opposition to A Canadian Gold Mine Project in Costa Rica", Dissertation 2007, Faculty of Health Sciences, Simon Fraser University.

〔55〕 *Ibid.*, p. 16.

〔56〕 *Ibid.*, p. 22.

衰竭和呼吸系统疾病，下面仅举几个例子。[57] 研究者也发布了立场文件，涉及预期与社区流离失所和与土地的文化关系中断有关的负面社会和文化影响。[58] 公民社会组织（CSOs）还对可用粮食和耕地的影响表示担忧。[59]

社区关于其健康环境权（哥斯达黎加宪法第50条规定）的担忧也来自于之前在该国采矿的负面经验。经常被援引的一个例子是，贝拉维斯塔（Bellavissta）露天金矿于2007年因山体移位导致氰化物浸出垫裂开而被关闭。这次山体滑坡摧毁了附近的森林和一个加工厂。[60] 由于克鲁伊塔斯（Crucitas）露天金矿的设计方式与此类似，社区和环保组织已组织了广泛的反采矿运动，以阻止该项目向前推进。[61]

4.2.3 国内政策

对此，哥斯达黎加政府在克鲁伊塔斯采矿项目上采取诸多不同立场。这些差异在历届总统之间以及政府的行政和司法部门之间都有所体现。首先，2011年12月，米格尔·罗德里格斯·埃切弗里亚（Miguel Rodriguez Echeverria）总统领导的政府向英菲尼托黄金有限公司签发了初步勘探许可证。随后，在2002年当选总统之后，阿贝尔·帕切科（Abel Pacheco）总统颁布了禁止露天矿的总统禁令，宣布他宁愿让自己的国家成为环境领袖，而不是"石油或采矿区"。[62] 但是，随后该年宪法委员会裁定，如果在暂停前发放了许可证，像克鲁伊塔斯这样的

---

〔57〕 International Cyanide Management Institute, "Use of Cyanide in the Gold Industry", 2009, available at: www. cyanidecode. org/cyanide_use. php.

〔58〕 A. Isla, "A Struggle for Clean Water and Livelihood: Canadian Mining in Costa Rica in the Era of Globalization", (2002) 21/22 (4/1) *Canadian Women Studies*.

〔59〕 Earthworks and Oxfam America, "Dirty Metals: Mining, Communities and the Environment", Report 2004, available at: www. earthworksaction. org/files/publications/NDG_DirtyMetalReport_HR. pdf.

〔60〕 D. Sherwood, "Mine Disaster at Miramar: A Story Foretold", The Tico Times News, 18 January 2008, available at: http: //bit. ly/18oQAW9 (accessed 6 October 2013).

〔61〕 J. M. DaSilva, *supra* n. 54, p. 34.

〔62〕 S. Lovgren, "Costa Rica Aims to Be 1st Carbon-Neutral Country", *National Geographic*, 7 March 2008, available at: http: //news. nationalgeographic. com/news/2008/03/080307 - costa - rica. html (accessed 6 October 2013).

项目应该免受禁令的限制。[63] 2004 年 12 月，当这个案件被诉至最高法院，最高法院判决不再每年发放开采许可证，因为这违反了《宪法》关于健康环境权的第 50 条。[64]

这一判决引起了该公司的反对，该公司反过来又于 2005 年 7 月提出了初步请求，要求在国际投资争端解决中心发起仲裁程序，以寻求 2.4 亿美元来弥补损失的利润，以及 3600 万美元的费用和利息。2 个月后，哥斯达黎加的环境局（SETENA）批准了该公司的环境影响评估，使该项目得以推进，该公司将国际仲裁的威胁从谈判桌上撤下。[65] 当这个项目向前推进的时候，新选举的总统奥斯卡·阿里亚斯（Oscar Arias）建立了"与自然和谐共处"的国家倡议，旨在阻止环境恶化。2007 年晚些时候，克鲁伊塔斯附近区域被纳入了联合国教科文组织生物圈保护区（联合国新闻中心，2007 年）。

除了上述的环境政策，在 2008 年 10 月 13 日，在环境和能源部于同年 4 月批准修订后的环境影响研究报告，决定重新确认开采特许权之后，阿里亚斯总统通过一项行政法令解除了露天开采禁令。[66] 该项目也被称作是为了"公共利益"，允许在克鲁伊塔斯矿区的第一阶段进行树木清理。[67] 一周后，10 月 21 日，宪法法院要求停止所有的树木砍伐工作。[68] 不久后，哥斯达黎加司法部长启动了调查程序，关于指控阿里亚斯总统收受英菲尼托黄金有限公司为他的基金会捐款的 20 万

---

〔63〕 J. M. DaSilva, *supra* n. 54, p. 19.

〔64〕 *Ibid.*, p. 25.

〔65〕 "Vannessa secures Crucitas enviro permit", *Business News Americans*, 1 September 2005, available at: http://bit.ly/1bJ7AWi (accessed 6 October 2013).

〔66〕 Infinito Gold Ltd, "Management's Discussion and Analysis", 21 December 2009, available at: www.infinitogold.com/i/pdf/2009-Dec31-MDA.pdf.

〔67〕 B. Schmidt, "Arias' Mine Decree Being Scrutinized in Costa Rica", (2008) 11 (1) *Eco Americas*.

〔68〕 Infinito Gold Ltd, "Management's Discussion and Analysis", 30 September 2008, available at: www.infinitogold.com/i/pdf/2008-09-30_MDA.pdf.

美元。[69]

2010 年 11 月，根据劳拉·钦奇利亚（Laura Chinchilla）总统的要求，哥斯达黎加国会投票决定恢复对新露天矿的禁令。但是，同年 7 月，一个政府委员会曾发布一项研究，声称撤销在克鲁伊塔斯的英菲尼托黄金有限公司采矿权将使政府在国际仲裁程序中损失 17 亿美元，因为这将要求政府赔偿该公司未来收益的损失。该公司还坚称没有为这项研究提供数据，而且自己也没有计算出新的赔偿数字，因为它没有预料到采矿特许权会被撤销。[70] 这项研究支持国会的决定，即这种备忘录只适用于新项目，所以允许英菲尼托黄金有限公司保留其许可证。[71] 通过副总统阿尔菲奥·皮瓦（Alfio Piva）的声明，行政部门决定将这项裁定交给司法部门的行政上诉法院审理。

2012 年 11 月 24 日，宪法法院的民法和行政法法院再次宣布克鲁伊塔斯矿区的许可无效。[72] 该法院发现政府发放采矿许可，以及阿里亚斯总统针对克鲁伊塔斯矿区的"公共利益"政令是非法的。[73] 虽然英菲尼托黄金有限公司的上诉请求正在审理中，它还同时提起了一个针对哥斯达黎加大学豪尔赫·罗伯（Jorge Lobo）教授的诉讼。这个诉讼基于该公司被诽谤而要求获得 100 万美元赔偿，于 2012 年 11 月 9 日被驳回。[74]

---

〔69〕 "Former President Oscar Arias Trial Pending on Canadian Documents", *The Costa Rica News*, 17 April, 2013, available at：http：//thecostarnews. com/former-president-oscar-arias-trial-pending-on-canadian-documents/15206（accessed 2 August 2014）.

〔70〕 M. McDonald, "Costa Rica says it would have to pay ＄1. 7 billion to annual mining concession", *The Tico Times News* 28 July 2010, available at：http：//bit. ly/1jUQZCi（accessed 6 October 2013）.

〔71〕 "Costa Rica Lawmakers vote to ban open-pit mining", *Reuters*, 9 November 2010, available at：http：//reut. rs/1jUTip5（accessed 6 October 2013）.

〔72〕 "Costa Rica court annuls Infinito Gold concession", *Reuters*, 24 November 2010, available at：http：//reut. rs/1cr1ned（accessed 6 October 2013）.

〔73〕 M. McDonald, "C. R. court：'No' to gold mine", *The Tico Times News*, 26 November 2010, available at：http：//goo. gl/7QluC0（accessed 6 October 2013）.

〔74〕 J. Lobo, "Mining Company Fails to Silence Critic", *Canadian Association of University Teachers*, 9 November 2012, available at：www. cautbulletin. ca/en_article. asp？ArticleID＝3552.

2013 年 4 月 4 日，英菲尼托黄金有限公司最后要求（哥斯达黎加）政府在 2013 年 10 月 4 日之前恢复其特许权。同一天，如果在截止日期前没有授予其许可，该公司将会将诉讼通知送达商业仲裁机构，作为回应，2013 年 6 月 19 日，第三次也是最后一次的时候，最高法院的宪法厅（Sala Ⅳ）驳回了该公司的上诉，是针对 2011 年 11 月行政法厅（Sala Ⅰ）颁布的许可无效决定。[75] 在一次新闻发布会上，环境部长雷内·卡斯特罗（Rene Castro）称，这项决定"提高了我们国家的生态形象"，并指出"我们不希望在我们国家有露天采矿"。[76] 钦奇利亚总统在 2013 年 4 月早些时候也有类似的发言，声称拉斯·克鲁伊塔斯案的解决有利于保护该项目的附近社区。

4.2.4 仲裁程序

正如前述，英菲尼托黄金有限公司已发出两份意向通知，代表其子公司英菲尼托工业股份有限公司（Industrias infinito S. A）通过国际投资争端解决中心对哥斯达黎加政府提起仲裁程序，理由是该政府涉嫌违反加拿大和哥斯达黎加之间的促进和保护投资协议。最近的一次是在 2013 年 4 月 4 日根据允许国际法庭资源争端解决程序第 12 条启动的。[77] 外国投资保护协议（FIPA）包括同样的条款，因为大多数双边投资条约都涉及保护投资，而国内政策的变化会导致运营成本或征用成本增加。自 1999 年起协议生效，在英菲尼托黄金有限公司子公司获得克鲁伊塔斯矿区的采矿许可 2 年后，协议的第 2 条确保哥斯达黎加给予加拿大投资者"根据国际法原则公平公正的待遇"。[78] 第 7 条和第 8 条

〔75〕 "Plan minero de Infinito Gold en Costa Rica no va", El Nuevo Siglo, 19 June 2013, available at：http：//bit. ly/JcLikP（accessed 6 October 2013）.

〔76〕 L. Arias, "Infinito Gold to move forward with billion-dollar lawsuit against Costa Rica", The Tico Times News, 19 June 2013, available at：http：//bit. ly/ISBaNH（accessed 6 October 2013）.

〔77〕 Infinito Gold Ltd, "Notice of Breach of the Agreement Between the Government of Canada and the Government of the Republic of Costa Rica for the Promotion and Protection of Investment", 4 April 2013, available at：www. italaw. com/sites/default/files/case-documents/italaw3016. pdf.

〔78〕 Agreement Between Canada and Costa Rica for the Promotion and Protection of Investment, World Intellectual Property Organization, 1998, available at：http：//bit. ly/1b7uOu.

规定了对损失的赔偿要求和反征用的规则。第 12 条允许投资者向国际
仲裁法庭提出违约索赔。

该公司在索赔声明中称，政府违反了"公平和公正"条款，首先，
因为多年来政策突然变化以及法院的裁决相互矛盾，给公司带来了不公
平和不可预测的投资环境。[79] 其次，外国投资保护协议关于赔偿损失
和征用的条款规定：

缔约一方投资者的投资不得被收归国有、征用或受在缔约另一方领
土上具有等同于收归国有或征用效果的措施约束，除公共目的外，在适
当的法律程序下，以不歧视的方式，给予迅速、充分和有效的补偿。这
种补偿应以立即在征用前，或在拟议征用时为公众所知的，被征用投资
的公平市场价值为基础，以较早者为准。（第 8 条）

根据本协议提起的索赔，该公司辩称，取消采矿特许权等同于征
用，[80] 并根据公司的估计，就项目的预期未来收益和迄今为止的费用
寻求的赔偿金额约为 11 亿美元。[81]

虽然政府在 2005 年很快回应了该公司在国际投资争端解决中心的
商业仲裁诉讼通知，恢复采矿权以推进该项目，而哥斯达黎加目前的政
府似乎对英菲尼托黄金有限公司的最新通知做出了不同的反应。根据第
一份向国际投资争端解决中心提起的请求，该公司的首席执行官耶稣·
卡瓦哈尔（Jesus Carvajal）表示，"这种压力能够促使哥斯达黎加的环
境局解决问题"，并加速环境许可证的发放，因为它面临一场代价高昂
的法律诉讼的威胁。[82] 但是，在启动仲裁程序的意向通知发出后不久，
该政府的司法和行政部门都采取行动，永久取消英菲尼托黄金有限公司
在克鲁伊塔斯矿区的采矿权。对此，该公司的发言人约克贝克·索托

〔79〕 K. Hall, "Canadian gold company threatens Costa Rica with $1bn lawsuit", *Mining.com*, 11 April 2013, available at: http://bit.ly/1bzvMpF.

〔80〕 Infinito Gold Ltd, "Notice of Breach of the Agreement Between the Government of Canada and the Government of the Republic of Costa Rica for the Promotion and Protection of Investment", 4 April 2013, available at: www.italaw.com/sites/default/files/case-documents/italaw3016.pdf.

〔81〕 K. Hall, *supra* n.79.

〔82〕 "Vannessa secures Crucitas enviro permit", *Business News Americans*, 1 September 2005, available at: http://bit.ly/1bJ7AWi (accessed 6 October 2013).

（Yokebec Soto）表示公司会"继续这场索赔 10 亿美元的法律诉讼，这是目前对哥斯达黎加政府的最大诉讼，我认为也是在这个国家历史上最大的（诉讼）"。而且公司会在"一旦支付了在拖延法律程序期间损失的所有投资和金钱，以及他们在金矿开采方面损失的利益后"，离开哥斯达黎加。[83]

4.2.5 因变量的变化

根据监管寒蝉理论，该公司会通过国际仲裁法庭对政府提起法律诉讼，要求赔偿 10 亿美元的威胁，是政府撤回其有关采矿项目的人权和环境政策的原因。但是，迄今为止，总统支持最新的法院裁决，永久停止该项目，并拒绝给予其采矿许可证，尽管仲裁程序会导致高昂的法律费用。因此，这个案件使我们质疑与加拿大—哥斯达黎加投资条约有关的哥斯达黎加在以往研究中监管寒蝉理论的存在。自 2001 年签发勘探许可证以来，有关克鲁伊塔斯项目的 18 项政策中，有 11 项是支持人权的环境政策，目的是停止采矿项目，7 项有利于投资项目。虽然政府在这个问题上看起来很纠结，并且在一段时间内反复无常，最有分量的最终决定却是完全反对这个项目。最重要的是，自该公司提出新的仲裁要求以来，该公司推出的政策一直支持人权。

通过作出这一政策决定，政府表明了与卡尔沃主义（Calvo Doctrine）相一致的行为，即拒绝按照现有投资协定的要求给予外国投资者更大的特权，并维护其政策权力。当它还在国内的哥斯达黎加法院寻求法律救济时，[84] 该公司自身违反双边投资条约（BIT）的规定，启动了仲裁程序，如果仲裁能向前推进，这可能会给政府一个更大的希望，即国际投资争端解决中心的裁决对它有利。然而，尽管存在保护克鲁伊塔斯项目的投资条约，但在仲裁程序结束后的研究仍将需要证实该国没有存在"监管寒蝉"。

---

〔83〕 "Infinito Industries: The Most Important Law Suit Against Costa Rica", *The Costa Rica News*, 22 July 2013, available at: http://bit.ly/1ji08OO (accessed 6 October 2013).

〔84〕 "Calgary-based Infinito Gold Fails to Strong-arm Costa Rican Judiciary As Final Appeal Rejected by Supreme Court", *Mining Watch*, 4 July 2013, available at: http://bit.ly/1gtLwT5 (accessed 6 October 2013).

5. 分析

虽然上述案件中的政府大多坚持他们的立场，坚持与外国投资利益相冲突的与人权有关的政策，因此就在国际法的这两个领域中确立优先地位的问题进行了详尽的辩论。即使他们最终分裂成为两个不同的法律制度，人权法和国际投资都需要遵守《维也纳条约法公约》（VCLT）的规定。该公约的第30条对于相互冲突的条约问题提供了指导。尽管有许多学派对这条规定进行解读，但它规定"先订条约仅于其规定与后订条约规定相合之范围内适用之"。在这种情况下，先订立的条约是《经济、社会和文化权利国际公约》，后订条约是投资协议。为了增加复杂性，先订条约只适用于两条约的缔约国。[85] 例如，美国尚未批准《经济、社会和文化权利国际公约》，这意味着，如果一个东道国指出双边投资条约和《经济、社会和文化权利国际公约》之间的条约解释存在冲突，则双边投资条约规则将占上风，因为这两个国家都是成员国，这与只有东道国是成员国的《经济、社会和文化权利国际公约》相反。

但是，这并不意味着《经济、社会和文化权利国际公约》的规定是无效的，也不能被用于东道国为其政策抗辩的理由。根据大多数国际投资协定的语言，投资必须符合国内法，包括东道国认可的国际人权法。[86] "合法性"条款可能会规避《维也纳条约法公约》的适用，因为双边投资条约本身优先于东道国的法律框架。尽管有这些法律依据，但由于诉讼权不对称等原因，投资者获得赔偿的可能性远高于东道国。[87] 这也就是说，仲裁小组作为适用不同法律框架的机构，可以选择不考虑东道国提出的人权论点。因为不仅是出现了预期中的与国家管

---

[85] D. A. Desierto, "Conflict of Treaties, Interpretation, and Decision-Making on Human Rights and Investment During Economic Crisis", (2013) 10 (1) *Transnational Dispute Management* 10.

[86] *Ibid.*, p. 11.

[87] G. Van Harten, "Arbitrator Behaviour in Asymmetrical Adjudication: An Empirical Study of Investment Treaty Arbitration", *Osgoode Hall Law Journal*, forthcoming; Osgoode CLPE Research Paper No. 41/2012.

制项目有关的侵犯人权行为，而且当投资者在东道国被指控犯罪的情况下，就特别成问题了。

除了相比投资法，优先适用人权法外，拉丁美洲的许多国家表达了退出华盛顿公约的意图，该公约允许在国际层面提起此类诉讼，而不是在国内法院诉讼。有的国家已经开始这样做了。迄今，玻利维亚、厄瓜多尔和委内瑞拉已经向国际投资争端解决中心通知退出，而尼加拉瓜、阿根廷则表达他们仿效退出的意图。[88] 不仅仅是执行对投资者不利的政策，完全离开投资系统是符合卡尔沃主义的行为，也是各国采取的进一步举措，以确保他们基于主权的严格监管不会被外国投资者利用国际法庭予以破坏。例如，厄瓜多尔总统认为华盛顿公约和该国新宪法的规定是冲突的。新宪法的第 422 条禁止该国加入新的国际协定，这种协定将司法权让与国际机构，这样做可确保投资者用尽国内法律救济。

此外，拉丁美洲最近的各宪法修正案表明在执行仲裁庭裁决上面临新的挑战。虽然从国际投资争端解决中心退出并不是可以追溯的，例如，玻利维亚宪法阻止了裁决的追溯执行。[89] 但是这种法律论点被投资者质疑，而且对这种不执行国际投资争端解决中心的裁决的行为可以向国际法院起诉。[90] 另一个是对该国的贸易和借贷关系的影响，由于放弃与投资者的接触以及该国加入其他条约的问题，这种不信任感可能会加剧。除了上述风险外，目前仍有一种趋势，即国家对仲裁委员会裁决的适用提出异议，这使我们认为，从东道国政府的角度来看，投资者提起诉讼的威胁不那么可信。

如果国家坚持在现行的国际投资法律框架内行动，在法律框架内创造一个空间，以适应人权政策，避免增加国家在执行其他国际法律义务方面的成本。例如，发展中国家能够像发达国家一样，通过取消关于资

---

[88] M. Blyschak, "State Consent, Investor Interests and the Future of Investment Arbitration: Reanalyzing the Jurisdiction of Investor-State Tribunals in Hard Cases", (2009) 99 *Asper Review of International Business & Trade Law*, p. 22.

[89] C. Viteri Torres, "Withdrawal of State Consent to ICSID Arbitration, Perspectives form the Bolivian and Ecuadorian cases", (2009) 6 (4) *Transnational Dispute Management*, p. 33.

[90] D. A. Desierto, *supra* n. 85, p. 14.

本管制的规定，推动经济发展方面与投资无关的规定得到更大程度的一体化，因为资本管制将使国际投资协定下的外国直接投资活动阻碍当地社区的发展。为了进一步使用这一方法，投资法庭可以确立人权诉讼机制，这和投资者申诉机制并行，能够鼓励东道国使用这些法律机构。就像国际投资协定为投资者创造第三方权利一样，他们也可以为受投资项目影响的工人和社区创造第三方权利。韦勒（Weiler）提供了一个条约内容的草案，其中的条款类似于在美国法院对外国投资使用的《外国人侵权索赔法》。[91]

可以提出几项建议在现行法律制度外推动问责制，为了使得投资者根据国际投资协定与各国分担互惠义务，而不是仅仅从这些条约赋予的权利中获益。这可以通过根据《联合国工商业与人权指导原则》规定的模式制定投资项目中不断加强的尽责标准来实现。[92] 东道国还呼吁整合反腐败条款和项目要求，以满足国内社会和环境影响评估标准。通过国际投资协定，强制要求外国公司进行这些评估和尽责程序，这有助于明晰对投资环境的预期，以便从一开始就更好地评估成本和风险。但是，投资者母国不太可能同意这些额外的义务，因为这与签署第二协议的初衷"完全背离"，即保护外国投资者和鼓励外国直接投资。[93]

专家们还提出了修改裁决程序的想法，以便采用更为平衡的方法。虽然这种法律费用高昂，但是对国家而言最重要的是赔偿金额本身，这往往低于投资者的索赔要求。[94] 即使这还不足以阻止各国对人权的监管，但它已将拉丁美洲政府进一步推离了国际投资争端解决中心体系。最普遍的建议是采用人权法中常用的比例性检验来分配赔偿。[95] 基于

---

〔91〕 T. Weiler, "Balancing Human Rights and Investor Protection: A New Approach for a Different Legal Order", （2004）27 B. C. Int'l & Comp. L. Rev. 429, available at: http: //lawdigitalcommons. bc. edu/iclr/vol27/iss2/8.

〔92〕 M. Wells Sheffer, *supra* n. 48, p. 507.

〔93〕 Ibid.

〔94〕 D. Smith, "Shifting Sands: Cost-and-Fee Allocation in International Investment Arbitration", （2010）51 *Virginia Journal of International Law*, p. 749.

〔95〕 C. Reiner and C. Schreuer, *Human Rights and International Investment Arbitration*, Oxford: Oxford University Press, 2009, p. 18.

这个理论，这实现了投资者利益和东道国义务之间的平衡，因为它衡量和比较了所取得的效益和造成的危害的权重。这会使得法庭评估政府采取的措施的必要性，以及这种措施是否最合理。[96] 阿根廷的案件就证明了这种措施是如何被执行的，在 Total S. A 诉阿根廷案和 Suez et al. 诉阿根廷案中，仲裁法庭基于政府在经济危机中与投资者权利相关的政策的比例进行裁决。[97]

《联合国指导原则》建议政府在投资协议中保留了执行人权的政策空间。但是，这些建议并没有提供发生冲突时的具体指导意见。《联合国指导原则》只限于建议各国不要签署会限制执行人权政策的条约，但没有给公司提供指导，例如在涉及人权问题时，采用国际投资协定。为了给予更有效的指导，《联合国指导原则》需要确立人权与投资利益之间的优先次序。除了《联合国指导原则》，前联合国食物权特别代表，奥利弗·德舒特（Oliver de Shutter）也为人权理事会准备关于贸易和投资协议的人权影响评估的指导原则。虽然在各国签署新贸易和投资协议时，它成为对各国有用的工具，但是它也没有阐明，签署条约后或者正在进行仲裁程序的时候，各国应如何平衡相互冲突的人权和投资条约义务。

例如，在考虑国家平衡投资利益和人权政策时，应当建议政府阐明一项政策的目标，支持这些目标的文件化趋势和实现这些目标的策略。[98] 向投资者阐明了这一点，可以减少声称违反公平和不歧视待遇的诉讼数量。而且，对于缺乏解决人权问题的当事方，应当确立一个提供权威条约解释的机制，以决定什么类型的人权规定是违反条约的充足理由。[99] 允许民间社会组织提出仲裁程序，从而确保他们在独立报告人权问题时，在人权问题方面拥有更好的专业知识，从而可以实现这一

〔96〕 D. Krishan, "Balancing Human Rights and Investment Obligations: An Old Wives' Tale", (2013) 10 (1) *Transnational Dispute Management*, p. 13.

〔97〕 S. B. Leinhardt, "Some Thoughts on Foreign Investors' Responsibilities to Respect Human Rights", (2013) 10 (1) *Transnational Dispute Management*, p. 14.

〔98〕 D. A. Desierto, *supra* n. 85, p. 84.

〔99〕 R. Suda, *supra* n. 1.

点——联合国贸易法委员会的新规则已经采取了这一措施。

总而言之，国际投资现行法律制度的改变必须在投资者权利和国家人权义务之间取得更大的平衡。虽然仲裁案件的数量在不断增长，在拉丁美洲的东道国不被鼓励签署新的国际投资协定，或者在采矿部门撤回许可证的发放。阐明两种法律领域的平衡，也会创造一个更加安全的投资环境，因为投资者对人权和环境要求有了更清楚的期待。基于发达国家之间已经建立的投资条约模式，政府能够推动和投资者母国建立类似的与贸易无关的条款，而不是推翻整个投资法框架。

6. 结论

本章以案例为依据，审查人权政策和双边投资条约的条款之间的冲突，导致国家和投资者之间的高昂仲裁程序。除了这些费用外，本章分析结果表明，这些政策程序不是一个足够强大的法律工具，能够阻止政府落实人权和环境政策。被选择的案件是发生在拉丁美洲的，是为了专门讨论作为克服监管寒蝉理论的卡尔沃主义假设的重现，而这种监管现象被认为是该地区所特有的。正如对被选中案例的研究显示，尽管存在国际投资协定，但这些拉丁美洲国家在采矿部门推行了有利于人权的政策。此外，即使启动了仲裁程序，但政府公开反对这些诉讼，而且继续执行人权和环境法律规定。

因此，目前这些案件的政策导向要求对有关采矿部门人权和环境条例的国际投资协定的影响进行更细致的分析。这种微妙的理解将有助于扩大监管寒蝉理论的范围，并可能有助于区分监管寒蝉和监管冻结。后者的解释相当狭隘，只有当东道国完全撤回投资者提出异议的政策时，才能加以证实。但是，当政府这两种义务之间发生冲突，迫使政府在政策选择上更加谨慎时，就会出现一种寒蝉效应。从这个意义上讲，这些案例并不能证明监管冻结的存在，即政府在受到仲裁诉讼威胁后撤销监管。相反，令人不寒而栗的影响更多地体现在投资者与国家之间持续不断的冲突中，这些低收入国家为此付出了巨大的财政和声誉代价。这种寒蝉效应向邻国传达了一种信息，即如果不给予投资者在投资协议下应有的特权，后果将十分严重。

虽然这些程序看起来似乎在受政策影响区域没有导致监管冻结，但是这些诉讼确实为支持人权的政府造成了巨大的成本障碍。这个问题随后演化为国际投资协定是否会产生相反的影响，阻止东道国政府向外国公司发放勘探许可证？不幸的是，由于被选中的案件至今没有结案，未来的研究将需要评估在政策制定者中考虑国际投资协定存在方式的变化，即国家因素。也就是说，这些案件的结案将有利于决定投资者的投诉与人权政策的执行之间是否存在关联。直到这些仲裁案件结案前，很难得出这种断然的结论。而且随着涉及人权政策的越来越多的仲裁案件被提起，该研究的发现会随着新案件的结论不断更新。实际上，只有当法庭以更大的财政成本奖励投资者，从而促使政府尊重投资条款，或避免与发达国家签署投资条约时，才有可能出现监管寒蝉。

总之，随着对采矿业人权侵犯事件越来越重视，投资者和东道国必须共同审查人权政策的适用情况，这些政策对投资的影响不能像目前国际投资法律制度那样造成双输的结果。为了克服现行制度的阻碍，相关机构需要为下列平衡行为提供指导，即一旦签署了条约并启动了仲裁程序，各国必须在投资和人权义务之间发挥作用，并指导投资者区分歧视性待遇和真正的国内立法。

第十一章 "保护、尊重和补救" 框架在国有企业的应用
——以阿塞拜疆国家石油公司（SOCAR）为例

拉穆特·雷姆扎特

近年来，企业社会责任逐渐发展成为一种工具，将包括尊重人权在内的社会视角纳入工商企业经营中。2011 年通过的《联合国工商业与人权指导原则》为公司和国家对人权影响的问责制定了全球标准。[1]为应对企业活动侵犯人权的危险而要求制定规则的呼声越来越高，国有企业制定相关规则的问题自然浮现出来了。国家所有权的存在催生了一个普遍认识，即这种企业比私有制企业具有更大的实现全面尊重人权的潜力。更重要的是，国有企业对人权的承诺和尊重要求它们制定并纳入人权政策。除了国家尊重的原则之外，本章主要解决的困惑是：在没有三权分立、尊重公民和政治自由、透明度和问责制等基本原则的治理不善国度里，《联合国工商业与人权指导原则》会对国有企业有什么影响？

本章审查了阿塞拜疆国家石油公司（SOCAR）的企业社会责任，以及根据《联合国工商业与人权指导原则》所述的尊重和保护人权的国家义务原则，其在人权影响方面所具有的义务。特别是，本章关注的是在阿塞拜疆国家石油公司声称拥有石油开采所有权的石油丰富地区发生的侵犯财产权的行为，以及阿塞拜疆国家石油公司履行人权尽责的情

---

〔1〕 人权理事会在 2011 年 6 月 16 日，在其 17/4 号决议中通过了该指导原则。

况。本文解决的关键问题是，如何保障采掘业的产权。这主要是通过分析《联合国工商业与人权指导原则》框架中所有三个支柱来解决的；然而，这里强调的主要是第三支柱，即阿塞拜疆政府有义务向受害者提供有效的补救办法。本章分析了阿塞拜疆国家石油公司作为国有企业，应当承担的人权责任，潜在的假设是，阿塞拜疆政府享有并能够对该公司施加完全的影响，以防止和补救任何阿塞拜疆国家石油公司侵犯人权的行为。本章还讨论了鉴于阿塞拜疆对该公司的所有权和政府糟糕的人权记录，阿塞拜疆国家石油公司需要承担多大程度的责任。本章也调查了在阿塞拜疆经营的外国石油公司可能承担的责任，特别是来自成熟民主国家的公司，而这些国家在人权方面有严格的企业社会责任政策。

1. 阿塞拜疆采掘业的人权尽责

约翰·鲁格在制定《联合国工商业与人权指导原则》框架时所做的研究使他得出结论，人权指控案件中与采掘业有关的案件比例最高。而在鲁格研究的随机案件中，这些案件占28%。[2] 此外，采矿部门参与了侵犯劳动以及与劳动无关的人权的行为，例如影响社区权利的活动，涉及适足生活水准权，包括住房权。

在阿塞拜疆，财产权问题是关于遵守人权和采掘业对人权潜在影响讨论的核心，这一问题既来自于阿塞拜疆国家石油公司的经营活动，也来自于推动石油和天然气产量增长的大量投资。阿塞拜疆国家石油公司由阿塞拜疆政府全资拥有，与英国石油公司、挪威国家石油公司等跨国公司一起进行所有的石油和天然气开采活动。最近几年，尽管它明确承诺遵守公司社会责任原则，但其经营活动引发了许多财产权遭受侵犯的事件。

阿塞拜疆国家石油公司的目标是成为一家垂直一体化的国际能源公司，并积累在运营效率、社会和环境责任方面的先进经验。其商业守则

---

〔2〕 Addendum to the Report of the Special Representative of the Secretary-General on the issue of human rights and transational corporations and other business enterprises, 23 May 2008, UN Doc. A/HRC/8/5/Add. 2, p. 9.

明确规定将可持续性、社会责任和企业道德作为其经营的指导原则。[3]
它明确规定"企业社会责任是其业务活动的重要组成部分,并对员工和
公众保持高度的社会责任感"。[4] 并且还概述了对所在地区发展做出的
贡献,包括环境措施、员工的社会规划和慈善事业。该守则也详细规定
了环境保护、雇员权利,例如禁止歧视、暴力和威胁;以及工作中的保
健和安全。但是,它对潜在人权负面影响以及对其运营社区的尽责问题
只字不提。同样,守则缺少关于解决问题和提供有效补救的规定。此
外,该守则也没有透露阿塞拜疆国家石油公司对国家整体社会发展的优
先考虑有哪些。

2011 年,阿塞拜疆国家石油公司发布了第一份可持续发展报告,
其中,在与能源有关的可持续发展中,它介绍了对其雇员和整个国家的
经济、社会和环境发展以及提高透明度的贡献。阿塞拜疆国家石油公司
的可持续发展使命没有明确提及社会增长,只是概述了促进"阿塞拜疆
的科技、技术、经济和智力潜力的增长"。[5] 阿塞拜疆国家石油公司没
有为更广泛社区的福利发展提供一个战略性和系统性的方法,也没有开
展针对某些社会群体或问题的金融投资活动。阿塞拜疆国家石油公司的
社会支助方案包括在该地区为国内流离失所者和难民建造住房,以及新
建学校和医院。

阿塞拜疆国家石油公司支持《采掘业透明度倡议》(EITI),该倡
议旨在促进依赖石油、天然气和采矿收入的政府,以及在阿塞拜疆的跨
国采掘业公司的透明度和问责制。阿塞拜疆是首批批准《采掘业透明度
倡议》的国家之一,也是第一个在 2009 年允许根据《采掘业透明度倡
议》提起申诉的国家。一旦启动,这毫无疑问会成为推动透明度和问责
制的关键一步,而且也拓展了阿塞拜疆政府与公民社会沟通的潜在空
间。但是,《采掘业透明度倡议》的披露要求在阿塞拜疆的价值有限,

---

〔3〕 "Code of Business ethics on the State Oil Company of the Azerbaijan Republic", SOCAR,
2012, para. 1. 1. 1.

〔4〕 *Ibid.*, para. 2. 5. 1.

〔5〕 *Ibid.*

因为《采掘业透明度倡议》的成员资格只涉及政府收入的透明度。《采掘业透明度倡议》并没有解决公共资金的支出问题，也没有解决公民获取预算和支出数据的问题。这些问题使他们无法监测腐败，也无法了解采掘业的收入是否用于造福公众。虽然阿塞拜疆已定期和持续地向《采掘业透明度倡议》提交报告，但是，2010 年加入该程序的国内民间社会代表对《采掘业透明度倡议》实施的停滞不前表示担忧。[6]

在 2012 年公开预算指数中，阿塞拜疆的预算透明度在最高 100 分中获得 42 分，在提供"一些"预算信息的国家中排名垫底。[7] 虽然阿塞拜疆的所有 26 家石油和天然气公司都加入了《采掘业透明度倡议》，但只有少数公司同意分类报告他们的付款情况。还有许多领域缺乏透明度，包括披露政府与外国公司的产量分成协议。

《采掘业透明度倡议》致力于提高透明度，但是并不包括通常和石油与天然气行业有关的人权侵犯事件。其中，包括拆除、强制驱逐和其他侵犯财产权在内的行为是由石油和天然气行业的经营活动造成的。因此，如果只促进透明而不坚决呼吁尊重人权，就会破坏可能对社会产生积极影响的责任制的目标。阿塞拜疆政府削弱了包括公民获取信息权利在内的公民的公民权利和政治权利，并且对民间社会和媒体在其对腐败调查中提出的对当局的任何批评或不当行为的揭露实行零容忍。阿塞拜疆不让公众对主要由石油收益构成的公共资金的分配予以参与和辩论。国内人权团体和国际社会担忧的是，对批评声音的空前镇压，导致知名人权维护者和调查记者遭到拘留和司法迫害，以及事实上关闭了独立的非政府人权组织和媒体组织，其中包括参与《采掘业透明度倡议》

---

〔6〕 "Statement of the Coalition of NGOs for Improving Transparency in Extracting Industries", available at: http://eiti.org/files/Statement% 20of% 20EITI% 20NGO% 20Coalition% 20in% 20Azerbaijan_June%2008_2011. pdf.

〔7〕 Rankings, *International Budget Partnership*, available at: http://internationalbudget. org/what-we-do/open-budget-survey/rankings-key-findings/rankings.

的组织和独立媒体。[8]《采掘业透明度倡议》的全国联盟成员被迫离开办公室，多数成员的银行账户被冻结。[9] 鉴于公民社会的自由和积极参与是这些倡议的基石，因为它是《采掘业透明度倡议》治理的一部分，而对阿塞拜疆当地反腐败和透明度团体的这种镇压，阻止了公众就自然资源管理问题进行辩论。这也严重拖延了该国《采掘业透明度倡议》进程。由于各种人权团体的支持，《采掘业透明度倡议》委员会决定对阿塞拜疆进行一次遵守情况的检查。这一举动可能降低该国成员国地位，甚至将其完全逐出该倡议。所以这一结果遭到阿塞拜疆政府的强烈反对。[10] 透明度是为了激发更大的问责，因此尊重人权是绝对必要的。如今而言，阿塞拜疆在披露收入方面既没有达到最低限度的透明度，也没有达到改善治理所应反映出的真正问责制的透明度。

充分尊重知情权，包括获取信息的权利，将是填补现有差距，实现主要依靠石油收入提供资金的政府支出完全透明的第一步。但是在2012年，阿塞拜疆采取了相反的措施，称这样做会"违背阿塞拜疆在政治、经济和货币政策方面的国家利益，破坏公共秩序，损害人民的健康和道德价值，或损害个人的商业或其他利益"，因而限制公司实体披露信息。[11] 支持透明度的活动家们强烈反对基于上述理由，而限制公众获取有关商业实体所有权、国家拥有的特许资本份额、所有权结构和

---

〔8〕 "Persecution of rights activitists must stop-UN experts call on the Government of Azerbaijan", statement by UN Special rapporteurs on freedom of association and assembly, freedom of expression, and on situation of human rights defenders, 19 August 2014; "Statement at the end of visit to Azerbaijan by the United Nations Working Group on Business and Human Rights", UN Working Group on Business and Human Rights, 27 August 2014; "The Dangerous Work of Defending Transparency", Human Rights Watch, 21 November 2014, among others.

〔9〕 Statement of the Coalition for "Increasing Transparency in Extracting Industries of the Republic Azerbaijan" on challenges encountered in the field of EITI implementation in Azerbaijan, 15 July 2014.

〔10〕 "Azerbaijan: Group Orders Rights-Linked Review", Human Rights Watch, 15 October 2014.

〔11〕 Established by amendments to the laws "On the right to obtain information", "On state registration and state registry of legal entities" and "On commercial secrets" adopted by the Parliament on 12 June 2012.

其他类似数据的信息。这些防止公众获取商业实体信息的措施不能以公共利益为理由。这种程度的保密引发了号称自由市场经济的参与者之间的不信任和信心下降。

这些进展使人们对阿塞拜疆在其采掘业和支出中增加透明度、包容性和尽职调查的承诺产生了严重怀疑。虽然阿塞拜疆国家石油公司需要承担尊重人权的责任，但是仍然未能履行其保护人权的义务并公然侵犯人权。如何在实践中履行自己的义务，对阿塞拜疆国家石油公司提出了更高的挑战。国有制意味着国家保护人权的义务是与其商业活动紧密相关的。

2. 阿塞拜疆采掘业的法律和政治背景

阿塞拜疆地理位置介于伊朗和俄罗斯之间，是里海地区增长最快的经济体之一。近年来，以自然资源为基础的收入大幅度增加，主导了阿塞拜疆经济。2013 年，石油和天然气的收入占了阿塞拜疆国家预算的83%，[12] 相比之下，2011 年只占了 74%。[13] 非石油行业则还是脆弱的。一个严重依赖石油收入的经济体，往往会以一种负责任的方式高效管理石油资源带来的巨大责任。它同样也呼吁将这些财富投资于能够为公民的社会发展、社会福利、经济增长、民主进程、安全和总体生活质量带来持久好处的发展项目。

对于一个国家而言，拥有诸如石油和天然气等自然资源并不总会带来经济繁荣。它也可能带来效率低下和滥用的风险，而且这取决于该国对民主承诺的有效程度，包括透明度和反腐败政策。但大量文献表明，石油阻碍了民主化进程，并保持独裁政权的稳定。[14] 一些国家分析认

---

〔12〕 "Azerbaijan Partnership Program Snapshot", World Bank Group, October 2014, p. 6, a-vailable at：www. worldbank. org/content/dam/Worldbank/document/Azerbaijan-Snapshot. pdf.

〔13〕 "Azerbaijan", Natural Resource Governance Institute, available at：www. revenue-watch. org/countries/eurasia/azerbaijan/overview.

〔14〕 See inter alia M. L. Ross, "Does Oil Hinder Democracy?", (2001) 53 (3) *World Politics* 325-361；S. Aslaksen, "Oil and Democracy：More Than a Cross-country Correlation?", (2010) 47 (4) *Journal of Peace Research*, pp. 421~431.

为，阿塞拜疆政权的存续与石油有关，这使得该国更加反对改革。[15]
鉴于该国实现全面民主的进程缓慢和非常糟糕的人权记录，人们可以预
期，阿塞拜疆的石油收入将进一步助长该国的腐败，阻碍社会发展。迄
今为止，阿塞拜疆的石油收入未能将石油财富转化为阿塞拜疆公民更高
质量的生活水平。

生活在贫困线上的公民由于高消费价格和公共服务部门的腐败，面
临着巨大的经济挑战。虽然阿塞拜疆 2013 年正式公布的失业率很低
（4.9%），但是统计数字排除了大约 100 万阿塞拜疆人，他们移民到俄
罗斯寻求更好的工资收入。[16] 在一个有 900 万居民的国家里，阿塞拜
疆被俄罗斯夺去的劳动力占了相当大的一部分，其人口流失是显而易见
的。阿塞拜疆的影子经济在 2007 年排名世界第三，占该国国内生产总
值（GDP）的 69.6%，高于 2010 年的 66.2%。[17]

尽管过去十年来石油和天然气产量的增长推动了发展，但该国的快
速经济和社会发展并非没有争议。[18] 阿塞拜疆的民间社会指出，缺乏
经济多样化、部门腐败、缺乏透明度、首都巴库以外地区的高失业率和
欠发达是需要解决的关键性挑战。[19]

根据政府报告，生活在贫困线以下的家庭数量从 2002 年的 46.7%
大幅下降到 2007 年的 15.8%。[20] 在 2006 年，国内生产总值实际增长
34.5%，连续第二年成为世界最高增长率。到目前为止，最大的增长引

---

〔15〕 See inter alia F. Guliyev, "Oil and Regime Stability in Azerbaijan", (2013) 21 (1) De-
mokratizatsiya: The Journal of Post-Soviet Democratization, pp. 113~147; v. Gojayev, "Azerbaijan:
from Bad to Worse", Spotlight on Azerbaijan, Foreign Policy Centre, 2012, pp. 27~28.

〔16〕 "Azerbaijan Partnership Program Snapshot", World Bank Group, October 2014, available
at: www. worldbank. org/content/dam/Worldbank/document/Azerbaijan-Snapshot. pdf.

〔17〕 C. Prentice, "The countries with biggest shadow economies", Bloomberg, available at: ht-
tp: //images. businessweek. com/ss/10/07/0729_worlds_shadow_economy/4. htm.

〔18〕 "State Oil Fund of the Republic of Azerbaijan", Annual Report 2011, available at:
www. oilfund. az/uploads/annual_2011en. pdf.

〔19〕 "After the BCT pipeline and EITI validation: Where are prosperity and Transparency in Az-
erbaijan?", October 2012. Crude Accountability Report, p. 6, available at: http: //crudeaccount-
ability. org/wp-content/uploads/2012/10/Azerbaijan-Lacking-Prosperity. pdf.

〔20〕 World Bank Report on Azerbaijan, 2008.

擎是石油和天然气行业。根据旨在为子孙后代创造石油收入的阿塞拜疆共和国国家石油基金（SOFAZ）提供的数据，除了分配给国家预算的主要资金外，国家资源还直接分配给诸如该国难民和国内流离失所者定居问题之类的项目（即纳戈尔诺·卡拉巴赫冲突，导致阿塞拜疆境内超过60万名境内流离失所者），基础设施项目，灌溉系统的重建，铁路发展，阿塞拜疆青年交流计划的制定以及油田的进一步发展。[21] 特别需要投入的医疗、社会保障和教育系统方面很可能要通过国家预算的年度拨款来提供资金。而正如前面所说，由于获取信息的权利普遍被限制，媒体和民间社会很难监督其支出情况。

缺乏透明度、良政和对基本自由的尊重是阻碍阿塞拜疆有效的社会和经济可持续发展的另一个关键因素。阿塞拜疆政府仍然保持政治高压态势。2014 年，自由住房组织评价阿塞拜疆的媒体是"不自由的"，并且在 197 个国家中排名第 183 位。[22] 自从 2004 年起，阿塞拜疆的媒体在每一次排名时都被认为是不自由的。2014 年，无国界记者组织在 180个国家中把阿塞拜疆排名为第 160 位。[23] 无国界记者组织此前也曾将该国对言论自由的持续压制环境，归因于该国日益增长的石油和天然气财富。[24] 2012 年，透明国际腐败认知指数认为在 174 个国家中，阿塞拜疆排名第 139 位。在收入观察的资源治理指数中，阿塞拜疆的排名也较低，在石油、天然气和采矿业的 58 个国家中排名第 28 位。[25]

由总部设在巴库的经济和社会发展中心进行的一项旨在衡量公众对

---

〔21〕 "State Oil Fund of the Republic of Azerbaijan", Annual Report 2011, available at: www. oilfund. az/uploads/annual_2011en. pdf.

〔22〕 "Freedom of the Press 2014", Freedomhouse, available at: www. freedomhouse. org/report/freedom-press-2014/press-freedom-rankings#. VE_cdEtNbHg.

〔23〕 "World Press Freedom Index 2014: Eastern Europe and Cetral Asia", *Reporters Without Boarders*, available at: http: //rsf. org/index2014/en-eastern-europe. php.

〔24〕 "Paradoxically the economic boom that the country has experienced since the Baku-Tbilisi-Ceyhan pipelines was inaugurated in 2006 has bolstered this trend by vastly increasing community cannot touch them", see: http: //en. rsf. org/report-azerbaijan, 91. html.

〔25〕 "The Resource Governance Index (RGI) measures the quality of governance in the oil, gas and mining sector of 58 countries", Natural Resource Governance Institute, available at: www. resourcegovernance. org/rgi.

石油收入支出的意识的调查表明，大多数受访公民对石油收入的有效利用和透明度存有疑问，这与公务员不同。[26] 接受采访的大多数采掘公司回答说，它们未与民间社会组织合作，并强调没有必要进行此类合作。没有任何一家受访的石油生产公司能够提供它们支付给政府的资金用途的完整信息。只有 25% 的受访企业表示及时向公众披露审计结果。调查显示，无论是外国石油公司还是政府立项项目，从活动上看，公众获取审计结果的渠道都是有限的。值得一提的是，被采访的三个群体——国家机构、石油公司和公民——在透明度方面有着截然不同的做法。70% 受雇于政府相关机构的受访者称，公民有充分的机会获得政府如何利用石油收入的信息。然而 82% 的受访公民说，他们对国家石油基金的收入和支出一无所知。受访的政府机构坚称，他们更愿意和媒体合作而不是与民间社会机构合作。虽然所有受访的政府机构都声称石油收入是有效使用和保障透明度的，但 81% 的受访民众表达了相反意见。[27]

政府对公开批评该国严重腐败和侵犯人权的独立声音几乎不能容忍。在一个压制异见人士的总体氛围中，任何批评人士都可能随时成为遭受攻击的对象，在这种氛围中，对政府腐败和管理不善提出坦率意见的个人尤其可能遭到报复。骚扰和出于政治动机的起诉经常被用来针对民间社会活动家和记者等，因为他们敢于就这些问题向政府或高层人士提出质疑。[28] 最令人震惊的案件之一是曾经获奖的调查记者卡迪亚·伊斯马伊洛娃（Khadija Ismayilova）被捕，她因政治原因而被以逃税、非法创业和滥用职权等罪名判处 7 年监禁。众所周知，伊斯马伊洛娃广泛报道了政府腐败，包括揭露执政家族的商业利益。她此前曾受到与她的调查性新闻报道有关的威胁，还因诽谤罪面临刑事审判。

---

〔26〕 V. Bayramov, T. McNaught and E. Rshidov, "Managing Resource Revenues in Oil-Rich CAREC Countries: The Case of Azerbaijan", Centre for Economic and Social Development, April 2011, available at: http://cesd.az/new/wp-content/uploads/2011/05/CESD_Paper_Oil_Revenues _Management_Azerbaijan.pdf.

〔27〕 *Ibid.*, p. 24.

〔28〕 "Extractive Industries: A New Accountability Agenda", Human Right Watch Report, 21 May 2013.

这种压制媒体和民间社会的例子表明政府越来越无法容忍任何批评行为。而对获利较多的经济部门实施有效控制也变得极为困难，特别是在阿塞拜疆议会于 2012 年 6 月通过立法，允许阿塞拜疆国有公司隐瞒有关其注册、所有权结构和股东信息之后。如非政府组织联盟（该组织旨在提高阿塞拜疆采掘业的透明度）所言，政府逮捕激进分子的"目的是威胁阿塞拜疆的人权捍卫者，以及其他致力于提高透明度并与腐败作斗争的非政府组织激进分子，并迫使他们放弃捍卫人权和自由，以及在石油收入方面的社会倡议"。[29]

3. 阿塞拜疆国家石油公司在财产权方面的负面影响

3.1 以拆迁、非法征收、强制驱离为代价推进城镇化和石油工业发展

自 2008 年以来，在石油繁荣和石油收入不断增加的推动下，阿塞拜疆政府实施了影响广泛的城市重建方案，并在首都巴库启动了重要的基础设施项目。根据 2014 年的媒体报告，阿塞拜疆政府在基础建设项目上花费了一半的预算。[30] 在该方案实施过程中，当局非法征用了数百处房产，主要是中产阶级社区的公寓和住宅，这些房产将被拆除，然后修建公园、道路、一个购物中心和豪华住宅楼。按照当地人权团体的说法，仅仅在 2009 年到 2011 年间，有 3930 所房屋受到政府城市化政策的影响。[31] 政府强行驱逐了成千上万的房主，而且往往没有事先警告，有时甚至无视居民的健康和安全，便拆除他们的房屋。政府拒绝根据财产的市场价值向房主提供公平的补偿。其中许多房屋是位于非常理

---

〔29〕 "Statement of the Coalition of NGOs for Improving Transparency in Extracting Industries", IETI Coalition, 6 June 2011, available at: http://eiti. org/files/Statement%20of%20EITI%20NGO%20Coalition%20in%20Azerbaijan_June%2008_2011. pdf.

〔30〕 "The fall in oil prices, and the 2015 budget", *BBC News Azerbaijan*, 17 November 2014, available at: www. bbc. co. uk/azeri/azerbaijan/2014/11/141117_zaerbaijan_budget_analyst.

〔31〕 "Property Right in Azerbaijan: Restriction and Challenges", Public Association for Assistance to Free Economy, Policy Brief, 2014, p. 5, available at: www. freeeconomy. az/site/assets/files/property_rights_in_azerbaijan. pdf.

想的位置和社区。[32] 被报道的侵犯财产权行为主要发生在因国家需要征用财产,征用土地份额,有时还征用私人房屋来修建道路和自来水管线。

在苏联时期,为了石油开采,阿塞拜疆国家石油公司被赋予了某些地区的土地所有权,然后它又因为在这些地区进行石油开采或实施城市化项目而采取了类似侵犯财产权的行为。人权组织对巴库市行政当局为开采石油而拆除 50 000 所房屋,和阿塞拜疆国家石油公司为开采石油而拆除 35 000 所房屋的公共计划表示关注。[33] 2014 年春季,阿塞拜疆国家石油公司的代理人提起的 2.2 万起诉讼正在国内法院审理中,申请法院允许其在阿塞拜疆国家石油公司管理的地区无偿驱逐那些据称是非法居住的房东。[34]

公民在严重依赖行政权力的国内法院寻求正义的希望渺茫,因此,在欧洲人权法院审理的与阿塞拜疆境内拆除和没收财产有关的案件越来越多,这清楚地表明,在该国,财产权正在迅速成为一个严重的人权问题。

3.2 案例研究:苏鲁特佩地区的强制驱离和拆迁

首都巴库的比纳加迪区是一个潜在的石油丰富地区,那里有几个石油和天然气生产管理部门。与此同时,比纳加迪区居住着 40 万居民,其中包括 20 世纪 80 年代末到 90 年代初纳戈尔诺·卡拉巴赫战争(即阿塞拜疆和亚美尼亚之间的战争)期间的 3.2 万名难民和国内流离失所者。自从那时起,阿塞拜疆在该区域修建了成千上万的房屋。管理该区域的地方当局给当地居民发放修建房屋许可证,但这被阿塞拜疆国家石油公司认为是非法的,因为它声称由于该地区的潜在石油开采价值,它拥有该地区的所有权。在 2011 年 11 月初,阿塞拜疆国家石油公司加大

---

〔32〕 "They took everything from me: forced evictions, illegal ecpropriations and house demolishs in Azerbaijan's capital", Human Rights Watch Report, 29 February 2012, available at: www. hrw. org/reports/2012/02/29/they-took-everything-me-0.

〔33〕 Interview with the Baku-based Public Association for Assistance for Free Economy, 19 May 2013.

〔34〕 *Ibid.*, p. 22.

了对当地居民的打击力度，拆除了房屋，强行驱逐了当地居民，声称这些居民的土地所有权和在这块土地上建造的房屋是非法的。与当地居民的冲突在 2012 年 4 月升级，当时阿塞拜疆国家石油公司的员工拆除了该地区至少 30 栋房屋，尽管当地居民声称拥有当地政府出具的房屋所有权证明。阿塞拜疆国家石油公司认为官方的所有权文件是非法的，并声称该地区是自己的，因为那里有潜在的石油生产油田。因此，据报道，阿塞拜疆国家石油公司没有向当地居民提供赔偿，而是将他们推给了当地政府。[35] 当重型机械进入该地区拆除房屋时，当地居民和阿塞拜疆国家石油公司的保安人员发生了冲突。这些居民没有得到任何拿走自己财物的机会，还被用警棍赶出公寓。其中数十人受伤，一名记者受到石油公司保安人员的严重殴打，而在场的警察未能驱散冲突人群，阻止暴力的发生。

这样的行为证明，阿塞拜疆国家石油公司没有考虑并解决受影响的利益相关者的担忧，因为可以很清楚地看到其负面影响严重地侵犯了居民的权利。该公司没有采取人权尽责评估，以避免或减轻这种影响。而且特别地，它没有为其对人们权利造成的潜在负面影响负责，这是《指导原则》的原则 17 所规定的义务。相反，阿塞拜疆国家石油公司采取了积极的暴力行动。

居民们并不反对阿塞拜疆国家石油公司将该地区用于石油生产或其他目的的一般政策，而是对以下事实表示质疑：阿塞拜疆国家石油公司获得了当地行政当局许可继续建设项目，尽管这些建筑被认为是非法的。从那以后，针对当地居民和阿塞拜疆国家石油公司之间的对抗一直没有任何有效的解决办法。找出解决办法的重任很明显在于政府和阿塞拜疆国家石油公司，而不是居民自己，因为阿塞拜疆国家石油公司对这些土地的所有权和地方当局在土地上签发地产许可证的授权存在冲突。

---

〔35〕 "SOCAR adverse tenants of houses demolished in Sulu-Tepo to sue local authorities", *Caucasian Knot*, 12 April 2012, available at: http://eng.kavkaz-uzel.ru/articles/20719.

3.3 对阿塞拜疆国家石油公司侵犯人权和缺乏有效法律补救的企业社会责任评价

国际人权条约通常没有规定工商企业的直接法律义务。但是，工商企业的行为，如同其他非国家行为者的行为一样，能够影响他人享有人权，包括在本案中工商企业开展活动的社区。联合国框架被认为是一项普遍的自愿承诺，旨在促进更有效地保护个人和社区免受公司相关的人权侵害。除了其自愿性，它也奠定了公司为其运营造成的侵犯人权行为承担责任的基础。[36] 它明确了工商企业应当尊重人权的原则。这意味着企业应当避免侵犯他人人权，并且应当解决其卷入的人权负面影响。[37] 该原则同样也在《关于多国企业和社会政策的三方原则宣言》以及《经济合作与发展组织跨国公司指南》这样的软法文书中得到认可，阿塞拜疆是上述两个文件发布组织的缔约国。[38]

阿塞拜疆是为企业确定人权标准的所有国际人权条约和其他补充文书的缔约国。[39] 因此，公司的法律责任和强制执行国际人权标准的相关要求大部分在国内法中都有所规定。换而言之，在阿塞拜疆经营的公司可以合法地开展其活动，只要在这一过程中不损害个人人权。

作为在阿塞拜疆经营的公司，尊重《联合国指导原则》和相关国家法律规定的所有人权是阿塞拜疆国家石油公司的基本责任。其尊重人权的承诺应当通过其国有制进一步加强。因此，阿塞拜疆国家石油公司作为完全的国有公司，国家法律规定公司有义务不侵犯人权，而国家有责任在发生侵犯人权的情况下保护人权。

无论是阿塞拜疆国家石油公司的政策，还是那些与社会企业责任相

---

〔36〕 J. Ruggie, "Protect, respect and remedy: a framework for business and human rights: report of the Special Representative of the Secretary-General on the Issue of Human Rights and Transnational Corporations and Other Business Enterprises", UN Human Rights Council, 7 April 2008, UN Doc. A/HRC/8/5, available at: www. refworld. org/docid/484d2d5f2. html.

〔37〕 Guiding Principle 11 of the UN "Protect, Respect and Remedy" Framework.

〔38〕 J. Ruggie, *supra* n. 36, para. 23.

〔39〕 阿塞拜疆在 2002 年 4 月 15 日批准了《欧洲人权公约》；在 1992 年 8 月 13 日批准了《公民权利和政治权利国际公约》；在 1996 年 8 月 16 日批准了《经济、社会和文化权利国际公约》。

关的操作规范，都没有明确提及建立人权尽责程序，或在此类违法行为一旦发生后予以补救的承诺。值得注意的是，对于公司的直接运营问题，比如在居民区的潜在石油生产，政府同样保持沉默。没有有关实际或潜在人权影响评估的规定，没有关于发生此类情况时应采取什么措施的指南，也没有关于如何补救阿塞拜疆国家石油公司促成的或以其他方式造成不利人权影响的程序。[40]

但是，承担侵犯人权的责任超出了公司对人权的承诺。正如指导原则 12 规定，工商企业尊重人权的责任指的是国际公认的人权，这与《国际人权法案》中所规定的最低限度人权一样。因此，阿塞拜疆国家石油公司在其经营活动中，已经承诺保护个人的财产权和其他人权，因为这是《世界人权宣言》和阿塞拜疆国内法律所规定的权利。[41]

阿塞拜疆宪法承认财产权是一种该国每一个人都享有的宪法权利。它保障了所有权，保护所有人除了在法院判决的情况下，不被任意剥夺其财产，并根据财产的价值公平地赔偿所有人的损失。[42] 宪法第 43 条保护个人免受非法驱逐，规定"任何人不得被剥夺其住所"，而且国家负有积极义务去"采取措施，以确保居住权的实现"。[43] 此外，刑法典规定"故意破坏或损坏财产是违法行为"。[44]

阿塞拜疆共和国的土地法规定，个人对一块土地的所有权是根据"行政当局或市政当局相关机构的决定"而产生的。[45] 因此，根据现

---

〔40〕 指导原则 15 规定了明确的程序和政策，"确保人权尽责，以识别、预防、减轻和说明是如何解决其对人权的影响"。

〔41〕《世界人权宣言》第 17 条规定："①人人得有单独的财产所有权以及同他人合有的所有权。②任何人的财产不得任意剥夺"。

〔42〕 1995 年 11 月 12 日，阿塞拜疆宪法第 29 条规定："所有权，①每个人都有拥有财产的权利。②任何一种财产都没有优先权。所有权包括私有权受法律保护。③每个人都可能拥有动产和不动产。所有权是指所有权人在不经法院判决的情况下拥有、使用和处分其财产的权利。不允许完全没收财产，只有在初步公平地偿还其成本后，才允许出于国家或公共需要而转让财产"。

〔43〕 阿塞拜疆宪法第 43 条规定："不得剥夺任何人的住所。国家应当为住房和街区公寓的建设提供贷款，应采取措施保障居住权"。

〔44〕 阿塞拜疆共和国刑法典第 186 条。

〔45〕 阿塞拜疆共和国土地法第 55 条，1999 年 6 月 25 日，第 695-IQ，非官方翻译版：http://taxes.caspel.com/2009/uploads/qanun/2011/mecelleler/torpaq_mecellesi_eng.pdf.

行法律，苏鲁特佩居民的房屋被阿塞拜疆国家石油公司保安部门拆除，但居民们对他们的财产拥有合法的权利。如果苏鲁特佩居民在苏联统治时期的 20 世纪 60 年代初获得的所有权，被阿塞拜疆国家石油公司在苏联统治时期的 20 世纪 60 年代初获得的土地主张否决，那么，根据相关的国家法律，阿塞拜疆国家石油公司有权在一定条件下出于国家需要而征用土地。

国际人权法承认，国家能够为了公共利益而干涉财产权，例如为了实现发展目标。在阿塞拜疆国内法和国际法中都有征用和驱逐的规定。但是，只有在特殊情况下，出于明显符合公共利益的目的，并采取适当的正当程序，包括提供公平赔偿，政府才能进行征收。[46] 在这种情况下，阿塞拜疆国家石油公司作为国家的代表，其有合法权利以国家需要的名义，即石油和天然气生产为理由，征收苏鲁特佩地区的土地。

《为国家需要征用土地法》规定了为国家需要征用私人财产的有限目的：修建道路或其他通信线路（包括输油管道），以保卫国家边界；修建防御设施，或者建设工矿设施。[47] 为国家需要征用土地必须以内阁的决定为基础，并且必须提前至少一年以书面形式通知业主其财产将被征用，拆除必须得到法院裁决的批准。

阿塞拜疆国家石油公司在拆除房屋时并没有获得这种法院命令，因此这意味着阿塞拜疆国家石油公司在苏鲁特佩地区的驱逐和随后的拆除房屋活动不符合国内法律的规定，即使阿塞拜疆国家石油公司拥有苏鲁特佩地区土地的所有权。

阿塞拜疆国家石油公司没有注意到尊重人权的企业社会责任原则，特别是在预防和减轻侵犯人权行为，在发生侵犯人权行为时采取适当行动方面。阿塞拜疆国家石油公司总部向媒体表示，"阿塞拜疆国家石油

---

〔46〕《世界人权宣言》第 17 条规定："①人人得有单独的财产所有权以及同他人合有的所有权。②任何人的财产不得任意剥夺"；《欧洲人权公约第一议定书》第 1 条规定："除非为公共利益，并按照法律及国际法普遍准则所规定的条件，任何人的财产不得被剥夺"。

〔47〕 阿塞拜疆共和国为国家需要征收土地法，第 3 条。

公司没有侵犯居民的所有权，只是采取措施确保其境内的油气运营"。[48] 这使得人们对阿塞拜疆国家石油公司在实践中如何保证履行企业社会责任产生严重质疑。在有关苏鲁特佩地区拆迁的公开声明中，阿塞拜疆国家石油公司强调"对这些土地的非法占有使得阿塞拜疆国家石油公司无法履行其在《生产分享协议》下提供土地的义务，这可能导致针对阿塞拜疆国家石油公司的仲裁或法院诉讼，从而引发针对阿塞拜疆政府的诉讼"。它进一步指出，市政当局滥用职权，非法向公众出售苏鲁特佩地区土地。阿塞拜疆国家石油公司声称这些土地不仅受到石油废料的污染，而且还有油气储集层。[49]

受访居民称，他们中许多人不得不向地方当局行贿，以获得居留许可，这正反映了在政府部门普遍存在的腐败现象。腐败是危害政府机关和其他相关机关的毒瘤。例如，2009 年国际金融公司和世界银行的一项调查显示，在阿塞拜疆经营的公司中，有 71% 的公司预计会赠送"礼物"以获得建筑许可证，几乎是该地区平均水平的三倍。[50] 因此，居民从来就没想过以向当地政府提起申诉的方式来获得赔偿。

一个公平和透明的拆迁程序的要素之一是存在申诉解决机制。由于可适用的法律和政策相互冲突，缺乏有效的救济手段来保障和保护个人财产权是一个令人担忧的问题。阿塞拜疆国家石油公司在没有法院命令的情况下或案件尚待审理的情况下采取了驱逐和拆除行动，从而引起了人们对法院是否可以提供有效补救手段的严重质疑。

4. 阿塞拜疆有义务确保对财产权遭受的侵犯提供有效补救

由于阿塞拜疆国家石油公司是一个完全的国有公司，而且有关不动产和土地的国家法规中存在漏洞，这无疑使阿塞拜疆政府不但有责任确

---

〔48〕 "SOCAR advises tenants of houses demolished in Sulu-Tepe to sue local authorities", Caucaisan Knot, 12 April 2012, available at: http: //eng. kavkaz-uzel. ru/articles/20719.

〔49〕 阿塞拜疆国家石油公司还说，自 2010 年以来，它已大规模提起法律诉讼，以拆除和拆迁在巴库各地的非法建造的房屋。直到今天，阿塞拜疆国家石油公司已经提出了 15 000 多件索赔，其中 4000 多件已经作出对其有利的裁定，有些还在审理中。

〔50〕 "Enterprises Survey: Indicator Descriptions", 27 March 2014, available at: www. enterprisesurvey. org/Data/ExploreEconomies/2009/zaerbaijan/~/media/FPDKM/EnterpriseSurveys/Documents/Misc/Indicator-Descriptions. pdf.

保受害者获得有效补救的机会，而且也有责任采取预防措施，保障财产权。国家管理和拥有阿塞拜疆国家石油公司的所有权，这意味着国家保护人权的义务是与该公司如何开展其商业活动相关的。正如《联合国指导原则》的规定，国家本身对公司侵犯人权不负责任。但是，国家可能违反其国际人权义务，如果这种侵权行为是由他们引起的，或者他们没有采取适当的步骤，包括通过有效的政策、立法、条例和裁决，来防止、调查、惩罚和纠正私人行为者的侵犯行为。[51] 现有关于土地所有权的法律漏洞，伴随着执法不力和政府当局存在的普遍腐败，使得阿塞拜疆政府对阿塞拜疆国家石油公司侵犯个人财产权负有直接责任。政府负有确保有效执行现有法律，或采取措施来合理纠正不利影响的积极义务。[52] 目前，没有制定法律来规范阿塞拜疆境内的石油和天然气勘探，生产和开发。[53] 此外，《联合国指导原则》鼓励政府为公司如何在其运营中尊重人权提供有效指导。但是，迄今，在阿塞拜疆国家石油公司案件中，尽管阿塞拜疆对该公司享有并充分行使权力，使其能够防止和纠正该公司侵犯人权的行为，但国家层面的有效解决办法仍未找到。

阿塞拜疆应采取进一步措施以防止国有企业对人权的滥用侵犯，包括在适当情况下要求进行人权尽责调查。[54] 要求进行人权尽责主要发生在企业经营的性质对人权构成重大风险的情况下，例如阿塞拜疆国家石油公司在石油资源丰富的地区进行石油开采业务。在其国际人权承诺中，《经济、社会和文化权利国际公约》（阿塞拜疆是公约缔约国）第

〔51〕 "Guiding Principles on Business and Human Rights", United Nations Human Rights Office of the High Commissioner, New York and Geneva, 2011, available at: www. ohchr. org/Documents/Publications/GuidingPrinciplesBusinessHR_EN. pdf.

〔52〕 "Guiding Principles on Business and Human Rights", United Nations Human Rights Office of the High Commissioner, New York and Geneva, 2011, commentary on Guiding Principle 3, available at: www. ohchr. org/Documents/Publications/GuidingPrinciplesBusinessHR_EN. pdf.

〔53〕 "Azerbaijan country report", The Economist: Intelligence Unit, accessed 27 May 2013.

〔54〕 "Guiding Principles on Business and Human Rights", United Nations Human Rights Office of the High Commissioner, New York and Geneva, 2011, commentary on Guiding Principle 3, available at: www. ohchr. org/Documents/Publications/GuidingPrinciplesBusinessHR_EN. pdf.

11 条确立了保护适足住房权的义务，其中包括免受强迫驱逐。[55] 而关于该公约第 11 条的第 4 号一般性意见规定："所有人都应拥有一定程度的租用期保障，以保证享有不受强迫驱逐、骚扰和其他威胁的法律保护。"[56] 如果发生了驱逐，为了不构成"强制"，他们必须是合法进行的，而且仅发生在某些特殊情况下，并且完全符合国际人权法的相关规定。

当一家工商企业是由国家控制的，那么该企业的侵犯人权行为可能导致违反国家本身承担的国际法义务。它尤其适用于公司无法确定自己造成了不利的人权影响，并拒绝通过合法程序进行补救的情况，例如阿塞拜疆国家石油公司的案件。

作为其保护个人免受公司侵犯人权义务的一部分，阿塞拜疆政府必须采取适当措施，来保障对上述行为受害者提供有效救济途径，主要是通过司法和其他适当措施，包括适当的赔偿和替代性住房等。但是，在阿塞拜疆，缺乏司法独立是一个令人严重关切的问题，在那里，行政机关继续发挥其影响力，特别是在起诉公共当局的案件中。[57] 在侵犯财产权导致驱逐和拆迁的情况下提起诉讼是普遍情况。司法系统同样也受到缺乏统一和凝聚力的法律制度的影响，不能有效地防止行政权力的滥用。阿塞拜疆政府采取的"不干涉"做法源于其自身缺乏尊重和保护其公民权利的政治意愿。财产权受侵犯的受害者无法在国内法院针对公司寻求有效救济，他们只能求助区域人权机制，如欧洲人权法院。[58]

---

〔55〕 International Covenant on Economic, Social and Cultural Rights, UN Doc. A/6316 (1966), entered into force 3 January 1976, acceded to by Azerbaijan on 13 August 1992.

〔56〕 "General Comment No. 4, The Right to Adequate Housing〔Art. 11（1）of the Covenant〕", UN Committee on Economic, Social and Cultural Rights, UN Doc. E/1992/23 (1992), para. 8.

〔57〕 "Concluding Observation, Azerbaijan", Human Rights Committee, 2009, para. 12, available at: www2. ohchr. org/english/bodies/hrc/hrcs96. htm; "Azerbaijan 2012 Human Rights Report: Executive Summary", Country Reports on Human Rights Practices for 2012 United States Department of State, *Bureau of Democracy*, *Human Rights and Labour*, available at: http: //photos. state. gov/libraries/azerbaijan/749085/hajiyevsx/hr_report2012. pdf; "The honoring of obligations and commitments by Azerbaijan", Council of Europe Parliamentary Assembly, Resolution 1917 (2013), para. 12, available at: http: //assembly. coe. int/ASP/Doc/XrefViewPDF. asp? FileID=19451&Language=EN.

〔58〕 Report of the Baku-based Public Association for Assistance to Free Economy, submitted for the review of Azerbaijan by the Committee of Economic, Social and Cultural Rights, April 2013.

4.1 有必要加强对致力于公司责任人权捍卫者的保护

国际获奖记者伊德拉克·阿巴索夫（Idrak Abbasov）在拍摄苏鲁特佩地区数十栋房屋被拆除的过程中，遭到大约 20 名阿塞拜疆国家石油公司保安的毒打，这一事件显示了那些报道企业社会责任人士的工作风险，也暴露出了更多的公司侵权行为。[59] 2014 年初，执法机构暂停了对袭击事件的调查。尽管有足够的视觉证据，但犯罪者仍然不受惩罚，这是在阿塞拜疆的普遍现象。而且现在政府大力压制媒体自由，袭击记者和媒体工作者的犯罪者逍遥法外的情况仍有据可查。独立记者、人权捍卫者和其他企图发表意见或调查公共利益问题或批评政府当局的人会遭到袭击，骚扰，威胁和监禁。[60]

《联合国指导原则》规定阿塞拜疆有义务采取适当步骤调查、惩罚和纠正与企业有关的侵犯人权行为。这包括对记者以及其他人权捍卫者的骚扰。[61] 这一群体的工作十分敏感，因此有必要采取额外措施，确保他们得到保护，并确保其获得有效的补救，而这在阿塞拜疆是很薄弱且无效的。需要为致力于企业责任工作的人权捍卫者提供更好的保护，这逐渐被提上了国际日程。根据人权理事会第 23 届会议上的报告，工商业与人权小组指出"社区与企业之间的冲突导致人权捍卫者受到骚扰和迫害，他们对涉嫌与商业活动有关的虐待行为进行调查，抗议，寻求问责并要求获得补救"。[62] 小组也认识到"民间社会组织、工会和人权捍卫者在提高对人权影响和工商企业及其活动的危害性的认识方面，发挥着重要且合法的作用"。[63]

〔59〕 M. Cooper, "Azerbaijan: Index award-winning journalist Idrak Abbasov brutally beaten", 18 April 2012, available at: www. indexoncensorship. org/2012/04/azerbaijan-idrak-abbasov-beaten/.

〔60〕 Among others, see "Azerbaijan: Journalist Viciously Attacked by Police", Human Rights Watch, 19 April 2012, available at: www. hrw. org/news/2012/04/19/azerbaijan-journalist-viciously-attacked-police.

〔61〕 《指导原则》第 25 段。

〔62〕 "Report on the Working Group on the issue of human rights and transnational corporations and other business enterprises", Human Rights Council, UN Doc. A/HRC/23/32, 14 March 2013, para 6.

〔63〕 *Ibid.*, para. 49.

阿塞拜疆没有将尊重人权作为不可或缺的企业文化，那些受政府影响最大的国有公司也是这样。阿塞拜疆未能确保在工商企业侵犯人权行为中有效保护个人权利，并提供获得有效补救的机会，从而违反了在其领土上保障公民充分享有人权的人权义务。

5. 外国石油公司为阿塞拜疆国家石油公司在阿塞拜疆的人权侵犯行为承担的企业社会责任

在 2014 年，来自 15 个不同国家的 33 家外国公司与阿塞拜疆政府签订了 25 份石油合同，包括挪威国家石油公司（Statoil）、英国石油公司（BP）和埃克森美孚公司（Exxon），开始在该国生产原油。英国石油公司从阿塞拜疆开采的产量占其全球总产量（石油和天然气）的 1/3。挪威国家石油公司是阿塞拜疆最大的海外运营商，是西方国家在阿塞拜疆的第二大石油投资商。这两家公司都因为其完善的企业社会责任内部政策而闻名。挪威政府拥有挪威国家石油公司 67% 的股份，而挪威政府在外交政策中，包括在工商业和人权领域坚决支持人权标准。这些在阿塞拜疆经营的石油公司在促进企业社会责任，和挑战阿塞拜疆国家石油公司侵犯企业人权方面的潜在影响是毋庸置疑的，因为它们有着密切的商业联系。

挪威国家石油公司的企业社会责任原则已经成为其在挪威和国外业务的组成部分。在此之前，它坚定地致力于为其经营所在国的可持续发展作出贡献，其中人权是关键优先事项之一。挪威国家石油公司宣布在其开展业务的国家积极促进人权、良好治理和反腐败。[64] 其中，挪威国家石油公司对透明和反腐败的承诺，是通过披露其在经营所在国的所有收入和付款而获得认可的。

在阿塞拜疆，如果石油收入更有可能助长腐败，而不是减轻贫困或促进社会的进一步发展，那么只向政府披露纳税情况是不够的。需要对这些资源的命运及其影响采取更强硬的立场，并承担更大的责任，从而认真履行有效的企业社会责任原则，为国家的可持续发展作出贡献。对

---

〔64〕 Statoil's policy and principles on social corporate responsibility.

此,挪威国家石油公司的主要解决办法是,将企业社会责任原则融入其运营所在国的商业策略。在这方面而言,尊重人权和透明度成为挪威国家石油公司商业策略中一以贯之的内容,并且也符合其经济利益。但是,这要求挪威国家石油公司采取积极主动措施,尽管挪威国家石油公司积极致力于自愿的企业社会责任机制,如联合国全球契约,但目前还没有从其在阿塞拜疆的活动中得到证明。[65]

另一方面而言,由于挪威的全球强硬人权承诺,所以挪威政府拥有挪威国家石油公司67%的股份这一事实,使得挪威国家石油公司承担在其经营所在国促进人权的额外义务。[66] 如果挪威国家石油公司对企业社会责任原则的积极方法,没有纳入到其商业策略中,那么挪威政府需要发挥其作为所有者的作用,确保有效的保护和促进人权。在这方面,良好的激励措施可能包括制定清晰的例行程序以正确处理股东信息,并明确规定责任和法律后果。在撰写本文时,阿塞拜疆的冷漠政策不符合联合国全球契约原则以及联合国工商业和人权指导原则(挪威政府在联合国系统中大力支持这些原则),也不符合挪威社会建立所依据的原则。此外,挪威在承认人权捍卫者在保护和促进人权方面的作用方面的积极姿态是引人注目的。[67] 在挪威国家石油公司已承诺在阿塞拜疆遵守企业社会责任原则的情况下,挪威政府和挪威国家石油公司不应对报道和宣传阿塞拜疆国家石油公司侵犯人权行为的记者和其他人权维护者所遭受的人权侵犯无动于衷。

6. 结论

《联合国指导原则》承认,并以各国国家尊重和保护人权的现有义务为基础。该原则进一步明确了工商企业在社会中的角色,并以遵守现

---

〔65〕 Statoil participate in the UN Global Compact platform since 2000, see "Participants and Stakeholders", United Nations Global Compact, available at: www.unglobalcompact.org/participant/8782-Statoil.

〔66〕 2000年以来的《联合国反腐败公约》,2005年生效。挪威自2006年以来是该公约缔约国。Available at: www.unodc.org/unodc/en/treaties/CAC/signatories.html.

〔67〕 挪威是承认人权作用的倡导者和积极支持者,包括通过《个人、群体和社会机构有责任促进和保护普遍公认的人权和基本自由的联合国人权宣言》(也称为《联合国人权捍卫者宣言》),这是由联合国人权理事会决议通过的,UN Doc. A/RES/53/144, 8 March 1999.

有法律和人权标准为前提。对阿塞拜疆国家石油公司的研究证明，国有公司的影响大部分取决于国家对人权的承诺在多大程度上是真实的。具有人权政策的强大民主国家可能会给国有企业更多额外的激励，以确保全面遵守人权。侵犯基本自由和人权的国家可能会阻止公司坚持企业社会责任原则。这引起了人们的深刻关切，即《联合国指导原则》可能对人权状况不佳的国家的国有企业产生什么影响，因为这些国家往往是最需要实施《联合国指导原则》的。

当国家不能履行其保护人权的义务时，公司尊重人权的责任并不会改变。但是，这可能变得更加具有挑战性，对国有企业而言，更是如此。这些困难的程度大部分取决于法治得到保障的程度，包括执行适当的国家立法和获得有效补救的情况。国有的阿塞拜疆国家石油公司滥用产权的做法验证了以下假设：公司的企业责任记录很大程度上取决于政府的人权记录。在阿塞拜疆国家石油公司的案件中，明确规定的企业社会承诺对这一点没有任何帮助。鉴于保障个人财产权的国内法遭到明目张胆的违反，司法独立和有效救济渠道几近不存在，新闻自由受到压制，民间社会缺乏积极的参与，致使阿塞拜疆国家石油公司在侵犯财产权方面的滥权行为和普遍的有罪不罚现象继续存在。此外，阿塞拜疆政府的"不干涉"政策，本身就是一个为了进一步城市化而公然严重侵犯财产权的串通一气的政策，这为阿塞拜疆国家石油公司向那些试图揭露其滥用职权的人进行报复大开绿灯，使得他们得不到任何有效的补救办法来寻求正义。

在像阿塞拜疆这样明显侵犯人权、缺乏任何民主或政治多元化的国家，来自成熟民主国家的外国石油公司，应以阿塞拜疆国家石油公司遵守国内基本法和《联合国指导原则》的规定，作为其在当地开展业务的前提条件。与阿塞拜疆国家石油公司的合作，会让像挪威国家石油公司（Statoil）和英国石油公司（BP）这样的公司不仅违背其企业社会承诺，而且有损其政府在阿塞拜疆的工商领域中促进尊重人权的努力。

第十二章　隐形的少数
——印度出口行业"残疾人"群体的现状

里图帕纳·迈乌姆达尔

1. 引言

伟大的作家和活动家海伦·亚当斯·凯勒（Helen Adams Keller）曾经说过："科学也许已经找到了治愈大多数罪恶的良方，但对于其中最坏的——人类的冷漠——却找不到任何补救办法"。根据联合国的统计（尽管其统计数字有所差异），全球约有 10 亿残疾人，他们是世界上最大的少数者群体。世界卫生组织估计全球有超过 6 亿人因慢性病、受伤、暴力、传染病、营养不良以及其他与贫困有关的原因而罹患不同类型的残疾。[1] 根据印度政府 2011 年人口普查记录，印度有超过 2100 万残疾人。

印度已经批准了 2007 年的《残疾人权利公约》，它禁止"工作场所的歧视"，并且要求提供"合理便利"。因此，印度承担着保障残疾人权利（PWDs）的义务。尽管如此，人们的偏见阻碍了残疾人正常的社会和经济生活，他们仍然受到多重剥削，获得包括教育、就业、康复设施等基本服务的机会有限。这也是在劳动密集行业（例如服装公司），企业管理者为其在工作场所不雇佣残疾人所列的普遍理由。调查的数据表明，在公共部门工作的人中，只有 0.5% 是残疾人。私营部门

---

〔1〕　Gerard Quinn et al., Human Rights and Disability（United Nations，2002），available at：www. nhri. net/pdf/disability. pdf.

中受雇的残疾人数量也很少，只有 0.3% 记录在案，而跨国公司中只有 0.05%。[2]

然而，随着全球化的兴起，企业社会责任在印度的影响力正在迅速提升。在公司里，将残疾人纳入其工作队伍的意识普遍提高，特别是在政府呼吁执行 1995 年《残疾人（机会平等、权利保护和充分参与）法》时。[3] 查普尔（Chapple）和沐恩（Moon）强调，印度企业的社会倡议主要包括鼓励参与社区发展、教育、健康和残疾。[4] 尽管引入了新的《劳动行为准则》并要求进行社会审计，但如公平劳动协会、公平服装基金会、职业健康安全保障体系、企业社会合规倡议和社会责任标准（SA 8000）等国际守则并未提及残疾人权利，但通常规定了可以适用于残疾人的"歧视"和"骚扰"条款。

根据以上内容，本章将使用从印度服装公司收集的数据，介绍公司为包括残疾人在内所做的努力。

2. 印度出口行业和企业社会责任

自 1991 年以来，印度制造业产品的进出口政策已大大放宽了，这促使出口激励措施更加合理化，并导致印度制造业贸易政策发生重大转变，从一个高度限制性的政策转变为自由开放的政策。[5]

下表 12.1 按主要地区/国家列举了从 20 世纪 60 年代到 2011 年的印度出口情况。该表将亚洲，欧盟和美国列为主要的出口地区，它们的市场占有率达到了 86%。从下表中，我们可以看出自 20 世纪 60 年代以来，这些国家的出口市场占有率在持续缓慢降低，但在 2005 年至 2006 年期间，统计数据发生了变化，与欧盟和美国相比，对亚洲国家的出口

---

[2] "Promoting Inclusive Development through CSR: Equal Opportunities to People with disabilities", FICCI ADITYA BRILA Group, available at: www.ficci.com/events/21040/Add_docs/Concept-Note. pdf (accessed 24 November 2014).

[3] 该法案规定，为残疾人保留不少于3%的就业机会，其中为盲人或弱视、听力障碍和运动障碍或脑瘫患者在为每种残疾人指定的岗位上各保留1%的空缺职位。

[4] W. Chapple and J. Moon, "CSR in Asia: a seven country study of CSR website reporting" (2005) 44 (4) *Business and Society*, pp. 415~441.

[5] S. Hashim, C. K. S, Rao et al., *Indian Industrial Development and Globalization*, New Delhi: Academic Foundation, 2009.

占了主要份额。

表 12.1　印度按主要地区划分的出口（单位：百分比）

年份 国家/ 地区	1960~ 1961	1970~ 1971	1980~ 1981	1990~ 1991	2000~ 2001	2005~ 2006	2010~ 2011
欧盟	36.2	18.4	21.6	27.5	22.7	20.09	20.02
美国	16.0	13.5	11.1	14.7	20.9	5.75	10.2
非洲	6.3	8.4	5.2	2.1	3.2	6.75	6.5
亚洲	6.9	10.8	13.4	13.4	14.3	50.42	56.2

来源：2012 年经济调查（www.thehindubusinessline.com，访问时间：2013 年 5 月 28 日）

随着贸易不再受限，跨国公司开始关注企业社会责任问题，它们制定了企业社会责任行为准则并实施了企业员工福利合规标准。最近几年，企业社会责任的概念受到越来越多的关注，这是对消费者和公民社会压力的务实回应。现在，印度政府根据1956 年《公司法》通过立法，强制所有企业参与企业社会责任进程，将其年度总利润的 2%~4%用于社区发展和其他企业社会责任项目。

3. 残疾人和国际人权

人权中的残疾人权利被视为具有广泛能力的个人，每个人都愿意并且有能力利用他/她的潜力和才能。社会，从另一方面而言，被视为造成残疾人苦难的真正原因，因为它持续在教育、就业、建筑、交通、保健和许多其他活动中给残疾人造成许多障碍。《经济、社会和文化权利国际公约》第 6 条和第 7 条规定了工作权。此外，应结合第 2 条第 2 款所载对权利的不歧视保障来解读相关条款。

残疾人问题在《国际人权法案》《公民权利和政治权利国际公约》和《经济、社会和文化权利国际公约》的范围内没有具体讨论。根据联合国大会通过的其他硬法条约，即《消除一切形式种族歧视国际公约》《消除对妇女一切形式歧视公约》《儿童权利公约》以及《保护所有移徙工人及其家庭成员权利国际公约》，其中只有《儿童权利公约》包括了有关残疾的具体规定，它要求缔约国承认残疾儿童有权享有"充实和体面"的生活，并参与他们的社区。[6]

作为一个联邦政体，印度有一项全国性残疾人政策，专门为了满足将宪法应用于残疾人的需要，而且该国一些邦正在制定各自的残疾人政策。此外，还有适用全国的 4 项残疾人具体法规。全国残疾人政策是 2006 年通过的，然而上述 4 项法规在 20 世纪 80 年代和 90 年代就已经存在。印度宪法纳入了一系列平等适用于残疾公民的基本权利（第 14、16 和 43 条）。[7] 根据一份 2007 年世界银行报告显示，残疾人就业率实际上从 1991 年 42.7% 下降到 2002 年的 37.6%。根据 2001 年的人口普查，有 34.5% 的残疾人在工作。但是，国家法规和政策的执行状况一直很差，特别是在消除残疾人面临的社会障碍，或确保特定残疾群体（例如残疾的年轻人，残疾妇女和智力/社会心理残疾人）和其他人一样享有工作权方面，进展不大。下面的表 12.2 总结了印度城市和农村地区所有男性和女性残疾人的就业百分比。根据 2000 年全国抽样调查计划显示，62.5% 的人有工作，而相比之下 1.5% 的人失业。但是，其中相比 40.4% 的女性就业率而言，男性就业率更高（83.9%）。这表明了存在性别歧视，而且它进一步将处于边缘地位的残疾阶层的妇女边缘化。有趣的是，与城市（40.4%）相比，印度农村雇佣残疾人（67%）的比例更高。但从下表中真正需要看到的是，63% 的就业者大多是自营职业者（18.5%）或从事非公共工作的临时工（20.9%）。

---

〔6〕 M. A. Stein, "Disability Human Rights", （2007）95 （1）*California Law Review*, pp. 75~121, available at: www. jstor. org/stable/20439088.

〔7〕 该评论是根据负责残疾人事务的首席专员提供的资料和印度国家人权委员会提供的资料汇编而成的。

表 12.2 1999~2000 年全印度工作年龄人口（15~64 岁）

按日常活动状况分列的分布情况百分比

	所有	男性	女性	农村	城市
就业	62.5	83.9	40.4	67.0	50.4
个体经营的，为自己工作	18.5	30.0	6.6	19.8	15.2
个体经营的，作为雇主	0.6	0.9	0.2	0.5	0.6
个体经营的，作为帮工	13.3	11.1	15.4	16.3	5.0
固定工资/受薪雇员	9.1	15.1	3.0	4.8	20.6
公共工作中的临时工	0.1	0.2	0.1	0.1	0.1
其他类型工作中的临时工	20.9	26.6	15.1	25.5	8.8
失业	1.5	2.2	0.7	1.0	2.6
不列入劳动力人口	36.0	13.9	58.9	31.9	47.0
教育机构	8.0	9.9	6.1	6.4	12.3
家政	17.1	0.3	34.5	13.7	26.2
家政和免费收货	7.5	0.1	15.2	8.7	4.4
靠房地产和投资生活的人，养老金领取者，汇款接收者	0.6	0.7	0.4	0.4	1.0
由于残疾不能工作	0.6	0.8	0.4	0.6	0.6
乞丐，妓女	0.1	0.1	0.1	0.1	0.1
其他	2.2	2.1	2.1	2.1	2.4

来源：S. Mitra and U. Sambamoorthi, "Employment of Persons with Disabilities: Evidence from the National Sample Survey", Economic and Political Weekly, Vol. 41, No. 3, 21~27 Jan. 2006, pp. 199~203, calculations based on the NSS, schedule 10 of 55th round.

根据"十一规划"在"就业前景和劳动政策"一章中给出的就业预测，"十一规划"期间将创造 5800 万个就业岗位，使失业率降至 5%

以下。在跨越"十一规划"和"十二规划"的 2016～2017 年较长时期内，新增就业岗位估计为 1.16 亿个。在"十二规划"的最后阶段，失业率会下降到不超过 1%。因此，该国残疾人和非残疾人就业率之间存在巨大的差距。

通过文献回顾可以发现，有关出口加工行业中的残疾人状况研究很少且不容易获得。大部分研究强调工业领域女性员工中的残疾人状况，并且提出残疾妇女和女孩都面临着双重歧视，这是由她们生活的特定文化所造成的。[8] 哈比卜（Habib）的研究也阐明了女权主义对残疾人雇员问题的看法。[9] 它进一步补充说，实地研究和经验表明，与残疾男子相比，残疾妇女更容易遭受贫困和孤立。她们从家庭和社区得到的支持较少，获得服务（主流服务和康复服务）的难度更大。她们可能更具有经济依赖性，主要是由于较高的文盲率和有限的职业培训，使她们对雇主的吸引力降低；并会忍受更多的身体、性和心理暴力与虐待。但是，这些研究还没有从印度任何一个出口行业的雇员地位的角度来进行。

在庞尼特（Punnett）和罗宾斯（Robins）等人的一项研究中，[10] 涉及了服装行业中软组织疾病的患病率问题。它还进一步研究了服装行业工作中产生的电机问题。缝补工作，特别是缝补夹克衫的员工比从事其他工作的员工更容易遭受持续性疼痛。

〔8〕 C. Brisson, A. Vinet et al. , "Effect of duration of employment in piecework on severe disability among female garment workers", (1989) 15 (5) *Scandinavian Journal of Work*, *Environment & Health*, pp. 329~334. C. Brisson, A. Vinet et al. , "Disability among female garment workers: A comparison with a national sample", (1989) 15 (5) *Scandinavian Journal of Work*, *Environment & Health* 323~328. L. Hershey, "Disable Women Organize Worldwide", (2003) 33 (1/2) *Off Our Backs*, pp. 16~18.

〔9〕 L. A. Habibs, "'Women and Disability Don't Mix!': Double Discrimination and Disabled Women's Rights", (1995) 3 (2) *Gender and Development*, pp. 49~53.

〔10〕 L. Punnett, J. Robins et al. , "Soft tissue disorders in the upper limbs of female garment workers", (1985) 11 (6) *Scandinavian Journal of Work*, *Environment & Health*, pp. 417~425.

梅尤德（Majumder）分析了女性有薪就业对她们健康的影响。[11]这份书面分析显示孟加拉国制衣业的女性雇员为了获得社会经济地位，不得不付出高昂的健康代价。许多女性雇员在开始从事制衣业工作后，患上各种疾病。尽管事实上，工作是有报酬的，她们能够买得起更好的食物和入住更好的住所，这些对健康有积极的影响。患病主要是因为劳累过度，工作条件不佳，尤其是制衣业存在广泛违反劳动法的行为。

密特拉（Mitra）和桑巴莫蒂（Sambamoorthi）根据国家抽样调查的最新数据报告了印度的残疾人就业情况。[12]该研究显示残疾人的就业率相比印度所有适龄工作人口的就业率都低，其中性别、城乡和各邦之间的差异很大。多因素分析表明，残疾人的就业受个人和家庭特征的影响大于人为因素的影响。

另一方面，斯坦（Stein）强调了残疾人权方法，开发了一种"残疾人权范式"，它将残疾社会模式的组成部分、人权促进发展和哲学家玛莎·努斯鲍姆（Martha Nussbaum）的"能力方法"相结合。基于残疾的人权必然比以前的人权范式更大程度地援引了公民权利和政治权利（第一代人权）以及经济、社会和文化权利（第二代人权）。本文强调，联合国七项核心条约理论上都不同程度地适用于残疾人，但在实践中却很少适用。[13]使这个问题更加复杂的是，明确提及残疾人权利的联合国大会通过的软法无法在法律上被执行。

像莫格（Mog）和斯沃（Swarr）[14]进行的社会残疾研究，采用了一种有趣的方法来探索跨性别者和残疾研究之间的交集。他们的研究极大地关注了被视为"酷儿"和"残疾"的人们之间的相似之处，并声

---

〔11〕 P. Paul-Majumder, "Health Impact of Women's Wage Employment: A Case Study of the Garment Industry of Bangladesh", (1996) 24 (1/2) *The Bangladesh Development Studies*, pp. 59~102.

〔12〕 S. Mitra and U. Sambamoorthi, "Employment of Persons with Disabilities: Evidence from the National Sample Survey", (2006) 41 (3) *Economic and Political Weekly*, pp. 199~203.

〔13〕 M. A. Stein, "Disability Human Rights", (2007) 95 (1) *California Law Review*, pp. 75~121.

〔14〕 A. Mog and L. A. Swarr, "Threads of Commonality in Transgender and Disability Studies", (2008) 28 (4) *Disability Studies Quarterly*.

称其他社会变革运动将有助于更深入地分析压迫的作用以及实现社会政治变革的手段。

4. 方法论

因此，有必要通过研究，了解印度出口行业残疾人就业的普遍程度，以及随着企业社会责任倡议和人权办法的实施，这些公司发生了哪些变化。本研究是在由古尔冈（Gurgaon）、诺伊达（Noida）和德里（Delhi）三个主要城市组成的国家首都地区进行的。这三个城市共同构成了印度北部的一个主要工业中心。为了解印度出口行业的残疾人地位，本研究随机选择了75个出口公司作为样本。这些公司主要生产服装及配件、皮具、鞋、汽车及配件、电子产品。

为了解现有的招聘政策和残疾人的被接受程度，本研究采访了上述公司的公司所有者、人力资源经理和合规人员。同样也考察了招聘政策和公司现有订单。本研究包括两种残疾类型：身体残疾（如运动障碍、身体障碍）和社会残疾（如变性人和被切除生殖器的人）。

从文献综述和差距评估中，提炼出以下研究问题：

（1）公司是否包含有关残障权利的条款并将其纳入招聘政策和程序？

（2）企业社会责任对残疾人士融入公司工作文化的包容性增长产生了什么影响？

（3）公司是否有鼓励残疾人参加工作的动机？

（4）对在任职期间致残的雇员有何政策规定？

（5）公司为残疾人提供哪些福利措施？

在上述问题的基础上，本研究是基于探索性研究方法而设计的。研究的目标是：

（1）了解出口贸易行业对残疾人的现行招聘政策；

（2）研究这些政策的影响范围，并分析其对残疾人需求的影响。

为了便于统计分析，根据研究目的对数据进行分类和编码，并以表格和图表的形式呈现。研究期间观察到的主要发现如下：

5. 主要发现

这一发现突出了残疾人在招聘和解雇政策中的地位，该行业的就业状况以及出口行业中残疾人就业的普遍性。该部分主要分为两类，分别描述受访者的概况和主要调查结果。

6. 受访者简介

在下表12.3中，出于研究目的，我们随机审查了不同类型的出口工厂。其中55家工厂生产服装和配件，7家工厂生产皮革制品，3家工厂生产鞋子，3家工厂生产汽车，8家工厂生产电子产品。

表12.3 选择的出口工厂类型

出口工厂类型	数量	百分比
服装和配件	55	73.3
皮革制品	7	9.3
鞋类	2	2.6
汽车	3	4.0
电子产品	8	10.6
总计	75	100

7. 企业的招聘政策

在当今瞬息万变的商业环境中，公司必须制定明确的招聘政策，以及时响应其人力资源需求。因此，重要的是要有一个明确和简明的招聘政策，该政策应是非歧视性的，并激励所有阶层的人，不论其种姓、宗教、性别、种族或存在任何残疾。大多数受访者表示，由于并非强制要求他们招收残疾员工，因此他们在普通工作场所并不一定要招聘残疾人雇员。因此，97.3%的公司都有一项招聘政策，规定"招聘时不得歧视"，并遵循固定的招聘程序。在研究过程中，通过审查政策发现，没有任何政策具体提到将残疾纳入招聘过程中不歧视的因素之一。

表 12.4　公司有关残疾人的招聘政策

你们公司是否有关于残疾人的招聘政策?	数量	百分比
是的，我们遵循招聘过程的不歧视方法	73	97.3
否	2	2.6
总计	75	100

8. 残疾员工就业情况

在采访过程中，本研究观察了该行业存在的残疾状况或患病率。在所有的受访者中，只有 5 名员工在工作时受到身体上的挑战或社会上的挑战［如（其）是跨性别者］。从现场评估中发现，一家公司在生产工作中雇用了一名视力障碍的妇女，在生产过程中雇用了一名手部障碍的人，另一家公司在其生产现场雇用了三名变性工人。进一步观察到，前两名员工在服装部门工作，而变性员工在制鞋公司工作。

表 12.5　公司中残疾人的普遍状况

你们公司有多少残疾人雇员?	数量	百分比
少于 3 人	2	2.6
3~5 人	3	4.0
多于 5 人	无	无
没有	70	93.3
总计	75	100

9. 无障碍工作

使工作场所无障碍是公司人力资源平稳运作的重要标准。受访者被问及他们是否为残疾人提供了资金支持，例如交通便利设施，或通过坡道进入工作场所。只有 13.3% 的公司为他们的工作人员和员工提供了交通设施。只有 2.6% 的公司配备了对残疾人友好的坡道建筑物。但是没有公司为残疾员工提供其他额外条款保障。

表 12.6　无障碍工作的规定

在工作中对残疾人进行了哪些无障碍帮助的规定?	数量	百分比
交通设施	10	13.3
坡道建筑物	2	2.6
没有特殊规定	63	84
总计	75	100

10. 残疾员工的解雇

当出于各种原因（例如公司规模缩小，员工行为不佳，业绩不理想等）而被要求离职时，对被解雇的员工而言，通常是非自愿的。所以，表12.7研究了在这些行业中针对残疾员工的解雇规定（不论是书面的或者实践的）。虽然没有书面证据加以证明，但是在实践中歧视确实存在。因此，我们发现相比招聘实践（见表12.4）而言，这些公司对残疾人有各种解雇规定。其中70.6%的受访者声称员工在公司任职期间从未发生过残疾事故；21.3%的受访者说如果是因在公司工作而丧失工作能力，他们会为员工调换岗位；7%的受访者表示，他们将根据员工的保险资格提供医疗帮助，如果需要，他们将解雇员工，因为残疾工人会降低生产率或根本没有生产效率了。只有1%的受访者声称，如果员工是在工作中成为残疾人的，他们会合理地和员工终止合同。

表 12.7　针对残疾人的解雇

你们公司针对残疾人有哪种解雇规定?	数量	百分比
解雇在工作中致残的员工	1	1.3
提供医疗帮助，并且在员工不能胜任工作的情况下解雇	5	6.6
将员工调换到合适的工作岗位	16	21.3
没有（记录过）在工作期间发生过残疾事故	53	70.6
总计	75	100

11. 企业社会责任和劳工权利的影响

在下面的表格中，我们会研究企业社会责任对公司在其工作场所中对待残疾人的主流化态度的影响。大部分的受访者（53.3%）表示他们从来没有考虑过将残疾人政策纳入到各种劳工标准或者自愿行为准则（这是由于出口商业活动而支持的）中，然而37.3%的受访者说企业社会责任的理想没有对其认识残疾人权利产生影响；他们更愿意关注其他劳工福利和权利，比如为员工提供社会保障权益，结社自由和更好的工作条件。2.6%的受访者表示企业社会责任的方法提高了他们的理解，但与残疾有关的问题从未在任何论坛或会议上讨论过；6.6%的受访者声称他们不仅在政策中接纳了残疾人，而且在其工作场所也是如此。

表 12.8　企业社会责任在改变雇主对残疾人的态度

企业社会责任是否改变了你对残疾人的看法？	数量	百分比
不是	28	37.3
是	5	6.6
部分	2	2.6
我们之前从未考虑过	40	53.3
总计	75	100

12. 培训和发展

培训计划旨在保持和改善当前的工作绩效，而发展计划则旨在培养胜任未来工作的能力。[15] 询问公司是否针对残疾人的工作提供了任何培训和发展，其中97.3%的受访者表示没有提供此类培训，而1.3%的受访者说仅在入职期间提供了培训。

---

〔15〕　S. K. Bhatia, *Training and Development：Concepts and Practices*, New Delhi：Elegant Printers, 2009.

表 12.9　提供的培训和发展

你是否为残疾雇员提供了培训和发展（工作相关）课程?	数量	百分比
是	1	1.3
否	73	97.3
仅提供入职培训	1	1.3
总计	75	100

13. 健康和安全

在公司中对雇员进行健康和安全培训，特别是在出口加工区，是大多数工厂保持合规状况的一个重要内容。随着 ISO 和 OHSAS 标准的引入，如今职业安全与卫生（OSH）的应用变得尤为重要。由于孟加拉国等国的不良表现，国际媒体对职业安全与卫生问题也变得非常敏感。

风险评估还应考虑工作的基本要素：任何危险情况发生的时间和频率；并可作出任何合理的调整以减少危险。所以受访者被问及他们是否在上述风险评估中考虑到残疾雇员，并且为这些雇员提供消防安全、疏散和急救培训。受访公司中有 1.3%的回答说他们已经培训了残疾员工有关职业安全与卫生的问题；而 45.3%的公司表示，如果他们公司中有残疾员工，就会这样做。但是，54.6%的公司声称针对残疾雇员，他们没有建立任何具体的培训模式。

表 12.10　残疾人健康与安全培训

你是否为残疾雇员提供培训和发展（有关职业安全与卫生）的课程?	数量	百分比
是	1	1.3
否	41	54.6
如果我们有残疾雇员，我们会提供	34	45.3
总计	75	100

在下一节中，将介绍5个案例，其中包括在出口加工区工作的残疾员工以及在其工厂中雇用了残疾员工的公司。

14. 案例研究

14.1 A 员工，女性，30 岁：检验部门，服装制造业

A 员工来自印度北部的北方邦戈拉赫布尔（Gorakhpurm, Uttar Pradesh）。她是一个视力不佳的女孩，这是出生时父母疏忽所导致的结果。从那时起，她就逐步从半盲变为全盲。由于出身贫困而且患有残疾，她的父母不能将她送往特殊学校或者普通学校上学。但是，她的舅舅在她 15 岁时，将她带到城市并为她注册了职业培训课程。渐渐地，她学会了刺绣，但由于自身没有购买能力，而且其生活还需要舅舅的资助，她无法继续学习这项技术。她的一位熟人当时在德里的一家服装工厂工作，并且告诉她在检验部门有职位空缺。最初她以及该服装工厂主都有过迟疑。但是，他们雇用了她，基于她的快速学习能力和他们倾向于在工厂中接纳残疾人。所以，她在这家工厂的生活开始了，而且她一直重复同样的工作迄今已经 7 年。她认为管理者既没有特别关注，也不是完全忽视她，他们对待她就像其他员工一样。她还认为，在这样的环境下工作，会使得其他员工对像她这样身体有缺陷而不是能力缺乏者的需要感到敏感。

14.2 B 员工，跨性别，32 岁：加工部门，鞋业

B 员工，在过去的 4 年里，他和另外 2 名同样的雇员（变性人）一直与公司有联系。他们在北方邦诺伊达一家制鞋公司的机械加工部工作。这名员工来自德里，父母住在芒果普里（Mangolpuri）的一个城市贫民窟里。这名员工还有两个兄弟姐妹在私营机构当职员。这名员工在很小的时候就认识到自己的"不同"，很明显，他成了居住区人们的笑柄，欺负他的人甚至包括他的兄弟姐妹。但是，由于他父母的支持，他成功地被这家公司录用。在此之前，他曾经在另外一家公司工作，但由于时常发生欺凌事件，他在 6 个月前离开了那家公司。但据他所称，这家公司没有这样的做法，因为在同一个部门里还有两个像他一样的员工，他们是他的朋友和知己；其次，公司文化已经开始接受他们为"正

常人"，除了一些友好的调侃之外，从来没有评论他们对自己的性别表达。这名员工是优秀员工之一，而且曾经被评为"月度最佳员工"。

14.3 A 工厂主，男性，55 岁，德里服装厂主

该工厂主已经从事服装制造业 20 年了，其父亲将他带入这个行业，并让他继承下来。该工厂在裁剪、缝合、印刷、整理和包装等流程中有大概 450 名员工。在他的工厂里有两名存在身体障碍的员工，一名视力受损，另一名的一只手有问题。视力受损女性员工在检验部门工作，而另一名女性员工在印刷部门工作。他认为接收残疾员工的想法既不是有意的，也不是为了炫耀公司的人道主义一面，在他看来，这是"企业社会责任范畴的一个门面"。他进一步认为，无论有没有企业社会责任，如果有人想在自己的业务中做到有道德、人道和公平，他们都不会无视国际劳工标准和当地法律的要求。他说：

有很多方法可以欺骗政府和法律，因为我们生活在一个高度腐败的国家，但是我想在晚上睡个好觉。我们公司确实有加班工作，而且我们也只付一次加班费，但这是我一个人无法改变的。与我们合作的买方和供应商也必须平等分担劳工福利和遵守国家法规的费用。

他还补充说在正规劳动力中雇用残疾人士和雇用其他员工没有什么不同。他反而认为由于残疾人的其他意识非常敏锐，而且由于他们的残疾，他们需要向社会证明其在各自的工作中表现出色，因此他们往往更富有成效。他说，尽管公司鼓励残疾员工参加工作，但在招聘时收到的申请并不多。

14.4 B 工厂主，男性，40 岁，古尔冈汽车公司负责人

B 工厂主是生产总经理，并且在过去十年中一直为该公司工作。该公司并没有任何有关残疾人的具体政策，并且认为其工厂的工作流程是极具技巧性的，只能由身体和精神都合适的人进行。他进一步补充到，由于严格的工作时间和工作要求，他们故意招聘少量的从事生产工作的妇女。但是在人力资源和商业发展部门有女性员工。他补充说：

虽然在外界看来，不招收残疾人或者女性员工是歧视性的，但是这是工厂的需要导致的，没有任何企业社会责任倡议能够改变这一点。一

切最终都归结于生产。

该工厂主还补充到，他个人相信残疾人的主流化，但是这是针对个别需要较少技巧和不那么严格工作的行业而言。他辩称，尽管听起来有些偏见，但这些人仍然有一定的残疾，而且与其他雇员相比，他们的生产力仍然较低，这一点不能忽略。

该工厂主被进一步问及公司的解雇政策，即当一个工人在公司工作的过程中受伤致残时会发生什么。对此，他分享了一个案例，很多年前发生过这样的事件，一名工人在生产过程中失去了一只手。这名工人接受了公司提供的最好的医疗待遇，而且他的家庭得到了丰厚的补偿。但是他们无法让他回到工作岗位。如果给这名工人安排另一份更加合适的工作，意味着他的薪资和地位都会下降，这对公司和这名工人而言都是不可接受的。因此，他补充到即使公司将所有的人道主义理念都融入了企业社会责任的过程中，但由于要完成与行业相关的硬目标，也不能实践或宣扬它。

14.5 B 工厂主，女性，73 岁，诺伊达服装制造厂主管

这个案件中的工厂主是女性，这在整个行业中是少见的。而在 20 世纪 70 年代，这名女士就以一家小型商品销售公司的形式开始经营这家公司，后来她继承了已故丈夫的遗产，进一步将公司发展壮大。工厂现在有着 300 名工人，产品主要出口到国际，并遵循国际劳工标准，如国际社会责任（SA 8000），企业社会责任倡议（BSCI）和公平服装基金会（荷兰）。在工厂里面，既没有任何相关政策，也没有残疾员工，但是他们仍然认为，如果在招聘期间发生这种情况，他们不会基于他/她的身体残障而歧视。她也认为残疾都是心理上的。她补充说：

许多人认为我是残疾人，因为我年事已高，不能像业内其他年轻人那样行动迅速，但这并不能阻止我追求自己想要的东西。这也并不能阻止我为自己的员工和公司的福利着想。我非常信任在我公司工作了 15 年以上的员工们，如果不是因为爱、关心和良好的工作条件，他们为什么要留下来？因此，有志者，事竟成！

由于工资的年增长率较低，过去两年来工人一直对公司感到不满

意，所以在过去一年来，许多雇员离开了该公司（约 40 名雇员）。在这个问题上，这名工厂主没有分享太多，只是提到由于西方经济不景气，该公司正面临一场金融危机，导致该行业竞争激烈，不符合工人的期望。她最后说：

> 如果消费者不为工人的发展做出贡献，我们就无能为力了。

15. 讨论

虽然印度宪法禁止歧视，但它没有明确规定禁止基于残疾的歧视。印度宪法所规定的基本生命权，为所有居住在印度的人们享有自由和有尊严的生活提供保障。残疾人享有尊重、尊严和自由的权利是这一普遍生命权的一部分。承认残疾是更大范围的人类多样性的一部分的认识，尚未进入关于残疾权利的官方讨论中。但是，随着对残疾问题采取特别措施的各种立法和福利计划的出台，印度表明会致力于通过平权行动，加强禁止基于身体和社会残疾的歧视。

政策是建立既定程序和准则，描述公司风气的窗口。在这一章中，我们看到 97% 的公司都有招聘政策，要求根据征聘程序，"在征聘时不实行任何歧视"。本研究进程中所考察的那些政策显示，它们都未提及了残疾人的融入问题，或者在招聘时将残疾作为不歧视的要素之一。大部分提出的理由是，没有强制性规定要求他们在工作场所招聘残疾人。

为了解该行业残疾人雇员的普遍性，我们发现在总样本容量中只有5 名这样的员工。未招收残疾人的原因还在于没有提供充分的工作便利，例如，只有一些公司（13.3%）为其工人和雇员提供交通设施。只有 2.6% 的公司有坡道建筑物，并且没有针对残疾雇员提供任何额外的规定。只有 2.6% 的公司有与残疾人士工作相关的培训模式，只有 1.3% 招募了残疾人的公司为残疾人士提供职职业安全与健康培训。而且大部分的受访者（45.3%）声称当他们只有在录用残疾人时，才会开发针对残疾人的培训模式，否则就没有必要。但是，有趣的是，当员工在工作中被发现有残疾时，有 21.3% 的公司会将员工调到其他合适的工作岗位。而 6.6% 的公司，如果发现雇员在其受雇期间致残，该雇员将获得医疗补偿，并因其今后不能胜任工作而被解雇。这些回复主要来自于汽车公司，这些公司提供的主要是体力劳动岗位，需要员工具备一定身体素质才能工作。

随着企业社会责任的合法性得到认可，它正成为企业展示其对社会贡献的新基石。因此，当被问及企业社会责任理念对公司制定和重新制定残疾人原则的政策有何影响时，只有 6.6% 的公司强调他们会为残疾人做一些特别的事情。对残疾的贡献涵盖了从社区工作到保健营或向特殊教育机构捐款。但是，它们不会具体到将就业制度纳入主流。此外，案例描述了企业社会责任的实施必须具有包容性，每个利益相关者，包括从印度采购的公司、员工、政府和董事会，都必须参与，从而将这一原则纳入公司理念之中。

16. 建议

一个公司能够提供高质量的产品，同时公平对待员工和环境，这是成为一个有生存能力实体的关键因素。根据研究结果，需要更稳健的方法对行业产生更积极的影响。

·必须对政策的制定和执行作出明确的承诺，特别是来自最高管理层的承诺。

·主流化和包容性就业应成为所有公司经营口号。只有这样，才能真正改变将残疾纳入正常就业制度的问题。由于残疾人士不必局限于做传统职业的工作，如制作篮子或制作婴儿床，如果他们得到雇用他们的公司的适当支持，他们就可以加入正常的劳动力队伍。

·在工作中做出合理的调整也是很重要的，比如制作坡道，提供职业健康安全的培训和发展等，使工作变得简单和方便。

·应当鼓励将残疾人投身工作场所，并且将之视为良好实践。

·通过印度公司进行采购的买方还应在其公司行为准则中纳入与残疾有关的条款。

·应当保持和审查兼顾残疾人的职业健康和安全标准。此外，公司守则中应明确规定招聘、终止或离职的机制，强调不歧视，鼓励包容。

正如奥运金牌得主斯科特·汉密尔顿（Scott Hamilton）曾经说过的

那样，生活中唯一的残疾是悲观的态度。因此，大部分残疾是根据社会标准建立的。为了尊重人权和坚持企业社会责任标准，我们必须把残疾人纳入我们的职业和工作关系中，并建立一种真正平等的社会模式。

图书在版编目（ＣＩＰ）数据

跨国公司责任研究：促进跨国公司的人权进步/（挪）巴德·A.安德烈亚森，（越）武庆荣主编；张伟，刘林语译. —北京：中国政法大学出版社，2022.8
书名原文：Duties Across Borders:Advancing Human Rights in Transnational Business
ISBN 978-7-5764-0607-8

Ⅰ.①跨…　Ⅱ.①巴…②武…③张…④刘…　Ⅲ.①跨国公司－人权的国际保护－研究　Ⅳ.①D998.2

中国版本图书馆CIP数据核字(2022)第137805号

书　　名	跨国公司责任研究：促进跨国公司的人权进步	
	Kuaguo Gongsi Zeren Yanjiu: Cujin Kuaguo Gongsi De Renquan Jinbu	
出 版 者	中国政法大学出版社	
地　　址	北京市海淀区西土城路 25 号	
邮　　箱	fadapress@163.com	
网　　址	http://www.cuplpress.com (网络实名：中国政法大学出版社)	
电　　话	010-58908435(第一编辑部) 58908334(邮购部)	
承　　印	北京中科印刷有限公司	
开　　本	650mm×960mm　1/16	
印　　张	20.5	
字　　数	298 千字	
版　　次	2022 年 8 月第 1 版	
印　　次	2022 年 8 月第 1 次印刷	
定　　价	79.00 元